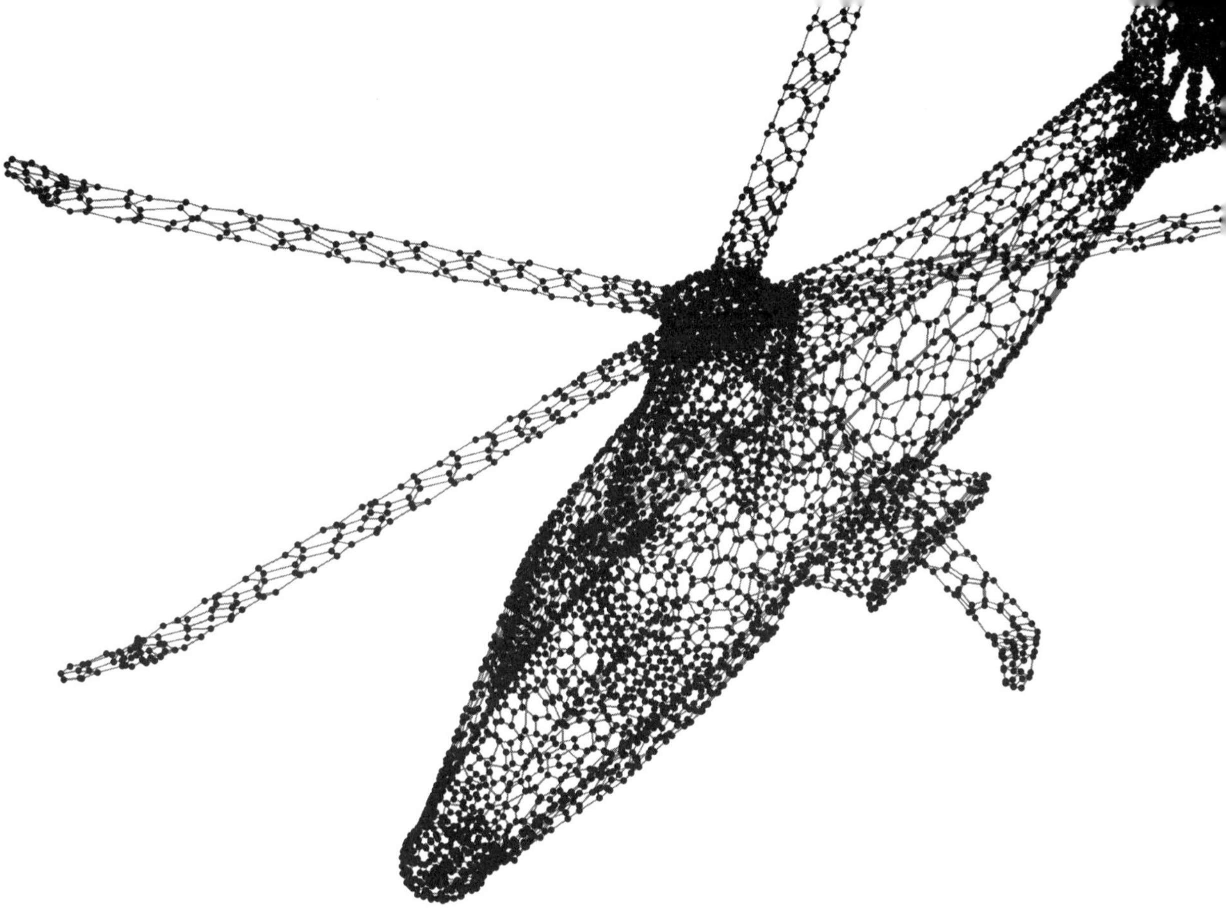

쉽게 배우는 Matlab-애니메이션

Introduction to Matlab & Animation

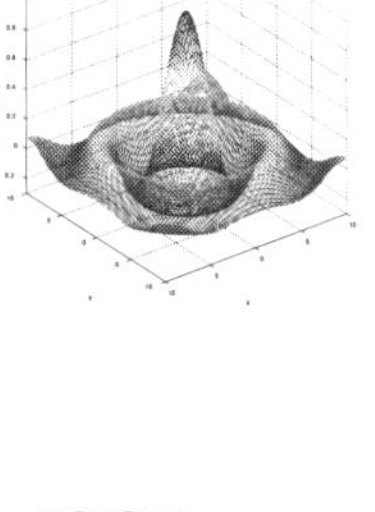  

진강규 지음

홍릉과학출판사

A Soldier's Prayer

Look God; I have never spoken to you,
But now I wait to say "How do you do?"
You see God, they told me you didn't exist,
And like a fool I believed all this.

Last night from a shell hole, I saw your sky,
I figured right then they had told me a lie.
Had I taken the time to see things you had made,
I'd have known they weren't calling a spade a spade.

I wonder God if you'll shake my hand
Somehow I feel you'd understand,
Funny I had to come this hellish place,
Before I had time to see your face.

Well I guess there isn't much more to say,
But I'm sure glad God, I met you today.
I guess the zero hour will soon be here
But I'm not afraid since I know you're near.

The signal; Well God, I'll have to go,
I like you lots, this I want you to know.
Look now, this will be a horrible fight,
Who knows, I may come to your home tonight.

Though I wasn't friendly to you before,
I wonder God, if you'd wait at the door,
Look, I'm crying; me, shedding tears;
I wish I'd known you these many years.

Well I have to go now, God, good bye
Strange, since I met you,
I'm not afraid to die.

6.25전쟁에서 전사한 어느 미군병사의 기도

머리말

MATLAB은 수많은 과학자와 공학자들 사이에 가장 인기 있는 컴퓨터 언어 중 하나라 할 수 있다. MATLAB이 이렇게 관심을 받게 된 이유는 클래스(Class)를 기반으로 한 간단하면서도 정교한 수치계산, 범용 프로그래밍 지원과 탁월한 그래픽 기능을 쉽게 활용할 수 있는 통합환경을 제공하고 있기 때문이다.

가장 기본적인 동작으로 명령줄에서 명령이 실행되면 적시적으로 응답하고, 범용 프로그래밍 언어로서 for, while, if, switch 등의 문장을 지원할 뿐만 아니라, 그래프를 그리는 것도 타 언어에 비해 대단히 쉽다. 조금만 노력하면 전문가 수준의 그래프를 만들 수 있고 또 그래픽 객체를 완벽하게 제어하고 맞춤화(Customization)할 수 있는 명령어와 그래픽 사용자 인터페이스(GUI)를 제공하고 있다. 이러한 인기에 힘입어 MATLAB은 시스템 시뮬레이션, 공학설계, 수치해석, 영상처리, 그래픽 구현 등 여러 분야에 응용되어 교재로 출판된 것을 볼 수 있다.

이 책은 저자의 경험과 자료를 토대로 MATLAB의 GUI와 사용자 컨트롤 기능을 활용하여 컴퓨터 상에서 제어시스템의 애니메이션을 구현하는 방법을 소개할 목적으로 집필되었다. 이제까지 제어시스템의 해석은 시간과 주파수 영역에서 구한 응답으로 족했고, 실제 장치의 구현은 많은 시간과 비용의 제약 때문에 제한적이었다. 따라서 독자들께 시스템의 수학적 모델과 MATLAB의 애니메이션 기능으로 실제 장치와 유사한 제어환경을 만들고, 대화형 작업을 통해 의도된 방향으로 움직이는 모습을 확인함으로써 시스템에 대한 이해와 흥미를 돕도록 하였다. 비롯 제어공학자의 관점에서 이 책을 쓰게 되었지만 타 분야에도 쉽게 응용할 수 있으리라 생각된다.

최근 MathWorks사가 메뉴의 레이아웃을 한글화한 MATLAB R2014a 버전을 출시함으로써 이 버전을 기준으로 쓰고 프로그래밍하였다. 하지만 개발된 프로그램은 이전의 R2010a 버전에도 모두 잘 돌아가기 때문에 이전 버전을 쓰고 있는 독자들은 전혀 염려할 필요가 없이 쓸 수 있다.

우선 독자들께 소개하고 싶은 의욕이 앞서 서둘러서 출판하게 되었지만, 다룰 내용이 방대하고 또 저자의 식견이 부족하여 미흡한 점이 많으리라 생각된다. 이 점에 대해서는 여러분의 기탄없는 질책이 있기를 부탁드리며, 더 나은 책을 만들라는 충고로 받아드리겠다. 특히 이 책에서 다루는 모든 MATLAB 소스코드는 출판사에서 제공하는 사이트(http://office.ucloud.com 책의 가장 뒷페이지에 로그인 방법 설명)에 탑재해 놓았다.

이 책이 출간되기까지 많은 분들의 도움이 있었다. 물심양면으로 도움을 주신 홍릉과학출판사 관계자 여러분께 감사를 표하며 또 가족들에게도 고마움을 전한다.

2014년 12월
영도 아치섬에서

저자 진 강 규

차례

MATLAB AND ANIMATION

Chapter 01 MATLAB 시작하기

1.1 데스크탑창 ········· 3
1.1.1 홈 탭 ········· 4
1.1.2 플롯 탭 ········· 8
1.1.3 앱 탭과 퍼블리시 탭 ········· 9

1.2 MATLAB 명령어 실행 ········· 10
1.2.1 줄 단위 실행 ········· 10
1.2.2 일괄 실행 ········· 12
1.2.3 이전 명령어 찾아 사용하기 ········· 12
1.2.4 종료 및 실행 중단하기 ········· 13

1.3 경로지정 ········· 13
1.3.1 작업폴더 경로 바꾸기 ········· 13
1.3.2 경로 지정하기 ········· 14

1.4 작업공간 내 변수 확인 및 삭제 ········· 15

1.5 도움말 기능 ········· 16
1.5.1 명령창에서 도움말 기능 이용 ········· 16
1.5.2 브라우즈 기반의 도움말창 이용 ········· 17
1.5.3 MATLAB Central 이용 ········· 18

Chapter 02 MATLAB 사용법

2.1 스크립트 m-파일 ········· 23
2.1.1 편집기의 호출 ········· 23

2.1.2 스크립트 파일 편집 ···· 24
2.1.3 스크립트 파일 저장 ···· 25
2.1.4 스크립트 파일 실행 ···· 25
2.1.5 디버깅 ···· 26

2.2 변수와 예약어 ···· 28
2.2.1 변수 ···· 28
2.2.2 예약어 ···· 29

2.3 데이터 저장하고 불러오기 ···· 31
2.3.1 데이터 저장하기 ···· 32
2.3.2 데이터 불러오기 ···· 33

2.4 벡터와 행렬의 입력과 조작 ···· 35
2.4.1 벡터와 행렬의 입력 ···· 35
2.4.2 벡터와 행렬의 조작 ···· 39
2.4.3 문자열의 조작 ···· 46

2.5 셀과 구조체 ···· 47
2.5.1 셀 배열 ···· 48
2.5.2 구조체 ···· 53

2.6 산술 연산 ···· 59
2.6.1 기본 연산 ···· 59
2.6.2 배열 연산 ···· 63
2.6.3 내장함수 ···· 68

2.7 흐름 제어 도구 ···· 79
2.7.1 관계 연산자와 논리 연산자 ···· 79
2.7.2 For-end 문 ···· 85
2.7.3 While-end 문 ···· 88
2.7.4 If-end 문 ···· 90
2.7.5 Switch-end 문 ···· 93
2.7.6 Break 명령어 ···· 94

2.8 입출력하기 ···· 95
2.8.1 입력 명령어 ···· 95
2.8.2 출력 명령어 ···· 96

2.9 함수 m-파일 작성과 실행 102
2.9.1 함수 m-파일 102
2.9.2 익명함수 111
2.9.3 함수 함수 113
2.9.4 가변인수의 사용 116

2.10 다항식 관련 함수 121
2.10.1 다항식의 입력 121
2.10.2 다항식의 곱 121
2.10.3 다항식의 근 121

Chapter 03 2차원 그래프

3.1 선 그래프 125
3.1.1 Plot 그래프 125
3.1.2 그래프 형식 지정 127
3.1.3 매개방정식의 그래프 132
3.1.4 불연속 그래프 133
3.1.5 그래프 추가하기 135
3.1.6 그림창 분할 136
3.1.7 그림창 열고 닫기 140
3.1.8 그림창의 내용 지우기 140
3.1.9 Plotyy 그래프 141
3.1.10 Log 그래프 142
3.1.11 Stairs 그래프 144
3.1.12 Contour 그래프 145

3.2 막대형 그래프 146
3.2.1 Bar 그래프 146
3.2.2 Histogram 149
3.2.3 Rectangle 그래프 150
3.2.4 Box 그래프 150
3.2.5 Stem 그래프 151

3.3 면적 그래프 152
3.3.1 Area 그래프 152

3.3.2 Pie 그래프 ······ 153
3.3.3 Fill 그래프 ······ 154
3.3.4 Pseudocolor 그래프 ······ 156

3.4 기타 그래프 ······ 157
3.4.1 Quiver 그래프 ······ 157
3.4.2 Polor 그래프 ······ 158

Chapter 04 3차원 그래프

4.1 선 그래프 ······ 163
4.1.1 Plot3 그래프 ······ 163
4.1.2 Contour3 그래프 ······ 164

4.2 그물망형 그래프 ······ 167
4.2.1 Mesh 그래프 ······ 167
4.2.2 Trimesh 그래프 ······ 171
4.2.3 Stem3 그래프 ······ 173

4.3 면 그래프 ······ 174
4.3.1 Surf 그래프 ······ 174
4.3.2 Trisurf 그래프 ······ 177
4.3.3 Cylinder 그래프 ······ 178
4.3.4 Sphere 그래프 ······ 181

4.4 기타 3차원 그래프 ······ 182
4.4.1 Fill3 그래프 ······ 182
4.4.2 Bar3 그래프 ······ 183
4.4.3 Pie3 그래프 ······ 185
4.4.4 Quiver3 그래프 ······ 186
4.4.5 기타 명령어 ······ 187

4.5 매개방정식의 그래프 ······ 190
4.5.1 매개방정식 x= f(t), y= g(t), z= h(t) ······ 190
4.5.2 매개방정식 x= f(s,t), y= g(s,t), z= h(s,t) ······ 192

Chapter 05 그래프 속성 바꾸기

5.1 그래픽 객체와 핸들 ······ 197
5.1.1 그래픽 객체 ······ 197
5.1.2 객체 핸들 ······ 203
5.2 명령어로 속성값 바꾸기 ······ 206
5.2.1 Get 명령어 ······ 206
5.2.2 Set 명령어 ······ 214
5.3 속성 편집기에서 속성값 바꾸기 ······ 217
5.3.1 속성 편집기 열기 ······ 218
5.3.2 속성값 바꾸기 ······ 219
5.3.3 그림파일 저장하고 열기 ······ 221
5.3.4 그림파일 내보내기 ······ 222

Chapter 06 시스템 모델링과 시뮬레이션

6.1 시스템의 표현 ······ 227
6.1.1 상태공간 표현 ······ 227
6.1.2 상태공간 표현의 예 ······ 229
6.2 미분방정식의 상태공간 표현 ······ 237
6.2.1 방법 1 ······ 237
6.2.2 방법 2 ······ 240
6.3 시스템의 전달함수 표현 ······ 243
6.4 오프라인 시뮬레이션 ······ 245
6.4.1 전달함수 표현 시스템 ······ 245
6.4.2 상태공간 표현 시스템 ······ 247
6.5 4차 Runge-Kutta법 ······ 249
6.5.1 1계 미분방정식의 해법 ······ 249
6.5.2 고계 미분방정식의 해법 ······ 250
6.6 비선형 요소의 시뮬레이션 ······ 258
6.6.1 시간지연 요소 ······ 258

6.6.2 릴레이 요소 ········ 261
6.6.3 포화기 요소 ········ 263

Chapter 07 애니메이션 시작하기

7.1 기본 명령어 ········ 271
7.1.1 객체 핸들 얻기와 속성 제어하기 ········ 271
7.1.2 기타 명령어 ········ 275

7.2 간단한 애니메이션 예 ········ 276
7.2.1 Pause 명령어 이용 ········ 276
7.2.2 핸들과 Set, Drawnow 명령어 이용 ········ 277

Chapter 08 애니메이션 만들기

8.1 발사체의 운동 ········ 291
8.2 싸이클로이드 곡선 ········ 294
8.3 진자 시스템 ········ 296
8.4 도립진자 시스템 ········ 299
8.5 탱크 수위 제어시스템 ········ 302
8.6 모델카의 퍼지제어 ········ 305
8.7 공의 균형 제어 ········ 308
8.8 DC 모터의 회전각 제어 ········ 311
8.9 RLC 회로 ········ 315

Chapter 09 GUI 시작하기

9.1 GUI 시작하기 ········ 323
9.1.1 GUI와 GUIDE ········ 323
9.1.2 GUI 호출하기 ········ 324
9.1.3 GUI 컴포넌트 ········ 325

9.2 컴포넌트의 배치와 속성 변경 ········ 327
9.2.1 컴포넌트의 배치 ········ 327

9.2.2 컴포넌트의 속성 변경 ······ 328
9.2.3 컴포넌트의 크기 조절 ······ 336
9.2.4 컴포넌트의 정렬 ······ 336

9.3 GUI 저장하고 실행하기 ······ 338
9.3.1 GUI 저장하기 ······ 338
9.3.2 GUI 실행하기 ······ 338

9.4 GUI 프로그래밍 ······ 339
9.4.1 m-파일의 구조 ······ 340
9.4.2 예제 1: 푸시 버튼과 축의 사용 ······ 343
9.4.3 예제 2: 토글 버튼과 축의 사용 ······ 346
9.4.4 예제 3: 텍스트 편집과 푸시 버튼의 사용 ······ 349
9.4.5 예제 4: 목록 상자와 텍스트 편집의 사용 ······ 352
9.4.6 예제 5: 라디오 버튼과 텍스트 편집의 사용 ······ 355
9.4.7 예제 6: 버튼 그룹과 텍스트 편집의 사용 ······ 359
9.4.8 예제 7: 슬라이더와 텍스트 편집의 사용 ······ 363
9.4.9 예제 8: 목록 상자, 푸시 버튼과 축의 사용 ······ 366

Chapter 10 GUI로 애니메이션 만들기

10.1 마찰을 고려한 발사체의 운동 ······ 373
10.1.1 GUI 작성 ······ 373
10.1.2 Callback 함수 프로그래밍 ······ 375

10.2 피스톤 왕복운동 ······ 383
10.2.1 GUI 작성 ······ 384
10.2.2 Callback 함수 프로그래밍 ······ 386

10.3 DC모터의 회전각 제어 ······ 396
10.3.1 GUI 작성 ······ 396
10.3.2 Callback 함수 프로그래밍 ······ 398

10.4 도립진자 시스템의 안정화 제어 ······ 410
10.4.1 GUI 작성 ······ 410
10.4.2 Callback 함수 프로그래밍 ······ 412

참고문헌 ······ 427

Chapter 01

MATLAB 시작하기

MATLAB AND ANIMATION

1.1 데스크탑창

1.2 MATLAB 명령어 실행

1.3 경로지정

1.4 작업공간 내 변수 확인 및 삭제

1.5 도움말 기능

복 있는 사람은 악인의 꾀를 좇지 아니하며
죄인의 길에 서지 아니하며
오만한 자의 자리에 앉지 아니하고
오직 여호와의 율법을 즐거워하여
그 율법을 주야로 묵상하는 자로다
저는 시냇가에 심은 나무가 시절을 좇아 과실을 맺으며
그 잎사귀가 마르지 아니함 같으니
그 행사가 다 형통하리로다

〈시 1:1-3〉

이 장에서는 MATLAB 프로그램을 작성하고 실행하는 통합환경과 여러 가지 창에 대하여 알아본다.

1.1 데스크탑창

MATLAB을 실행하면 데스크탑창(Desktop window)이 열리고, 여기에는 명령창(Command window), 현재 폴더창(Current directory window), 작업공간창(Workspace window), 세부 정보창이 기본적으로 나타난다. 이것이 MATLAB의 기본 화면이며, 그림 1.1과 같다.

그림 1.1 데스크탑창(홈 탭의 선택)

초기 화면에는 3가지 탭이 나타나지만, 특정 명령어 실행 여부에 따라 더 많은 탭이 나타날 수도 있다. 현 시점에서 전체 메뉴 기능을 살펴보는 것은 오히려 독자들에게 혼란만 가중시키므로 자주 사용되는 몇 가지만 간단히 알아보자. 자세한 것은 도움말창에서 <Desktop environment>를 키워드로 검색해보기 바란다.

1.1.1 홈 탭

홈 탭(Home tab)은 기본적으로 선택되어 맨 앞으로 나와 있는 탭으로서, MATLAB의 주요 기능들이 이 도구 모음에 나열되어 있다.

1.1.1.1 새로 만들기 (New)

이 메뉴를 선택하면 그림 1.2와 같은 풀다운 메뉴 바가 나타난다. 여기서는 편집기, 그림창, GUIDE 빠른 시작창, SIMULINK 등을 호출할 수 있다.

<스크립트>나 <함수>를 선택하면 스크립트 m-파일이나 함수 m-파일을 생성/디버깅/실행을 해주는 그림 1.3과 같은 편집기창(Editor window)이 데스크탑창에 나타나게 된다.

그림 1.2 새로 만들기 메뉴 바

이 창은 기본적으로 데스크탑창에 묶여 있지만, 편집기창의 우측 상단에 있는 ⊙ 버튼(그림 1.3의 원 부분)을 누른 다음 메뉴 바에서 <도킹 해제>를 누르면 데스크탑창에서 분리되고, 분리된 창에서 다시 ⊙버튼을 누르고 <편집기 도킹>을 선택하면 원래대로 결합된다. 일반적으로 줄 수가 긴 경우에는 큰 화면에서 작업하는 것이 편리하므로 그림 1.4와 같이 따로 분리해서 사용하는 것이 좋다.

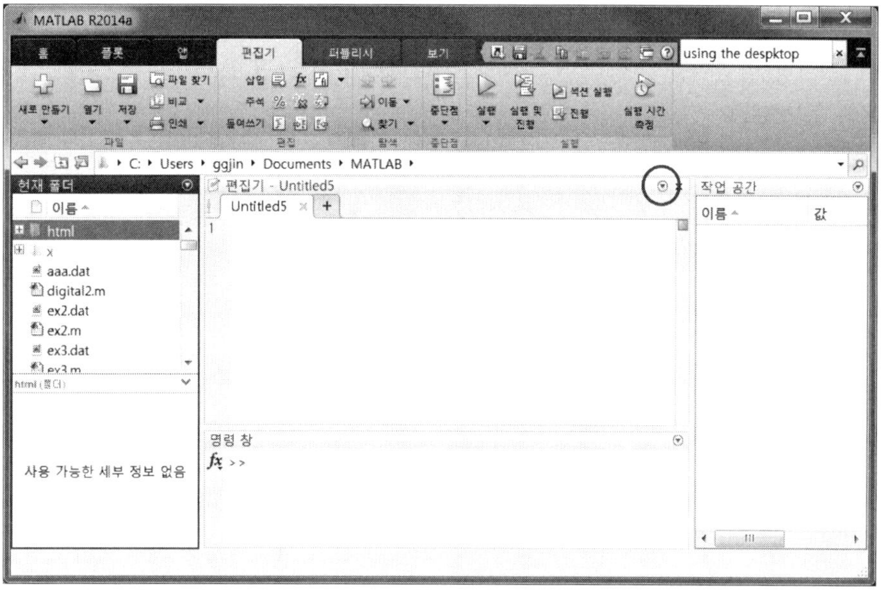

그림 1.3　데스크탑창에 결합된 편집기창

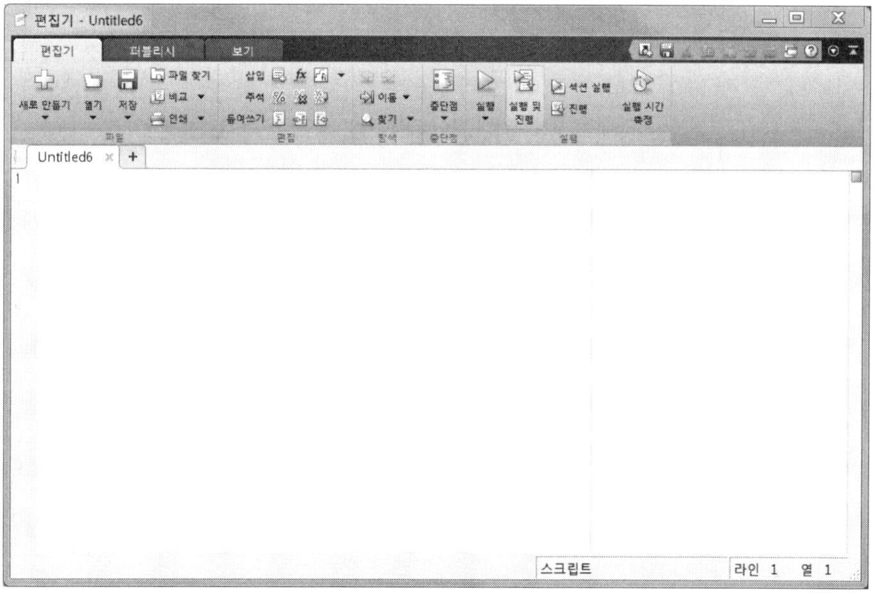

그림 1.4　데스크탑창에서 분리된 편집기

또 <새로 만들기>에서 <Figure>를 선택하거나, 편집기나 명령창의 명령줄(Command line)에서 그래픽 명령어를 실행하면 그래프를 나타내주는 그림 1.5와 같은 그림창(Figure window)이 생성된다.

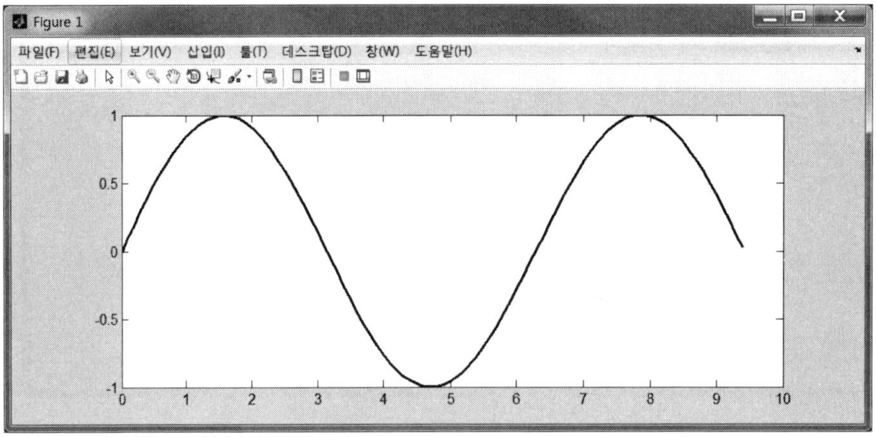

그림 1.5 그림창

또 GUI 환경에서 프로그램을 개발할 경우에는 <GUI>를 선택하거나, 명령줄에서 guide를 입력하고 <Enter> 키를 누르면 그림 1.6과 같은 GUIDE 빠른 시작창(Quick start window)이 나타난다. GUIDE에 대한 더 자세한 것은 9장에서 보여주도록 한다.

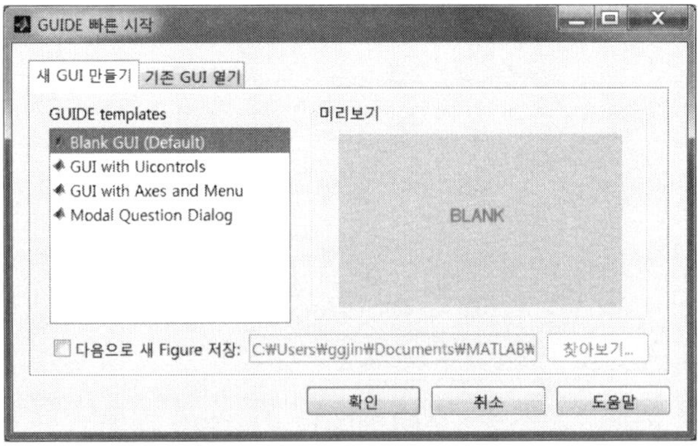

그림 1.6 GUIDE 빠른 시작창

1.1.1.2 코드 분석(Analyze code) 및 실행시간 측정(Run and time)

현재 폴더에 들어 있는 MATLAB m-파일들의 코드를 분석하고 그 결과를 리포팅 해준다. 코드 분석기 리포트에는 잠재적인 오류와 문제점 그리고 성능을 향상시킬 수 있는 방법들이 제안된다. 또한 프로파일링 툴(Profiling tool)을 사용하면 성능 향상을 위해 코드를 재구성할 수 있는 위치를 쉽게 파악할 수 있게 해준다.

1.1.1.3 레이아웃(Layout)

이 메뉴를 선택하면 그림 1.7과 같은 풀다운 메뉴 바가 나타난다. 주로 창들을 열고 닫거나 혹은 현재 열려 있는 여러 창을 나열해주거나 도구모음의 위치를 지정해주는 역할을 한다. 잠시 안 쓰는 창들을 닫고 싶을 때에는 그림 1.7에 체크되어 있는 곳을 해제하면 되고, 이곳을 다시 체크하면 열린다. 명령창만 나타나게 하려면 <명령창만>을 선택하면 되고, 기본 화면으로 되돌아가고 싶으면 <디폴트>를 선택하면 된다.

MATLAB을 사용하다 보면 명령창도 데스크탑창에서 분리해서 사용하고 싶을 때가 종종 있다. 이때에는 창의 우측 상단에 있는 ⊙ 버튼을 누른 다음 메뉴 바에서 <도킹 해제>를 누르면 데스크탑창에서 분리되고, 분리된 명령창에서 ⊙ 버튼을 누르고 <도킹>을 선택하면 원래대로 결합된다.

그림 1.7 레이아웃 메뉴 바

1.1.1.4 기본 설정(References)

이 메뉴에서는 명령창, 편집기, GUIDE, 도구모음 등 MATLAB 툴과 관련된 기본 설정들을 할 수 있다. <편집기>→<탭>에서는 탭 크기를, <편집기>→<자동 저장>에서는 자동 저장 유무와 저장 간격을, <글꼴>에서는 데스크탑 툴들의 글꼴을, <GUIDE>에서는 팔레트에 이름 표시를, <도구 모음>에서는 빠른 액세스 도구 아이콘 선택 등을 설정할 수 있다.

1.1.2 플롯 탭

플롯 탭(Plot tab)은 마우스 동작만으로도 주어진 데이터로부터 손쉽게 여러 가지 그래프를 그릴 수 있도록 해준다. 그림 1.8의 오른쪽 작업공간창에서 데이터 계열을 선택한 다음 그래프 종류를 선택하면 원하는 그림이 그려진다. 이때 데스크탑창의 왼쪽 상단에는 선택된 변수명이 나타난다.

그림창의 도형은 stem 그래프를 선택했을 때의 결과이다. 2차원 및 3차원 그래프에 대한 자세한 것은 3장과 4장을 참조하기 바란다.

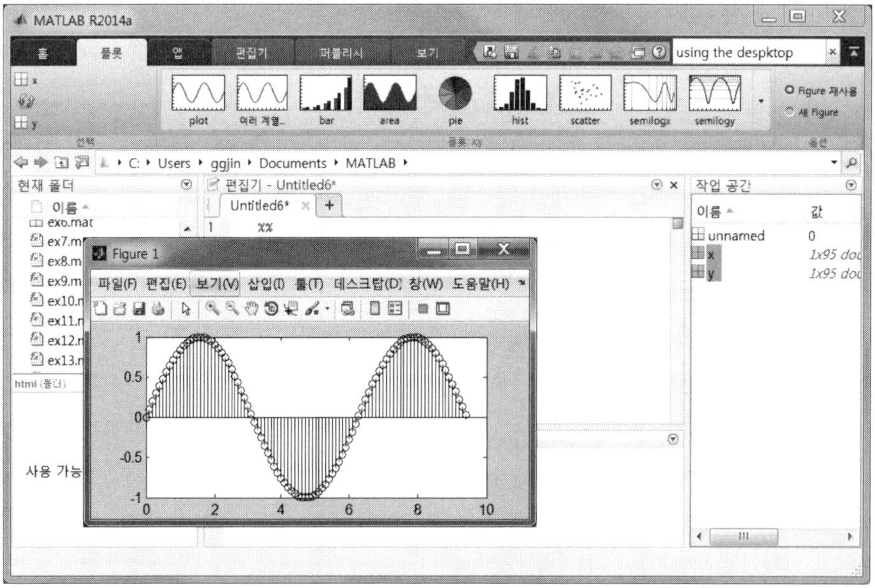

그림 1.8 데스크탑창(플롯 탭의 선택)

1.1.3 앱 탭과 퍼블리시 탭

앱 탭(Apps tab)은 사용자 고유의 응용프로그램을 만들 수 있는 환경을 제공해주며, 자세한 것은 <도움말>에서 apps로 검색하면 볼 수 있다. 한편 <새로 만들기>에서 <스크립트>나 <함수>를 선택하면 m-파일 편집기가 호출되면서 편집기 탭(Editor tab), 보기 탭(View tab), 퍼블리시 탭(Publish tab) 3개가 새롭게 생긴다. 편집기 탭과 보기 탭은 편집기와 관련된 기능들이 들어 있으므로 2.1절에서 다루기로 한다.

퍼블리시 탭은 사용자 코드와 그 코드의 실행 결과를 html, latex, doc, ppt, pdf 형식의 문서로 쉽게 만들 수 있도록 해준다. 출력 형식 지정은 <퍼블리시> → <퍼블리시 옵션 편집>을 눌러 나타나는 창에서 html이 있는 부분을 눌러서 선택하면 된다. 그림 1.9는 편집기에 간단한 스크립트를 입력한 예이고, 그림 1.10은 이를 저장한 다음 html 형식으로 퍼블리시한 결과이다(그림 1.9의 원 부분 참조).

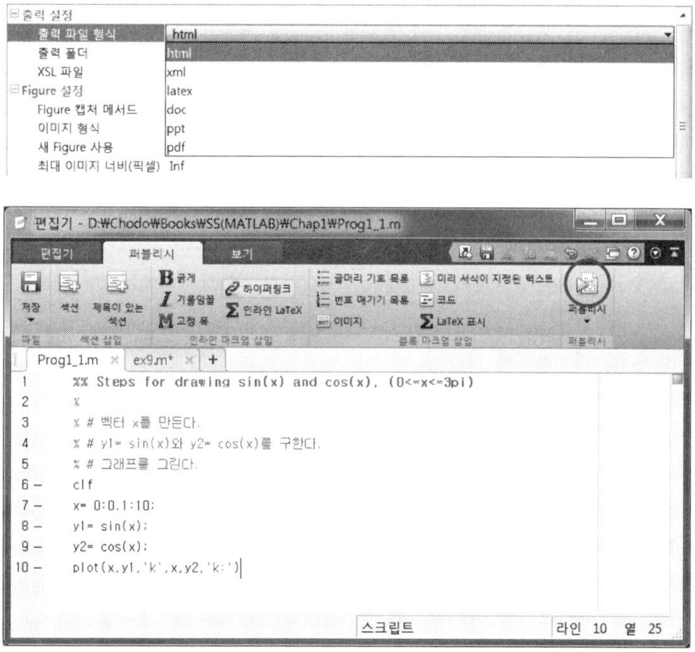

그림 1.9 편집기(퍼블리시 탭의 선택)

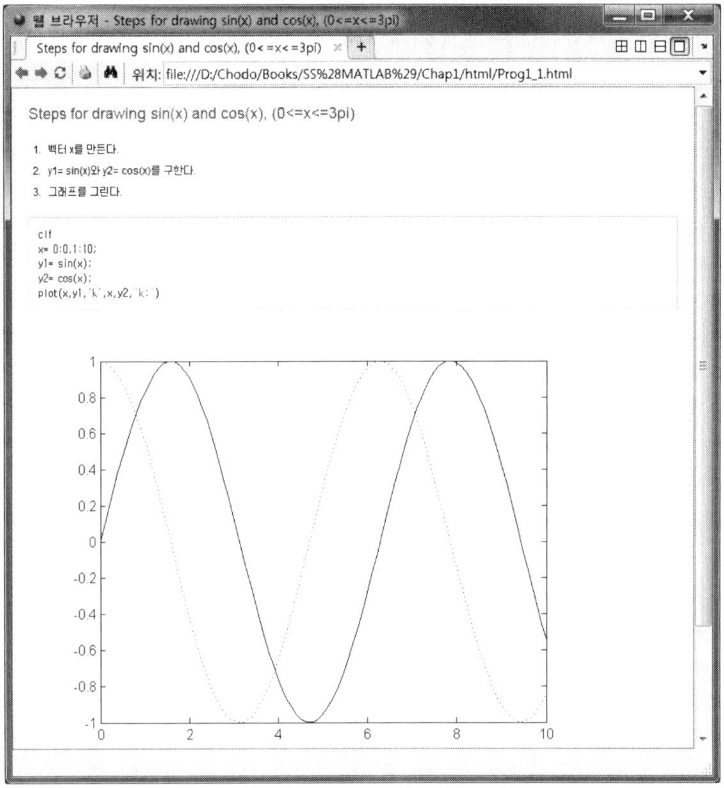

그림 1.10 퍼블리시된 html 파일

1.2 MATLAB 명령어 실행

MATLAB은 번역기 언어(Interpreter language)로서 한 줄의 명령어가 번역기에 전달될 때마다 기계어로 변환되고 실행된다. 이때 명령어는 줄 단위로 입력되거나 아니면 배치파일을 만들어 일괄적으로 입력되게 할 수 있다.

1.2.1 줄 단위 실행

명령창에 명령어 프롬프트(>>)가 나타나는 줄, 즉 명령줄(Command line)에 명령어를 직접 키보드로 입력하고 <Enter> 키를 칠 때 처리되는 방법을 말한다. 예컨대 다음 명령어를 실행하면

```
>> z= sqrt(2)
z= 1.4142
```

계산 결과를 z에 저장해줌과 동시에 명령창의 화면에도 나타낸다. 그러나 문장 끝에 세미콜론(;)를 붙이면 출력은 화면에 표시되지 않는다. 실행 결과를 명령창에서 직접 확인할 필요가 없는 경우에는 가급적 ';'를 붙여야만 불필요한 화면 출력을 피할 수 있다. 그러나 그래픽 명령어(plot, fill, mesh 등)는 핸들(Handle)을 받을 때를 제외하고 ';'를 두지 않아도 된다.

줄 단위 실행은 이전에 입력한 명령어와 현재 입력한 명령어 간에 상호작용적이지 못하다. 만약 이전에 실행했던 명령어를 하나 불러와 수정하면 이와 연관된 명령어들이 자동적으로 수정되지 않기 때문에 그 이후의 모든 명령어를 순차적으로 다시 실행시켜줘야 한다. 다음 간단한 예를 통해 살펴보자.

```
>> x= 2;
>> y= sqrt(x);
>> z= x+y
z= 3.4142
```

실행 결과 $z = 3.4142$가 되지만, 만약 $x = 3$일 때의 z 값을 알고 싶으면 x = 3; y = sqrt(x); z = x + y 세 문장을 순서대로 다시 실행해줘야 하는 불편함이 따른다.

한편 문장 앞에 기호 '%'를 두게 되면 이 이후의 줄은 주석문(Comment statement)으로 처리되고 실행되지 않는다.

```
>> % Comment statement
>> z= sqrt(2) % Square root of 2
z= 1.4142
```

1.2.2 일괄 실행

일괄 실행이란, 실행될 명령어들을 모은 배치파일을 만들어 저장한 후 이 파일을 실행시키는 방법을 말한다. 배치파일이 실행되면 작성된 순서대로 명령어들이 처리된다. 이 배치파일을 MATLAB에서는 스크립트 m-파일 또는 함수 m-파일이라 부른다. 그 구분은 다음 장에서 다루게 된다.

예를 들어 편집기로 다음 프로그램을 만든 후 파일에 저장하고

Script file: prog1_1.m

```
x= 0:0.1:10;
y1= sin(x);
y2= cos(x);
plot(x,y1,'k',x,y2,'k:')
```

명령줄에 파일명을 입력하고 <Enter> 키를 치면

```
>> prog1_1
```

4개의 문장이 순차적으로 처리된다. 이때 prog1_1은 4개의 문장을 실행하라는 또 다른 명령어로 간주된다. 명령줄에 파일명을 입력할 때 확장자 '.m'은 생략해도 된다. 일반적으로 이 방법은 줄 수가 많을 때 편리하고, 또 프로그램 유지보수면에서도 유리하기 때문에 많이 사용된다. 더 자세한 것은 2.1절에서 다루도록 한다.

1.2.3 이전 명령어 찾아 사용하기

MATLAB 명령줄에서 입력된 명령어들은 컴퓨터 내부에 저장되고 명령어 기록창에도 그 목록이 나타난다. 목록에서 이전에 사용했던 명령어를 불러와 수정한 후 <Enter>키를 치면 실행된다. 또 <↑>, <↓> 키를 사용해서 탐색해도 된다. 찾는 명령어가 명령줄에 나타나면 수정한 후 <Enter>키를 치면 실행된다. <Enter>키를 칠 때 커서(Cursor)가 반드시 문장 끝에 있을 필요는 없다.

1.2.4 종료 및 실행 중단하기

MATLAB을 종료하려면 데스크탑창을 닫거나, <Ctrl+Q>를 누르거나, 명령줄에서 quit 또는 exit를 실행하면 된다. MATLAB 프로그램이 실행될 때 논리 오류로 무한 루프에 빠지거나 혹은 연산시간이 너무 오래 걸려 MATLAB을 종료하지 않고 중단하고 싶다면 <Ctrl+C>를 입력하면 된다.

1.3 경로지정

1.3.1 작업폴더 경로 바꾸기

사용자가 명령어를 입력하면 현재의 작업폴더(Working folder)나 미리 지정된 경로의 폴더에서 그 명령어를 찾게 되고 명령어가 없으면 오류 메시지를 내게 된다. 현재 사용 중인 작업폴더를 변경하고 싶을 때에는 데스크탑창에서 그림 1.11의 타원 부분을 클릭해서 선택하거나 아니면 명령줄에서 cd 명령어를 사용하면 되고 pwd로 변경 여부를 확인할 수 있다. 또한 다른 폴더에서 불러온 m-파일을 실행하면 작업폴더의 변경 여부를 묻게 되고 <폴더 변경>를 선택하면 자동 변경된다.

```
>> pwd  % 현재의 작업폴더 위치를 알려줌
ans =  D:\Ggjin\kmu\ECs
>> cd ..   % 상위 폴더로 이동
>> pwd
ans =  D:\Ggjin\kmu
>> cd D:\Ggjin  % 지정한 경로의 폴더로 이동
>> pwd
ans =  D:\Ggjin
```

1.3.2 경로 지정하기

사용자가 유용한 함수들을 미리 만들어 놓고 저장된 폴더의 경로를 지정해놓으면, 어떤 폴더에서 작업을 하더라도 함수를 찾아 실행해 준다. 경로를 지정할 때에는 데스크탑창의 <경로 설정>에서 <폴더 추가>나 <하위 폴더와 함께 추가>를 클릭해서 그림 1.11과 같이 폴더를 지정하고 <저장> → <닫기>하면 된다.

이렇게 했는데도 불구하고 경로지정이 잘 안 먹히면 시작위치에 pathdef.m 파일을 만들어 놓아야 한다. 시작위치란 MATLAB이 시작할 때 설정되는 작업폴더를 말하며, 데스크탑창의 <현재 폴더>에 처음 나타나는 폴더가 된다(그림 1.11의 타원 참조). 시작위치를 바꾸려면 바탕화면에 있는 MATLAB R2014a 아이콘을 마우스 오른쪽으로 클릭해서 <속성>을 선택하고 그림 1.12의 창이 나타날 때 <바로가기> → <시작 위치> 칸에 원하는 절대 경로를 넣고 <확인>하면 된다.

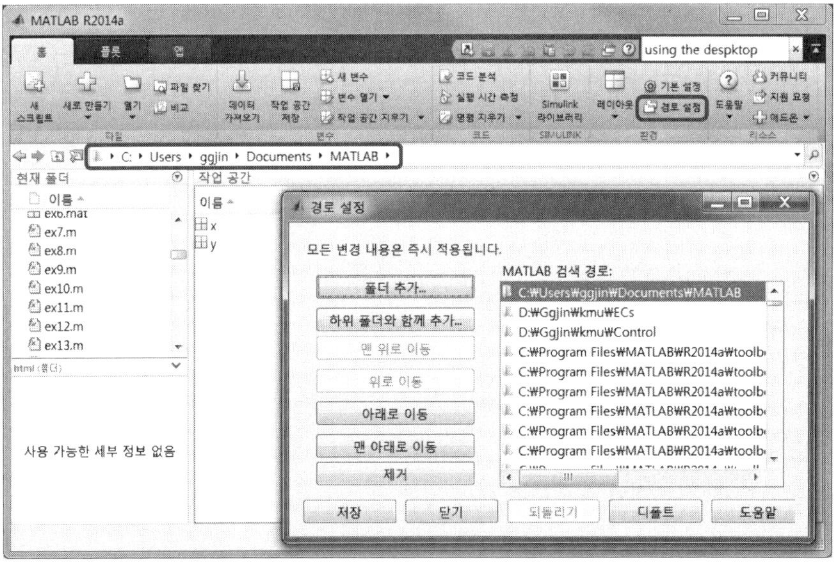

그림 1.11 경로지정을 위한 창

만약 시작위치가 C:\Users\ggjin\Documents\MATLAB로 지정되어 있다면, 명령줄에 다음 명령어를 입력하면 pathdef.m 파일을 만들어 저장할 수 있다.

```
savepath C:\Users\ggjin\Documents\MATLAB
```

그림 1.12 시작위치 변경을 위한 창

1.4 작업공간 내 변수 확인 및 삭제

작업공간 내에서 사용 중인 변수는 작업공간창에 나타나며, 특정 변수를 삭제할 경우에는 마우스로 선택하고 오른쪽 버튼을 써서 삭제하면 된다. 전체를 삭제할 경우에는 <작업공간 지우기>에서 하면 된다. 한편 명령창에서 변수를 확인하고 또 삭제해주는 명령어는 다음과 같다.

- who % 사용 중인 변수를 보여준다.
- clear var % 변수 var를 삭제한다.
- clear all % 모든 변수들을 삭제한다.
- clc % 명령창의 내용을 지운다. 이때 작업공간 내의 변수들은 지워지지 않는다.

다음 예는 변수 x를 삭제하고 확인하고 있다.

```
>> x= 2; y= 3;
>> who
Your variables are: x  y
```

```
>> clear x
>> who
Your variables are: y
```

작업공간 내의 파일 목록을 보고 싶을 때에는 명령어 ls 또는 dir를 사용하면 되고, ASCII 또는 텍스트 파일의 내용을 화면 상에 나타낼 때에는 명령어 type을 사용하면 된다. 물론 일반적인 텍스트 편집기로도 읽을 수 있다.

```
>> x= 1.2; y= 5.6;
>> save fname x y -ascii  % 명령어 save는 2장에서 다룸
>> ls
.  ..  fname  pathdef.m
>> type fname
1.2000000e+000
5.6000000e+000
```

1.5 도움말 기능

1.5.1 명령창에서 도움말 기능 이용

MATLAB에서 제공하는 도움말을 제공받고 싶거나 특정 명령어(예컨대 plot 등)의 문법을 알고 싶을 때에는 명령줄에서 다음과 같이 입력하면 되고, 화면의 마지막에 나타나는 <…에 대한 참조 페이지>를 클릭하면 사용 예를 볼 수 있다.

```
>> help
>> help plot  % plot 명령어의 도움말을 보여줌
>> help elfun  % 기본 수학함수들의 도움말을 보여줌
```

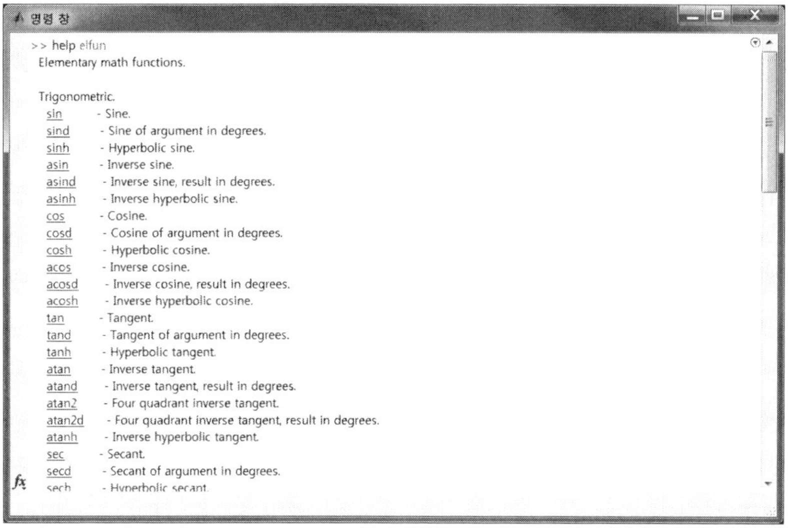

그림 1.13 명령창에서 도움말 기능

1.5.2 브라우즈 기반의 도움말창 이용

통합되고, 완벽한 브라우저 기반의 도움말을 제공받고 싶을 때에는 데스크탑창에서 <도움말>을 선택하거나 열려있는 창에서 ?을 클릭하면 그림 1.14와 같은 도움말창(Help win-

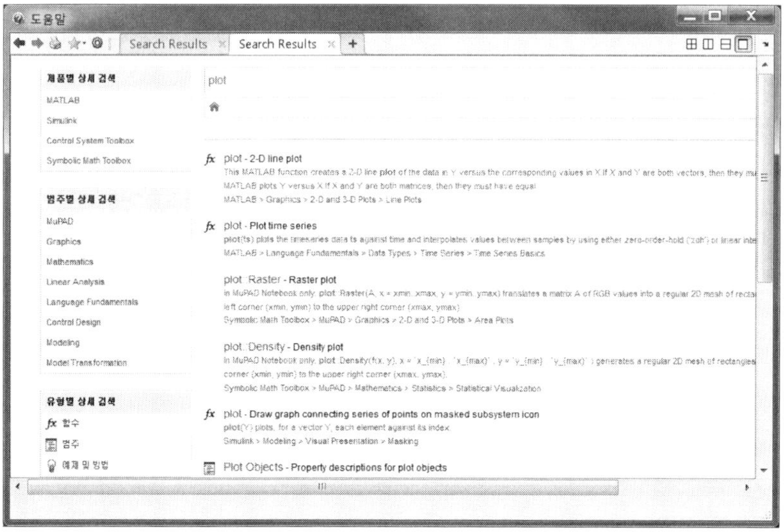

그림 1.14 브라우저 기반의 도움말창

dow)이 나타나고 상단의 박스에 찾을 주제어를 넣으면 된다. 같은 명령어라도 사용자 편의에 따라 다양한 형태로 호출할 수 있기 때문에 구체적인 문법과 사용 예는 항상 도움말 기능을 통해 확인할 필요가 있다.

1.5.3 MATLAB Central 이용

Mathworks사에서는 사용자 편의를 위해 공식 웹사이트를 운영하고 있다. 데스크탑창에서 <커뮤니티>를 클릭하면 그림 1.15와 같은 화면에 접속된다.

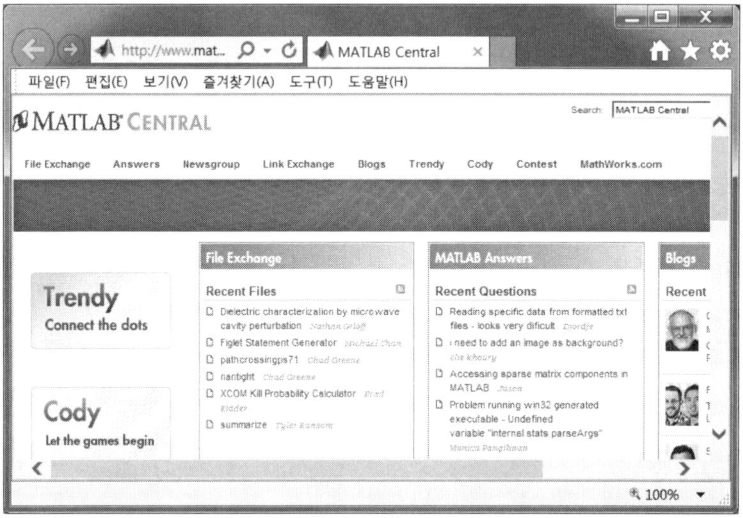

그림 1.15 MATLAB Central 사이트

만약 본인 스스로 해결이 어려워 외부 도움이 필요한 경우에는 <Answers>나 <Newsgroup>에 들어가서 미리 감사드린다는 짧은 글과 문제의 코드를 같이 올려놓으면 즉시 전 세계 도우미들로부터 조언을 받을 수 있다(그림 1.16, 그림 1.17 참조).

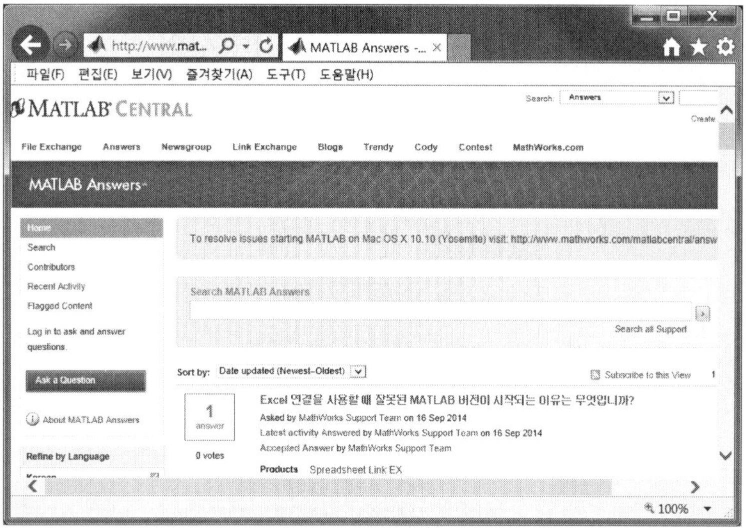

그림 1.16 MATLAB newsgroup 사이트

<File Exchange>에 들어가서 <Search Files>에 원하는 키워드를 입력하고 색인하면 유용한 프로그램들을 무료로 다운받을 수도 있고 또 본인의 프로그램을 다른 사람들과 공유하고 싶으면 올릴 수도 있다(그림 1.18 참조).

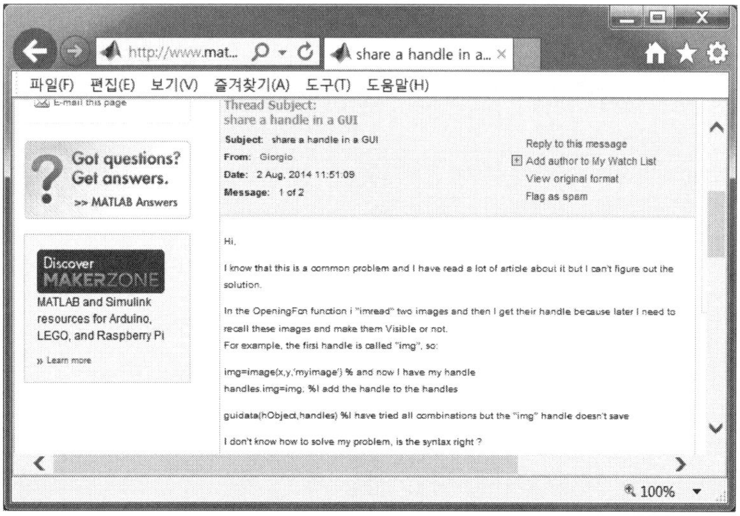

그림 1.17 MATLAB Newsgroup 사이트

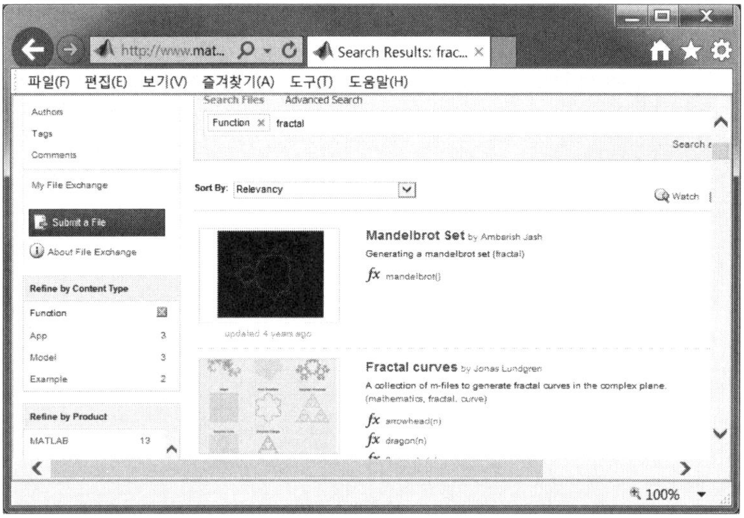

그림 1.18 MATLAB File Exchange 사이트

Chapter 02

MATLAB 사용법

MATLAB AND ANIMATION

2.1 스크립트 m-파일

2.2 변수와 예약어

2.3 데이터 저장하고 불러오기

2.4 벡터와 행렬의 입력과 조작

2.5 셀과 구조체

2.6 산술 연산

2.7 흐름 제어 도구

2.8 입출력하기

2.9 함수 m-파일 작성과 실행

2.10 다항식 관련 함수

어떤 인류학자가
아프리카 한 부족의 아이들에게
게임을 하자고 제안했다.
그는 근처 나무에
아이들이 좋아하는 음식을
매달아 놓고 "먼저 도착한 사람이
그것을 먹을 수 있다"고 하고
시작을 외쳤다.
그런데 아이들은 각자 뛰어가지 않고
모두 손을 잡고 가서 그것을
함께 먹었다.
인류학자는 아이들에게
"한 명이 먼저가면 다 차지할 수 있는데
왜 함께 뛰어 갔지?"라고 물었다.
그러자 아이들은
"우분트(UBUNTU)"라고 외치며,
"다른 사람이 모두 슬픈데
어째서 한 명만 행복해질 수 있나요?"
라고 대답했다.
'우분트' 반투족 말로
'네가 있기에 내가 있다(I am what I am because you are)'
라는 뜻이다.

〈 반투족 〉

Matlab & Animation

이 장은 MATLAB의 기본 명령어와 파일 입출력 사용법에 대해 설명하고 또 스크립트 m-파일과 함수 m-파일을 생성하고 사용하는 방법에 대해 다룬다.

2.1 스크립트 m-파일

앞 장에서 MATLAB 명령어는 명령줄에서 줄 단위로 실행하거나 아니면 배치파일을 만들어 실행할 수 있음을 간단히 소개하였다. 줄 수가 적을 경우에 명령줄을 이용하면 즉시 결과가 화면에 나타나므로 대단히 유용하다. 이 때문에 새로운 명령어를 소개하게 되는 2장에서는 주로 명령줄을 이용할 것이다.

하지만 줄 수가 많아지면 입력과 수정이 지루할 뿐만 아니라 라이브러리 구축, 디버깅과 유지보수 면에서도 효과적이지 못하므로 m-파일을 만들어 사용하게 된다. m-파일이란 일괄 처리하도록 MATLAB 명령어들을 취합해 놓은 배치파일을 말하며, 문자로 시작하는 파일명에 확장자(.m)를 가진다. m-파일은 크게 스크립트 m-파일(Script m-file)과 함수 m-파일(Function m-file)로 구분된다. 외형적인 차이는 함수 m-파일의 첫 실행문이 반드시 function으로 시작된다는 점이고, 내부적인 차이는 스크립트 m-파일은 명령창이 사용하는 작업공간(Workspace)과 같은 기억장소를 공유하지만, 함수 m-파일은 별도의 기억장소를 사용한다는 점이다. 이 때문에 스크립트 m-파일의 모든 변수들은 명령창에서 접근이 가능하지만, 함수 m-파일의 변수들은 접근이 불가능하다.

편의상 이후로 스크립트 m-파일과 함수 m-파일을 간략히 '스크립트 파일'과 '함수 파일'로도 부르고, 그 안에 들어 있는 프로그래밍 코드를 각각 스크립트, 함수로 부르며, 이 둘을 포괄적으로 프로그램 또는 코드로 부르기로 한다.

여기서는 스크립트 파일의 생성과 실행에 대해 살펴보며, 함수 파일에 대해서는 2.9절에서 다루기로 한다.

2.1.1 편집기의 호출

MATLAB은 스크립트 파일을 만들 수 있는 자신의 편집기를 가지고 있다. 새 스크립트 파일을 작성하려면 데스크탑창에서 <새 스크립트>나 <새로 만들기>에서 <스크립트>를 누르거나 명령줄에서 edit를 실행하면 되고 기존의 파일을 열어 편집하려면 <열기>를 누르면 된다. 그림 2.1은 편집기를 보여준다. 기본적으로 데스크탑창에 묶여 있지만 현재는 분리되어 있고, 원 부분을 클릭하고 <편집기 도킹>하면 원래대로 결합된다.

편집기와 관련해서는 3개의 탭이 새로 만들어진다. 퍼블리시 탭에 대해서는 앞 장에서 간단히 설명하였고, 편집기 탭(Editor tab)에는 대부분의 주 기능들이 들어 있으며, 보기 탭(View tab)에는 편집기창을 분할하고 결합해주는 아이콘들이 들어 있다.

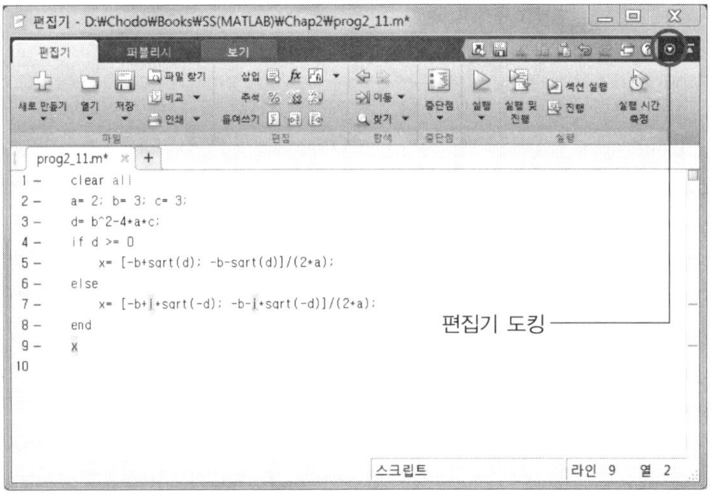

그림 2.1 MATLAB 편집기

2.1.2 스크립트 파일 편집

스크립트를 입력하거나 수정할 때 몇 가지 유의할 점은 다음과 같다.

- 명령어 입력 시 맨 앞에 프롬프트(>>)를 넣을 필요가 없다.
- 명령어와 명령어 사이에 콤마(,) 또는 세미콜론(;)를 둠으로써 한 줄에 여러 개의 명령어들을 입력할 수 있다.
- 명령어의 마지막에 ';'를 붙이면 출력이 화면에 표시되지 않는다.
- 명령어가 길어서 한 줄에 다 적을 수 없을 경우에는 각 줄의 마지막에 마침표 세 개(…)를 붙이고 <Enter> 키로 줄 바꿈을 한 다음에 이어서 입력하면 된다.
- 퍼센트 기호(%)를 입력하면 거기서부터 그 줄의 마지막까지는 주석으로 간주되고 실

행되지 않는다. 여러 줄들을 일괄적으로 주석 처리할 경우에는 그림 2.2와 같이 줄들을 선택하고 를 누르면 되고, 반대로 해제할 경우에는 줄들을 선택한 다음 를 누르면 된다.

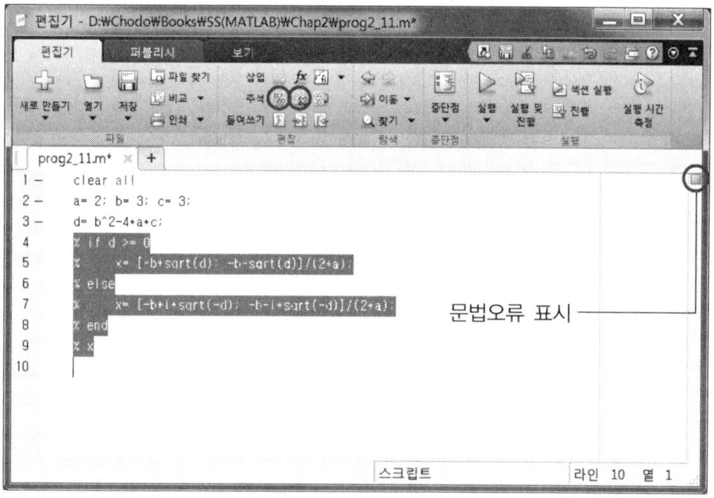

그림 2.2 일괄 주석처리

2.1.3 스크립트 파일 저장

새 스크립트가 완성되면 저장할 수 있다. 저장버튼( ) 또는 <다른 이름으로 저장>를 누르면 파일명을 입력하라는 별도의 창이 나타나며 여기에 파일명을 입력하고 <저장> 버튼을 누르면 저장된다. 파일명을 정하는 규칙은 변수명을 정하는 것과 같다(2.2.1절 참조). 파일 저장 시 입력한 파일명에는 확장자(.m)가 자동 첨부되고, 사용자가 별도로 폴더를 지정하지 않으면 현재 폴더에 저장된다. 기존의 파일을 불러와서 수정한 다음 실행만 해도 자동적으로 저장된다.

2.1.4 스크립트 파일 실행

스크립트를 실행하는 방법은 두 가지가 있다. 하나는 편집기에서, 다른 하나는 명령창에서 실행하는 방법이다.

- **편집기**: 스크립트를 완성하고 저장한 다음 상단의 실행버튼( )을 누르면 실행된다.

오류가 없으면 실행 결과가 명령창(그림 2.3 참조) 또는 그림창(그래픽 명령어 사용 시)에 나타나고, 오류가 있으면 메시지가 반환된다.

- **명령창**: 명령줄에 스크립트 파일명을 입력하고 <Enter> 키를 누르면 실행된다.

이때 확장자는 생략해도 된다. 예로 스크립트 파일 prog2_11.m을 실행하려면 그림 2.4와 같이 명령줄에 prog2_11을 넣고 <Enter> 키를 누르면 된다.

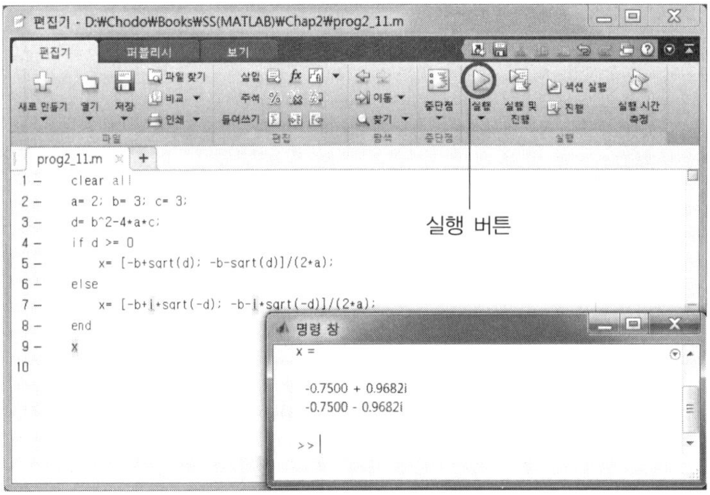

그림 2.3 편집기에서 실행

그림 2.4 명령줄에서 실행

2.1.5 디버깅

스크립트를 작성하다 보면 숙련된 프로그래머들조차도 가끔 문법 오류(Syntax error)와 논리 오류(Logic error)에 직면하게 된다. 문법 오류는 정해진 규칙에 따라 스크립트를 작성하지 않았을 때 생기는 오류이며, 논리 오류보다 더 빈번히 발생한다. 이 오류는 MATLAB 번역기가 알려준다. 한 줄의 명령어를 완성 중이거나 또 이전에 입력한 줄에서 문법상의 경고나 오류가 발견되면, 그 수준에 따라 오른쪽 상단의 녹색 사각형(그림 2.2 참조)의 색이 점점 빨간색으로 변한다. 노란색은 경고로서 해당 프로그램을 수정하지 않아도 실행은 되지만 최대한 수정할 필요가 있고, 빨간색은 오류를 찾아 수정해야만 정상적인 실행이 가능하다. 실행을 해도 번역기가 오류 메시지를 명령창에 반환하고 그 위치를 알려준다.

한편 논리 오류는 문법적으로는 오류가 없어 실행은 되지만 결과가 틀리거나 무한 루프, 오버플로 오류와 같은 예측할 수 없는 동작을 유발하는 프로그래밍 상의 오류를 말한다. 이런 오류는 일반적으로 찾아내기가 쉽지 않으며, 편집기의 디버깅(Debugging) 기능을 이용하여 변수 값들을 단계적으로 추적할 수밖에 없다.

문제가 있을 것으로 생각되는 위치에서 실행이 멈추도록 마우스로 문장번호 옆 '–' 부분을 클릭하여 브레이크 포인트(Break point)를 설정하고, 실행버튼을 누르면 그림 2.5와 같은 화면이 나타난다. 예로 빨강 원 '●'의 위치가 설정한 브레이크 포인트이고 '➡'가 현재까지 실행된 스텝이다. 브레이크 포인트는 실행 가능한 명령문에만 설정할 수 있다. 실행된 문장의 변수 위에 마우스를 갖다 대면 값이 나타난다. 프로그램을 한 줄 한 줄씩 실행

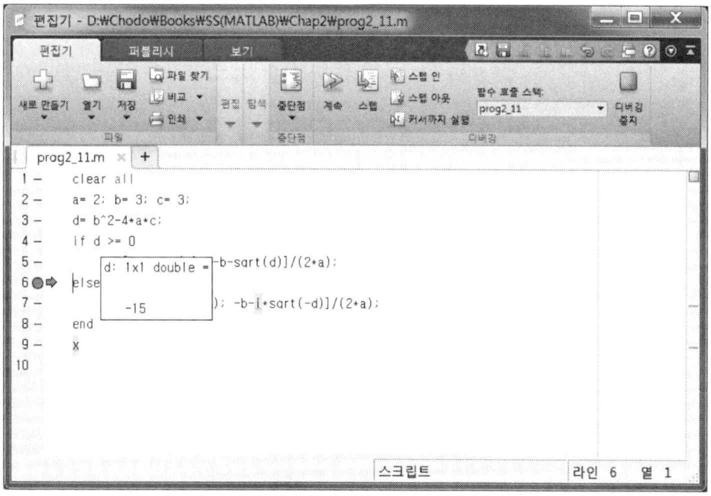

그림 2.5 편집기에서 디버깅 실행

하는 <스텝(Step)> 기능, 피호출 함수 안으로 끼어들거나 빠져나오는 <스텝인(Step in)>과 <스텝아웃(Step out)> 기능 등 다양한 기능들이 있다.

2.2 변수와 예약어

2.2.1 변수

변수(Variable)는 정수, 실수, 문자 등의 데이터를 담을 수 있도록 사용되는 이름을 말한다. 새로운 변수가 정의되고 여기에 값이 할당되면 컴퓨터 메모리 공간이 할당되며, 이후로 명령어나 수식 등에 사용할 수 있다. MATLAB은 내부적으로 모든 변수를 배열(Array)로 취급하며, 다음 규칙에 따라 정할 수 있다.

- 변수는 문자, 숫자, 밑줄(_)의 조합으로 이루어지며, 그 길이는 63개까지 가능하다.
- 반드시 문자로 시작해야 하며 공백, 마침표, 콤마, 세미콜론을 포함해서는 안 된다.
- 대문자와 소문자는 구별되어야 한다. 예를 들어 value, Value와 VALUE는 서로 다른 변수를 의미한다.
- MATLAB 내장함수명(sin, exp, sqrt 등)과 명령어(for, if, plot 등)를 가급적 변수로 사용하지 않도록 한다. 일단 이들을 변수로 사용하게 되면, 처음 정의된 함수나 명령어의 의미는 사라지게 된다.
- 연산 결과를 어떤 변수에 할당하지 않으면, 자동적으로 ans라는 변수에 할당된다.

몇 가지 예를 들면 다음과 같다.

```
>> x123= 3
x123= 3
>> real_var= 1.56
real_var= 1.5600
>> array_var= [1 2 3 4 5]
array_var= 1 2 3 4 5
>> y(1,1)= 10 % 배열변수
y= 10
>> sqrt(2)
```

```
ans=  1.4142  % 자동적으로 할당된 변수
```

한편 변수에 문자열을 할당할 때에는 작은 따옴표('') 내에 글자, 숫자, 기호, 공백들의 조합으로 된 문자들을 두면 된다. 예로

```
>> q= 'f(x1)'
q=  f(x1)
>> str= 'file name'
str=  file name
```

변수에 문자열을 할당하면 문자들은 배열에 저장되며, 각 문자는 배열의 한 원소가 된다. 원소의 위치 정보로 각 문자에 접근할 수 있다.

```
>> str= 'file name';
>> str(2)
ans=  i
>> str(6)
ans=  n
```

2.2.2 예약어

다른 컴퓨터 언어와 마찬가지로 MATLAB도 for, if, sin, cos, case 등 많은 예약어(Reserved keywords)를 가지고 있다. 자세한 정보는 도움말창에서 <reserved keywords>로 찾으면 된다. 여기서는 MATLAB이 시작될 때 특이하게 정의되는 몇 가지 예약어를 살펴보고 나머지는 이후 절에서 소개될 것이다.

- pi % 원주율 π로 정의된다.
- i % 복소수 연산자 $\sqrt{-1}$로 정의된다.
- j % i와 같다.
- eps % 상대적 정밀도를 의미하는 작은 값으로서 2^{-52}이다.
- inf % 무한대(∞)로 정의된다.
- NaN % 수가 아님(Not-a-Number)을 뜻한다.

이런 예약어들은 프로그램 중에서 재정의해서 쓸 수 있지만, 이렇게 되면 처음 정의된 그 변수의 의미는 사라지게 된다.

다음은 $x = \cos(2\pi)$ 계산에 예약어 pi의 사용 예이다.

```
>> x= cos(2*pi)
x=  1
```

복소수는 다음과 같이 입력할 수 있지만, 별표(*) 없이 입력할 경우에는 i 또는 j가 반드시 숫자 다음에 와야 한다.

```
>> z= 3+i*4
>> z= 3+4*j
>> z= 3+4i
z=  3.0000 + 4.0000i
```

두 복소수 $z_1 = 3+4j$, $z_2 = 7j$의 곱셈과 나눗셈을 계산해주는 다음 예를 보자.

```
>> z1= 3+j*4; z2= j*7;
>> z= z1*z2
z=  -28.0000 +21.0000i
>> z= z1/z2
z=  0.5714 - 0.4286i
```

위의 경우는 원하는 값을 얻을 수 있다. 하지만 예약어 i 또는 j를 변수로 미리 사용하게 되면 복소수 기호로서의 효력이 사라진다. 다음 예에서 살펴보자.

```
>> j= 1;
>> z1= 3+j*4; z2= j*7;
>> z= z1*z2
z=  49
>> z= z1/z2
z=  1
```

j에 정수 값을 할당함으로써 복소수 기호로서의 효력이 없어지고 다른 결과를 얻게 된다. 그러나 i와 j는 복소수 연산이 없는 프로그램에서는 자주 for-end 문과 함께 재정의해서 사용되기도 한다.

극한 연산에서는 $\lim_{x \to 0} \frac{\sin(x)}{x} = 1$이지만, 현재 우리가 쓰는 컴퓨터는 그 한계상 sin(0)/0을 연산할 수 없다. 이 연산을 실행하면 MATLAB은 NaN을 되돌리는데, 이때 eps를 사용하면 원하는 결과를 얻을 수 있다. 다음 예를 살펴보자.

```
>>y= sin(0)/0
y= NaN
>> x= eps
x= 2.2204e-016
>> y= sin(x)/x
y= 1
```

또 다음 연산 결과는 무한대임을 보여준다.

```
>> x= 1/0
x = Inf
```

2.3 데이터 저장하고 불러오기

명령줄이나 스크립트 파일에서 변수에 값을 할당하면 이는 MATLAB의 작업공간(Workspace)이라는 메인 메모리 영역에 저장되어 남아 있게 된다. 작업공간에 저장된 변수들은 clear 명령어를 사용하거나 MATLAB을 종료하면 지워지므로 여러 가지 방법으로 출력하거나 물리적 저장매체에 저장할 수 있다.

2.3.1 데이터 저장하기

2.3.1.1 MAT-파일로 저장하기

작업공간에 저장되어 있는 변수 값을 MAT-파일, 즉 정형화된 이진파일(Formatted binary file)로 저장하고 싶을 때에는 save 명령어를 사용하면 된다.

```
➲ save fname var1 var2 % 두 변수 var1, var2의 값, 변수명, 유형 등을 파일명 fname에
  저장해준다. 저장할 변수가 더 있으면 공백을 두고 추가하면 된다.
➲ save('fname', 'var1', 'var2') % 위의 명령어와 같음
```

이 명령어를 실행시키면 자동적으로 확장자 '.mat'가 붙는 이진파일 fname.mat가 생성된다. 다음은 p= 10, q= cos(p) 값을 fname1.mat에 저장해주는 예이고, ls는 생성된 파일의 목록을 보여준다.

```
>> p= 10; q= cos(p);
>> save fname1 p q
>> save('fname1', 'p', 'q') % 위의 명령어와 같음
>> ls
.     ..     fname1.mat
```

한 가지 유념해야 할 것은 MAT-파일은 텍스트 파일에 비해 입출력 전달 속도가 빨라 대용량의 데이터를 처리할 때 효과적이지만, 일반적인 파일 편집기로는 열어볼 수 없다는 점이다.

2.3.1.2 ASCII 파일로 저장하기

한편 명령어 save는 ASCII 또는 텍스트 형식의 파일 저장에도 쓸 수 있으며, 이때는 다음과 같은 형식으로 쓰면 된다.

```
➲ save fname var1 var2 -ascii % 두 변수 var1, var1의 값을 파일명 fname에 ASCII
  형식으로 저장해준다.
➲ save('fname', ' var1 ',' var2 ', '-ascii') % 위의 명령어와 같음
```

예컨대 결합된 변수 buf의 값을 파일명 fname2에 ASCII 형식으로 저장하고 싶을 때에는 다음과 같이 하면 된다.

```
>> p= 10; q= cos(p); buf= [p q];
>> save fname2 buf -ascii
>> save('fname2', 'buf', '-ascii') % 위의 명령어와 같음
>> ls
.    ..   fname1.mat   fname2
```

저장된 ASCII 형식의 파일 내용은 type 명령어로 볼 수 있다.

```
>> type fname2
1.0000000e+001 -8.3907153e-001
```

2.3.2 데이터 불러오기

2.3.2.1 MAT-파일 불러오기

save의 반대 개념으로서 load는 저장된 파일로부터 데이터를 읽어주는 명령어이다. 먼저 MAT-파일을 읽기 위해서는 다음 형식을 사용하면 된다.

- load fname % fname.mat 파일로 저장된 변수들을 읽어준다. 실행되면 파일의 모든 변수들이 저장 당시의 이름, 유형, 값을 가지고 작업공간에 추가된다. 확장자 '.mat'는 생략 가능하다.
- load('fname') % 위의 명령어와 같음

fname에 어떤 변수가 저장되어 있는지를 알고 싶을 때에는 who 명령어를 사용하면 된다.

```
>>
p= 10; q= cos(p); buf= [p q];
>> save fname1 buf  % fname1.mat 파일에 저장
```

```
>> clear all % 모든 작업변수들을 지움
>> load fname1 % fname1.mat 파일을 읽음
>> who % 변수명을 보여줌
Your variables are: buf p q
>> buf
buf= 10.0000 -0.8391
>> p
p= 10.0000
>> q
q= -0.8391
```

2.3.2.2 ASCII 파일 불러오기

ASCII 또는 텍스트 파일을 읽는 방법은 MAT-파일을 읽을 때와 유사하며, 그 형식은 다음과 같다.

- load fname % ASCII 또는 텍스트 파일 fname에서 데이터를 불러온다. 불러온 데이터는 파일명과 같은 이름의 변수에 할당된다.
- load('fname') % 위의 명령어와 같음
- var= load('fname') % fname에서 불러온 데이터가 var에 할당된다.

다음 예는 buf의 내용을 ASCII 형식으로 파일 fname2에 저장한 다음, 이를 다시 읽고 그 내용을 확인해준다.

```
>> p= 10; q= cos(p); buf= [p q];
>> save fname2 buf -ascii % fname2를 생성한다.
>> clear all
>> load fname2 % fname2에서 불러온 데이터가 fname2에 저장된다.
>> fname2
fname2= 10.0000 -0.8391
>> r= load('fname2') % fname2에서 불러온 데이터가 r에 저장된다.
r= 10.0000 -0.8391
```

2.4 벡터와 행렬의 입력과 조작

MATLAB은 내부적으로 모든 변수를 배열(Array) 형태로 표시하며, 단순변수는 1×1 배열로, 벡터는 1×n 또는 n×1 배열로, 2차원 행렬은 n×m 배열로 간주된다. 이 배열에는 값 또는 문자가 저장된다.

2.4.1 벡터와 행렬의 입력

2.4.1.1 벡터 입력

벡터(Vector)는 변수에 원소를 할당함으로써 생성되고, 생성 방법으로는 몇 가지가 있다.

직접 입력

벡터를 직접 입력할 때에는 대괄호([ ]) 안에 원소들을 나열하는 식으로 입력하면 된다. 이때 원소와 원소 간에 공백이나 콤마(,)를 두어야 한다. 특히 열벡터를 만들 때에는 원소 사이에 세미콜론(;)를 두어야 한다.

다음 예는 행벡터(Row vector)와 열벡터(Column vector)를 만드는 방법을 보여 준다.

```
>> x= [1, 2, 3, 4]
x= 1 2 3 4
>> x= [1 2 3 4]
x= 1 2 3 4
>> y= [5;6;7]
y= 5
   6
   7
>> z= y'
z= 5 6 7
```

행벡터를 열벡터로 다시 열벡터를 행벡터로 변환할 때에는 전치를 의미하는 기호(')를 사용하면 된다.

명령어로 생성하기

벡터의 차원이 클 경우에는 수작업으로 벡터를 입력하는 것 자체가 불가능할 때가 있다. 이런 경우에는 다음과 같은 방법으로 생성하면 된다.

- x= xmin:step:xmax % 첫 원소가 xmin이고, 간격이 step이며, 마지막 원소 xmax를 초과(또는 미달)하지 않는 벡터를 생성한다.
- x= [xmin:step:xmax] % 위의 명령어와 같음
- x= linspace(xmin,xmax,n) % xmin과 xmax를 포함해서 간격이 일정한 1×n 벡터를 생성한다.
- x= logspace(a,b,n) % 10^a와 10^b을 포함해서 대수적으로 간격이 일정한 1×n 벡터를 생성한다.

step이 1이면 생략 가능하고 xmin, step과 xmax는 수식이 되어도 된다. 몇 가지 예를 들면 다음과 같다.

```
>> x= 1:5  % step이 1인 경우 생략
x= 1 2 3 4 5
>> y= -2:2:3  % 3은 포함되지 않음
y=  -2   0   2
>> z= [-2:-1:-4.5]'  %  행벡터를 만든 후 열벡터로 변환
z=  -2
    -3
    -4
>> u= -pi:pi/2:pi  % step으로 수식을 사용
u=  -3.1416  -1.5708  0  1.5708  3.1416
>> z= linspace(-2,3,3)  % -2와 3을 포함해서 등간격의 행벡터 생성
z=  -2.0000    0.5000    3.0000
>> v= logspace(-1,1,5)  % 10^-1과 10^1을 포함해서 대수적으로 등간격인 행벡터 생성
v=  0.1000    0.3162    1.0000    3.1623   10.0000
```

예제 **2.1** 다음 G(s)의 주파수 전달함수의 크기를 구해보자.

$$G(s) = \frac{1}{s^2 + 2s + 3} \quad (10^{-2} \le \omega \le 10^2) \tag{2.1}$$

단, $s = j\omega$

풀이 편의상 10^{-2}과 10^2 사이에 대수적으로 간격이 일정한 5개의 데이터를 취해 $|G(j\omega)|$를 구해보면 다음과 같다. 여기서 사용한 배열 연산자(./, .^)와 절대값을 구하는 내장함수(abs)는 2.6.2절과 2.6.3절을 참조 바란다.

```
>> w= logspace(-2,2,5);
>> s= j*w;
>> gs= 1./(s.^2+2*s+3);  % 배열 연산
>> mag= abs(gs)  % 절대값 연산
mag =  0.3333  0.3337  0.3536  0.0101  0.0001
```

2.4.1.2 2차원 행렬 입력

행렬(Matrix)도 벡터와 같이 변수에 원소를 할당함으로써 생성되고, 그 외의 몇 가지 방법으로도 생성할 수 있다.

직접 입력

행렬을 직접 입력할 때에는 벡터와 같이 하면 되지만, 행을 구분하기 위해서는 행과 행 사이에 세미콜론(;)을 두어야 한다. 다음은 행렬을 입력하는 예를 보여 준다.

```
>> A= [1 2 3;4 5 6;7 8 9]
A= 1   2   3
4   5   6
7   8   9
```

명령어로 생성하기

원하는 행렬을 명령어로 만드는 것 자체가 쉬운 일은 않지만, 행렬이 특수한 형태인 경우에는 MATLAB에서 제공하는 내장함수를 활용하면 쉽게 만들 수 있다.

특수한 형태의 행렬을 만들어 주는 명령어는 다음과 같다.

- zeros(n), zeros(n,n) % 모든 원소가 0인 n×n 행렬을 생성한다.
- ones(n), ones(n,n) % 모든 원소가 1인 n×n 행렬을 생성한다.
- eye(n), eye(n,n) % n×n 항등행렬을 생성한다.
- B= reshape(A,n,m) % p×q 행렬 A를 n×m 행렬 B로 재정렬시킨다. 두 행렬의 원소 개수가 같아야 한다(즉 pq= nm).

몇 가지 예를 들면 다음과 같다.

```
>> A= zeros(3)  % 3×3 영 행렬을 생성
A=  0  0  0
    0  0  0
    0  0  0
>> B= eye(3,3)  % 3×3 항등행렬을 생성
B=  1    0    0
    0    1    0
    0    0    1
>> u= 5*ones(2,5)  % 모든 원소가 5인 2×5 행렬을 생성
u = 5    5    5    5    5
    5    5    5    5    5
>> x= 1:9
x=  1  2  3  4  5  6  7  8  9
>> A= reshape(x,3,3)  % 1×9 벡터 x를 3×3 행렬 A로 재정렬
A=  1  4  7
    2  5  8
    3  6  9
```

예를 들어 아래와 같은 행렬을 만들고 싶을 때에는 다음과 같이 할 수 있다.

```
>> A= [eye(4,3) ones(4,1)]
A=  1    0    0    1
    0    1    0    1
    0    0    1    1
    0    0    0    1
```

행렬 정보 얻기

행렬의 차원, 원소의 개수 등과 같은 정보를 얻는 명령어는 다음과 같다.

- size(A) % 행렬 A의 행과 열의 크기를 알려준다.
- size(A,1) % A의 행의 크기를 알려준다.
- size(A,2) % A의 열의 크기를 알려준다.
- length(A) % A의 행 또는 열의 크기 중 큰 값을 알려준다.
- numel(A) % A의 원소의 개수를 알려준다.

예컨대 다음 문장은 벡터 x의 크기, 행렬 A의 행과 열, A의 원소의 개수를 계산해준다.

```
>> x= -pi:0.1:pi;
>> k= length(x)
k=  63
>> A= [1 2 3;4 5 6];
>> [n, m]= size(A)
n=  2
m=  3
>> n= size(A,1)
n=  2
>>m= size(A,2)
m=  3
>> p= numel(A)
p=  6
>> k= numel(x)  % x가 벡터인 경우 length(x)의 결과와 같음
x=  63
```

2.4.2 벡터와 행렬의 조작

2.4.2.1 부분배열 생성하기

일단 변수가 정의되면 그 이후에 배열 크기나 유형을 사용자가 마음대로 바꿀 수 있다. 예로 스칼라를 벡터나 행렬로 바꾸거나, 벡터를 스칼라나 행렬로, 또 행렬을 스칼라나 벡

터로 바꿀 수 있다. 이러한 변형은 원소를 더하거나, 삭제하거나 또 어떤 범위의 원소를 취함으로써 이루어진다. 먼저 어떤 범위의 원소를 취해 변형해보자.

벡터 내의 어떤 범위의 원소들을 선택할 경우에는 다음과 같이 콜론(:)를 사용하면 된다. 'end'는 마지막 원소의 위치를 의미한다.

```
x(:)   % 모든 원소를 선택한다.
x(n:m)  % n 번째부터 m 번째까지의 원소를 선택한다.
x(end)  % 마지막 원소를 선택한다.
```

사용 예는 다음과 같다.

```
>> x= [1 2 3 4 5];
>> x= x(1:4)
x=  1  2  3  4
>> x= x(2:end)
x=  2  3  4
>> x= x(end)
x= 4
```

행렬의 경우에도 콜론(:)를 사용하면 된다. 'end'는 행과 열의 마지막 원소의 위치를 나타내준다.

```
A(n,:)  % n 번째 행에 속한 모든 열의 원소를 선택한다.
A(:,m)  % m 번째 열에 속한 모든 행의 원소를 선택한다.
A(n1:n2,:)  % n1~n2 번째 행에 속한 모든 열의 원소를 선택한다.
A(:,m1:m2)  % m1~m2 번째 열에 속한 모든 행의 원소를 선택한다.
A(n1:n2,m1:m2)  % n1~n2 번째 행과 m1~m2 번째 열에 속한 모든 원소를 선택한다.
```

사용 예는 다음과 같다.

```
>> buf= [1 2 3;4 5 6;7 8 9]
buf= 1    2    3
```

```
      4    5    6
      7    8    9
>> t= buf(:,1)
t=    1
      4
      7
>> y= buf(:,2)
y=    2
      5
      8
>> buf= buf(1:2:,1:2)
buf= 1    2
     4    5
>> buf= buf(:, end)
buf= 2
     5
```

2.4.2.2 원소 수정 및 제거하기

만약 벡터나 행렬의 특정 위치의 원소를 수정할 경우에는 아래와 같이 입력하면 된다.

```
>> x= [1 2 3 4];
>> x(3)= 0  % 3 번째 원소를 0으로 수정
x= 1   2   0   4
>> A= [10 20 30;40 50 60]
A= 10    20    30
   40    50    60
>> A(2,2)= -2  % (2,2) 원소를 -2로 수정
A= 10    20    30
   40    -2    60
```

벡터의 특정 위치의 원소를 제거할 때에는 아래와 같이 빈 대괄호([ ])를 입력하면 삭제되고, 벡터의 길이는 제거한 원소 숫자만큼 줄어든다.

```
>> x= [1 2 3 4 5];
x= 1  2  3  4  5
>> x(3)= []
x= 1  2  4  5
>> x(2:end)=[]
x= 1
```

행렬의 특정 위치의 원소를 제거할 때에는 다음과 같이 입력하면 삭제되고, 차원이 줄어든다.

```
>> A= [2 6 8 2 7;3 0 1 2 8;2 1 5 0 9;4 4 5 1 2]
A= 2    6    8    2    7
   3    0    1    2    8
   2    1    5    0    9
   4    4    5    1    2
>> A(:,2:3)= []
A= 2    2    7
   3    2    8
   2    0    9
   4    1    2
>> A(3:end,:)= []
A= 2    2    7
   3    2    8
```

2.4.2.3 원소 추가하기

벡터의 길이를 넘어서는 위치의 원소에 새로운 값을 할당하면 확장된 벡터를 만들 수 있고, 마지막 원소와 새 원소 사이에는 0이 할당된다. 예를 들면 다음과 같다.

```
>>x= [1 2]
x= 1  2
>>x(3:5)= [6 7 8]  % 3~5 번째 원소 6,7,8을 추가
x= 1  2  6  7  8
```

```
>> y= [3 4]
y= 3  4
>> y(5)= 9  % 3~4 번째 원소에 자동적으로 0이 할당
y= 3  4  0  0  9
```

같은 차원의 두 벡터를 결합해서 다른 길이의 벡터를 만들 수 있고

```
>> x= [1 2]; y= [3 4 5];
>> z= [x y]  % 행벡터 x에 행벡터 y를 추가
z= 1  2  3  4  5
>> z= [x';y']  % 열벡터 x'에 열벡터 y'를 추가
z=   1
     2
     3
     4
     5
```

또 같은 차원의 두 벡터를 결합해서 행렬을 만들 수 있다.

```
>> x= [1 2 3 4];
>> y= [4 3 2 1];
>> z= [x; y]  % 행벡터 x의 아래 쪽에 행벡터 y를 추가
z= 1  2  3  4
   4  3  2  1
>> z= [x' y']  % 열벡터 x'의 뒤쪽에 열벡터 y'를 추가
z= 1  4
   2  3
   3  2
   4  1
>> buf= [10 20 30];  % buf에 [10 20 30]을 할당
>> buf= [buf;40 50 60]  % buf의 행에 [40 50 60]을 추가
buf= 10  20  30
     40  50  60
```

행렬의 차원을 넘어서는 위치의 원소에 새로운 값을 할당하면 새로운 행과 열이 추가되고, 나머지 추가된 원소에 0이 할당된다.

```
>> B= [1 2;3 4]
B= 1  2
   3  4
>> B(1,3)= 4  % (1,3) 원소에 4를 추가
B= 1  2  4
   3  4  0
>> A= [1 2;3 4]
A= 1  2
   3  4
>> A(3,3)=6  % (3,3)에 원소에 6을 추가
A= 1   2   0
   3   4   0
   0   0   6
```

행렬에 열벡터를 추가할 때에는 세미콜론(;)으로 분리한 다음 적어 주면 되고, 행벡터를 추가할 때에는 뒤에 추가해주면 된다. 이때 추가되는 행이나 열의 길이가 행렬의 행 또는 열의 길이와 같도록 해주어야 한다.

```
>> A= [1 2 3; 4 5 6], b= [7 8 9], d= [4;7]
A= 1  2  3
   4  5  6
b= 7  8  9
d= 4
   7
>> C= [A; b] % 벡터 b를 행렬 A의 행에 추가
C= 1  2  3
   4  5  6
   7  8  9
>> D= [A d] % 벡터 d를 행렬 A의 열에 추가
D= 1  2  3  4
   4  5  6  7
```

어떤 행렬의 행에 다른 행렬을 추가할 때에도 세미콜론(;)으로 분리한 다음 적어주면 되고, 열에 추가할 때에는 뒤에 추가해주면 된다. 이때 추가되는 행이나 열의 길이가 행렬의 행 또는 열의 길이와 같아야 한다.

```
>> A= [1 2 3; 4 5 6], B= [1 1 1;2 2 2]
A= 1  2  3
   4  5  6
B= 1  1  1
   2  2  2
>> C= [A; B] % 행렬 B를 행렬 A의 행에 추가
C= 1  2  3
   4  5  6
   1  1  1
   2  2  2
>> D= [A B] % 행렬 B를 행렬 A의 열에 추가
D= 1  2  3  1  1  1
   4  5  6  2  2  2
```

예제 2.2 $0 \leq t \leq 4\pi$ 동안 sin(t)와 cos(t)의 그래프를 그려보자.

풀이 두 그래프를 그리는 스크립트를 prog2_1.m에 나타내었다. 먼저 buf가 빈 배열로 정의되고 루프가 반복되는 동안 buf에는 행벡터 [t sin(t) cos(t)]가 계속 추가된다. 합성된 행렬 buf의 첫 번째 열에는 t, 두 번째 열에는 sin(t), 세 번째 열에는 cos(t)의 시계열 데이터가 들어 있으므로 이로부터 부분 배열을 생성해서 그래프를 그리면 된다. for-end 문은 2.7.2절에서, plot 명령어는 다음 장에서 상세히 다룬다.

Script file: prog2_1.m

```
buf= [];
for t= 0:pi/30:4*pi
  buf= [buf; t sin(t) cos(t)]; % buf에 새로운 행벡터를 추가
end
t= buf(:,1);  % buf의 첫째 열을 취해 t에 저장
y1= buf(:,2); % buf의 둘째 열을 취해 y1에 저장
y2= buf(:,3); % buf의 셋째 열을 취해 y2에 저장
plot(t,y1,t,y2)
```

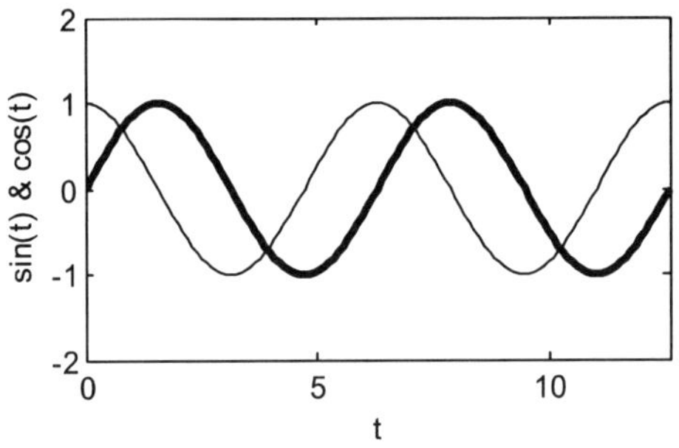

그림 2.5 sin(t)와 cos(t) 그래프

2.4.3 문자열의 조작

2.4.3.1 문자열의 추가

앞서 변수에는 문자열을 저장할 수 있고 또 문자열은 작은따옴표('') 안에 문자, 숫자, 기호와 공백의 조합으로 표시될 수 있음을 간단히 살펴보았다. 문자열도 대괄호([])와 세미콜론(;)을 사용하여 한 문자열에 다른 문자열을 추가시킬 수 있다. 예를 들면 다음과 같다.

```
>> a= 'My'
a= My
>> b= 'friend'
b= friend
>> c= [a b] % 문자열 b를 문자열 a 뒤쪽에 추가
c= My friend
>> d= [a;b] % 문자열 b를 문자열 a 아래쪽에 추가
d= My
   friend
>> e= [c ' is kind']
e= My friend is kind
```

2.4.3.2 문자열의 삭제

문자열 내의 임의 문자를 삭제할 때에는 아래와 같이 빈 대괄호([ ])를 입력하면 삭제되

고, 문자열의 길이는 제거한 문자 수만큼 줄어든다.

```
>> a= 'I can speak Korean and English.'
a= I can speak Korean and English.
>> b= a;
>> a(13:23)= []
a= I can speak English.
>> b(19:end-1)= []
b= I can speak Korean.
```

2.5 셀과 구조체

앞서 우리는 정수, 실수와 문자 데이터형을 살펴보았고, 변수에 이런 형의 데이터들을 저장하고, 수정하고 또 삭제하는 방법도 살펴보았다. 이외에도 MATLAB에서는 여러 가지 데이터 형을 다룰 수 있는 환경을 제공하고 있는데, 다음 표는 이를 보여준다.

데이터 형	바이트 수	허용범위
double	8	−1.79769e+308 ~ −2.22507e-308, 2.22507e-308 ~ 1.79769e+308
single	4	−3.40282e+38 ~ −1.17549e-38 , 1.17549e-38 ~ 3.40282e+38
int8	1	−127 ~ 128
uint8	1	0 ~ 255
int16	2	$-2^{15}+1 \sim 2^{15}$
uint16	2	$0 \sim 2^{16}-1$
int32	4	$-2^{31}+1 \sim 2^{31}$
uint32	4	$0 \sim 2^{32}-1$
int64	8	$-2^{63}+1 \sim 2^{63}$
uint64	8	$0 \sim 2^{64}-1$
char	2	문자 당 2 바이트
logical	1	1 또는 0
cell		어떤 데이터형과 크기를 가질 수 있음
struct		어떤 데이터형과 크기를 가질 수 있음
function handle		함수를 간접적으로 호출하기 위해 사용

MATLAB에서는 이러한 이질적인 데이터형을 허용하는 구조화된 데이터 표현법으로 셀과 구조체를 제공하고 있다.

2.5.1 셀 배열

앞 절에서 같은 성질의 데이터형을 담을 수 있는 배열의 유용성에 대해 살펴보았지만, 프로그램을 작성하다 보면 한 가지의 데이터형으로만 구성된 배열을 가지고는 충분하지 않을 때가 있다. 이런 곳에 사용할 수 있도록 기존의 배열을 확장한 것 중의 하나가 셀 배열(Cell array)이다.

셀 배열은 셀(Cell)이라고 부르는 인덱스 데이터 컨테이너(Indexed data container)를 가지는 새로운 데이터형이다. 각 셀은 여러 가지 유형의 데이터를 가질 수 있고, 일반적으로 문자열의 목록, 수와 문자의 조합 또는 크기가 다른 숫자 배열의 조합 등이 데이터가 될 수 있다.

2.5.1.1 셀 배열의 생성

셀 배열은 cell 또는 {} 괄호를 사용하여 생성할 수 있다. 예를 들면 2×2 빈 셀 배열과 1×3 문자열 셀 배열은 다음과 같이 생성된다.

```
>> c= cell(2) % 2×2 빈 셀 배열 생성
c=  []    []
    []    []
>> c{1}= 'Arcadia'; % 첫 번째 셀 생성
>> c{2}= 'Sonata'; % 두 번째 셀 생성
>> c{3}= 'Morning'; % 세 번째 셀 생성
>> c
c=  'Arcadia'    'Sonata'    'Morning'  % 1×3 문자열 셀 배열
>> c= {'Arcadia','Sonata','Morning'}  % 한 줄의 명령어로 간단히 생성
c=  'Arcadia'    'Sonata'    'Morning'  % 1×3 문자열 셀 배열
```

숫자와 문자열의 조합으로 된 2×3 셀 배열은 다음과 같이 생성된다.

```
>> c={10.3, 3.6, 2.8;'Seoul','Busan','Incheon'}  % 2×3 셀 배열 생성
```

```
c = [10.3000]    [3.6000]    [ 2.8000]
    'Seoul'     'Busan'     'Incheon'
```

크기가 서로 다른 숫자 배열로 구성된 1×3 셀 배열은 다음과 같이 생성된다.

```
>> d= {1,eye(2),zeros(3)} % 1×3 셀 배열 생성
d= [1]    [2x2 double]    [3x3 double]
>> for i= 1:3
e{i}= randn(i,2);
end
>> e
e= [1x2 double]    [2x2 double]    [3x2 double] % 1×3 셀 배열
```

2.5.1.2 셀 배열의 데이터 참조

셀 배열이 만들어지면 셀 내의 데이터를 참조하는 방법은 두 가지가 있다. 하나는 () 괄호를, 다른 하나는 {} 괄호를 쓰는 것이다. () 괄호는 부분 셀 배열을 얻을 때 쓴다. 예를 들면 다음과 같다.

```
>> c={10.3, 3.6, 2.8;'Seoul','Busan','Incheon'}
c= [10.3000]    [3.6000]    [ 2.8000] % 2×3 셀 배열
   'Seoul'     'Busan'     'Incheon'
>> s1= c(1,:)
s1= [10.3000]    [3.6000]    [ 2.8000] % 1×3 셀 배열
>> s2= c(2,2)
s2= 'Busan' % 셀
>> d= {1,eye(2),zeros(3)}
d= [1]    [2x2 double]    [3x3 double] % 1×3 셀 배열
>> r1= d(2)
r1= [2x2 double] % 셀
```

{} 괄호는 각 셀의 데이터를 얻을 때 사용되며, 그 결과는 저장된 데이터의 형식에 따

라 스칼라, 배열 또는 문자열이 된다. 예를 들면

```
>> c={10.3, 3.6, 2.8;'Seoul','Busan','Incheon'}
c=  [10.3000]    [3.6000]    [ 2.8000]  % 2×3 셀 배열
    'Seoul'      'Busan'     'Incheon'
>> s= c{2,3}
s=  Incheon  % 문자열
>>x= c{1,1}
x=  10.3000  % 숫자
>> [x1,x2,x3]= c{1,1:3}
x1=  10.3000  % 숫자
x2=   3.6000  % 숫자
x3=   2.8000  % 숫자

>> d= {1,eye(2),zeros(3)}
d =  [1]    [2x2 double]    [3x3 double]  % 1×3 셀 배열
>> x= d{1,2}
x =  1     0  % 2×2 행렬
     0     1
```

한편 셀 배열 내의 내용을 보여주는 명령어로는 celldisp가 있다.

```
➲ celldisp(c)  % 셀 배열의 내용을 보여준다.
```

예를 들면 다음과 같다.

```
>> d= {1,eye(2),zeros(3)};
>> celldisp(d)
d{1}=  1
d{2}=  1     0
       0     1
d{3}=  0     0     0
       0     0     0
```

```
      0    0    0
>> celldisp(d(2))
ans{1}=1    0
      0    1
```

2.5.1.3 셀 배열의 데이터 수정

{} 괄호는 또 각 셀의 데이터를 수정할 때도 사용될 수 있다. 예를 들면 다음과 같다.

```
>> c={10.3, 3.6, 2.8;'Seoul','Busan','Incheon'}
c=  [10.3000]     [3.6000]     [ 2.8000]  % 2×3 셀 배열
    'Seoul'       'Busan'      'Incheon'
>> c{1,3}= 1.5
c=  [10.3000]     [3.6000]     [ 1.5000]  % 2.8이 1.5로 변경
    'Seoul'       'Busan'      ' Incheon '
>> c{2,3}= 'Kwangju'
c=  [10.3000]     [3.6000]     [ 1.5000]
    'Seoul'       'Busan'     'Kwangju'  % 'Incheon'이 'Kwangju'로 변경
```

또 셀에 저장되어 있는 어떤 배열의 원소를 수정하려면 다음과 같이 하면 된다.

```
>> c= {1,eye(2),zeros(3)}  % 1x3 셀 배열 생성
c= [1]    [2x2 double]    [3x3 double]
>> c{1,2}(1,1)= 20;  % 행렬 eye(2)의 첫 행, 첫 열을 20으로 수정
>> A= c{1,2}
A= 20    0
    0    1
>> c{1,3}(1,1)= 5;  % 행렬 zeros(3)의 첫 행, 첫 열을 5로 수정
>> B= c{1,3}
B= 5    0    0
   0    0    0
   0    0    0
```

셀 배열의 길이를 넘어서는 위치의 셀에 새로운 값을 할당하면 확장된 셀 배열을 만들 수 있고, 마지막 셀과 새로운 셀 사이에 빈 셀이 할당된다. 예를 들면 다음과 같다.

```
>> c= {10,20}
c= [10]    [20]
>> c{1,5}= 50
c= [10]    [20]    []    []    [50]
```

2.5.1.4 셀 배열의 단일 행렬 변환

같은 형의 데이터를 가지는 셀 배열은 하나의 결합된 행렬로 변환될 수 있으며 이렇게 해주는 명령어가 cell2mat이다. 이때 셀 배열의 내용들을 결합했을 때 전체가 사각형 모양이 되어야 한다.

```
M= cell2mat(c)  % 셀 배열을 단일 행렬로 변환한다.
```

예를 들면 다음과 같다.

```
>> c={'Kim','Lee';'Park' 'Cho'}
c = 'Kim'  'Lee'   % 2×2 셀 배열
    'Park'  'Cho'
>> s= cell2mat(c)
s=  KimLee  % 2×2 문자열 배열
ParkCho
>> s(2,2)
ans=  Cho
>> d={1,[2 3];[4;5],[5 6;8 9]}
d=  [        1]    [1x2 double]  % 2×2 셀 배열
    [2x1 double]    [2x2 double]
>> M= cell2mat(d)  % 셀 배열 d를 행렬로 변환
M=  1    2    3  % 2×3 행렬
    4    5    6
```

```
    5    8    9
>> N= cell2mat(d(1,2))  % d(1,2) 셀을 벡터로 변환
N=  2    3
```

그러나 다음 예에서 보면 셀 배열 c는 내용을 결합할 때 사각형 모양이 아니어서 행렬로 변환될 수 없지만, 셀 eye(2)는 가능하다.

```
>> c= {1,eye(2)}
c=  [1]    [2x2 double]
>> M= cell2mat(c)
??? Error using ==> cat
CAT arguments dimensions are not consistent.
>> N= cell2mat(c(1,2))  % c(1,2) 셀을 행렬로 변환
N= 1   0
   0   1
```

2.5.2 구조체

구조체(Structure) 또한 셀과 마찬가지로 하나의 변수명에 이질적인 데이터를 저장할 수 있는 데이터형이라 할 수 있다. 다시 말하면 관련된 여러 가지 데이터형을 하나의 그룹으로 묶어서 마치 하나의 변수처럼 다룰 수 있게 해준다. 예를 들면 인사관리 시스템에서 근로자의 정보는 성명(문자열), 나이(정수), 성별(문자), 주소(문자열), 고가점수(실수) 등을 포함할 수 있고 이들의 데이터형이 서로 다르더라도 묶어서 다루어야 편리할 때가 있다.

구조체는 필드(Field)라고 불리는 데이터 용기로 구성되며, 각 필드는 MATLAB 데이터형의 스칼라와 배열들을 담을 수 있다. 구조체를 선언할 때 각 필드에 이름, 즉 필드명(Field name)을 할당할 수 있다.

2.5.2.1 구조체의 생성

MATLAB의 구조체는 두 가지 방법으로 생성할 수 있다. 하나는 필드에 데이터를 직접 할당해서 생성하는 방법이고, 다른 하나는 구조체 함수를 호출해서 생성하는 방법이다. 3개의 필드로 구성되는 간단한 구조체를 예로 하여 이를 어떻게 생성하는지를 살펴보자.

필드에 직접 데이터를 할당해서 생성할 경우에는 구조체명(Structure name) 다음에 마침표(.)를 두고 그 다음에 필드명을 두어 마치 일반 변수에 값을 할당하듯이 쓰면 된다.

```
>> employee.name= '나승리';
>> employee.age= 45;
>> employee.sex= '남';
```

첫 줄을 입력할 때 해당 구조체가 존재하지 않으면 MATLAB은 구조체 employee와 필드명 name을 만들고 '나승리'를 할당하게 된다. 나머지 필드명도 만들고 여기에 값 45와 '남'을 할당하게 된다.

한편 구조체 함수를 호출해서 생성할 경우에는 구조체를 의미하는 struct를 쓰고 소괄호 안에 필드명, 콤마, 데이터 순으로 나열하는 방식으로 선언하면 된다.

```
>> employee= struct('name','나승리','age',45,'sex','남');
```

이때 구조체명은 다음 규칙에 따라 정해져야 한다.

- 반드시 문자로 시작해야 하며 문자, 숫자, 밑줄(_)의 조합으로 이루어지며, 그 길이는 63개까지 가능하다.
- 공백, 마침표, 콤마, 세미콜론을 포함해서는 안 된다.
- 대문자와 소문자는 구별되어야 한다.
- 가급적 다른 변수나 필드 이름을 사용하지 않아야 한다.

구조체 또한 다른 데이터형과 같이 배열로 표시할 수 있다. 다음은 두 개의 원소를 가지는 구조체 배열의 생성 예를 보여준다:

```
>> employee(1).name= '나승리';
>> employee(1).age= 45;
>> employee(1).sex= '남';
>> employee(2).name= '박초롱';
>> employee(2).age= 24;
>> employee(2).sex= '여';
```

또는 다음과 같이 모두 한 줄에 쓸 수 있다.

```
>> employee= struct('name',{'나승리','박초롱'},'age',{45,24},'sex',{'남','여'});
```

첫 번째 방법은 구조체명 다음에 배열 순위를 의미하는 (1), (2), … 등을 두어 생성하고, 두 번째 방법은 필드 다음에 배열 개수만큼 중괄호 {}내에 순서대로 데이터를 입력하여 생성한다. 후자를 쓰면 일일이 필드를 다 선언할 필요 없이 쉽게 초기화할 수 있다.

만약 구조체에 정의된 필드명의 리스트를 보고 싶을 때에는 다음 명령어를 사용하든지 아니면 구조체명을 직접 입력해도 된다.

```
fieldnames(structname)
```

예를 들면 다음과 같다.

```
>> employee= struct('name',{'나승리','박초롱'},'age',{45,24},'sex',{'남','여'});
>> fieldnames(employee)
ans ='name'
     'age'
     'sex'
>> employee
employee =
1x2  struct array with fields:
     name
     age
     sex
```

2.5.2.2 구조체의 참조

구조체 배열에 데이터를 저장하거나 읽을 때에는 구조체 배열과 필드에 저장되어 있는 어떤 배열의 원소를 참조해야 한다. 이때는 다음과 같은 방법으로 참조하면 된다.

```
structname.fieldname(rf,cf)  % 구조체가 스칼라인 경우
```

```
structname(rs,cs).fieldname(rf,cf)  % 구조체가 배열인 경우
```

여기서 rs와 cs는 각각 구조체 배열의 행과 열을, rf와 cf는 필드에 저장된 데이터 배열의 행과 열을 의미한다.

구조체 배열을 참조하는 예는 다음과 같다.

```
>> employee= struct('name',{'나승리','박초롱'},'age',{45,24},'sex',{'남','여'});
>> employee(1).name
ans=  나승리
>> employee(2).age
ans=  24

>> mydata= struct('a',{eye(2),ones(3,2)},'b',{'Friday','Monday'});
>> mydata
mydata=  1x2 struct array with fields:
    a
    b
>> mydata(1).a
ans=  1     0
      0     1
>> mydata(2).a(2,2)
ans=   1
```

2.5.2.3 구조체의 데이터 변경

구조체의 데이터를 변경할 때에는 앞서 다룬 참조를 통해서 가능하다. 예를 들면 다음과 같다.

```
>> employee= struct('name',{'나승리','박초롱'},'age',{45,24},'sex',{'남','여'});
>> employee(1).name= '너승리';
>> employee.name
ans= 너승리
ans= 박초롱
```

```
>> employee(2).age= 23;
>> employee.age
ans= 45
ans= 23
```

구조체의 필드가 배열인 경우에도 앞서 다룬 참조를 통해서 배열의 원소들을 변경할 수 있다. 역시 앞의 방법과 비슷하다.

```
>> mydata= struct('a',{eye(2),ones(3,2)},'b',{'Friday','monday'});
>> mydata(1).a(1,1)= 15;
>> mydata(1).a
ans= 15     0
      0     1
>> mydata(2).b= 'Monday';
>> mydata(2).b
ans= Monday
```

2.5.2.4 구조체 사용의 실제 예

구조체를 사용해 실질적으로 프로그래밍한 간단한 예를 살펴보자. 다음은 유전알고리즘(Genetic algorithm)을 구조체로 구현한 프로그램의 일부를 보여준다. InitPara, InitPop와 EvalObj는 부함수, prog2_2는 이들을 호출해서 결과를 얻는 주함수이다. 함수 InitPara는 내부에서 구조체 para를 생성해서 주함수로 되돌린다. 구조체 para에는 5개의 필드(rseed, popsize, lvar, xlb, xub)가 정의되고 사용자에 의해 여기에 값이 할당된다.

```
% Setups the initial parameters
function para= InitPara
para.rseed= 1166;  % 초기 seed 값
para.popsize= 4;  % 집단의 크기(편의상 작은 값으로 설정)
para.lvar= 2;  % 변수 수
para.xlb= -3*ones(1,para.lvar);  % 변수의 하한값
para.xub= 3*ones(1,para.lvar);  % 변수의 상한값
```

InitPop는 앞서 정의된 구조체의 파라미터 값을 사용하여 para.popsize × para.lvar 행렬을 만들어 주는 함수이다. 먼저 난수발생기를 초기화하고 −3~3 사이에 균등하게 분포된 난수를 만들어 pop에 저장해 준다. pop의 각 행의 첫 번째 원소는 변수 x_1의 값을, 두 번째 원소는 변수 x_2의 값을 의미한다.

```
% Creates an initial population
function pop= InitPop(para)
rand('seed',para.rseed);
for i=1:para.popsize
   pop(i,:)= para.xlb+(para.xub-para.xlb).*rand(1, para.lvar);
end
```

EvalObj는 행렬 pop을 입력받아 다음 목적함수 J 값을 계산해서 되돌려주는 함수이다. pop의 행의 수가 para.popsize이므로 계산된 objfunc는 para.popsize x1 벡터가 된다. 여기서 사용된 배열 연산은 2.6.2절을 참조 바란다.

$$J = f(x_1, x_2) = 20 - x_1^2 - x_2^2$$

```
% Evaluates the objective function values
function objfunc= EvalObj(pop)
x1= pop(:,1); x2= pop(:,2);
objfunc= 20-x1.^2-x2.^2;
```

앞서 살펴본 3개의 함수를 호출하여 의미 있는 계산을 하기 위한 스크립트는 다음과 같고, 그 아래는 이를 실행한 결과를 보여준다.

Script file: prog2_2.m

```
% Calls three subfunctions
para= InitPara
pop= InitPop(para)
objfunc= EvalObj(pop)
```

```
para =  rseed: 1166
     popsize: 4
        lvar: 2
         xlb: [-3 -3]
         xub: [3 3]
pop=       -2.6891   2.5443
           0.3660    1.9400
           0.9626    2.8094
           -1.6862  -2.7196
objfunc=   6.2953
           16.1026
           11.1804
           9.7606
```

2.6 산술 연산

MATLAB은 선형대수에서 다루는 기본연산 외에 배열 연산이라는 특수 연산이 가능하도록 설계되었다. 이 절에서는 두 가지 형태의 산술 연산에 대해 살펴본다. 스칼라 간의 연산은 여러 컴퓨터 언어를 통해 많이 접해보았을 것으로 생각되므로 여기서는 배열(벡터, 행렬) 간의 연산을 주로 살펴보기로 한다.

2.6.1 기본 연산

MATLAB에서 채용하는 기본적인 산술 연산자(Arithmetical operator)는 다음과 같다.

+	덧셈(Addition)
−	뺄셈(Subtraction)
*	곱셈(Multiplication)
/	오른쪽 나눗셈(Right division)
\	왼쪽 나눗셈(Left division)
^	거듭제곱(Power)
'	전치(Transpose)

2.6.1.1 덧셈과 뺄셈 연산

동일 차원의 두 배열의 합과 차 연산은 각 대응되는 원소 간의 합과 차 연산을 수행하게 된다. 일례로 3×3 행렬 A, B가 주어질 때

$$A = \begin{bmatrix} a_{11} & a_{12} & a_{13} \\ a_{21} & a_{22} & a_{23} \\ a_{31} & a_{32} & a_{33} \end{bmatrix}, \quad B = \begin{bmatrix} b_{11} & b_{12} & b_{13} \\ b_{21} & b_{22} & b_{23} \\ b_{31} & b_{32} & b_{33} \end{bmatrix}$$

이들의 합 C= A+B와 차 C= A-B는 다음과 같이 연산된다.

$$C = A \pm B = \begin{bmatrix} a_{11} \pm b_{11} & a_{12} \pm b_{12} & a_{13} \pm b_{13} \\ a_{21} \pm b_{21} & a_{22} \pm b_{22} & a_{23} \pm b_{23} \\ a_{31} \pm b_{31} & a_{32} \pm b_{32} & a_{33} \pm b_{33} \end{bmatrix} \tag{2.2}$$

간단한 예를 살펴보자.

```
>> A= [1 2;3 4]; B= [1 1;0 1];
>> C= A+B
C= 2  3
   3  5
```

특별한 목적으로 MATLAB은 배열과 스칼라 간의 합과 차 연산도 가능하도록 설계해 놓고 있는데, 이 경우에는 배열의 각 원소에 스칼라 값을 더하거나 빼준다.

$$C = A \pm b = \begin{bmatrix} a_{11} \pm b & a_{12} \pm b & a_{13} \pm b \\ a_{21} \pm b & a_{22} \pm b & a_{23} \pm b \\ a_{31} \pm b & a_{32} \pm b & a_{33} \pm b \end{bmatrix} \tag{2.3}$$

예를 들면 다음과 같다.

```
>> B= [1 1;0 1]; x= [4  5];
>> D= B+10 % 행렬의 각 원소에 스칼라를 더함
D= 11  11
   10  11
>>y= 5-x % 스칼라에 벡터의 각 원소를 빼줌
```

```
y= 1  0
```

2.6.1.2 곱셈 연산

두 배열 간의 곱셈은 선형대수 법칙에 따라 연산해 준다. 예로 3×2 행렬 A와 2×2 행렬 B가 주어질 때

$$A = \begin{bmatrix} a_{11} & a_{12} \\ a_{21} & a_{22} \\ a_{31} & a_{32} \end{bmatrix}, \quad B = \begin{bmatrix} b_{11} & b_{12} \\ b_{21} & b_{22} \end{bmatrix}$$

곱 C= AB는 다음과 같이 연산된다.

$$C = AB = \begin{bmatrix} a_{11}b_{11} + a_{12}b_{21} & a_{11}b_{12} + a_{12}b_{22} \\ a_{21}b_{11} + a_{22}b_{21} & a_{21}b_{12} + a_{22}b_{22} \\ a_{31}b_{11} + a_{32}b_{21} & a_{31}b_{12} + a_{32}b_{22} \end{bmatrix} \tag{2.4}$$

곱 연산 시 A의 열과 B의 행의 길이가 같아야 한다. 한편 스칼라 b와 행렬 A의 곱 C는 다음과 같이 연산된다.

$$C = bA = \begin{bmatrix} ba_{11} & ba_{12} \\ ba_{21} & ba_{22} \\ ba_{31} & ba_{32} \end{bmatrix} \tag{2.5}$$

몇 가지 예를 들면 다음과 같다.

```
>> A= [1 2 3;4 5 6], B= [1 0;2 1;5 0], x= [1 4]
A=   1    2    3
     4    5    6
B=   1    0
     2    1
     5    0
x=   1    4
>> C= A*B
C=   20    2
```

```
     44    5
>> D= 2*C
D=   40   4
     88  10
>> y= x*A
y=   17    22    27
```

2.6.1.3 나눗셈 연산

MATLAB은 선형대수 법칙에 따라 왼쪽 나눗셈(\)과 오른쪽 나눗셈(/) 두 가지 형태의 나눗셈 연산을 제공하고 있다. 만약 행렬 A가 정칙행렬(Nonsingular matrix)이면 왼쪽 나눗셈은 선형방정식 A**x**= b의 해 **x**를, 오른쪽 나눗셈은 **x**A= b의 해 **x**를 구하기 위해 사용된다. 두 나눗셈 연산은 가우스 소거법을 기반으로 하고 있다.

x= A\b

x= b/A

예로 다음 선형방정식의 해를 구해보자.

$$\begin{aligned} 3x_1+x_2+2x_3 &= 0 \\ x_1+2x_2 &= 2 \\ 3x_3 &= 0 \end{aligned} \tag{2.6}$$

이는 다음 행렬 방정식으로 표시할 수 있다.

$$\begin{bmatrix} 3 & 1 & 2 \\ 1 & 2 & 0 \\ 0 & 0 & 3 \end{bmatrix} \begin{bmatrix} x_1 \\ x_2 \\ x_3 \end{bmatrix} = \begin{bmatrix} 0 \\ 2 \\ 0 \end{bmatrix} \quad \text{혹은} \quad \begin{bmatrix} x_1 & x_2 & x_3 \end{bmatrix} \begin{bmatrix} 3 & 1 & 2 \\ 1 & 2 & 0 \\ 0 & 0 & 3 \end{bmatrix} = \begin{bmatrix} 0 & 2 & 0 \end{bmatrix}$$

왼쪽 나눗셈과 오른쪽 나눗셈 연산을 적용하면 다음과 같이 해를 구할 수 있다.

```
>> A= [3 1 2;1 2 0;0 0 3], b= [0 2 0]'
A=  3    1    2
    1    2    0
    0    0    3
```

```
b=  0
    2
    0
>> x= A\b
x=  -0.4000
    1.2000
    0
>> A= A'; b= b';
>> x= b/A
x=  -0.4000   1.2000    0
```

한편 스칼라 b와 행렬 A의 나눗셈 C= b/A는 허용되지 않으나 C= b\A= A/b는 다음과 같이 허용된다.

$$C = A / b = \begin{bmatrix} a_{11} / b & a_{12} / b \\ a_{21} / b & a_{22} / b \\ a_{31} / b & a_{32} / b \end{bmatrix} \tag{2.7}$$

예를 들면 다음과 같다.

```
>> A= [1 2;3 4]; b= 2;
>> C= A/b
C=  0.5000   1.0000
   1.5000   2.0000
>> b/A
??? Error using ==> mldivide
Matrix dimensions must agree.
```

2.6.2 배열 연산

원소별 연산(Element-by-element operation)이라고도 불리는 배열 연산은 MATLAB의 필요에 의해 만든 것으로서, 같은 위치의 배열 원소끼리 수행되는 특수 연산이다. 배열 연산자는 '.'를 기본 연산자 앞에 결합해서 표시하며 다음 연산을 수행해준다.

.*	배열 곱셈(Element-by-element product)
./	배열 오른쪽 나눗셈(Element-by-element right division)
.\	배열 왼쪽 나눗셈(Element-by-element left division)
.^	배열 거듭제곱(Element-by-element power)

배열 연산은 같은 차원의 배열과 배열 간 혹은 스칼라와 배열 간에만 가능하다. 특히 합(+)과 차(−)는 이미 배열 연산을 수행하고 있는 연산자이므로 굳이 '.'를 붙일 필요는 없다.

벡터는 행렬의 부분집합이므로 여기서는 행렬을 위주로 살펴본다. 일례로 3×3 행렬 A, B가 주어질 때

$$A = \begin{bmatrix} a_{11} & a_{12} & a_{13} \\ a_{21} & a_{22} & a_{23} \\ a_{31} & a_{32} & a_{33} \end{bmatrix}, \quad B = \begin{bmatrix} b_{11} & b_{12} & b_{13} \\ b_{21} & b_{22} & b_{23} \\ b_{31} & b_{32} & b_{33} \end{bmatrix}$$

배열 곱셈, 배열 오른쪽 나눗셈, 배열 왼쪽 나눗셈, 배열 거듭제곱은 다음과 같이 수행된다.

$$C = A\ .\!*B = \begin{bmatrix} a_{11}b_{11} & a_{12}b_{12} & a_{13}b_{13} \\ a_{21}b_{21} & a_{22}b_{22} & a_{23}b_{23} \\ a_{31}b_{31} & a_{32}b_{32} & a_{33}b_{33} \end{bmatrix} \tag{2.8}$$

$$C = A\ ./B = \begin{bmatrix} a_{11}/b_{11} & a_{12}/b_{12} & a_{13}/b_{13} \\ a_{21}/b_{21} & a_{22}/b_{22} & a_{23}/b_{23} \\ a_{31}/b_{31} & a_{32}/b_{32} & a_{33}/b_{33} \end{bmatrix} \tag{2.9}$$

$$C = A\ .\backslash B = \begin{bmatrix} a_{11}\backslash b_{11} & a_{12}\backslash b_{12} & a_{13}\backslash b_{13} \\ a_{21}\backslash b_{21} & a_{22}\backslash b_{22} & a_{23}\backslash b_{23} \\ a_{31}\backslash b_{31} & a_{32}\backslash b_{32} & a_{33}\backslash b_{33} \end{bmatrix} \tag{2.10}$$

$$C = A\ .\hat{}\ n = \begin{bmatrix} a_{11}^n & a_{12}^n & a_{13}^n \\ a_{21}^n & a_{22}^n & a_{23}^n \\ a_{31}^n & a_{32}^n & a_{33}^n \end{bmatrix} \tag{2.11}$$

한편 스칼라 b와 행렬 A간의 배열 거듭제곱, 배열 오른쪽 나눗셈, 배열 왼쪽 나눗셈은 다음과 같이 수행된다.

$$C = b\ .\wedge A = \begin{bmatrix} b^{a_{11}} & b^{a_{12}} & b^{a_{13}} \\ b^{a_{21}} & b^{a_{22}} & b^{a_{23}} \\ b^{a_{31}} & b^{a_{32}} & b^{a_{33}} \end{bmatrix} \tag{2.12}$$

$$C = b\ ./\ A = \begin{bmatrix} b/a_{11} & b/a_{12} & b/a_{13} \\ b/a_{21} & b/a_{22} & b/a_{23} \\ b/a_{31} & b/a_{32} & b/a_{33} \end{bmatrix} \tag{2.13}$$

$$C = b\ .\backslash\ A = \begin{bmatrix} b\backslash a_{11} & b\backslash a_{12} & b\backslash a_{13} \\ b\backslash a_{21} & b\backslash a_{22} & b\backslash a_{23} \\ b\backslash a_{31} & b\backslash a_{32} & b\backslash a_{33} \end{bmatrix} \tag{2.14}$$

다음 예에서 두 벡터 [2 3 4]와 [1 2 3]의 배열 곱셈과 벡터 [2 3 4]의 배열 세제곱 결과는 다음과 같다.

```
>> p= [2 3 4].*[1 2 3]
p= 2  6  12
>> q= [2 3 4].^3
q= 8  27  64
```

또 두 행렬 $\begin{bmatrix} 1 & 2 \\ 3 & 4 \end{bmatrix}$와 $\begin{bmatrix} 4 & 3 \\ 2 & 1 \end{bmatrix}$의 배열 곱셈과 나눗셈의 결과는 다음과 같다.

```
>> A= [1 2;3 4], B= [4 3;2 1]
A= 1    2
   3    4
B= 4    3
   2    1
>> C= A.*B  % AB의 결과와 다름
C= 4    6
   6    4
>> D= A./B
D= 0.2500  0.6667
   1.5000  4.0000
```

한편 스칼라 b와 행렬 A와의 배열 연산은 다음과 같다.

```
>> b= 4; A= [1 2;3 4];
>> B= b./A
B=  4.0000   2.0000
    1.3333   1.0000
>> C= b.\A
C = 0.2500   0.5000
    0.7500   1.0000
>> D= b.^A
D=  4   16
    64  256
```

예제 2.3 x= 0, 1, 2, 3일 때 y= $e^{-x}\cos(x^3)$ 값을 계산해 보자.

풀이 x= [0 1 2 3]이 생성되면 연산 우선순위(2.7.1.3절 참조)에 따라 배열 세제곱 x.^3가 먼저 계산되고 그 결과 [0 1 8 27]을 얻는다. 다음 exp(−x)로부터 [1 0.3679 0.1353 0.0498]과 cos(x.^3)으로부터 [1 0.5403 −0.1455 −0.2921]이 계산되면 최종적으로 [1 0.3679 0.1353 0.0498]과 [1 0.5403 −0.1455 −0.2921] 간의 배열 곱셈을 통해 y를 구한다.

```
>> x= [0 1 2 3];
>> y= exp(-x).*cos(x.^3)
y= 1.0000   0.1988   -0.0197   -0.0145
```

이 문제는 아래와 같이 배열 연산을 쓰지 않고서도 계산할 수 있지만, 위의 프로그램이 더 간결하고 연산 시간도 짧아진다.

```
>> x= 0; y(1)= exp(-x)*cos(x^3);
>> x= 1; y(2)= exp(-x)*cos(x^3);
>> x= 2; y(3)= exp(-x)*cos(x^3);
>> x= 3; y(4)= exp(-x)*cos(x^3);
>> y
y= 1.0000   0.1988   -0.0197   -0.0145
```

예제 2.4 다음 sinc 함수의 그래프를 그리는 스크립트를 작성해 보자.

$$y = \sin(x)/x \quad (-3\pi \le x \le 3\pi) \tag{2.15}$$

풀이 벡터 x를 생성할 때 원소에 0이 포함되면 sin(0)/0의 극한값이 1일지라도 계산기는 오류를 낸다. 이 오류를 해결해 주는 방법 중 하나는 x에 아주 작은 값 eps를 더한 다음에 배열 나눗셈을 수행해 주면 해결된다.

```
>> x= -3*pi:pi/20:3*pi;
>> x= x+eps;
>> y= sin(x)./x;
>> plot(x,y)
```

그림 2.2는 실행 결과 그래프이다.

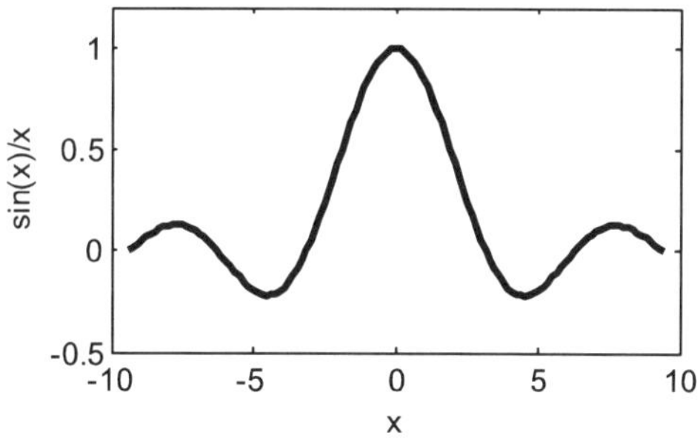

그림 2.6 sin(x)/x 그래프

예제 2.5 다음 두 함수의 그래프를 같은 화면에 그려보자.

$$y_1 = 1/(x^2+1) \tag{2.16a}$$

$$y_2 = x.\exp(-x^2) \quad (-3 \le x \le 3) \tag{2.16b}$$

풀이 벡터 x가 생성되면 y1에는 x.^2, (x.^2+1) 순으로 계산이 이루어지고 최종적으로 1과 (x.^2+1)과의 배열 나눗셈이 수행된다. y2에서도 x.^2, exp(−x.^2) 순으로 계산이 이루어지면 마지막으로 x와 exp(−x.^2) 간에 배열 곱셈이 수행된다.

```
>> x= -3:0.1:3;
```

```
>> y1= 1./(x.^2+1);
>> y2= x.*exp(-x.^2);
>> plot(x,y1,x,y2)
```

이를 실행하면 다음 그래프를 얻는다.

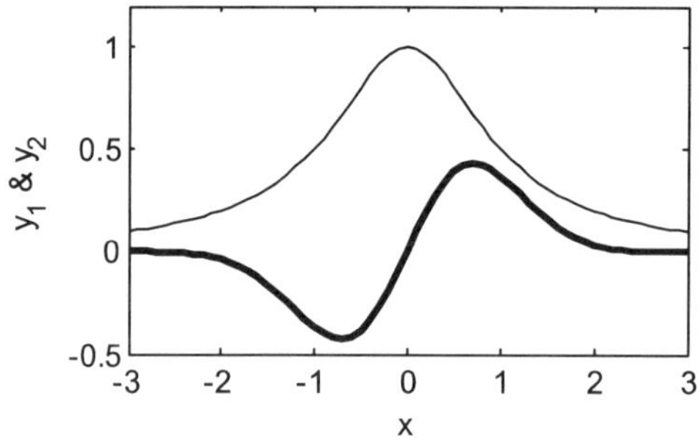

그림 2.7 y_1(가는 선), y_2(굵은 선)의 그래프

2.6.3 내장함수

MATLAB은 다양한 학문 분야에서 필요로 하는 많은 내장함수들을 만들어 제공하고 있는 것이 큰 특징이다. 여기서는 과학기술과 통계처리 분야에 자주 활용되는 함수들 중 일부만 알아본다. 더 자세한 함수 목록은 아래 help 명령어를 통해 살펴볼 수 있다.

- help elfun % 기본 수학 함수들을 보여준다.
- help elmat % 기본 행렬과 행렬 조작 함수들을 보여준다.
- help specfun % 특별한 수학 함수들을 보여준다.

특히 함수들은 다양한 형식으로 호출될 수 있으므로 자세한 사용법을 알고자 하면 MATLAB 도움말과 사용 예를 참조 바란다.

2.6.3.1 삼각함수

MATLAB에서 삼각함수를 계산할 수 있는 명령어는 여러 가지가 있으며, 그 중에서 자주 사용되는 것들만 예시하면 다음과 같다. 더 자세한 것은 도움말을 참조 바란다.

```
◉ sin(x)   % sin(x)를 반환한다.
◉ cos(x)   % cos(x)를 반환한다.
◉ tan(x)   % tan(x)를 반환한다.
◉ asin(x)   % sin^-1 x를 반환한다.
◉ acos(x)   % cos^-1 x를 반환한다.
◉ atan(x)   % tan^-1 x를 반환한다. 단, -π/2 ≤ atan(x) ≤ π/2.
◉ atan2(y,x)   % tan^-1(y/x)를 반환한다. 단, -π ≤ atan2(y,x) ≤ π.
```

특히 atan2를 사용할 때 주의할 점은 y 좌표를 먼저 써주어야 한다는 것이다.

수식 $x = \cos(2\pi) + \sin^{-1}(0.5)$의 계산은 다음과 같이 하면 된다.

```
>> x= cos(2*pi)+asin(0.5)
x =  1.5236
```

제1사분면 상의 점 (2,3)과 원점과 이루는 각 계산에 atan를 사용하면 다음과 같다. atan은 제1,4사분면에만 적용할 수 있음에 유의하라.

```
>> ang= atan(3/2)
ang=  0.9828  % 라디안 단위
>> ang= ang*180/pi  % 각 단위로 환산
ang=  56.3099
```

제2사분면 상의 점 (-1,1)과 원점과 이루는 각을 계산할 때에는 atan2를 사용하면 된다. 다음과 같은 결과를 얻는다.

```
>> ang= atan2(1,-1)
ang=  2.3562  % 라디안 단위
>> ang= ang*180/pi  % 각 단위로 환산
ang=  135
```

2.6.3.2 지수함수, 제곱근함수, 로그함수와 복소함수

MATLAB에서 취급하는 지수함수, 제곱근함수, 로그함수와 복소함수 명령어는 다음과 같다.

- exp(x) % e^x값을 반환한다.
- sqrt(x) % $\sqrt{x}$값을 반환한다.
- log(x) % ln(x) 값을 반환한다.
- log10(x) % $\log_{10}x$ 값을 반환한다.
- abs(z) % z= a+ib의 절대값 $|z| = \sqrt{a^2 + b^2}$를 반환한다.
- angle(z) % z의 각 $\angle z = \tan^{-1}(b/a)$를 반환한다.
- conj(z) % 켤레 복소수를 반환한다.
- real(z) % z의 실수부 계수를 반환한다.
- imag(z) % z의 허수부 계수를 반환한다.

다음 수식 $y = \sqrt{14} + e^{-1} - \ln 5 + 3\log_{10}6$을 계산하면 다음과 같다.

```
>> y= sqrt(14)+exp(-1)-log(5)+3*log10(6)
y =  4.8346
```

복소수 y= e^{i2}의 실수부와 허수부의 값을 구하면 아래와 같다.

```
>> y= exp(i*2);
>> real(y)
ans= -0.4161
>> imag(y)
ans= 0.9093
```

2.6.3.3 통계함수

MATLAB에서 처리할 수 있는 통계함수 중 자주 사용되는 명령어는 다음과 같다.

- [v,n]= max(x) % x가 벡터이면 v에 최대값을, n에 원소의 위치를 반환한다.

- [v,n]= min(x) % x가 벡터이면 v에 최소값을, n에 원소의 위치를 반환한다.
- sum(x) % 원소들의 합을 반환한다.
- cumsum(x) % 원소들의 누적합을 반환한다.
- prod(x) % 원소들의 곱을 반환한다.
- mean(x) % 평균값을 반환한다.
- std(x), std(x,1) % 표준편차를 반환한다.
- sort(x) % 오름차순으로 정렬해서 반환한다.

벡터 x= [2 3 9 4 1 6]에 대하여 최대값, 최소값, 합, 평균값과 표준편차를 구하면 다음과 같다.

```
>> x= [2 3 9 4 1 6];
>> n= min(x)
n= 1
>> [val,m]= max(x)
val= 9
m= 3
>>s= sum(x)
s= 25
>> cs= cumsum(x)
cs= 2   5   14   18   19   25
>>ave= mean(x)
ave= 4.1667
>> dev= std(x)
dev=  2.9269
>> dev= std(x,1)
dev=  2.6719
```

2.6.3.4 수치함수

MATLAB에서 수를 처리해주는 명령어는 다음과 같다.

- fix(x) % 소수부분을 절단한 정수를 반환한다.

- floor(x) % x를 넘지 않는 가장 큰 정수를 반환한다.
- ceil(x) % x를 넘는 가장 작은 정수를 반환한다.
- round(x) % x에 가까운 정수를 반환한다.
- rem(x,y) % x를 y로 나눌 때 나머지를 반환한다.
- sign(x) % 부호함수로서 x가 양이면 1, 음이면 -1, 0이면 0을 반환한다.

다음은 fix, floor, ceil, round, rem와 sign 명령어의 사용 예를 보여준다.

```
>> x= -1.234;
>> [fix(x) floor(x) ceil(x) round(x)]
ans= -1   -2   -1   -1
>> x= 1.519;
>> [fix(x) floor(x) ceil(x) round(x)]
ans= 1   1   2   2
>> rem(2,3)
ans= 2
>> rem(5,2)
ans= 1
>> sign(sin(3*pi))
ans= 1
```

특히 어떤 수를 소수 셋째 자리에서 반올림해 둘째 자리까지만 표시하고 싶을 때에는 다음과 같이 하면 된다.

```
>> x= 12.3452;
>> y= round(x*100)/100
y= 12.3500
```

2.6.3.5 난수발생 함수

MATLAB에서 난수(Random number)를 발생시킬 수 있는 명령어는 다음과 같다.

- rand % [0,1) 구간에서 균등하게 분포되는 난수를 생성한다. 0은 포함되고, 1은 포함되지 않는다.
- rand(n), rand(n,n) % [0,1) 구간에서 균등분포 난수 행렬을 생성한다.
- rand('seed', n) % seed 값을 n으로 설정하여 rand를 초기화한다. n은 0 또는 양의 정수이다.
- randn % 평균이 0이고 표준편차가 1인 정규분포 난수를 생성한다.
- randn(n), randn(n,n) % 평균이 0이고 표준편차가 1인 정규분포 난수 행렬을 생성한다.
- randn('seed', n) % seed 값을 n으로 설정하여 randn을 초기화한다. n은 0 또는 양의 정수이다.

몇 가지 예를 들면 다음과 같다.

```
>> A= rand(3)  % 3×3 균등분포 난수 행렬을 발생
A=  0.9058    0.6324    0.5469
    0.1270    0.0975    0.9575
    0.9134    0.2785    0.9649
>> B= randn(1,5)  % 1×5 정규분포 난수 행렬을 발생
B= -1.3499   3.0349   0.7254   -0.0631   0.7147
>> rand('seed', 256)  % seed 값 265로 rand를 초기화
>> rand
ans=  0.3047
```

한 가지 알아두어야 할 것은 rand 또는 randn의 초기화 명령어를 생략하면 첫 호출 시 자동적으로 seed 값은 0으로 설정되고, 그 이후 같은 프로그램을 실행해도 난수는 반복되지 않는다. 같은 순서의 난수를 얻고 싶을 때에는 rand 또는 randn의 호출 전에 반드시 초기화 명령어를 사용하여야 한다.

한편 rand는 [0,1) 구간에 균등하게 분포되는 난수를 생성하지만, 다음 사상 식을 통해 [a, b) 구간에 분포되는 난수로 바꿀 수 있다.

$$(b-a) \cdot \text{rand} + a \tag{2.17}$$

그림 2.8은 변환 전후의 분포를 그래프적으로 보여준다.

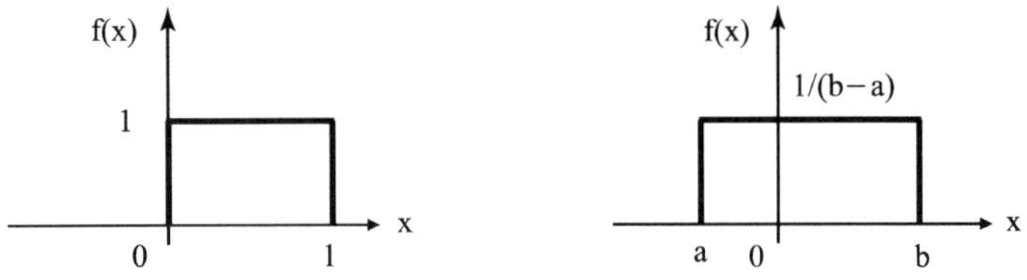

(a) 변환 전　　(b) 변환 후

그림 2.8 균등분포

만약 [a,b] 구간의 정수를 발생시키고 싶을 때에는 b가 포함되므로 다음 식을 사용해야 한다.

$$\text{floor}\ [(b + 1 - a) \cdot \text{rand}] + a \tag{2.18}$$

예로 주사위를 던졌을 때 나타나는 1에서 6까지의 정수를 발생시키고 싶을 때, $(6+1-1) \cdot \text{rand} = 6 \cdot \text{rand}$은 [0,6), 즉 0과 5.9999 사이의 값을 가지게 되므로 floor 명령어로 소수부분을 버리고 1을 더하면 원하는 범위의 정수를 얻게 된다.

```
>> a= 1; b= 6;
>> n= floor((b+1-a)*rand(1,10))+a  % [a,b] 구간의 균등분포 정수 발생
n =  3  6  3  1  5  3  2  3  1  1
```

또 randn은 평균이 0이고 표준편차가 1인 정규난수를 생성하지만 이 또한 다음 사상식을 쓰면 평균이 m이고 표준편차가 σ인 정규난수로 변환할 수 있다.

$$\sigma \cdot \text{randn} + m \tag{2.19}$$

그림 2.9는 변환 전후의 분포를 그래프로 보여준다.

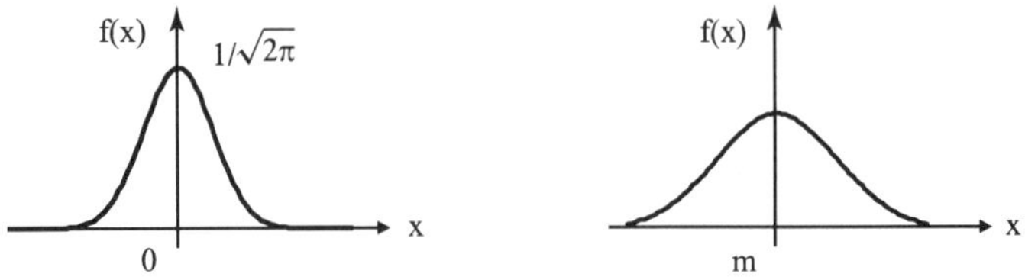

(a) 변환 전　　(b) 변환 후

그림 2.9 정규분포

다음 예는 −1과 1 사이의 균등분포 난수 5개와 평균이 50이고 표준편차가 10인 정수형 정규난수 5개가 발생됨을 보여준다.

```
>> a= -1; b= 1;
>> x= (b-a)*rand(1,5)+a  % [-1, 1) 구간의 균등분포 난수로 변환
x= 0.7677   0.4024   -0.3366   -0.9604   0.1284
>> ave= 50; dev= 10;
>> y= floor(dev*randn(1,5))+ave %  ave=50, dev= 10인 정규분포 난수로 변환
y= 33   52   39   64   41
```


예제 2.6 **평균이 0이고 표준편차가 0.5인 1×200 정규난수 벡터와 [-1,1) 구간에 분포되는 1×200 균등난수 벡터를 만들어 히스토그램을 그려라.**

풀이 명령어 hist의 사용은 다음 장을 참조 바란다.

```
>> ave= 0; dev= 0.5;
>> u= dev*randn(1,200)+ave;
>> hist(u)
>> a= -1; b= 1;
>> v= (b-a)*rand(1,200)+a;
>> hist(v)
```

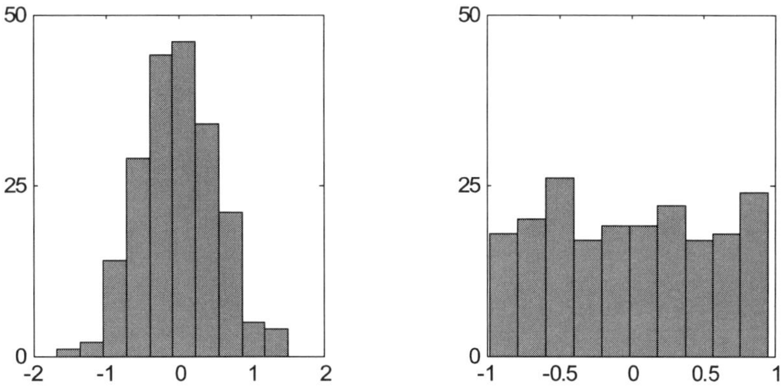

(a) u (b) v

그림 2.10 u와 v의 히스토그램

2.6.3.6 문자열처리 함수

- str= num2str(x) % 숫자 x를 문자열로 변환해준다. x가 배열이면 str도 배열이 된다.
- str= num2str(x,'format') % 지정된 형식으로 숫자 x를 문자열로 변환해준다. format의 사용은 2.8.2.1절의 fprintf를 참조 바란다.
- x= str2num(str) % 문자열을 숫자 x로 변환해준다. str이 배열이면 x도 배열이 된다.
- x= str2double(str) % 문자열을 배정도 숫자 x로 변환해준다.

특히 num2str 함수는 수치 값을 문자열로 변환한 후 이를 그래프의 라벨이나 제목에 달 때 유용하게 사용할 수 있다. 다음 예를 참조하라.

```
>>s1= 'Pai is ';
>>s2= num2str(pi,'%4.2f'); % 소수 둘째 자리 고정소수점 표시
>> s= [s1 s2]
s= Pai is 3.14
>> str= '12.763  35.17';
>> x= str2num(str)
x=  12.7630  35.1700
```

str2num 함수는 문자열에 공백이 포함되면 이를 정확하게 수로 표시하지 못할 수도 있으므로, 이때는 str2double 함수를 사용하면 문제가 해결된다.

```
>> x= str2num('1+2i')
x=  1.0000 + 2.0000i
>> x= str2num('1□+2i') % 1과 + 사이에 공백이 포함됨
x=  1.0000    0 + 2.0000i
>> x= str2double('1□+2i') % 1과 + 사이에 공백이 포함됨
x=  1.0000 + 2.0000i
```

문자열 내의 대소문자 변환 명령어는 다음과 같다.

- lstr= lower(str) % 문자열 내의 대문자를 소문자로 변환해준다.
- ustr= upper(str) % 문자열 내의 소문자를 대문자로 변환해준다.

문자열 내의 대소문자 변환 예는 다음과 같다.

```
>>str= 'Seoul is the Capital City of Korea';
>> ustr= upper(str)
ustr = SEOUL IS THE CAPITAL CITY OF KOREA
>> lstr= lower(str)
lstr = seoul is the capital city of korea
```

두 문자열 간의 비교와 문자열 내에 특정 문자 또는 문자열의 위치를 알려주는 명령어는 다음과 같다.

- TF= strcmp(str1, str2) % 대소문자를 구분해서 두 문자열을 비교하고 같으면 1, 틀리면 0을 반환한다.
- TF= strcmpi(str1, str2) % 대소문자를 구분하지 않고 두 문자열을 비교하고 같으면 1, 틀리면 0을 반환한다.
- k= strfind(str, substr) % 문자열 내에 특정 문자열(substr)의 위치를 알려준다. 대소문자를 구분한다.
- substr= strtok(str, c) % 문자열 내에 특정 문자(c)에 의해 구분되는 첫 토큰(Token)을 반환한다. 대소문자를 구분한다.

두 문자열을 비교하고 문자열 내에 특정 문자 또는 문자열의 위치를 알려주는 몇 가지 예를 들면 다음과 같다.

```
>> TF= strcmp('Korea','korea')
TF=   0
>> TF= strcmpi('Korea','korea')
TF=   1
>> str= 'User-defined function call';
>> p= strfind(str,'u')
p =  15
>> p= strfind(str,'call')
p =   23
>> str= 'This is an empty string';
```

```
>> p= strtok(str,'s')
p=  Thi
>> p= strtok(str,'t')
p=  This is an emp
```

2.6.3.7 기타 행렬 연산

행렬 연산을 위해 MATLAB에서 제공하는 명령어는 여러 가지가 있지만 그 중에서 중요한 몇 가지만 살펴보면 다음과 같다.

- inv(A) % 행렬 A의 역행렬을 반환한다.
- det(A) % 행렬 A의 행렬식을 반환한다.
- eig(A) % 행렬 A의 고유치를 반환한다.
- [v,d]= eig(A) % 행렬 A의 고유치와 고유벡터를 반환한다.

다음 명령어는 역행렬, 행렬식, 고유치를 구해준다.

```
>> A= [1 2;3 4]
A=  1    2
    3    4
>> inv(A)
ans=  -2.0000    1.0000
       1.5000   -0.5000
>> det(A)
ans=  -2
>> eig(A)
ans=  -0.3723
       5.3723
```

2.7 흐름 제어 도구

앞서 예시한 명령어들은 모두 입력된 순서대로 순차적으로 실행되는 것을 보아 왔지만, 복잡한 구조의 프로그램에서는 조건에 따라 그 처리순서가 바뀌는 것을 종종 경험한다. MATLAB도 일반적인 프로그래밍 언어들과 마찬가지로 흐름을 제어할 수 있는 몇 가지 도구들을 포함하고 있다.

관계 연산자와 논리 연산자는 값들을 비교함으로써 처리순서 제어를 위한 의사결정을 돕고, 일련의 명령어 if, switch, while, for 등은 처리순서를 바꾸거나, 여러 번 반복하게 해준다. 이러한 흐름 제어문(Flow control statement)을 사용함으로써, 복잡하고 반복되는 알고리즘을 효율적으로 프로그래밍할 수 있다.

2.7.1 관계 연산자와 논리 연산자

2.7.1.1 관계 연산자

관계 연산자(Relational operator)는 두 피연산자(Operand)의 크기를 비교하기 위하여 사용되며, 비교 결과 참일 경우에는 1, 거짓일 경우에는 0의 값을 제공한다. MATLAB에서는 같은 차원의 두 배열을 비교하는 것도 가능하다. 이 경우에는 대응되는 원소끼리 비교되며, 비교 결과에 따라 1 또는 0의 원소 값을 갖는 배열이 된다. 또 배열과 스칼라의 비교도 허용된다. 이 경우에는 배열의 모든 원소들은 스칼라와 비교되며, 그 결과에 따라 1 또는 0의 원소 값을 갖는 배열이 된다. MATLAB에서 제공하는 관계 연산자는 다음과 같다.

```
<       작다(less than)
<=      작거나 같다(less than or equal to)
>       크다(greater than)
>=      크거나 같다(greater than or equal to)
==      같다(equal to)
~=      같지 않다(not equal to)
```

이들은 다음 형식으로 사용된다.

```
expr1  Operator  expr2
```

여기서 expr1과 expr2는 피연산자이고 값, 수식, 문자, 문자열이 될 수 있다. 예컨대 다음 문장들을 실행하면 $2 < \sqrt{2}$는 거짓이어서 x에는 0이 할당되고, $\sqrt{2} \neq 2$는 참이어서 y에는 1이 할당된다.

```
>> x= 2 < sqrt(2)
x= 0
>> y= 2 ~= sqrt(2)
y= 1
```

아래 예와 같이 두 행렬 A, B를 비교하는 경우에는 대응되는 원소들을 서로 비교하여 A의 것이 B의 것보다 크면 1, 아니면 0이 되므로 다음 결과를 얻는다.

```
>> A= [5 0 3; 2 9 4], B= [2 8 1; 6 8 2]
A= 5  0  3
   2  9  4
B= 2  8  1
   6  8  2
>> P= A>B
P= 1  0  1
   0  1  1
```

한편 행렬 C와 스칼라 4를 비교하는 다음의 예에서는 행렬의 각 원소 값이 4 이하이면 1이, 4보다 크면 0이 된다. 따라서 다음과 같은 결과가 될 것이다.

```
>> C= [5 0 3; 2 9 4]
C= 5  0  3
   2  9  4
>> Q= C<=4
Q= 0  1  1
   1  0  1
```

관계 연산자는 산술 연산자 보다 연산 우선순위가 낮기 때문에 같은 문장에서 혼용해서 사용할 때에는 주의를 요하고, 우선순위를 변경할 필요가 있으면 괄호를 쓰면 된다. 예를 들어 보자.

```
>> p= 1+4/2<=2.5  % 3 <= 2.5 이므로 결과는 0임
p =  0
>> p= 1+4/(2<=2.5) %  2<=2.5 가 먼저 실행되며 참이므로, 1+4/1= 5가 됨
p =  5
```

2.7.1.2 논리 연산자

논리곱, 논리적과 논리부정을 연산해주는 논리 연산자(Logical operator)는 다음과 같으며, 실행 결과는 1 또는 0의 값을 갖는다. 논리 연산자도 관계 연산자와 같이 같은 차원의 배열 간 또는 배열과 스칼라 간의 비교에 사용될 수 있다.

&	논리곱(AND)
|	논리적(OR)
~	논리부정(NOT)

이들은 다음 형식으로 사용된다.

```
expr1  &  expr2
expr1  |  expr2
~expr1
```

여기서 expr1과 expr2는 피연산자를 의미한다.

2차 방정식 $ax^2 + bx + c = 0$의 두 근이 실근인지 아니면 허근인지를 구분할 때 판별식 $D = b^2 - 4ac$를 사용한다. 만약 $a \neq 0$이고 $D \geq 0$이면 두 실근(또는 중근)을 가지며, $D < 0$이면 두 허근을 갖는다. 다음 예를 살펴보자.

```
>> a= 3; b= 2; c= 1;
>> q= (a~=0) & (b*b-4*a*c>=0) % b^2 - 4ac= -8
q=  0
```

결과가 q = 0이므로 $3x^2 + 2x + 1 = 0$은 두 허근을 가지는 것을 알 수 있고, roots 명령어로 근을 구해보면 다음과 같다.

```
>> roots([3 2 1])
ans=  -0.3333 + 0.4714i
      -0.3333 - 0.4714i
```

이 외에도 MATLAB은 두 논리 연산자 &, |와 같은 의미를 가지는 두 단락(Short-circuit) 논리 연산자를 가지고 있으며 다음과 같다.

&&	논리곱(AND)
||	논리적(OR)

이들은 연산시간을 단축시켜주므로 &와 | 보다 더 자주 쓰인다. 아래의 논리식에서 보면 논리적 결과가 좌측 피연산자(expr1)에 의해 완전히 결정된다면, 굳이 우측 피연산자(expr2)의 평가와 좌우측 피연산자의 논리연산을 수행할 필요가 없다.

expr1 && expr2 (expr1= 0이면 expr2의 평가와 &&의 연산을 생략)
expr1 || expr2 (expr1= 1이면 expr2의 평가와 ||의 연산을 생략)

&&와 ||는 expr1이 각각 0이거나 1이면 expr2와는 상관없이 각각 논리적 결과가 0과 1로 확정되므로 연산을 끝내버리지만, &와 |는 이와는 상관없이 불필요한 expr2의 평가와 논리연산을 더 수행하게 된다.

두 가지 예를 살펴보면 다음과 같다.

```
>> x= 0; y= 1;
>> p= (x~=0) && (y>0)  % x~=0은 거짓이므로 p= 0이 되고, 이후의 연산은 생략
p=  0

>> q= (x== 0) || (y>0)  % x== 0 은 참이므로 q= 1이 되고, 이후의 연산은 생략
q=  1
```

Chapter_02 MATLAB 사용법

2.7.1.3 연산 우선순위

앞서 살펴본 산술, 관계 및 논리 연산자들은 수식에서 조합되어 사용될 수 있고, 조합된 수식의 결과는 연산 우선순위에 따라 좌우된다. 다음은 MATLAB 연산자들의 연산 우선순위를 보여준다.

우선순위	연산자	설명
1	()	괄호, 중첩될 때 안쪽이 우선됨
2	^	지수 연산자
3	~	논리부정(NOT) 연산자
4	*, /	곱셈, 나눗셈 연산자
5	+, −	덧셈, 뺄셈 연산자
6	>, <, >=, <=, ==, ~=	관계 연산자
7	&, &&	논리곱(AND) 연산자
8	|, ||	논리합(OR) 연산자

같은 우선순위를 가지는 연산자들은 먼저 나오는 연산자가 우선순위를 가지며 괄호 내의 수식도 우선순위에 따라 연산된다. 다음은 우선순위에 대한 예이다.

```
>> p= (3/2+2)^2/10*2
p= 2.4500
>> q= 2>sqrt(2) | 2<sqrt(3)
q= 1
```

첫 번째 식에서는 괄호 내의 값 3.5가 계산되면, 그 제곱 12.25가 계산되고, 10으로 나눈 다음 2를 곱해 p = 2.45가 되고, 두 번째 식에서는 관계식 2 > sqrt(2)가 참, 2 < sqrt(3)가 거짓이므로 두 연산 결과의 논리합에 의해 q = 1이 된다.

2.7.1.4 논리 함수

MATLAB은 스칼라와 배열에서 동작하는 많은 논리 함수를 가지고 있다. 자주 쓰이는 몇 가지 논리 함수들의 형식은 다음과 같다. find를 제외한 함수들은 스칼라 1(참) 또는 0(거짓)의 논리값을 돌려준다.

- any(x) % x의 어떤 원소라도 0이 아니면 1, 모두 0이면 0을 반환한다.
- all(x) % x의 모든 원소들이 0이 아니면 1, 하나라도 0이면 0을 반환한다.
- I= find(x) % x의 0이 아닌 원소의 색인(Index)을 포함하는 벡터를 반환한다.
- isempty(x) % x가 빈 배열(Empty array)이면 1, 아니면 0을 반환한다.
- isnan(x) % x의 원소 중에 NaN이 있으면 1, 아니면 0을 반환한다.
- isinf(x) % x의 원소 중에 +inf 또는 -inf가 있으면 1, 아니면 0을 반환한다.

논리 함수에 대한 몇 가지 사용 예를 살펴보자.

```
>> x= [-1 0 1 2];
>> lvar= any(x)
lvar=  1
>> lvar= all(x)
lvar=  0
>> I= find(x)
I=  1   3   4
>> J= find(x >0)
J=  3   4

>> str= ''; % 빈 문자열
>> p= isempty(str)
p=  1
>> buf= []; % 빈 배열
>> q= isempty(buf)
q=  1
>> y= sin(0)/0; q= isnan(y)
q= 1
>> y= cos(0)/0; q= isinf(y)
q= 1
```

앞의 예제 2.4에서 sinc 함수 값을 구할 때 x = x + eps 문장을 써서 x의 모든 원소에 일률적으로 작은 eps 값을 더했지만, 이 문장은 다음과 같이 수정해서 사용하는 것이 더 나은 방법이라 할 수 있다.

```
>> x= -3*pi:pi/20:3*pi;
>> x( find(x == 0))= eps; % x= 0인 원소를 찾아 eps로 설정함
>> y= sin(x)./x;
>> plot(x,y)
```

2.7.2 For-end 문

for-end 문은 for와 end 사이에 있는 하나 이상의 문장을 미리 정해진 횟수만큼 반복 연산할 때 사용하며, 다음과 같은 형식을 가진다.

```
for var= s:step:f
  statement;
end
```

여기서 인덱스 변수(Index variable) var는 초기값 s부터 시작하여 마지막 값 f를 초과(또는 미달)하지 않는 동안 계속 step만큼 증가(감소)된다. 그림 2.11은 for-end 문의 전체적인 연산 흐름을 보여준다. step > 0(step < 0)인 경우를 살펴보면, 먼저 var= s가 설정되고 난 다음 f와 비교되며, 만약 var ≤ f(var ≥ f)이면 블록 내의 문장이 실행되고 또 var= var+step이 된다. 이러한 반복은 var가 f를 초과할(미달될) 때까지 계속되며, 만약 초과하면(미달되면) end로 건너뛰어 그 다음 문장을 계속 실행하게 된다.

for-end 문 사이에는 여러 개의 문장들이나 복수의 for-end 문이 올 수 있다.

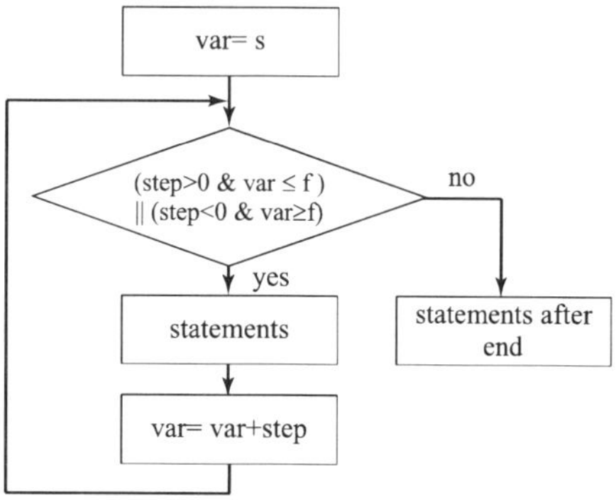

그림 2.11 for-end 문의 연산 흐름

간단한 다음 예를 보자.

```
>> for n=10:-2:7
n
end
n=  10
n=   8
```

여기서는 step= −2(< 0)이고 s > f이므로 루프는 2번 반복된다. 명령줄에 블록 단위의 문장(for-end, while-end, if-end, switch-end)을 입력할 때에는 마지막 end를 넣기까지 그 사이에 프롬트가 나타나지 않음에 유의하라.

다음 프로그램이 실행되면 루프는 세 번 수행된다.

```
>> for i=1:2:6
i
end

i =  1
i =  3
i =  5
```

예제 2.7 for-end 문을 사용해서 6!= 1×2×3×4×5×6을 계산하는 스크립트를 작성해보자.

풀이 6!을 계산하는 스크립트는 다음과 같다. facto는 for−end 문 밖에서 1로 초기화되고, 루프가 6번 반복되는 동안 처음에는 1×1= 1, 다음에는 1×2= 2, 그 다음에는 2×3= 6, 이런 식으로 계산되면서 경신되고 마지막 루프에서는 120×6= 720이 된다.

Script file: prog2_3.m

```
n= 6; facto= 1;
for i=1:n
   facto= facto*i;
end
facto
```

이를 실행하면 facto= 7200이 된다.

예제

2.8 for-end 문으로 1부터 100까지의 정수를 합산하는 스크립트를 작성해보자.

풀이 스크립트는 다음과 같다. 먼저 s= 0이 초기화되고, 루프가 매번 반복될 때마다 이전의 s와 i와의 합산 결과를 가지고 s를 갱신하게 된다. 이렇게 함으로써 처음에는 0+1= 0, 다음에는 1+2= 3, 그 다음에는 3+3= 6과 같은 식으로 계산이 반복되어 마지막 루프에서는 4950+100= 5050이 된다.

Script file: prog2_4.m

```
n= 100; s= 0;
for i= 1: n
  s= s+i;
end
s
```

실행하면 s= 5050이 계산된다.

예제

2.9 3×3 magic 행렬의 모든 원소의 합을 계산하라. 이때 for-end 문을 사용하라.

풀이 작성한 스크립트는 다음과 같다. 명령어 magic(n)은 1부터 n^2까지의 원소들로 구성된 n×n 마방진 행렬을 생성해주며, 흥미로운 것은 생성된 행렬의 가로, 세로 그리고 대각 원소들의 합은 모두 같다는 사실이다. 바깥쪽 for문 루프가 한 번 반복될 때마다 행이 하나 증가되고, 안쪽 for문 루프에 의해 그 행에 속한 모든 원소들을 합하는 방식으로 A의 모든 원소들의 합을 구하게 된다.

Script file: prog2_5.m

```
A= magic(3);
[n,m]= size(A);
s= 0;
for i= 1: n
  for j= 1: m
    s= s+A(i,j);
  end
end
s
```

이를 실행하면 s = 45를 얻는다.

앞서 살펴보았듯이 MATLAB은 연산효율을 높이기 위해 벡터화와 배열 연산 기법을 도입하고 이를 기반으로 한 많은 내장함수들을 만들어 제공하고 있다. 만약 주어진 문제를 이들로 프로그래밍할 수 있다면 가급적 for-end 문을 피하는 것이 좋은 방법이다. 다음 두 스크립트는 3000×3000 마방진 행렬을 생성하고 모든 원소들을 합산하는 시간을 비교하며, 경과시간은 tic과 toc 명령어로 잰다.

Script file: prog2_6.m

```
A= magic(3000);
tic
[n,m]= size(A);
s= 0;
for i= 1: n
   for j= 1: m
      s= s+A(i,j);
   end
end
s
toc
```

Script file: prog2_7.m

```
A= magic(3000);
tic
s= sum(A(:));
s
toc
```

이들을 실행하면 합 s = 4.0500e+13이 된다. 경과시간을 보면 for-end 문을 사용한 prog2_6.m은 0.1099[sec]인데 비해, sum 함수를 사용한 prog2_7.m은 0.0094[sec]에 불과하다. 행렬의 크기나 컴퓨터 성능에 따라 약간의 차이는 있을 수 있지만 후자의 방법이 전자에 비해 약 12배나 빠른 것을 알 수 있다.

2.7.3 While-end 문

while-end 문도 for-end 문과 비슷한 순환구조를 갖지만 반복횟수가 미리 정해져 있지 않은 상황에서 사용된다. 다음과 같은 형식을 가진다.

```
while expression
   statement;
end
```

조건식 expression의 논리적 결과가 참이 되는 한, 계속해서 while과 end 사이의 문장들을 실행하게 된다. 조건식에 적어도 하나 이상의 변수가 포함되어 루프 전에 초기화되고 또 루프 내에서 새로운 값을 할당받든지 아니면 루프 내에 조건문과 break문을 써서 무한 루프에서 빠져나올 수 있도록 해줘야 한다.

while-end 문의 간단한 예를 살펴보자. 0으로 초기화된 변수 count가 4 미만일 동안에는 조건식이 참이 되므로, 루프는 반복되고 내부에서 count가 1씩 증가하게 된다. count= 3일 때 마지막 루프가 시행되면 count= 4가 되고 조건식의 논리적 결과가 거짓이 되면서 멈추게 된다.

```
>> count= 0;
>> while count < 4
count= count+1;
end
>> count
count=  4
```

위의 내용을 무한 루프 내에 조건문과 break문을 써서 스크립트로 작성한 것이 prog2_8.m이다.

Script file: prog2_8.m

```
count= 0;
while 1
   count= count+1;
   if count >= 4
      break; % 2.7.6절을 참조
```

```
    end
end
count
```

예제 **2.10 while-end 문을 사용하여 1+2+3+...+n의 값이 50보다 커지는 최소의 n을 구하는 스크립트를 작성해보자.**

풀이 스크립트에는 벡터의 합을 계산해주는 sum 명령어가 사용된다. 블록 내에서 n을 1씩 증분해가면서 벡터 1:n의 합을 구하고 50과 비교하며, 이러한 반복과정은 조건식이 참이 될 때까지 계속된다.

Script file: prog2_9.m

```
n= 1;
while sum(1:n) <= 50
    n= n+1;
end
[n sum(1:n)]
```

이 프로그램을 실행하면 ans = 10 55를 얻는다.

2.7.4 If-end 문

if-end 문은 조건에 따라 문장을 선택해서 수행하는 문장이다. 첫 줄의 if 문은 조건식을 가지며 이 식의 결과가 참이면 if 다음 문장이 실행되고, 거짓이면 end 다음 문장이 계속 실행된다. 다음은 3가지 유형을 보여주며, if-end 문 안에 다수의 if-end 문이 존재할 수 있다.

```
if expression
   statement; % 조건식이 참인 경우에 실행
end
```

```
if expression
  statement1; % 조건식이 참인 경우에 실행
else
  statement2; % 조건식이 거짓인 경우에 실행
end
```

```
if expression1
  statement1; % 조건식 1이 참인 경우에 실행
elseif expression2
  statement2; % 조건식 1이 거짓이고, 조건식 2가 참인 경우에 실행
else
  statement3; % 조건식 1이 거짓이고, 조건식 2가 거짓인 경우에 실행
end
```

이때 조건식의 양쪽에 소괄호 '()'를 두어도 된다.

다음은 a, b 값을 비교해 조건식이 참일 때 y = 1을 설정해주는 간단한 예를 보여준다.

```
>> a= 5; b= 3;
>> if (a >= b)
y= 1
end

y=  1
```

또 다음 예는 MATLAB의 sign(x) 명령어와 같이 x 값이 0 보다 크면 1을, 0 이면 0을, 0 보다 작으면 −1를 설정해준다. sin(12)의 sgn은 −1임을 보여준다.

```
x= sin(12);
>> if x > 0
   sgn= 1;
elseif x < 0
```

```
    sgn= -1;
else
    sgn= 0;
end
>> sgn
sgn =  -1
```

예제

2.11 벡터 x= [1 2 3 ⋯ 9]로부터 홀수와 짝수 위치의 값들을 각각 합산하는 프로그램을 작성해보자.

풀이 먼저 벡터 x가 생성되고 두 변수 sumodd와 sumeven이 0으로 초기화된다. 홀수와 짝수의 구분은 mod 명령어로 한다. for 루프가 9번 반복되는 동안 mod(i,2)는 i/2의 나머지를 계산해준다. i가 홀수이면 mod(i,2)==1 은 참이 되어 x(i)는 sumodd에 더해지고, 짝수이면 거짓이 되어 sumeven에 더해지게 된다.

Script file: prog2_10.m

```
x= 1:9;
sumeven= 0;
sumodd= 0;
for i= 1:numel(x)
    if mod(i,2) == 1
        sumodd= sumodd+x(i);
    else
        sumeven= sumeven+x(i);
    end
end
[sumodd sumeven]
```

이를 실행하면 ans = 25 20을 얻는다.

예제

2.12 2차 방정식의 계수 값 a= 2, b= 3, c= 3을 받아 실근인지, 허근인지를 판별하고 두 근을 구하는 스크립트를 작성해보자.

풀이 먼저 주어진 값으로부터 $d= b^2-4ac$를 계산한 후 조건식이 참이면 두 실근을, 거짓이면 두 허근을 구하면 된다.

Script file: prog2_11.m

```
clear all
a= 2; b= 3; c= 3;
d= b^2-4*a*c;
if d >= 0
   x= [-b+sqrt(d); -b-sqrt(d)]/(2*a);
else
   x= [-b+j*sqrt(-d); -b-j*sqrt(-d)]/(2*a); % j는 복소수 기호를 의미함
end
x
```

이 프로그램을 실행하면 다음 결과를 얻는다.

```
x= -0.7500 + 0.9682i
  -0.7500 - 0.9682i
```

2.7.5 Switch-end 문

switch-end 문은 첫 번째 줄의 switch_var의 값이 case의 값과 일치하면 해당 문장을 수행하고, 만약 일치하는 값이 없으면 otherwise 내의 문장을 수행한다. var1, var2는 값이나 문자열이 될 수 있고 switch_var의 양쪽에 소괄호 '()'를 두어도 된다.

```
switch switch_var
  case var1
    statement
  case var2
    statement
  ...
  otherwise
    statement
end
```

예제 **2.13 입력한 성적등급에 따라 해당 문자열을 출력해주는 프로그램을 작성해보자.**

풀이 'A'~'F'까지의 grade에 따라 case의 값과 일치하는 블록으로 이동하여 아래와 같은 문장을 출력해준다. 소문자를 입력해도 처리되도록 upper 명령어를 사용하고 있다.

Script file: prog2_12.m

```
grade= input('Enter grade: ');
grade= upper(grade);
switch(grade)
   case 'A'
      fprintf('Excellent!\n' );
   case 'B'
       fprintf('Well done\n' );
   case 'C'
      fprintf('Good\n' );
   case 'D'
      fprintf('Passed\n' );
   case 'F'
     fprintf('Failed\n' );
   otherwise
     fprintf('Invalid grade\n' );
end
```

2.7.6 Break 명령어

break 명령어는 일반적으로 for-end나 while-end 문과 같은 반복 루프 안에서 많이 사용되는데, 어떤 조건이 만족될 때 반복과정을 끝내주는 역할을 한다. MATLAB은 break 명령어가 나타나면 end 명령어로 점프한 후 그 다음 명령어를 계속 수행하게 된다.

예로, 함수 $f(x)= 2(x-1)^2$의 최소점을 찾는 알고리즘은 다음과 같다.

$$x_{k+1} = x_k - \alpha f'(x) \tag{2.20}$$

여기서 x_k는 k 번째 반복시행에서 구한 x 값, 계수 $\alpha= 0.2$, 초기값 $x_0= 0$이고, 정지조건이 $|x_{k+1} - x_k| \le 1 \times 10^{-3}$일 때 근사해를 찾는 스크립트를 작성하면 다음과 같다.

Script file: prog2_13.m

```
x= 0;
for k=1:50
   dfx= 4*(x-1);  % f'(x)의 계산
   xnew= x-0.2*dfx;
   if abs(xnew-x) < 1e-3
      break;
   else
      x= xnew;
   end
   fprintf('k= %d  x= %f\n',k,x)
end
```

이를 실행하면 k < 6인 동안 다음 결과를 얻고, k= 6이 되면 $|xnew - x| \le 1 \times 10^{-3}$이 참이 되어 break 명령어가 실행되고 반복과정은 중단된다.

```
k= 1   x= 0.800000
k= 2   x= 0.960000
k= 3   x= 0.992000
k= 4   x= 0.998400
k= 5   x= 0.999680
```

2.8 입출력하기

2.8.1 입력 명령어

키보드로부터 데이터를 입력받을 때 사용하는 명령어로는 input이 있으며 그 형식은 다음과 같다.

```
var= input('Enter var: ')
```

명령어가 실행되면 Enter var:가 화면에 나타나며, 데이터를 입력하고 <Enter> 키를 누를 때까지 기다린다. <Enter> 키를 누르면 입력한 값이 var에 할당된다. 다음은 input 명령어를 실행하고 3.14를 입력한 예이다.

```
>> var= input('Enter var: ')
Enter var: 3.14
var=  3.1400
```

2.8.2 출력 명령어

앞서 살펴보았듯이 명령어 끝에 세미콜론(;)을 생략하고 <Enter> 키를 누르면 자동적으로 그 결과를 화면에 표시해준다. MATLAB이 제공하는 기본 설정에 의하면 변수 값은 소수점 이하 4자리수의 고정소수점으로 표시해주지만 format 명령어로 이 형식을 변경할 수 있다.

- format short % 소수점 이하 4자리수의 고정소수점으로 표시해준다.
- format long % 소수점 이하 15자리수의 고정소수점으로 표시해준다.

format long을 실행한 후 $\sqrt{3}$을 출력해보라. 더 많은 자리수가 나타남을 알 수 있을 것이다. 다시 원래 기본 설정으로 돌아오고 싶으면 format short를 입력하면 된다.

```
>> x= sqrt(3)
x= 1.7321
>> format long
>> x= sqrt(3)
x = 1.732050807568877
```

2.8.2.1 화면 출력

이런 자동 출력 기능 외에 화면 출력을 해주는 명령어로 disp와 fprintf가 있는데, 그 형식은 다음과 같다.

- disp(var) % var의 값을 기본 설정으로 화면에 출력해준다.
- fprintf('format',var1,var2) % 두 변수 var1, var2를 지정된 형식으로 화면에 출력한다.

특히 형식을 지정해서 출력하고 싶을 때에는 fprintf 명령어를 사용하면 된다. 형식 지정은 작은따옴표(' ') 안에 두며 다음 세 요소들의 결합으로 된 문자열이다.

- **연산자 %w.pc:** 퍼센트 기호(%)로 시작하고 변환문자(Conversion character) c로 마친다. w는 필드폭(Field width)을, p는 소수점 이하의 자리수를 의미한다. 자주 사용되는 변환문자는 다음과 같다.

d 또는 i	정수형(32 비트)
e	지수형(예, 1.123456e+001)
f	고정소수점형(예, 123.45678)
s	문자열형

- **출력될 문자(Literal text)**
- **이스케이프 문자(Escape characters):** 다음 문자를 포함하며 더 자세한 것은 도움말창에서 찾을 수 있다.

\n	New line
\a	Alarm
\b	Backspace

다음 예를 보자.

```
>> x= 2.12345; y= 42;
>> disp(x)
2.1235
>> fprintf('%7.5f□ %5d\n', x, y)
2.12345   42
```

disp는 x의 값을 단순히 MATLAB이 제공하는 기본 설정에 따라 출력해주지만, fprintf

는 사용자가 지정한 포맷에 따라 x를 필드폭을 7로 하여 소수점 이하 5자리의 고정소수점으로 출력하고, 빈 공백을 하나 둔 다음 y를 5자리 필드폭에 정수형으로 출력해준다. 마지막의 \n는 커서 위치를 다음 줄을 첫 열로 되돌려준다.

다음 예는 y를 15자리의 필드폭에 소수점 이하 6자리 지수형으로 또 9자리의 필드폭에 소수점 이하 6자리 고정소수점으로 출력해준다.

```
>> x= 10; y= exp(0.2*x);
>> fprintf('y=%15.6e, y=%9.6f\n', y,y)
y=  7.389056e+000, y= 7.389056
```

한편 변수가 배열인 경우에는 MATLAB은 첫째 열, 둘째 열, ..., 마지막 열 순으로 원소들을 차례대로 출력해주기 때문에 사용 시 주의해야 한다. n×m 행렬의 출력은 이를 nm×1 벡터로 정렬한 후 출력해주는 것으로 생각할 수 있다. 아래 예를 살펴보자.

```
>> buf = [1 2 3;4 5 6; 7 8 9]
buf = 1    2    3
      4    5    6
      7    8    9
>>fprintf('%3d\n',buf)
  1
  4
  7
  2
  5
  8
  3
  6
  9
>>fprintf('%3d',buf)
  1  4  7  2  5  8  3  6  9
>> fprintf('%3d %3d %3d\n',buf)
  1   4   7
  2   5   8
  3   6   9
```

buf는 3×3 행렬이고, 첫 번째 fprintf 명령어에는 하나의 연산자(%3d)만 들어 있으므로 원소 하나가 출력되고 줄을 바꿔 다시 하나가 출력되는 방식으로 결국 한 열로 출력되고, 두 번째 fprintf 명령어에는 앞의 것과 비슷하지만 \n이 없기 때문에 줄바꿈이 일어나지 않고 행으로 출력된 것을 볼 수 있다. 세 번째 fprintf 명령어에는 3개의 연산자가 사용되므로 세 원소가 먼저 행으로 출력되고, 줄을 바꿔 나머지 세 원소가 출력되었지만 원래의 buf와는 다른 것을 알 수 있다.

buf와 같은 모양으로 출력하려면 아래와 같이 하면 된다.

Script file: prog2_14.m

```
buf= [1 2 3;4 5 6; 7 8 9];
for i=1:3
   for j=1:3
      fprintf('%3d',buf(i,j))
   end
   fprintf('\n');
end
```

이를 실행하면 다음 값을 얻는다.

```
1 2 3
4 5 6
7 8 9
```

2.8.2.2 파일에 데이터 저장하기

fprintf 명령어는 값을 화면에 출력해주는 것 외에도 파일에 저장하는 데도 사용할 수 있다. 저장된 파일은 추후 다른 프로그램에서 불러 사용할 수도 있다. fprintf 명령어로 값을 파일에 저장할 경우에는 fopen, fclose 명령어와 함께 쓰이며 이들의 형식은 다음과 같다.

- fid= fopen('fname', 'permission') % permission 코드로 fname 이름의 새로운 파일을 생성하거나 또는 그 파일이 존재하면 파일 식별자 fid를 넘겨준다.

- fclose(fid) % 열린 fid의 파일을 닫아준다.
- fprintf(fid,'format',var1,var2) % fid의 파일에 두 변수 var1, var2를 지정한 형식으로 쓴다.

자주 사용되는 permission 코드는 다음과 같다.

- r: 읽기 파일을 연다(기본 설정)
- w: 쓰기 파일을 연다. 파일이 없으면 새로 만들고, 파일이 존재할 경우에는 기존의 저장된 내용들이 삭제된다.
- a: 기존의 파일을 열어 그 끝에 추가한다.

새로운 파일 fname3에 x, y, z 세 데이터를 저장하고 확인해주는 예는 다음과 같다.

```
>> x= sin(1.2*pi); y= cos(1.2*pi); z = exp(-1.2*pi);
>> fpid= fopen('fname3','w');
>> fprintf(fpid,'%15.6f  %15.6f  %15.6f\n', x,y,z);
>> fclose(fpid);
>> type fname3
-0.587785   -0.809017   0.023054
```

2.8.2.3 파일에서 데이터 읽기

형식을 갖춰 파일에 저장된 값은 fopen, fclose 명령어와 함께 fscanf 명령어로 읽을 수 있다. fscanf의 형식은 다음과 같다.

- var= fscanf(fid,'format') % fid의 파일에서 데이터를 읽어 var에 저장해준다.
- var= fscanf(fid,'format',size) % fid의 파일에서 size 크기의 데이터를 읽어 var에 저장해준다.
- fname= uigetfile('filterspec') % filterspec 유형의 파일 목록을 보여주는 다이얼로그 박스에서 하나를 선택하면 파일명을 돌려준다.

여기서 size는 읽는 데이터 수를 뜻하며, 예로 N을 사용하면 N개의 데이터를 열벡터로 읽어주고, [M,N] 을 사용하면 M·N개의 데이터를 M×N 행렬로 읽어준다. 한편 자주 사용되는 filterspec은 다음과 같다.

*.dat	확장자 dat를 가지는 파일
*.m	확장자 m을 가지는 m- 파일
.	모든 파일

다음은 3×4 난수를 발생시켜 fname4 파일에 저장하고, 다시 저장된 데이터를 읽는 예를 보여준다.

```
>> rdata= rand(3,4)
rdata=  0.5499   0.6221   0.4018   0.1233
        0.1450   0.3510   0.0760   0.1839
        0.8530   0.5132   0.2399   0.2400
>> fpid= fopen('fname4.dat', 'w');
>> fprintf(fpid,'%f',rdata); % 12´1 벡터로 저장해줌
>> fclose(fpid);

>> fpid= fopen('fname4.dat', 'r');
>> A= fscanf(fpid,'%f',[3,4]) % 3´4 행렬로 읽음
A =     0.5499   0.6221   0.4018   0.1233
        0.1450   0.3510   0.0760   0.1839
        0.8530   0.5132   0.2399   0.2400
>> fclose(fpid);
```

다음은 다이얼로그 박스에서 선택한 파일명으로부터 데이터를 읽어 화면에 보여주는 예이다.

```
>> fname= uigetfile('*.dat');
>> fpid= fopen(fname, 'r');
>> A= fscanf(fpid,'%f',[3,4])
>> fclose(fpid);
```

만약 다이얼로그 박스에서 fname4.dat를 선택한다면 실행된 결과는 위의 경우와 같게 된다.

2.9 함수 m-파일 작성과 실행

앞에서 스크립트 파일에 대해 살펴보았지만 이것은 모듈화되지 않아 향후 반복 사용이 어려운, 어떻게 보면 일회성 프로그램이라 할 수 있다. 사용자가 작성한 프로그램도 MATLAB의 내장함수들처럼 반복 사용이 가능하도록 해놓으면 필요할 때마다 불러 쓸 수 있다. 이를 위해 도입된 것이 함수이다. 함수의 주요 특징은 입출력인수들을 가질 수 있다는 점이고 이들을 통해 외부 프로그램과 데이터를 주고 받게 된다.

함수 파일도 그림 2.1의 편집기에서 작성된다. <새로 만들기>에서 <함수>를 누르면 빈 틀(형식)이 생긴다. 입출력인수명을 수정하고 function과 end 사이에 사용자 코드를 넣으면 된다. end는 굳이 쓰지 않아도 된다. 수정과 삭제가 번거로우면 <새 스크립트>를 눌러 깨끗한 창에서 작업하는 것도 괜찮다.

여기서는 세 가지 타입의 함수에 대해 살펴보자.

2.9.1 함수 m-파일

수식이나 알고리즘의 전부 또는 일부를 모듈화하여 반복적으로 사용할 필요가 있다면 사용자정의 함수(User-defined function)를 만들어 놓으면 큰 도움이 된다. 사용자정의 함수란 사용자가 함수 형태로 작성해 놓은 프로그램을 말하며 이를 파일에 저장한 것을 함수 m-파일(간단히 함수 파일)이라 한다. '사용자정의 함수'라는 용어는 사용자가 만든 함수를 MATLAB의 내장함수와 구분하기 위해 쓰이지만, 가끔 구분 없이 둘 다 그냥 함수라 칭한다.

2.9.1.1 함수의 형식

함수는 첫 실행문이 function으로 시작되며 그 형식은 아래와 같이 출력인수, 등호(=), 함수명과 입력인수 순으로 되어 있다.

```
function [out_arg1, out_arg2] = function_name(in_arg1, in_arg2)
    statement;
```

여기서 function_name은 함수명(Function name)을, in_arg1과 in_arg2는 입력인수(Input argument)를, out_arg1과 out_arg2는 출력인수(Output argument)를 뜻한다. 입력인수는 외부 프로그램으로부터 함수 내로 데이터를 받는 역할을 해주고, 출력인수는 계산된 결과를 함수 밖으로 전달하는 역할을 해준다.

함수 작성시 유의사항은 다음과 같다.

- 함수는 입력인수와 출력인수를 전혀 갖지 않거나, 하나 또는 여러 개를 가질 수 있다. 2개 이상이면 콤마로 구분하고 나열하면 된다.
- 만약 입력인수를 갖지 않을 때에는 '(in_arg1, in_arg2)'를, 출력인수를 갖지 않을 때에는 '[out_arg1, out_arg2,…] ='를 생략하면 된다. 또 출력인수가 1개뿐일 때는 대괄호([]) 없이 나타낼 수 있다.
- 출력인수들을 가질 경우에는 이들은 함수 프로그램 내에서 반드시 값을 할당받아야 한다.
- 함수를 파일에 저장할 때에는 파일명이 함수명과 서로 같도록 저장해줘야 추후에 함수명으로 함수를 호출할 수 있다.

함수 사용법 몇 가지를 예로 들어 보자. 벡터 놈(Vector norm)은 스칼라이며 다음 식으로 정의되기도 한다.

$$\|x\| = \sum_{i=1}^{n} |x_i| \tag{2.21}$$

이를 계산해주는 함수를 작성해보면 입력은 벡터 x, 출력은 놈 $\|x\|$가 된다. 함수명을 MATLAB의 내장함수 norm과 중복이 되지 않도록 MyNorm, 입력인수를 x, 출력인수를 xnorm으로 하여 작성한 함수는 다음과 같다.

Function file: MyNorm.m

```
function xnorm= MyNorm(x)
xnorm= sum(abs(x));
```

다음은 n×m 행렬 A를 입력받아 화면에 지정된 형식으로 출력해주는 함수를 작성해보자. 이 경우에는 A를 받아 화면에 출력해주는 것이 전부이므로 출력인수를 둘 필요가 없다. 작성한 함수는 다음과 같다.

Function file: MOut.m

```
function MOut(A)
[n,m]= size(A);
for i=1:n
    for j=1:m
        fprintf('%15.6e',A(i,j))
    end
    fprintf('\n')
end
```

다음은 컴퓨터 시스템으로부터 날짜 벡터를 받아 시, 분, 초만 출력해주는 함수를 작성해보자. 이 경우에는 사용자로부터 입력인수를 받을 필요가 없고, 3개의 출력인수만 있으면 된다. 명령어 clock은 6개의 원소 [year month day hour minute seconds]로 된 날짜 정보를 벡터로 반환해주며 이를 이용해서 작성한 함수는 다음과 같다.

Function file: MyTime.m

```
function [hr, min, sec]= MyTime
c= clock;
hr= c(4);
min= c(5);
sec= c(6);
```

2.9.1.2 함수 파일의 저장

앞서 다룬 스크립트와 마찬가지로 편집기에서 새로운 함수가 완성되면 저장해야 한다. 저장버튼(🖫) 또는 <저장> → <다른 이름으로 저장>를 누르면 파일명을 입력하라는 별도의 창이 나타나며, 여기에 입력하고 아래쪽 <저장> 버튼을 누르면 저장된다. 이때 파일명은 함수명과 일치되게 해줄 필요가 있다. 새 함수를 저장할 때에는 함수명이 자동적으로 박스에 나타나므로 <저장> 버튼을 누르기만 된다. 파일 저장 시 입력한 파일명에는 확장자(.m)가 자동적으로 첨부되고, 사용자가 별도로 폴더를 지정하지 않으면 현재의 폴더에 저장된다.

일반적으로 함수 파일에는 함수 하나만 담는 것이 보편적이지만, 예속된 함수가 있을 때에는 이들을 묶어 한 파일에 담을 수도 있다. 파일 하나에 여러 개의 함수들이 존재할 때에는 맨 앞에 오는 함수를 주함수(Primary function)라 하고 나머지 함수들을 부함수(Subfunction)라 한다. 주함수는 명령창이나 스크립트나 외부 함수에서 불러 쓸 수 있지만, 부함수는 파일 내의 주함수와 다른 부함수에서만 호출될 수 있고 순서와는 상관없이 작성하면 된다(예로, prog2_16 참조). 파일을 저장할 때에는 파일명이 주함수명과 일치되도록 해야 한다.

2.9.1.3 함수의 호출

함수를 만들어 파일에 저장해 놓으면 사용자는 이를 내장함수(cos, sqrt, exp 등)와 같이 불러 쓸 수 있다. 함수 호출은 명령창이나 스크립트 또는 다른 함수에서 할 수 있으며, 입출력인수를 준비해서 함수명으로 호출하면 제어권이 피호출함수(호출되는 함수)로 넘어가게 된다. 피호출함수에서 실행이 완료되면 제어권은 다시 호출한 스크립트나 함수 내의 다음 명령으로 넘어가게 된다.

함수 호출문과 피호출함수에서 사용하는 입출력인수명은 서로 달라도 상관없고, 함수 파일은 현재의 작업 폴더에 저장되어 있든지 아니면 저장된 경로가 설정되어 있어야 된다(1.3.2 경로 설정 참조).

예제

2.14 벡터 x= [2 4 1 0 5 2]를 입력받아 평균(ave)과 표준편차(dev)를 계산해주는 함수를 작성하고 호출해보자.

풀이 x를 입력인수, ave와 dev를 출력인수로 하면 된다. 벡터 x의 길이를 계산하고 sum과 sqrt로 평균과 표준편차를 구하는 프로그램을 작성하면 다음과 같다. 저장 시 파일명이 'MyStat'가 되도록 한다.

Function file: MyStat.m

```
function [ave,dev]= MyStat(x)
n= numel(x);
ave= sum(x)/n;
dev= sqrt(sum(x.^2)/n-ave^2);
```

먼저 명령창을 이용해 호출해 보자. 다음과 같이 명령줄에서 x를 만들고 MyStat를 호출하면 x 값이 함수 내부에 전달되고 평균과 표준편차 값이 계산되면 mean, stdev를 통해 명령창에 전달된다(그림 2.12 참조).

```
>> x= [2 4 1 0 5 2];
>> [mean, stdev]= MyStat(x)
mean = 2.3333
stdev= 1.6997
```

다른 방법으로 호출해보자. 편집기에서 다음 스크립트를 입력하고 실행 버튼을 누르면 같은 결과를 얻을 수 있다.

Script file: prog2_15.m

```
x= [2 4 1 0 5 2];
[ave, dev]= MyStat(x)

ave= 2.3333
dev= 1.6997
```

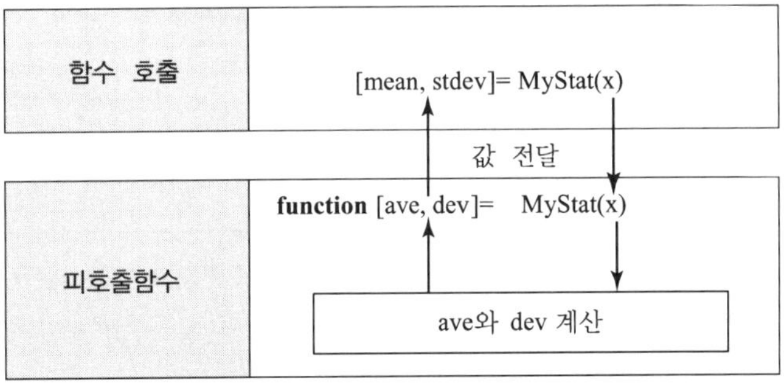

그림 2.12 함수 호출문과 피호출함수 간의 데이터 전달

예제

2.15 x-y 좌표계 상의 좌표 (x0,y0)은 원점을 기준으로 축을 반시계 방향으로 θ만큼 회전시킨 새로운 x'-y' 좌표계에서는 (x,y)로 표시되며 관계식은 다음과 같다.

$$x= x0\cos(\theta)+y0\sin(\theta) \tag{2.22a}$$

$$y= -x0\sin(\theta)+y0\cos(\theta) \tag{2.22b}$$

(x0,y0)와 θ를 입력 받아 (x,y)로 변환해주는 함수 파일을 작성하고 호출해보자.

풀이 입력인수는 좌표점 (x0,y0)와 회전각 ang이 되고 출력인수는 새 좌표점 (x,y)가 된다. 이를 수행해주는 함수 코드는 다음과 같다.

Function file: `AxisRotation.m`

```
function [x,y]= AxisRotation(x0,y0,ang)
x= x0*cos(ang)+y0*sin(ang);
y= -x0*sin(ang)+y0*cos(ang);
```

x0= 1, y0= 0, ang= π/4를 입력하고 AxisRotation을 호출하면 다음 결과를 얻는다.

```
>> [x,y]= AxisRotation(1,0,pi/4)
x= 0.7071
y= -0.7071
```

예제

2.16 중심이 (x_0,y_0)이고 반경이 r인 원을 그릴 때 극좌표와 직교좌표 간의 관계식은 아래와 같다. 중점 (x_0,y_0)와 반경 r을 입력받아 원의 좌표 벡터 (x,y)를 생성해주는 함수를 작성하고 호출해보자.

$$x= x_0+r\cos(\theta) \tag{2.23a}$$

$$y= y_0+r\sin(\theta) \quad (0 \le \theta \le 2\pi) \tag{2.23b}$$

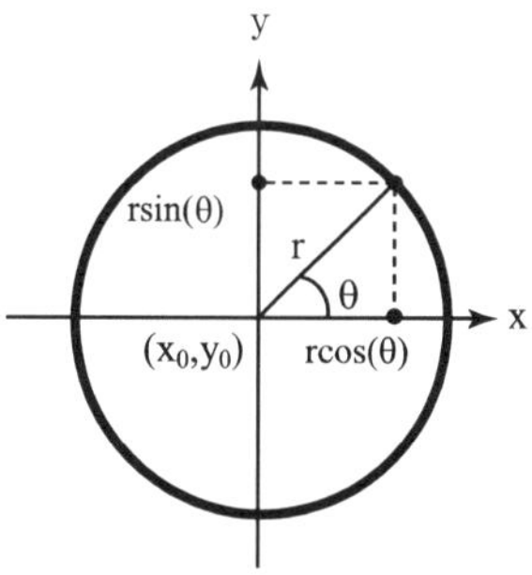

풀이 다음 함수 Circle은 θ가 0에서 2π까지 변할 동안 원을 그리는 데 필요한 데이터 쌍 (x,y)를 만들어 반환한다.

Function file: `Circle.m`

```
function [x,y]= Circle(x0,y0,r)
t= 0:pi/20:2*pi;
x= x0+r*cos(t);
y= y0+r*sin(t);
```

함수 Circle을 호출해 원을 그리는 명령어는 다음과 같다. 그림창의 크기에 상관없이 항상 완전히 동그란 원을 그리려면 axis equal을 사용하면 된다. 2차원 그래픽에 관한 자세한 것은 3장을 참조 바란다.

```
>> x0= 0; y0= 0; r= 1;
>> [x,y]= Circle(x0,y0,r);
>> plot(x,y,'k','linewidth',2)
>> axis equal
>> axis([-3 3 -2 2])
```

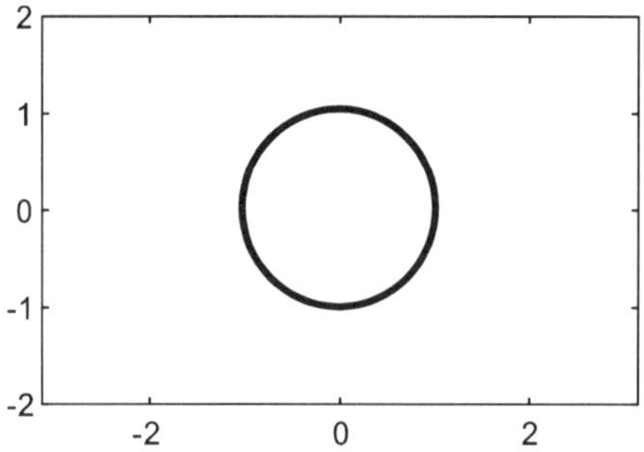

그림 2.13 원 그래프

2.9.1.4 지역변수와 전역변수

MATLAB은 명령창과 스크립트 파일이 사용하는 메모리 영역인 작업공간(Workspace)과는 별도로 함수를 위해 분리된 메모리 영역을 지정하는데, 이런 분리된 메모리 영역을 사용하는 함수 내의 모든 변수들을 지역변수(Local variable)라 한다. 함수는 입력인수를 통해 값을 전달받고, 전달받은 값과 함수 내에서 정의되는 변수를 써서 구한 결과값을 출력인수를 통해 전달하고 실행을 종료한다. 함수가 종료될 때 사용되었던 모든 변수들의 메모리는 해제되고 운영체제에 반납된다. 이 때문에 작업공간과 함수, 함수와 다른 함수간에는 서로 사용 중인 변수를 인식하지 못하므로(접근이 불가능함) 호출함수와 피호출함수의 변수명이 서로 달라도 상관없다.

그러나 가끔 작업공간과 함수간 혹은 함수 간에 서로 변수를 공유할 필요성이 발생될 때에는 다음 형식으로 전역변수(Global variable)를 선언해서 사용하면 된다.

```
global var1 var2 var3
```

공유할 변수가 2개 이상이면 공백으로 분리하고 추가하면 되고, 변수들은 사용 전에 반드시 선언되고 값이 할당되어야 한다. 이 때문에 global 명령어는 프로그램의 상단에 두는 것이 바람직하다.

사용 예를 살펴보자. 아래 함수에서 보면 prog2_16은 주함수이자 호출함수, 나머지 두 함수는 부함수이자 피호출함수임을 알 수 있다. prog2_16과 fun1는 변수 f를, prog2_16과 fun2는 변수 m를 서로 공유하고 있고, f와 m에는 함수 호출 전에 값이 할당되었다. 앞서 언급하였듯이 호출함수와 피호출함수의 인수들 간에는 서로 값만 전달하고, 전달받기 때문에 인수명이 달라도 상관없다.

Function file: prog2_16.m

```
% Primary function
function prog2_16
global f m
f= 2; m= 3;
t= [0 1 2];
x= fun1(t); % 전역변수 f를 사용함
y= fun2(t); % 전역변수 m을 사용함
z= x*y'

% Subfunction
function ft= fun1(q)
global f
ft= cos(2*pi*f*q);

% Subfunction
function fx= fun2(x)
global m
fx= exp(-m*x.^2);
```

실행하면 다음 결과를 얻는다.

```
z=  1.0498
```

2.9.1.5 영구변수

함수 내에서 사용되는 지역변수들은 제어권이 호출함수로 넘어갈 때 모두 지워지므로 특정 변수들을 지우지 않고 계속 사용하고 싶을 때에는 다음 형식으로 영구변수(Persistent variable)로 선언해주면 된다.

```
persistent var1 var2 var3
```

이렇게 선언하면 var1, var2, var3 변수는 저장공간에서 파일이 지워질 때까지 남아 있게 된다. 호출함수에서 영구변수 내용을 삭제하고 싶을 때에는 clear 명령어로 피호출함수명을 지워주면 된다(prog2_17 참조).

예제

2.17 다음은 간단한 IIR 저역통과 필터식이다.

$$y(k)= 0.1584y(k-1)+0.4208x(k)+0.4208x(k-1) \tag{2.24}$$

입력 $x(k) = \cos(2\pi fk)+n(k)$를 받아 필터링해주는 함수 MyFilter를 작성하고 호출해보자. 여기서 $f = 0.5[Hz]$이고, $n(k)$는 평균이 0이고 분산이 0.01인 정규잡음이다.

풀이 필터식을 구현할 때 현재의 입출력 x(k), y(k)와 이전의 입출력 x(k−1), y(k−1) 대신 각각 변수 x, y와 dx, dy를 사용하며 MyFilter는 x를 입력받아 필터링한 후 y를 반환하도록 프로그래밍한다. 매 루프 마다 MyFilter의 제어권이 주함수로 넘어가더라도 dx와 dy는 다음 계산에 쓰이도록 보존되어야 하므로 영구변수로 선언된다. 이 변수들은 MyFilter가 처음 호출될 때 0으로 초기화되고, 첫 호출 여부는 dx와 dy가 비어 있는지의 여부, 즉 isempty(dx) && isempty(dy)의 진위로 판단한다.
주의할 것은 prog2_17이 종료되더라도 dx와 dy 값은 기억공간에 계속 남아 있기 때문에 prog2_17을 다시 실행하면 값이 틀릴 수밖에 없다. 왜냐하면 dx와 dy에 저장되어 있는 이전 값들을 초기값으로 해서 필터식이 계산되기 때문이다. 따라서 MyFilter 호출 전에 반드시 clear 명령어로 MyFilter를 삭제해줘야 dx와 dy도 삭제된다.

Function file: prog2_173.m

```
function prog2_17
clear MyFilter; % 시작될 때 MyFilter 함수를 기억장소에서 삭제
ts= 0.05;
```

```
buf= [];
for t= 0:ts:2*pi
    x= cos(2*pi*0.5*t)+0.1*randn;
    y= MyFilter(x);
    buf= [buf;t x y];
end
plot(buf(:,1),buf(:,2),'r',buf(:,1),buf(:,3),'k')

% IIR filter
function y= MyFilter(x)
persistent dx dy
if isempty(dx) && isempty(dy)
    dx= 0; dy= 0;
end
y= 0.1584*dy+0.4208*x+0.4208*dx;
dx= x;
dy= y;
```

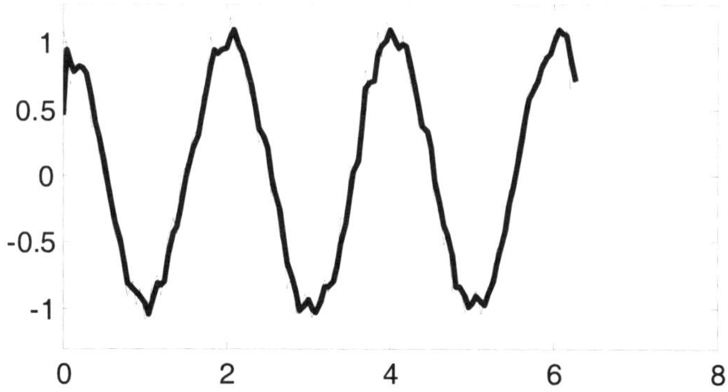

그림 2.14 필터링 전후의 신호

2.9.2 익명함수

MATLAB은 수식이 간단한 경우에 별도의 파일에 저장하지 않고 문장 속에 한 줄로 간결하게 정의해서 사용할 수 있는 익명함수(Anonymous function)를 가지고 있다. 그 사용법은 다음과 같다.

```
➲ f= @(arg1, arg2) expression
```

여기서 arg1, arg2는 입력인수, f가 출력인수이고 expression은 수식을 의미한다. expression은 arg1와 arg2를 통해 전달받는 값으로 수식을 계산하고 그 결과를 출력인수 f를 통해 전달한다. 입력인수가 한 개 이상일 경우에는 콤마로 구분하고 뒤에 추가하면 된다. 익명함수는 명령창 또는 스크립트나 함수 안에서 사용될 수 있다.

예로 $f(t) = t^3\cos(\pi t)$는 다음 익명함수로 쓸 수 있고 $t = 1$에서 -1의 결과를 얻는다.

```
>> f= @(t) t^3* cos(pi*t)
>> y= f(1)
y= -1
```

그러나 t가 벡터이면 위의 방법은 쓸 수 없기 때문에 아래와 같이 배열 연산을 써서 프로그래밍해 두면 스칼라, 벡터 둘 다 적용할 수 있다. 이렇게 하면 t= [1 2 3 4 5]일 때 다음 결과를 얻는다.

```
>> f= @(t) t.^3.* cos(pi*t)
>> y= f(1:5)
y = -1    8   -27    64  -125
```

일반적으로 변수 x, y와 상수 a, b로 구성되는 함수 $g(x,y,a,b)= x^a\exp(-bx)\cos(py)$의 경우는 다음과 같이 쓸 수 있다. 그러면 x= 1, y= 1, a= 1, b= 1일 때와 x= [1 2 3], y= [4 5 6], a= 1, b= 1일 때의 계산 결과는 각각 다음과 같다.

```
>> g= @(x,y,a,b) x.^a.* exp(-b.*x).*cos(pi*y)
>> y= g(1,1,1,1) % x= 1, y= 1, a= 1, b= 1일 때
y= -0.3679
>> y= g(1:3,4:6,1,1)  % x= [1 2 3], y= [4 5 6], a= 1, b= 1일 때
y=  0.3679   -0.2707    0.1494
```

물론 스크립트나 사용자정의 함수에서도 익명함수를 정의해 사용할 수 있다. 다음은 스크립트에서 사용한 예이며, 실행하면 아래 결과를 얻는다.

Script file: prog2_18.m

```
f= @(t) t.^3.* cos(pi*t);
t= 0:0.2:1;
y= f(t)

y= 0  0.0065  0.0198  -0.0667  -0.4142  -1.0000
```

2.9.3 함수 함수

어떤 함수가 변수뿐만 아니라 함수명을 입력인수로 가질 때 이를 함수 함수(Function function)라 부른다. MATLAB을 쓰다 보면 이런 형태의 함수 함수들을 종종 접하게 된다. 이들은 대부분 사용자로부터 함수를 제공받아야만 문제 해결이 가능하다.

일례로 Simpson법으로 $\int_a^b e^{-x^2}dx$의 적분값을 구하는 문제를 살펴보자. 다음의 프로그램에서 f1은 피적분 함수 $f(x)=e^{-x^2}$을 프로그래밍한 함수이고, SimpInt는 Simpson법을 프로그래밍한 함수 함수이다. 사용자는 적분구간 a, b와 등분수 n과 f1를 준비하고 SimpInt를 호출하면 f(x)는 f1과 fun을 통해 SimpInt 내부로 전달되어 적분값 산출에 사용된다. 이러한 방법으로 여러 형식의 함수들을 함수 함수에 전달하는 것이 가능하다. 여기서 사용되는 기호 @는 함수핸들을 뜻하며, 상세한 것은 다음 절을 참조 바란다.

```
>> a= 0; b= 2; n= 20;
>> s= SimpInt(@f1,a,b,n);
s=  0.8821
```

Function file: f1.m

```
% User-defined function
function y= f1(x)
y= exp(-x.^2);
```

Function file: SimpInt.m

```
% User-defined function for integrating f(x) from a to b
function s= SimpInt(fun,a,b,n)
h= (b-a)/n;
x= linspace(a,b,n+1);
fodd= fun(x(2:2:n));
feven= fun(x(3:2:n-1));
s= h*(fun(a)+4*sum(fodd)+2*sum(feven)+fun(b))/3;
```

2.9.3.1 함수 함수의 형식

함수 함수의 형식은 앞서 살펴보았던 함수의 형식과 유사하지만, 입력인수로 다른 함수명을 가진다는 점이 다르다.

```
function [out_arg1, out_arg2] = function_name(fun,in_arg1, in_arg2)
    statement;
```

여기서 fun은 사용자정의 함수와 익명함수 또는 MATLAB에서 제공하는 내장함수가 될 수 있다.

2.9.3.2 함수핸들

함수핸들(Function handle)은 관련된 함수를 간접적으로 호출하기 위해 MATLAB에서 사용되는 데이터 형식 중 하나이다. 함수핸들은 사용자정의 함수와 익명함수 또는 내장함수를 함수 함수에 전달해줄 뿐만 아니라, 변수에 할당되어 이후의 프로그램에서 사용되기도 한다. 함수핸들은 다음 형식을 갖는다.

```
handle= @functionname  % 사용자정의 함수 또는 내장함수
handle= @(arg1, arg2) expression  % 익명함수
```

사용자정의 함수와 MATLAB 내장함수는 함수명 앞에 기호(@)를 두면 함수핸들이 만들어지고, 이들은 다음과 같이 변수에 할당될 수 있다.

```
>> myfun= @fun;
>> cosfun= @cos;
```

그러나 익명함수의 경우에는 익명함수 이름 자체가 함수핸들이기 때문에 따로 @를 더 둘 필요가 없다.

2.9.3.3 함수 함수의 호출

앞의 예에서 살펴보았듯이 전달되는 함수(f1)와 함수 함수에서 사용되는 대응함수(fun)의 이름이 꼭 같을 필요가 없다. 왜냐하면 함수 함수에 사용되는 대응함수와 변수들의 이름은 명목상의 이름일 뿐이고 서로 다른 기억장소에 저장되기 때문이다. 그러나 두 함수는 모두 동일한 개수의 입출력인수를 가져야 하고 또 유형도 같아야 한다.

먼저 익명함수를 함수 함수 SimpInt에 전달해 $\int_0^2 x\sqrt{2x+1}\ dx$를 구해보자.

```
>> a= 0; b= 2; n= 20;
>> f= @(x) x.*sqrt(2*x+1); % 배열 연산 적용
>> s= SimpInt(f,a,b,n) % 익명함수의 경우에는 @ 없이 f를 사용
s=  3.7934
```

f(x)= $x\sqrt{2x+1}$를 익명함수로 작성하고, 그 핸들을 SimpInt에 전달하면 된다. 이때 f 앞에 @없이 SimpInt에 입력한다는 점에 유의하라.

다음은 내장함수를 함수 함수 SimpInt에 전달해 $\int_0^2 \sin(x)dx$를 구하는 예를 살펴보자.

```
>> a= 0; b= 2; n= 20;
>> s= simpint(@sin,a,b,n) % 내장함수의 핸들 사용
s= 1.4161
```

SimpInt을 호출할 때 내장함수명의 핸들 @sin을 입력하면 된다.

마지막으로 사용자정의 함수를 SimpInt에 전달해 $\int_2^4 \frac{1}{\sqrt{x-1}}dx$를 구하는 예를 살펴보자. 먼저 $f(x)=\frac{1}{\sqrt{x-1}}$의 함수를 작성하고, 그 핸들을 다음과 같이 전달하면 된다.

Function file: prog2_19.m

```
% Primary function
function prog2_19
a= 2; b= 4; n= 20;
s= SimpInt(@fx,a,b,n)  % 함수핸들 @fx를 사용.

% Subfunction
function y= fx(x)
y= 1./sqrt(x-1); % 배열 연산 적용
```

편집기에서 실행하면 다음 결과를 얻는다.

```
s=  1.4641
```

2.9.4 가변인수의 사용

2.9.4.1 입출력인수의 수

함수는 입출력인수를 가지며, 호출함수와 피호출함수 간에는 이들 인수를 통해 데이터를 전달하고 전달받게 된다. 실제 프로그래밍 환경에서는 호출함수의 입출력인수 수가 피호출함수의 입출력인수 수보다 적을 수도 있다. 다시 말하면 피호출함수의 입출력인수의 전부, 일부 또는 아무 것도 갖지 않고 호출될 수 있다. 피호출함수의 입장에서는 호출함수로부터 몇 개의 입력인수가 전달될지 또 호출함수에 몇 개의 출력인수를 전달해야 할지 그 정보를 알 필요가 있을 때가 있다. 이런 경우에 사용하는 명령어가 nargin과 nargout이다. 그 형식은 다음과 같고 함수 내에서만 유효하다.

```
➲ nargin  % 호출함수로부터 전달되는 입력인수의 수를 반환한다.
➲ nargout  % 호출함수에 전달해줄 출력인수의 수를 반환한다.
```

간단한 예를 통해 살펴보자. 함수 prog2_20은 2개의 입력인수와 1개의 출력인수를 가지지만, 실제 호출 시 입력인수의 수는 0, 1 또는 2개가, 출력인수의 수는 0 또는 1개가 될 수 있다. 이 함수는 실제 전달되는 입력인수의 수를 출력한 다음 그 수가 1이면 x 값을, 2이면 x+y 값을, 그 외의 값이면 0을 반환해준다.

Function file: prog2_20.m

```
function z= prog2_20(x,y)
fprintf('Number of arguments: %d\n',nargin);
switch nargin
    case 1
        z= x;
    case 2
        z= x+y;
    otherwise
        z= 0;
end
```

이 함수의 호출해보자. 전적으로 호출문에 따라 그 결과가 달라지는 것을 볼 수 있다.

```
>> z= prog2_20()
Number of arguments: 0
z =   0
>> z= prog2_20(2)
Number of arguments: 1
z =   2
>> z= prog2_20(2,4)
Number of arguments: 2
z =   6
```

한편 다음 예를 살펴보자. 함수 prog2_21은 실제 반환할 출력인수의 수를 출력한 다음, 그 수가 0이면 그냥 되돌아가고, 1이면 add에 x+y 값을, 2이면 add와 sub에 각각 x+y와 x−y의 계산 값을 반환해준다.

Function file: prog2_21.m

```
function [add,sub]= prog2_21(x,y)
```

```
fprintf('Number of output arguments: %d\n',nargout);
if nargout == 0
    return;
end
add= x+y;
if nargout > 1
   sub= x-y;
end
```

이 함수를 호출하면 다음 결과를 얻는다.

```
>> prog2_21(2,4)
Number of output arguments: 0
>> ad= prog2_21(2,4)
Number of output arguments: 1
ad=   6
>> [ad,su]= prog2_21(2,4)
Number of output arguments: 2
ad=   6
su=   -2
```

2.9.4.2 가변 입출력인수

가변 입력인수(Variable length input argument)와 가변 출력인수(Variable length out-put argument)는 함수에서 선언되는 인수로서 그 길이가 가변되는 특징을 갖는다. 이들은 입출력인수의 수에 제한이 없는 함수를 만들 때 흔히 쓰이며, 명시적으로 선언되는 인수들 다음에 와야 하고, 내부적으로는 셀 배열 형태로 전달된다. 그 사용 형식은 다음과 같다.

```
function [oarg1,oarg2,varargout] = function_name(iarg1,iarg2,varargin)
    statement;
```

가변 입력인수 varargin은 명시적 입력인수 iarg1와 iarg2 다음에, 가변 출력인수 varargout는 명시적 출력인수 oarg1와 oarg2 다음에 왔음을 유의하라. 추가할 명시적 입출력인수가 더 있으면 가변 입출력인수 앞에 콤마를 두고 나열하면 된다.

먼저 varargin의 사용 예를 보자. 이 함수가 호출되면 먼저 전달되는 입력인수의 수 nargin가, 다음에는 varargin을 통해 전달되는 입력들의 수가, 그 다음에는 셀 배열 varargin의 내용이 출력되고, 마지막으로 전달받은 모든 값을 합산하고 z에 반환한다. cell2mat는 셀을 배열로 변환해주는 명령어이다.

Function file: prog2_22.m

```
% User-defined function
function z= prog2_22(x,y,varargin)
fprintf('Number of arguments: %d\n',nargin);
no_of_varargin= numel(varargin);
fprintf('Input numbers in varargin: %d\n',no_of_varargin)
celldisp(varargin)
s= cell2mat(varargin); % 셀을 배열로 변환
z= x+y+sum(s);
```

이 함수를 호출하면 다음 결과를 얻는다. 첫 번째 호출에서는 1,2만 x,y를 통해 전달되므로 가변 입력인수의 수가 0이 되고 z= 1+2= 3이 되지만, 두 번째 호출에서는 1,2는 x,y를 통해, 3,4,5는 varargin를 통해 전달되므로 가변 입력인수의 수가 3이 되고 z= 1+2+3+4+5=15가 된다.

```
>> prog2_22(1,2)
Number of arguments: 2
Input numbers in varargin: 0
z=   3

>> prog2_22(1,2,3,4,5)
Number of arguments: 5
Input numbers in varargin: 3
```

```
varargin{1}=  3
varargin{2}=  4
varargin{3}=  5
z= 15
```

함수 prog2_22에서 살펴본 바와 같이 varargin을 통해 전달되는 값을 수식에 적용하기 위해서는 함수 내에서 셀배열을 배열로 변환하거나 스칼라로 분해해줘야 한다. 이때 cell2mat과 같은 함수를 사용하거나 아니면 중괄호를 사용하면 된다.

varargout의 사용 예로 예제 2.14에서 다루었던 MyStat 함수를 약간 수정해서 평균과 표준편차뿐만 아니라, 사용자가 필요로 할 수도 있는 입력 데이터의 개수와 합을 계산하여 가변 출력인수를 통해 반환해보자. 마지막 문장에서 보면 중괄호를 써서 셀배열 varargout를 만들고 있는 것을 볼 수 있다.

Function file: MyVarStat.m

```
function [ave,dev,varargout]= MyVarStat(x)
n= numel(x);
total= sum(x);
ave= total/n;
dev= sqrt(sum(x.^2)/n-ave^2);
varargout= {n,total};
```

이 프로그램을 명령창에서 호출해보자. 다음 결과를 얻게 될 것이다.

```
>> x= 1:0.2:10;
>> [ave,dev]= MyVarStat(x)
ave=  5.5000
dev=  2.6552

>> [ave,dev,no,total]= MyVarStat(x)
ave=  5.5000
dev=  2.6552
```

```
n= 46
total= 253
```

2.10 다항식 관련 함수

2.10.1 다항식의 입력

MATLAB에서 다항식 $p(x)= a_0x^n+ a_1x^{n-1}+ \cdots + a_{n-1}x+ a_n$은 최고차로부터 최저차 순서로 계수를 나열한 벡터로 취급된다. 예를 들면 $p(x)= 4x^4+3x^2-x+2$는 다음과 같이 입력하면 된다.

```
>> p= [4 0 3 -1 2];
```

2.10.2 다항식의 곱

```
p= conv(u,v)  % 두 다항식 u, v의 곱을 계산해준다.
```

두 다항식 $p_1(x)= (x^4+2x^2+3x+4)$와 $p_2(x)= 3x^2+2$의 곱은 conv 함수로 계산할 수 있다.

```
>> p= conv([1 0 2 3 4], [3 0 2])
p = 3    0    8    9   16    6    8
```

2.10.3 다항식의 근

다항식의 근은 명령어 roots를 사용하여 계산하며, 그 형식은 다음과 같다.

```
r= roots(p)  % 다항식 p의 근 r을 구해준다.
```

다음 예는 다항식 $(s^3+2s+5)(2s^2+s-1)$을 곱하고 그 근을 구해준다.

```
>> p= conv([1 0 2 5],[2 1 -1]);
>> roots(p)
ans=  0.6641 + 1.8230i
      0.6641 - 1.8230i
 -1.3283
     -1.0000
     0.5000
```

특정 근을 가지는 다항식을 얻을 때에는 명령어 poly를 사용하면 되고, 그 형식은 다음과 같다.

```
p= poly(r)  % 근 r을 가지는 다항식 p를 구해준다.
```

예를 들어, 세 근 r= −2, −1+2j, −1−2j를 갖는 다항식은 다음과 같이 구할 수 있다.

```
>> p= poly([-2 -1+2*j -1-2*j])
p= 1  4  9  10
```

Chapter 03

2차원 그래프

MATLAB AND ANIMATION

3.1 선 그래프

3.2 막대형 그래프

3.3 면적 그래프

3.4 기타 그래프

남자는 마음으로 늙고
여자는 얼굴로 늙어 간다고 하지만,
나이가 들면 들수록
꽃 같은 인품의 향기를 지니고
넉넉한 마음으로 살게 하소서!

늙어 가더라도
지난 세월에 너무 애착하지 말고
언제나 청춘의 봄날로 의욕이 솟아
활기가 넘치는 인생을
젊게 살아가게 하소서!

우러난 욕심 모두 몰아내고
언제나 스스로 평온한 마음 지니며
지난 세월은 모두 즐겁게 안아
자기 인생을 사랑하며 살게 하소서!

지나간 과거는 모두 아름답게 여기고
앞으로 오는 미래의 시간표마다
아름다운 행복의 꿈을 그려 놓고
매일 동그라미 치며 사는 삶으로
인생의 즐거움이 넘치게 하소서!
....

〈'좋은 글' 중에서〉

Matlab & Animation

MATLAB의 탁월한 장점 중 하나는 다양하면서도 정교한 그래프를 누구나 손쉽게 그릴 수 있고 또 사용자의 요구에 따라 맞춤화(Customization)가 가능하도록 사용자 인터페이스를 제공하고 있다는 점이다. 여기서는 MATLAB에서 제공하는 2차원 그래프를 그리는 다양한 명령어에 대해 살펴보자.

3.1 선 그래프

3.1.1 Plot 그래프

2차원 평면 상의 곡선식이 y= f(x) (a ≤ x ≤ b)로 주어지거나, 아니면 곡선 상의 좌표 (x,y)가 매개변수 t의 함수 x= f(t), y= g(t) (c ≤ t ≤ d)로 표시될 때 이들의 선 그래프를 그려주는 기본 명령어로는 plot가 있으며 그 형식은 다음과 같다.

- `plot(y)` % y의 그래프를 그려준다.
- `plot(x,y)` % x에 대한 y의 그래프를 그려준다. 단, x와 y는 같은 길이의 벡터 라야 한다.
- `plot(x,y,'Specifier','PropertyName','PropertyValue')` % 추가적인 옵션을 가지고 x에 대한 y의 그래프를 그려준다.
- `h= plot(…)` % 그래프를 그려주고 핸들을 반환한다. 여기서 '…'은 앞서 사용한 입력형식 중 하나가 될 수 있음을 뜻한다.

3.1.1.1 지정자(Specifier)

추가적인 옵션으로 사용되는 지정자는 선의 종류, 선색과 표식(Marker)을 지정하는 기호들의 조합으로 이루어진 문자열이고, 다음은 지정자가 가질 수 있는 기호들을 요약한 것이다.

선의 종류

기호	선의 종류	기호	선의 종류
-	실선(Solid)	:	점선(Dotted)
--	단선(Dashed)	-.	일점쇄선(Dashdot)

선색

기호	선색	기호	선색
b	파란색(Blue)	m	자홍색(Magenta)
g	녹색(Green)	y	노랑색(Yellow)
r	빨간색(Red)	k	검정색(Black)
c	청록색(Cyan)	w	흰색(White)

표식

기호	표식	기호	표식
.	점(Point)	v	삼각형(Down)
o	원(Circle)	^	삼각형(Up)
x	x 표시(x-mark)	<	삼각형(Left)
+	덧셈 기호(Plus)	>	삼각형(Right)
*	별표(Star)	p	5점 별
s	정방형(Square)	h	6점 별
d	다이아몬드(Diamond)		

3.1.1.2 속성명(Property name)과 속성값(Property value)

속성명과 속성값은 선과 표식의 굵기, 표식의 테두리선과 배경색 등을 지정하는데 사용된다. 다음은 속성명과 각 속성이 가질 수 있는 값들을 요약한 것이다. 속성 변경에 대한 자세한 사항은 5장을 참조 바란다.

속성명과 속성값

속성명	설명	속성값
LineWidth	선폭 지정	point 단위의 수
MarkSize	표식의 크기 지정	point 단위의 수
MarkerEdgeColor	표식의 테두리선 지정	선색표 상의 기호 사용
MarkerFaceColor	표식의 배경색 지정	선색표 상의 기호 사용

특히 지정자에는 기호들을 한 개, 두 개 또는 세 개를 다 포함시키거나 혹은 하나도 포함시키지 않아도 되고 순서와 상관없이 둘 수 있다. 또 속성명은 대문자, 소문자를 구분하지 않아도 된다. 몇 가지 예를 들어 보자.

```
x= 0:0.1:10; y= sin(x);
>> plot(x,y,'b') % 파랑색의 실선을 그려줌
>> plot(x,y,':k') % 검정색의 점선을 그려줌
>> plot(x,y,'o') % 데이터 점에 'ㅇ'가 표시되고 연결선을 그리지 않음
>> plot(x,y,'-rs') % 데이터 점에 'ㅁ'가 표시되고 빨간색의 실선으로 연결해줌
>> plot(x,y,'k','LineWidth',2) % 2point 선폭으로 검정 실선을 그려줌
```

예제 3.1 두 함수 $y_1 = \sin(t)$와 $y_2 = \cos(t)$ $(0 \le t \le 10)$가 주어질 때 y_1을 검정색의 실선으로, y_2를 검정색의 점선으로 그리면 다음과 같다.

Script file: prog3_1.m

```
t= 0:0.02:10;
y1= sin(t); y2= cos(t);
plot(t,y1,'k',t,y2,'k:')
```

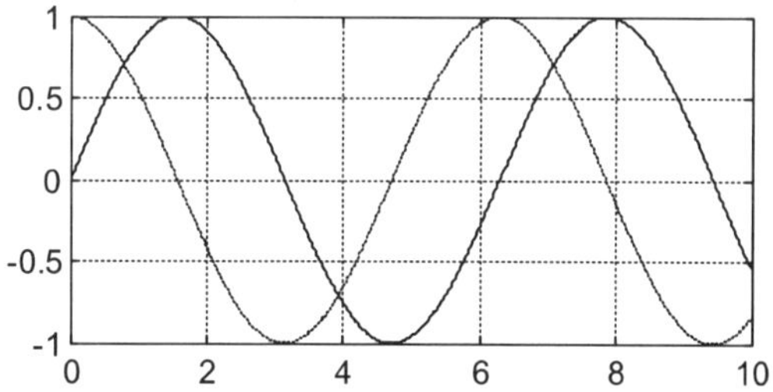

그림 3.1 sin(t)와 cos(t)의 그래프

plot 명령어 하나로 여러 개의 그래프를 동시에 그릴 때에는 첫 번째 도형을 그릴 때와 유사한 형식을 반복해서 적어주면 된다.

3.1.2 그래프 형식 지정

3.1.2.1 제목, 축 라벨 등

plot 명령어는 MATLAB에서 제공하는 기본적인 그래프만 그려주므로, 여기에 그래프

의 제목(Title), 축 라벨(Axis label), 문자열, 눈금 격자(Grid) 등을 추가하거나 지정하고 싶을 때에는 다음 명령어를 쓰면 된다.

```
title('string') % 그래프의 제목을 추가한다.
xlabel('string') % x축의 라벨을 추가한다.
ylabel('string') % y축의 라벨을 추가한다.
text(x,y,'string') % x,y 위치에 문자열을 추가한다.
gtext('string') % 마우스로 원하는 위치에 문자열을 추가한다.
grid on % 눈금 격자를 그려준다.
grid off % 눈금 격자를 지운다.
box on % 그래프 박스를 그려준다.
box off % 그래프 박스를 지운다.
```

아래첨자와 윗첨자

MATLAB은 문자열 입력 시 첨자, 그리스 문자와 특수기호를 제한적으로 쓸 수 있게 해준다. 아래첨자는 낱개 글자 앞에 '_' 를, 윗첨자는 낱개 글자 앞에 '^' 를 두면 출력되고, 연속글자인 경우에는 중괄호 {}속에 표시하면 된다. 예로 아래첨자 y_1과 y_{ij}는 각각 y_1과 y_{ij}로, 윗첨자 y^n과 $y^{(n)}$은 각각 y^n과 y^{(n)}으로 입력하면 된다.

그리스 문자와 기호

그리스 문자와 몇 가지 특수 기호들은 아래 표의 문자열을 입력하면 된다. 자세한 것은 도움말창에서 'greek symbols'로 검색한 다음 'typeset symbols'에서 확인하면 된다.

그리스 문자

문자열	그리스 문자	문자열	그리스 문자	문자열	그리스 문자
\alpha	α	\beta	β	\gamma	γ
\delta	δ	\epsilon	ε	\zeta	ζ
\eta	η	\theta	θ	\iota	ι
\kappa	κ	\lamda	λ	\mu	μ
\nu	ν	\xi	ξ	\omicron	ο
\pi	π	\rho	ρ	\sigma	σ
\tau	τ	\upsilon	υ	\phi	ϕ
\chi	χ	\psi	ψ	\omega	ω

특수 기호

문자열	기호	문자열	기호
\pm	±	\gep	≥
\neq	≠	\leq	≤
\div	÷	\infty	∞
\int	∫	\times	×

예제 3.2 예제 3.1의 프로그램에 title, xlabel, ylabel, grid를 추가해보자. 그래프에 제목과 라벨과 점선의 그리드 선이 나타나게 될 것이다.

Script file: prog3_2.m

```
t= 0:0.02:10;
y1= sin(t); y2= cos(t);
plot(t,y1,'k',t,y2,'k:')
title('Graphs(\omega= 1 rad/sec)')  % w를 보이기 위해 \omega를 입력
xlabel('t')
ylabel('y_1 and y_2')  % 아래첨자를 보이기 위해 y_1과 y_2를 입력
grid on
```

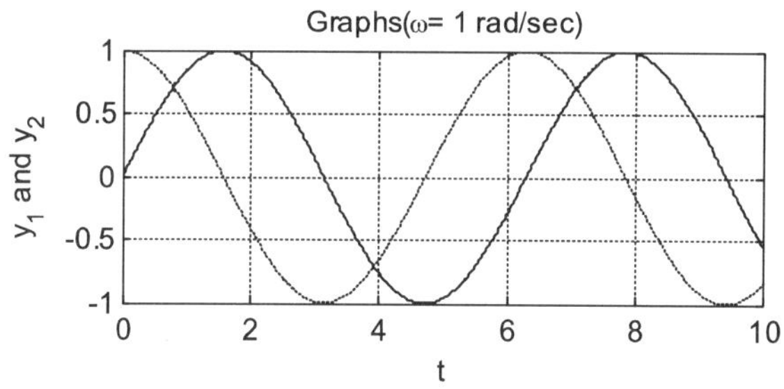

그림 3.2 sin(t)과 cos(t)의 그래프

3.1.2.2 축 변경

plot 명령이 실행되면 MATLAB은 입력되는 x, y 데이터의 최소값과 최대값의 크기에 따라 자동적으로 설정된 좌표축에 그림을 그리게 된다. 사용자가 축의 최소, 최대 범위를

조절하여 그림 크기를 변경하고 싶을 때에는 명령어 axis를 사용하면 된다. axis는 여러 가지 목적으로 쓰이며, 몇 가지 형식은 다음과 같다.

- axis([xmin xmax ymin ymax]) % x, y축의 범위를 설정한다. 여기서 xmin과 xmax는 각각 x 축의 최소값과 최대값을, ymin과 ymax는 각각 y축의 최소값과 최대값을 의미한다.
- axis equal % x, y축의 눈금(스케일)을 같게 설정한다.
- axis square % 그래프 박스가 정사각형이 되도록 설정한다.
- axis tight % 좌표축 범위를 데이터 범위와 같게 설정한다.
- axis ij % 그래프의 원점을 좌상단으로 변경해주며, 토글식이다.
- axis on % 그래프 축을 그려준다.
- axis off % 그래프 축을 지운다.

예제 3.3 **예제 3.2의 프로그램에서 x축은 최소 0과 최대 10, y축은 최소 -1.2와 최대 1.2로 하여 좌표축을 설정해보자.**

Script file: prog3_3.m

```
t= 0:0.02:10;
y1= sin(t); y2= cos(t);
plot(t,y1,'k',t,y2,'k:')
axis([0 10 -1.2 1.2])
xlabel('t'); ylabel('y_1 & y_2');
title('Graphs(\omega= 1rad/sec)')
grid on
```

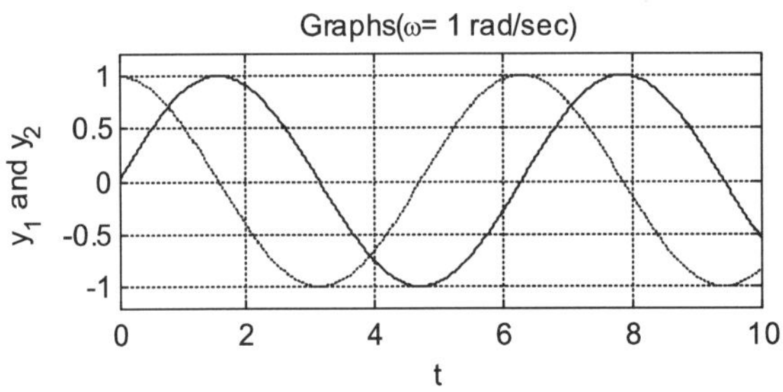

그림 3.3 sin(t)과 cos(t)의 그래프

3.1.2.3 티크와 티크 라벨

MATLAB은 그릴 데이터의 범위를 분석한 후 자동적으로 스케일을 정해 그래프를 그려준다. 이것은 처음부터 그래프의 스케일을 잘 모를 수밖에 없는 사용자 입장에서는 대단히 편리하다. 그러나 마우스로 그림창의 크기를 조절하면 티크(Tick) 위치와 티크 라벨(Tick label)이 자동적으로 변경되고 설령 axis 명령어로 축의 최대값과 최소값을 설정했다 하더라도 마찬가지이다. 이것은 내부적으로 관련된 속성들이 자동모드로 설정되어 있기 때문이다.

이럴 때에는 축의 최대값과 최소값, 티크 위치와 티크 라벨 등을 사용자가 새로 지정하게 되면 수동모드로 전환되면서 그림창의 크기를 달리해도 변하지 않는다. 자세한 설정 방법은 5.1.3.2절의 그래프 속성 바꾸기를 참조 바란다.

3.1.2.4 범례

범례(Legend)는 하나의 축에 여러 개의 선을 그릴 때 이들을 쉽게 구분할 수 있도록 선종류 샘플과 사용자가 지정한 라벨을 작은 사각형 박스에 표시해주는 것을 말하며, 범례를 추가할 경우에는 legend를 사용하면 된다.

```
➲ legend('string1','string2','Location','location'); % 그래프에 범례를 추가
  한다.
```

범례 내의 문자열은 plot에서 그려지는 그래프의 개수만큼 순서대로 입력하면 되고, 범례가 놓이는 위치에 대한 자세한 것은 도움말창에서 'legend'로 검색하면 알 수 있다. 예로 North, NorthEast, SouthEast는 각각 그래프 내의 정북, 북동, 남동 위치를 의미한다.

예제 3.4 앞서 다룬 예제 3.3에서 축 라벨, 제목과 범례를 입력해보자.

Script file: prog3_4.m

```
t= 0:0.02:10;
y1= sin(t); y2= cos(t);
plot(t,y1,'k',t,y2,'k:')
xlabel('t'),ylabel('y_1 and y_2'),title('Graphs(\omega= 1 rad/sec)')
```

```
legend('sin(t)','cos(t)','Location','SouthEast');
grid on
```

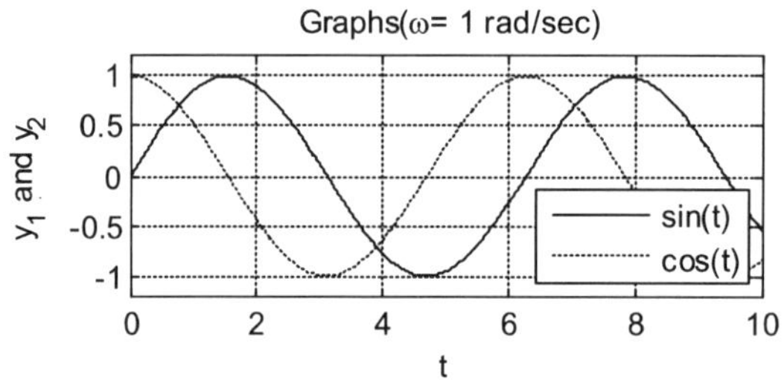

그림 3.4 sin(t)과 cos(t) 그래프

3.1.3 매개방정식의 그래프

가끔 어떤 곡선을 y= f(x) 형태로 나타내기는 어렵지만, 대신 그 곡선상의 점의 좌표 (x,y)를 매개변수 t의 함수

$$x= f(t),\ y= g(t)\ (c \le t \le d) \tag{3.1}$$

로 나타낼 때가 있으며, 이를 매개방정식(Parametric equation)이라 한다. 이런 형태의 방정식에 plot 명령어를 사용하는 예를 살펴보자.

예제 3.5 **매개방정식 $x= \cos^3(\theta)$, $y= \sin^3(\theta)$ $(0 \le \theta \le 2\pi)$로 주어지는 곡선의 그래프를 그려보자.**

풀이 0~2π 사이에 등간격으로 100개의 데이터를 취해 x, y를 생성한 후 그래프를 그리면 된다. 스크립트를 실행하면 다음 그래프를 얻는다.

Script file: prog3_5.m

```
t= linspace(0,2*pi,100);
x= cos(t).^3;
y= sin(t).^3;
plot(x,y,'k','LineWidth',2)
xlabel('x'), ylabel('y')
```

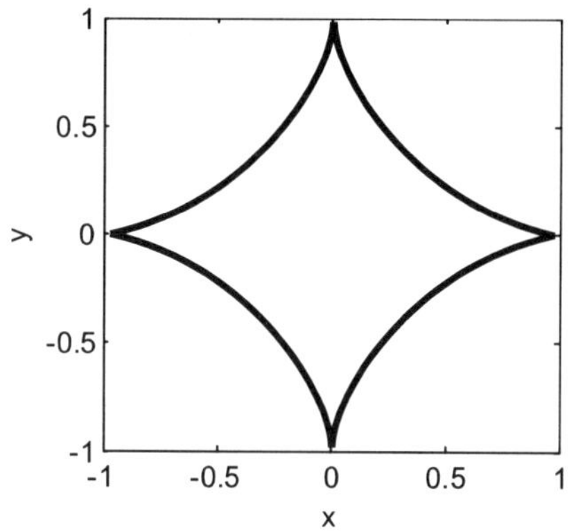

그림 3.5 예제 3.5의 그래프

3.1.4 불연속 그래프

가끔 불연속 선을 그리거나 또 의도적으로 연속 선을 어느 위치에서 끊어 그려야 할 때가 있다. plot 명령어를 여러 번 쓰면 그릴 수도 있지만 대신 프로그램이 길어질 수밖에 없다. 이런 경우에는 MATLAB의 예약어 inf(무한대를 의미)를 사용하면 간단하게 그릴 수 있다. 데이터 벡터 x, y의 원소 중에 하나라도 inf가 있으면 plot는 그 점을 생략하고 나머지 점들을 연결시켜 그려준다. 다음 예를 살펴보자.

Script file: prog3_6.m

```
subplot 121
x= [-7 -5 inf 0 5 inf 6 8]; % 3 번째와 6 번째 원소가 inf임
y= [0 0 0 0 0 0 0 0];
plot(x,y,'k','LineWidth',2)
axis equal
axis([-10 10 -10 10])

subplot 122
x= [-5 0 0 0 5];
y= [-5 -5 inf 5 5]; % 3 번째 원소가 inf임
plot(x,y,'k','LineWidth',2)
```

```
axis equal
axis([-10 10 -10 10])
```

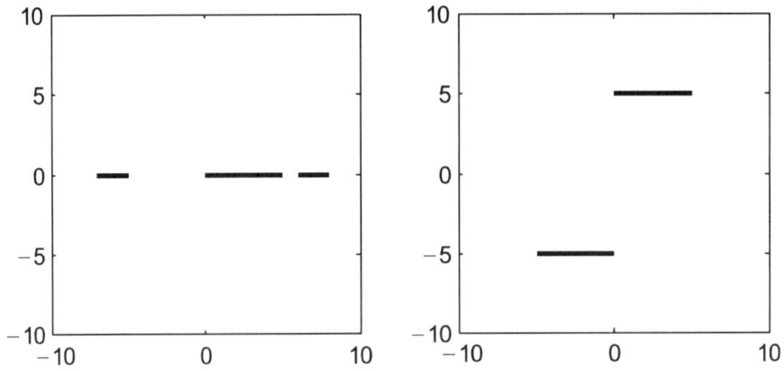

그림 3.6 불연속 선 그리기

다음 예는 x= 0 위치에서 절단된 sin(x) ($-\pi \le x \le \pi$) 그래프를 그리는 스크립트이고 실행 결과는 그림 3.7과 같다.

Script file: prog3_7.m

```
x= -pi:pi/20:pi;
y= sin(x);
i= find(x==0);  % x= 0인 위치를 찾아 변수 i에 저장
y(i)= inf;  % i 번째의 원소 값을 inf로 설정
plot(x,y,'k','LineWidth',2)
axis([-5 5 -1.2 1.2])
```

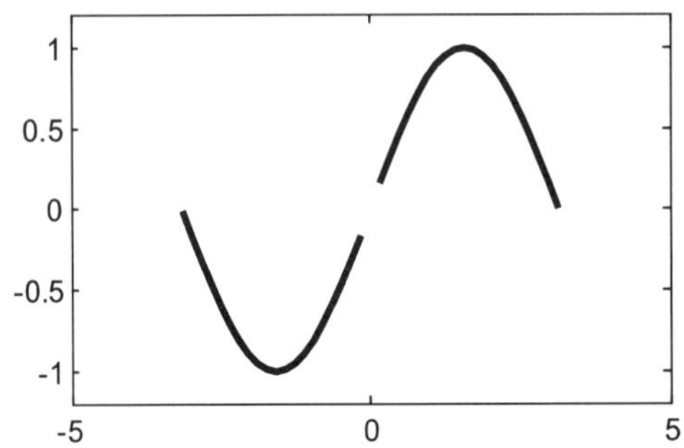

그림 3.7 불연속 sin(x) 그래프 그리기

3.1.5 그래프 추가하기

그림창에 미리 그려져 있는 그래프에 다른 그림을 추가할 경우에는 hold on 명령어를, 추가모드를 해제할 경우에는 hold off를 사용하면 된다.

```
hold on  % 그래프에 추가모드를 설정한다.
hold off  % 추가모드를 해제한다.
```

hold on은 추가될 그래프가 그려지기 전에 선언되어야 하고, hold off는 마지막 그래픽 명령어 다음에 두는 것이 좋다. 만약 hold off를 생략하면 다른 스크립트를 수행할 때에도 hold on의 속성이 그대로 유지되어 원치 않은 결과를 얻게 된다.

예제 3.6 $y= e^{-0.3t}\cos(t)$ $(0 \le t \le 10)$의 plot 그래프를 그린 다음, t= 0,1,2,3··· 10마다 'o' 표식을 포개서 그려보자.

Script file: prog3_8.m

```
t= 0:0.2:10;
y= exp(-0.3*t).*cos(t);
hold on  % 추가모드를 설정
plot(t,y,'k')

t= 0:10;
y= exp(-0.3*t).*cos(t);
plot(t,y,'ko')  % 'o' 표식을 그림
axis([0 10 -0.5 1.2])
xlabel('x')
ylabel('y')
hold off  % 추가모드를 해제
```

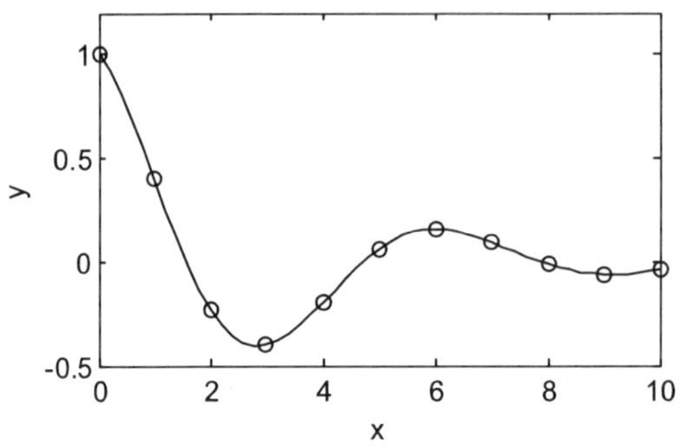

그림 3.8 그래프 추가하기

3.1.6 그림창 분할

그림창(Figure window) 화면을 n×m의 작은 사각형으로 분할한 다음, 분할된 영역에 서로 다른 그림을 그릴 때에는 subplot를 사용하면 된다. 그 형식은 다음과 같다.

- `subplot(n,m,p)` % 그림창을 n×m로 분할하고 p 번째 영역을 활성화한다. p는 분할된 영역을 좌우상하 순으로 셀 때 그 순위에 해당된다.
- `subplot nmp` % 위의 명령어와 같음

예제 3.7 **다음 함수가 주어진다.** m = 0.33, 1.4, 1.8, 5**일 때의 그래프를 2×2의 분할 화면에 각각 그려보자.**

$$x = (m-1)\cos(t)+\cos((m-1)t) \tag{3.2a}$$

$$y = (m-1)\sin(t)-\sin((m-1)t) \quad (0 \le t \le 40\pi) \tag{3.2b}$$

풀이 익명함수 fx, fy를 써서 작성한 스크립트는 다음과 같다. axis equal off는 axis equal과 axis off를 간단히 한 줄로 묶어 놓은 명령어이다.

Script file: prog3_9.m

```
fx= @(t,m) (m-1)*cos(t)+cos((m-1)*t); % 익명함수 fx의 선언
fy= @(t,m) (m-1)*sin(t)-sin((m-1)*t); % 익명함수 fy의 선언
subplot 221
```

```
t= 0:pi/50:4*pi; m= 0.5;
x= fx(t,m); y= fy(t,m);
plot(x,y,'k')
axis equal off
title('(a) m= 0.5')

subplot 222
t= 0:pi/50:40*pi; m= 0.65;
x= fx(t,m); y= fy(t,m);
plot(x,y,'k')
axis equal off
title('(b) m= 0.65')

subplot 223
t= 0:pi/50:10*pi; m= 1.4;
x= fx(t,m); y= fy(t,m);
plot(x,y,'k')
axis equal off
title('(c) m= 1.4')

subplot 224
t= 0:pi/50:10*pi; m= 1.8;
x= fx(t,m); y= fy(t,m);
plot(x,y,'k')
axis equal off
title('(d) m= 1.8')
```

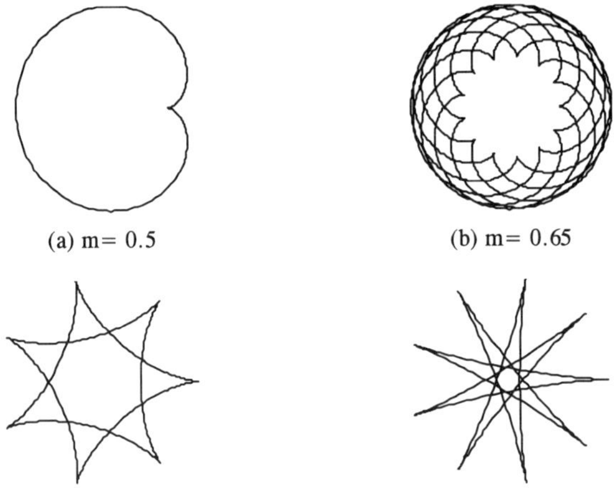

(a) m= 0.5 (b) m= 0.65

(c) m= 1.4 (d) m= 1.8

그림 3.9 분할 화면에 그래프 그리기

예제 3.8 **x 축의 최소, 최대값이 각각 -2, 2이고 반경이 1인 수평 코일과 y 축의 최소, 최대값이 각각 0, 2이고 반경이 1인 수직 코일을 그려보자.**

풀이 HCoil과 VCoil은 각각 수평 코일과 수직 코일을 그릴 수 있도록 x, y 데이터 쌍을 계산해주는 함수이다. HCoil 함수에서 xmin과 xmax는 수평 코일의 x 축 최소값과 최대값을, y0는 중심선의 y 좌표를, r은 반경을 의미하며, VCoil 함수에서 ymin과 ymax는 수직 코일의 y 축 최소값과 최대값을, x0는 중심선의 x 좌표를 의미한다.

Function file: HCoil.m

```
function [xx,yy]= HCoil(xmin,xmax,y0,r)
N= 5; % 코일 권수
t= [0:pi/50:(2*N-1)*pi]+3*pi/2;
x= linspace(0,1,numel(t));
xx= x+(sin(t)+1)/(2*N);
xx= (xmax-xmin)*xx/max(xx)+xmin;
yy= y0+r*cos(t);
```

Function file: VCoil.m

```
function [xx,yy]= VCoil(x0,ymin,ymax,r)
```

```
N= 5; % 코일 권수
t= [0:pi/50:(2*N-1)*pi]+3*pi/2;
y= linspace(0,1,numel(t));
yy= y+(sin(t)+1)/(2*N);
yy= (ymax-ymin)*yy/max(yy)+ymin;
xx= x0+r*cos(t);
```

prog3_10은 HCoil과 VCoil을 호출해서 1×2 분할 화면에 이들을 그려주는 스크립트이다. 그림창의 크기와 상관없이 항상 반듯한 코일을 그리려면 axis equal을 사용하면 된다. 코일의 권수는 N으로 변경하면 된다.

Script file: prog3_10.m

```
subplot 121
xmin= -2; xmax= 2; y0= 0; r= 1;
[xx,yy]= HCoil(xmin,xmax,y0,r);
plot(xx,yy,'k') % 수평 코일을 그려줌
axis equal
axis([-2.5 2.5 -2.5 2.5])

subplot 122
x0= 0; ymin= 0; ymax= 2; r= 1;
[xx,yy]= VCoil(x0,ymin,ymax,r);
plot(xx,yy,'k') % 수직 코일을 그려줌
axis equal
axis([-2 2 -1 3])
```

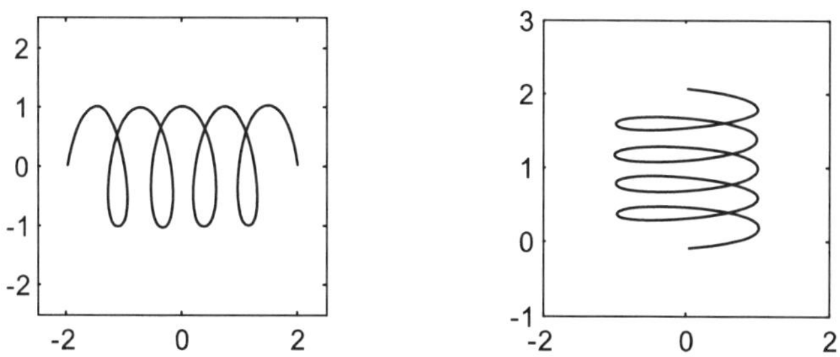

그림 3.10 수평 코일과 수직 코일 그래프

3.1.7 그림창 열고 닫기

그래픽 명령어를 실행할 때 만약 그림창이 열려 있지 않으면 자동적으로 생성되고 여기에 그래프가 그려지게 된다. 그러나 열려 있는 그림창이 존재하면 새로운 그래프는 활성창(Active window) 또는 현재창(Current window)의 그래프를 모두 지우고(hold on 명령어를 사용하지 않을 때) 여기에 그려진다. 열려 있는 그림창 중에서 활성화시키고 싶은 그림창이 있으면 이를 마우스로 클릭하면 현재창이 되고, 창틀 색깔이 짙어지면서 다른 그림창 앞으로 튀어나온다.

추가로 그림창을 열 때에는 데스크탑창에서 <새로 만들기> → <Figure>를 클릭하거나 명령줄에서 figure 명령어를 쓰면 된다. 또 열려 있는 그림창을 닫을 때에는 마우스를 이용하거나 close 명령어를 쓰면 된다. figure와 close 명령어의 형식은 다음과 같다. 여기서 n은 그림창 객체의 핸들을 의미하며, 객체에 대한 자세한 것은 5.1.2절을 참조 바란다.

```
figure % 새로운 그림창을 만든다.
figure(n) % n번째 그림창을 만든다.
close % 현재의 그림창을 닫는다.
close(n) % n번째 그림창을 닫는다.
close all % 모든 그림창을 닫는다.
```

3.1.8 그림창의 내용 지우기

활성화되어 있는 현재의 그림창에 그려진 모든 내용들을 지우고 싶을 때 사용하는 명령어는 다음과 같다.

```
clf  % 현재 그림창의 모든 객체들을 지운다.
```

3.1.9 Plotyy 그래프

수치 값의 크기가 확연히 다른 두 데이터 계열을 같은 눈금의 축에 그리게 되면 하나는 매우 작아 모양이 좋지 못하게 된다. 이런 경우에 그래프의 왼쪽과 오른쪽의 y축을 서로 달리하여 다중 스케일 그래프를 그려주는 명령어가 plotyy이다. 일례로 두 데이터 세트 {x,y1}, {x,y2}가 주어지면 하나는 왼쪽을, 다른 하나는 오른쪽을 y축으로 하여 그래프를 그릴 수 있다.

- plotyy(x,y1,x,y2) % {x,y1}와 {x,y2}의 다중 스케일 plot 그래프를 그려준다.
- plotyy(x,y1,x,y2,'function1','function2') % {x,y1}는 function1, {x,y2}는 function2 함수로 그래프를 그려준다. 함수로는 plot, semilogx, semilogy, loglog, stem 등이 사용된다.
- [ax,h1,h2]= plotyy(x,y1,x,y2,'function1','function2') % 다중 스케일 plot 그래프를 그려주고 또 2×1 축 핸들 ax와 선 핸들 h1,h2를 되돌려준다.

예제 3.9 $y1= e^x x^5$, $y2= e^{-0.3x}\sin(x)$ $(0 \le x \le 20)$가 주어진다. 다중 스케일의 그래프를 그리되 y1은 semilogy로, y2는 plot로 그려보자.

풀이 작성한 스크립트는 다음과 같다. plotyy로부터 그래픽 핸들 h1, h2를 받아 선의 종류, 색, 폭을 변경하고, 축 핸들 ax를 받아 왼쪽과 오른쪽의 y축 라벨을 변경하고 있다. ax(1)은 왼쪽 축, ax(2)는 오른쪽 축의 핸들을 의미한다. set 명령어에 대한 자세한 것은 5.2절을 참조 바란다.

Script file: prog3_11.m

```
x= linspace(0,20,100);
y1= exp(x).*x.^5; y2 = exp(-0.3*x).*sin(x);
[ax,h1,h2] = plotyy(x,y1,x,y2,'semilogy','plot');
set(h1,'LineStyle','-','Color','b','LineWidth',2) % 객체 h1의 선 속성을 변경
set(h2,'LineStyle',':','Color','g','LineWidth',2) % 객체 h2의 선 속성을 변경
xlabel('x')
set(get(ax(1),'Ylabel'),'String','e^xx^5') % 객체 ax(1)의 y축 라벨을 추가
set(get(ax(2),'Ylabel'),'String','e^{-0.3x}sin(x)') % 객체 ax(2)의 y축 라벨
    을 추가
title('Multiple Scale Plots')
```

이를 실행하면 다음 그래프를 얻는다.

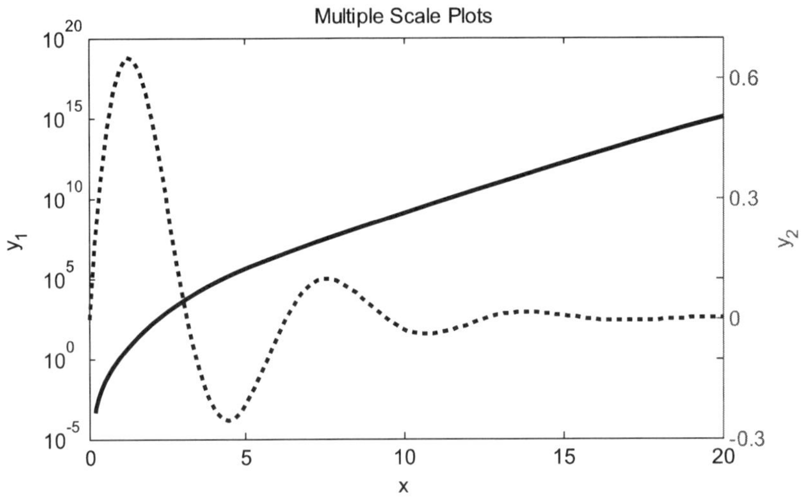

그림 3.11 다중 스케일 그래프

3.1.10 Log 그래프

로그는 가장 작은 수와 가장 큰 수간의 차이가 큰, 즉 변화되는 스케일이 큰 수들을 다룰 때 유용한 수단이다. 다시 말하면 로그 눈금(Log scale)은 큰 수를 줄여 표시하거나, 작은 수를 확대해서 표시해줄 수 있다. 로그 그래프를 그려주는 기본 명령어는 3가지가 있다. 이들은 기본적으로 plot와 비슷하지만 상용로그(밑이 10) 눈금의 좌표축에 적용한다는 점이 다르다.

```
semilogx(x,y) % x축이 상용로그 눈금인 좌표계에서 그래프를 그려준다.
semilogy(x,y) % y 축이 상용로그 눈금인 좌표계에서 그래프를 그려준다.
loglog(x,y) % 두 축이 모두 상용로그 눈금인 좌표계에서 그래프를 그려준다.
```

예제

3.10 두 식이 주어진다. (a)는 y축에 로그 눈금을, (b)는 x축에 로그 눈금을 적용하여 1×2 분할 화면에 그래프를 그려보자.

(a) $y= e^x x^5 \quad (0 \le x \le 20)$ (3.3a)

$$\text{(b)}\ |G(\omega)| = \frac{1}{\sqrt{(9-\omega^2)^2 + 4\omega^2}}\ (10^{-2} \le \omega \le 10^2) \tag{3.3b}$$

풀이 예제 (a)는 y의 변화되는 스케일이 x에 비해 상대적으로 크므로 semilogy를, (b)는 w의 변화되는 스케일이 상대적으로 크므로 semilogx를 사용한다. x는 linspace 명령어로 0~20 사이에 100개의 데이터를, w는 logspace 명령어로 10^{-2}~10^2 사이에서 100개의 데이터를 취해 그래프를 그려주고 있다. 실행 결과는 그림 3.12와 같다.

Script file: prog3_12.m

```
subplot 121
x= linspace(0, 20, 100);
y= exp(x).*x.^5;
semilogy(x,y,'k','LineWidth',2)
grid on

subplot 122
w= logspace(-2,2,100);
gw= 1./sqrt((9-w.^2).^2+4*w.^2);
semilogx(w,gw,'k','LineWidth',2)
grid on
```

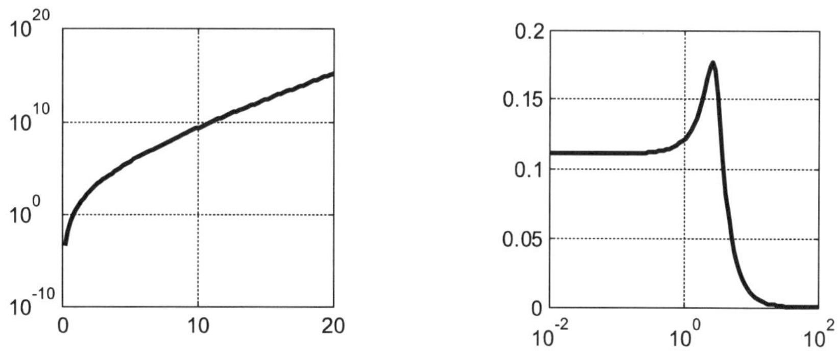

그림 3.12 y= $e^x x^5$와 $|G(j\omega)| = \frac{1}{\sqrt{(9-\omega^2)^2 + 4\omega^2}}$그래프

3.1.11 Stairs 그래프

계단 그래프(Stairs graph)는 통계학, 디지털 제어, 신호처리 분야에서 이산신호를 나타낼 때 자주 사용되며, 이를 그릴 때에는 stairs를 사용하면 된다.

```
stairs(y)   % 벡터 y의 계단 그래프를 그려준다.
stairs(x,y)   % 벡터 x의 위치에 벡터 y의 계단 그래프를 그려준다.
```

예제

3.11 아래의 이산시간 방정식에 u(k) = 1 (1 ≤ k ≤ 20)이 입력될 때 응답을 구해 계단 그래프로 그려보자.

$$y(k) = 0.2y(k-1) - 0.5y(k-2) + 0.2u(k-1) + 0.4u(k-2) \tag{3.4}$$

풀이 MATLAB에서 제공하는 filter 명령어를 사용하면 응답을 쉽게 구할 수 있다. 이산시간 방정식의 입력은 u= ones(20,1)로 쓸 수 있다.

Script file: prog3_13.m

```
a= [1 -0.2 0.5]; b= [0.2 0.4];
u= ones(20,1);
y= filter(b,a,u);
stairs(y,'k','LineWidth',2)
axis([0 20 0 1])
```

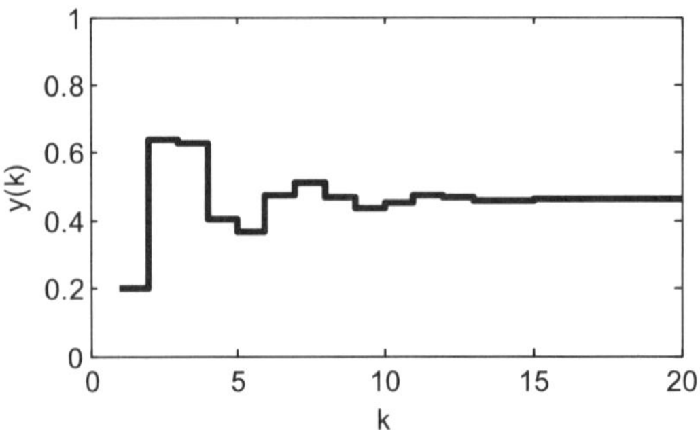

그림 3.13 계단 그래프

필터 방정식을 직접 작성해보고 싶으면 예제 2.17의 MyFilter.m을 참조 바란다.

3.1.12 Contour 그래프

3곡면의 높이가 같은 지점을 연결하여 높낮이와 기복을 나타낸 곡선을 등고선(Contour)이라 하며, 이를 2차원 평면에 나타내고자 할 경우에는 명령어 contour를 사용하면 된다.

```
➲ contour(Z)    % 행렬 Z의 등고선을 그려준다.
➲ contour(Z,n)  % 행렬 Z의 등고선 n개를 그려준다.
➲ contour(X,Y,Z)  % 행렬 X,Y 위치에서 행렬 Z의 등고선을 그려준다.
➲ contour(X,Y,Z,n)  % 행렬 X,Y 위치에서 Z의 등고선 n개를 그려준다.
➲ contour(X,Y,Z,v)  % 벡터 v에 지정한 높이에서 Z의 등고선을 그려준다.
➲ contour(…,'color')  % 등고선을 지정한 색으로 그려준다.
➲ [C,h]= contour(…)  % 등고선을 그려줌과 동시에 등고선 행렬 C와 핸들 h를 반환한다.
```

한편 등고선에 라벨을 달고 싶을 때에는 contour에서 받은 등고선 행렬 C와 핸들 h를 가지고 clabel을 호출하면 된다.

```
➲ clabel(C,h)  % C,h 정보로 등고선 라벨을 그려준다.
➲ clabel(C,h,'Property',PropertyValue) % C,h 정보와 지정한 속성으로 등고선 라벨
  을 그려준다.
```

예제

3.12 쌍곡 포물면 $z = x^2 - y^2$ $(-2 \le x,y \le 2)$의 등고선을 검정색으로 그려보자.

풀이 3차원 곡면의 높이 값을 계산하기 위해서는 x-y 평면을 등간격으로 분할한 격자점(Grid point)의 (x,y) 좌표가 필요한데 명령어 meshgrid로 만들 수 있다. 이에 대한 자세한 설명은 4.2절을 참조 바란다. 등고선을 그리는 스크립트는 다음과 같다. 좌측의 그래프는 주어진 높이 벡터 [-2 -1 -0.5 0.01 0.5 1.5 3]에서 등고선을 그린 것이고, 우측은 6개의 등고선을 그린 후 라벨 간격을 165로 하여 라벨을 그린 것이다.

Script file: prog3_14.m

```
x= -2:0.2:2; y= x;
[X,Y]= meshgrid(x,y);
```

```
Z= X.^2-Y.^2;
subplot 121
contour(X,Y,Z,[-2 -1 -0.5 0.01 0.5 1.5 3],'k')
subplot 122
[C,h]= contour(X,Y,Z,6,'k');
clabel(C,h,'LabelSpacing',165)
```

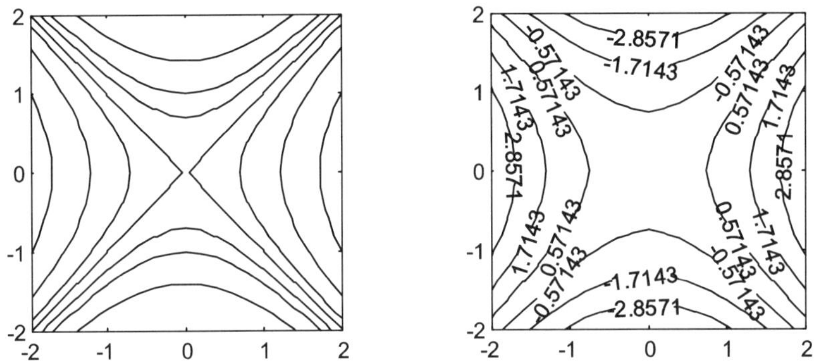

그림 3.14 쌍곡 포물면의 등고선

3.2 막대형 그래프

3.2.1 Bar 그래프

통계학에서 자주 사용되는 수직막대 그래프는 bar를 사용해서 그릴 수 있고

```
➲ bar(y)  % 벡터 y의 수직막대 그래프를 그려준다.
➲ bar(x,y) % 벡터 x의 위치에 벡터 y의 수직막대 그래프를 그려준다.
➲ bar(x,y,width)  % 설정 폭을 갖는 수직막대 그래프를 그려준다.
➲ bar(x,y,'grouped')  % 그룹 수직막대 그래프를 그려준다.
➲ bar(x,y,'stacked')  % 쌓은 수직막대 그래프를 그려준다.
➲ h= bar(…) % 수직막대 그래프를 그리고 또 핸들 h를 되돌려준다.
```

수평막대 그래프는 barh를 사용해서 그릴 수 있다.

- barh(y) % 벡터 y의 수평막대 그래프를 그려준다.
- barh(x,y) % 벡터 x의 위치에 벡터 y의 수평막대 그래프를 그려준다.
- barh(x,y,width) % 설정 폭을 갖는 수평막대 그래프를 그려준다.
- barh(x,y,'grouped') % 그룹 수평막대 그래프를 그려준다.
- barh(x,y,'stacked') % 쌓은 수평막대 그래프를 그려준다.
- h= barh(…) % 수평막대 그래프를 그리고 또 핸들 h를 되돌려준다.

예제

3.13 균등난수 발생기로 5×4 데이터를 만들어 수직 및 수평막대 그래프를 그려보자.

풀이 5×4 균등난수를 발생하여 스케일링한 후 Y에 저장하고 수직, 수평 막대 그래프를 그렸다. 이때 난수발생기를 seed 126으로 초기화하였다.

Script file: prog3_15.m

```
rand('seed', 126); % 난수발생기를 초기화
Y= round(rand(5,4)*5); % [0,5] 사이에 분포하는 5×4 정수난수 발생
subplot 221
bar(Y,'grouped') % 그룹 수직막대 그래프를 그려줌
xlabel('(a) Grouped Graph')

subplot 222
bar(Y,1.5) % 설정 폭이 1.5인 그룹 수직막대 그래프를 그려줌
xlabel('(b) Grouped Graph(Width= 1.5)')

subplot 223
bar(Y,'stacked') % 쌓은 수직막대 그래프를 그려줌
xlabel('(c) Stacked Graph')

subplot 224
barh(Y,'stacked') % 쌓은 수평막대 그래프를 그려줌
xlabel('(d) Stacked Graph')
```

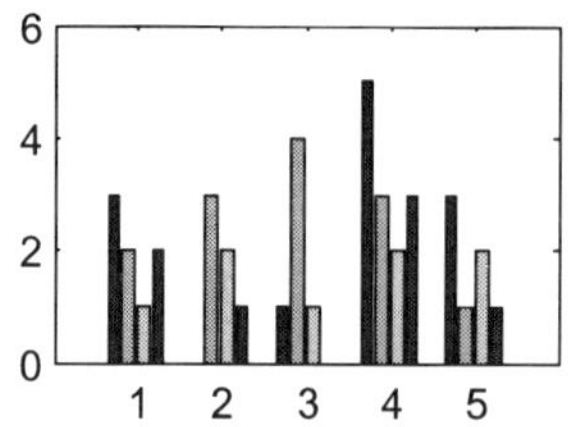

(a) Grouped Graph

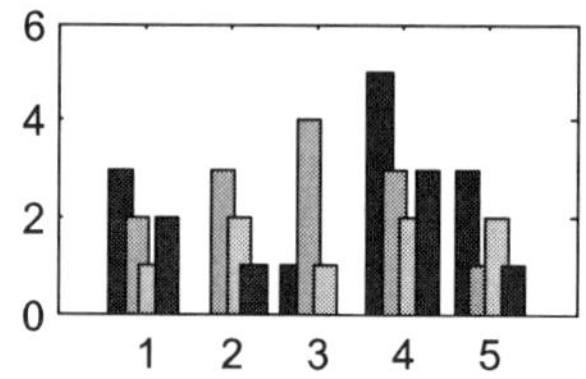

(b) Grouped Graph(Width= 1.5)

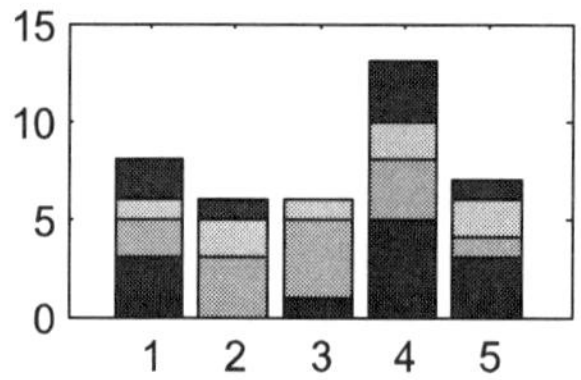

(c) Stacked Graph

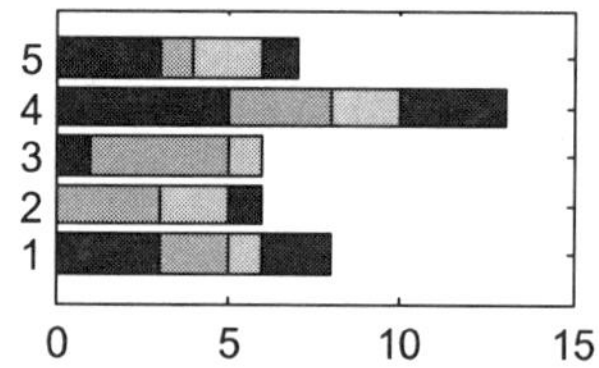

(d) Stacked Graph

그림 3.15 막대 그래프

예제

3.14 기준선을 가지는 막대 그래프를 그려보자.

풀이 기준선을 가지는 막대 그래프를 그리려면 핸들 h를 받은 다음 속성값을 변경해줘야 한다. get(h(1), 'BaseLine')는 기준선의 핸들을 얻는 명령어이다. 왼쪽 그림은 0을 기준선으로 하되 실선으로 그렸고, 오른쪽 그래프는 점선으로 그렸다.

Script file: prog3_16.m

```
randn('seed', 612);
X= [10 20 30];
Y= randn(numel(X),5);
subplot 121
h= bar(X,Y); % 기준선을 가지는 수직막대 그래프
set(get(h(1),'BaseLine'),'LineWidth',1,'LineStyle','-')

subplot 122
h= barh(X,Y); % 기준선을 가지는 수평막대 그래프
set(get(h(1),'BaseLine'),'LineWidth',1,'LineStyle',':')
```

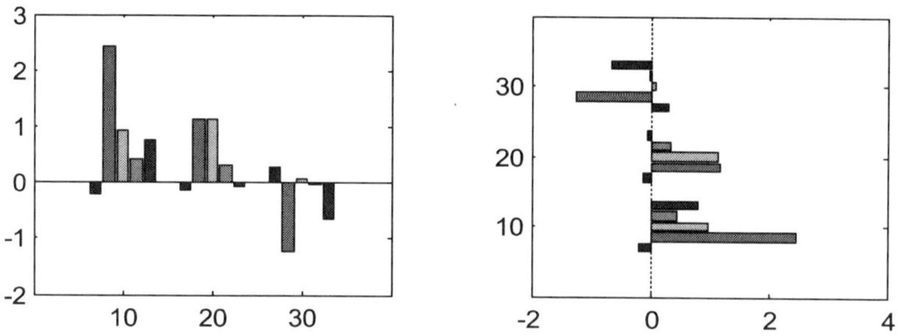

그림 3.16 기준선을 가지는 막대 그래프

3.2.2 Histogram

히스토그램(Histogram)은 도수 분포의 상태를 기둥 모양의 그래프로 나타낸 그래프이며 통계 데이터의 분포를 보여줄 때 자주 이용된다. 히스토그램은 hist 명령어로 그릴 수 있으며 그 형식은 다음과 같다.

```
➲ hist(y)  % 벡터 y의 히스토그램을 그려준다.
➲ n= hist(y)  % 각 계급에 포함된 원소의 개수를 출력해준다.
```

예제 3.15 정규난수 200개를 발생시켜 히스토그램을 그려보자.

풀이 randn를 부르기 전에 난수발생기를 초기화해주고 있으므로 반복 수행해도 동일한 그래프가 그려진다.

Script file: prog3_17.m

```
randn('seed', 1715);
y= randn(200,1);
hist(y)
```

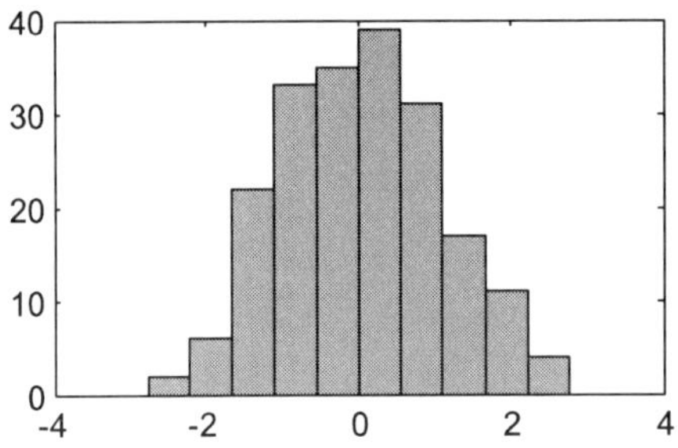

그림 3.17 히스토그램

3.2.3 Rectangle 그래프

사각형 그래프(Rectangle graph)는 rectangle 명령어로 그릴 수 있으며 그 형식은 다음과 같다.

- `rectangle('Position',[x,y,wh,ht])` % 화면의 좌하단 위치 (x,y)로부터 넓이가 wh 이고, 높이가 ht인 사각형 그래프를 그려준다.
- `rectangle('Position',[x,y,wh,ht],'FaceColor','color')` % 지정한 색으로 채운 사각형 그래프를 그려준다.
- `h= rectangle(…)` % 사각형 그래프를 그려주고 또 핸들 h를 반환한다.

사용 예는 프로그램 prog3_22.m과 7장의 prog7_4.m과 prog8_7.m을 참조 바란다.

3.2.4 Box 그래프

박스 그래프(Box graph)는 통계학에서 자주 사용되는 그래프로서 데이터들의 중앙값, 제1사분위수, 제3사분위수, 분포 등의 정보를 그래프적으로 나타내준다. 그 사용법은 다음과 같으며, 행렬 Z의 각 열이 데이터 계열이 된다.

- `boxplot(Z)` % 행렬 Z의 열들의 박스 그래프를 그려준다.

예제 3.16 다음 스크립트는 평균과 표준편차가 각각 (75,2), (60,3), (60,5)인 정규난수를 100개 만들어 이들의 박스 그래프를 그린 것이다.

Script file: prog3_18.m

```
x1 = 75+2*randn(100,1);
x2 = 60+3*randn(100,1);
x3 = 60+5*randn(100,1);
Z= [x1,x2,x3];
boxplot(Z,'notch','on')
```

여기서는 난수발생기의 seed를 따로 지정하지 않기 때문에 수행할 때마다 그래프 모양이 달라지게 될 것이다.

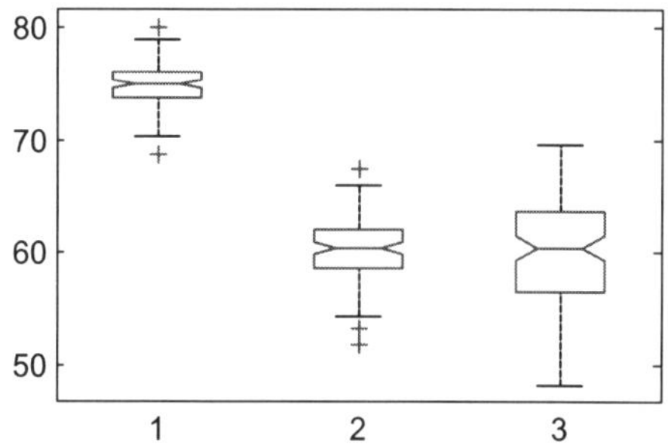

그림 3.18 박스 그래프

3.2.5 Stem 그래프

줄기 그래프(Stem graph)도 통계학, 디지털 제어나 디지털 신호처리 분야에서 이산시간 신호를 나타낼 때 자주 사용되며, 이를 그릴 때는 stem을 사용하면 된다.

- `stem(y)   % 벡터 y의 줄기 그래프를 그려준다.`
- `stem(x,y)  % 벡터 x의 위치에 벡터 y의 줄기 그래프를 그려준다.`

예제 3.17 예제 3.11에서 다루었던 이산시간 방정식의 응답을 다시 stem 그래프로 그리면 다음과 같다.

Script file: prog3_19.m

```
a= [1 -0.2 0.5]; b= [0.2 0.4];
u= ones(20,1);
y= filter(b,a,u);
stem(y,'k')
xlabel('k')
ylabel('y(k)')
```

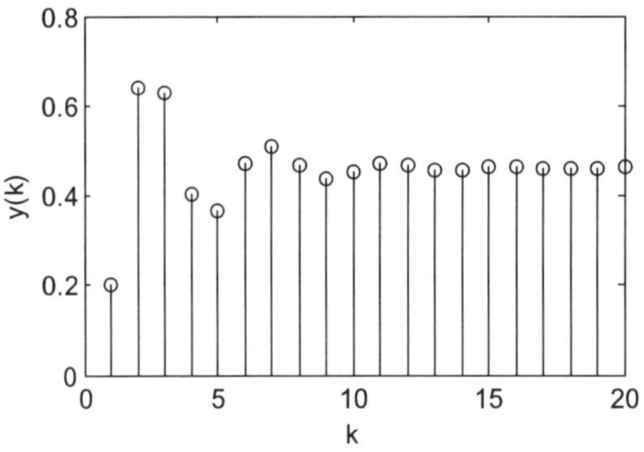

그림 3.19 줄기 그래프

3.3 면적 그래프

3.3.1 Area 그래프

명령어 area는 어떤 곡선과 y = level로 포획되는 면을 색으로 채울 때 사용되며, 그 사용법은 다음과 같다.

```
➲ area(x,y)  % 곡선과 y= 0으로 포획되는 면을 색으로 채운다.
➲ area(x,y,level)  % 곡선과 y= level로 포획되는 면을 색으로 채운다.
```

예제

3.18 $y= e^{-0.25x}\sin(x)$ $(0 \le x \le 15)$**가 주어질 때 2×1 분할 화면에 이 곡선과 y = 0 또 이 곡선과 y= 0.3으로 포획되는 면 그래프를 각각 그려보자.**

풀이 작성한 스크립트는 다음과 같고, 이를 실행한 결과는 그림 3.20과 같다.

Script file: prog3_20.m

```
x= linspace(0,15,100);  % 0과 15사이에 100개의 데이터를 취함
y= exp(-0.25*x).*sin(x);
subplot 121
area(x,y)  % 곡선과 y= 0으로 포획되는 면을 색으로 채움

subplot 122
area(x,y,0.3)  % 곡선과 y= 0.3으로 포획되는 면을 색으로 채움
```

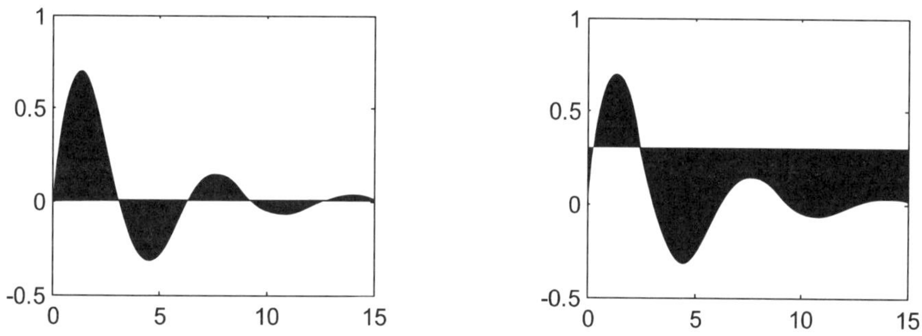

그림 3.20 면 그래프

3.3.2 Pie 그래프

명령어 pie는 파이 그래프를 그릴 때 사용되며, 그 형식은 다음과 같다.

- pie(x) % 벡터 x의 파이 그래프를 그려준다.
- pie(x,label) % 파이 그래프와 라벨을 그려준다. label은 셀 벡터이고 그 길이는 x와 같아야 한다.

예제

3.19 x= [20 40 35 5]가 주어질 때 파이 그래프를 그려보자.

풀이 작성한 스크립트와 실행 결과는 다음과 같다.

Script file: prog3_21.m

```
x= [20 40 35 5]
pie(x,{'서울(20%)','부산(40%)','대구(35%)','인천(5%)'})
```

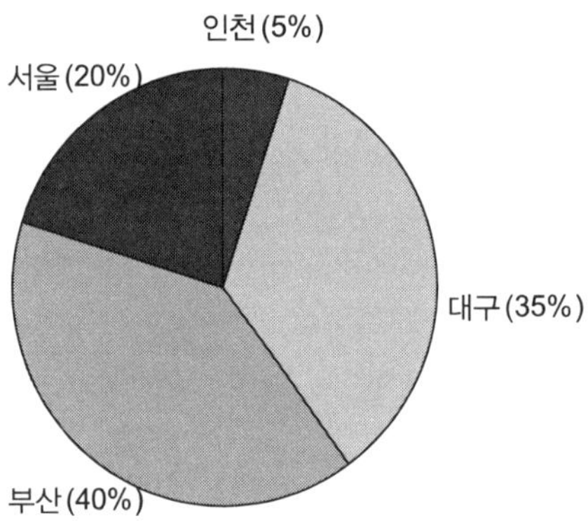

그림 3.21 파이 그래프

3.3.3 Fill 그래프

명령어 fill은 닫힌 다각형의 내부를 지정한 색으로 채울 때 사용되며, 사용법은 다음과 같다.

- fill(x,y,'color') % 벡터 x, y로 그려지는 닫힌 다각형을 색으로 채운다.
- h= fill(x,y,'color') % 벡터 x, y로 그려지는 닫힌 다각형을 색으로 채우고 또 핸들 h를 되돌려준다.

예제 3.20 일방통행과 정지신호 교통 표지판을 그려주는 프로그램은 다음과 같다.

Script file: prog3_22.m

```
subplot 121
t= linspace(0,2*pi,100);
x= sin(t); y= cos(t);
hold on
fill(x,y,'r')  % 빨간색으로 채운 원을 그림
plot(0.95*x,0.95*y,'w','LineWidth',2)  % 흰색 테두리를 그림
rectangle('Position',[-0.8 -0.2 1.6 0.4],'FaceColor', 'w'); % 흰색 사각형을 그림
text(-0.5,0.45,'DO  NOT','Color', 'w','FontSize',13);
text(-0.4,-0.45,'ENTER','Color', 'w','FontSize',13);
axis square off
hold off

subplot 122
t= [0: pi/4:2*pi]+pi/8;
x=cos(t); y=sin(t);
hold on
fill(x,y,'r')  % 빨간색으로 채운 팔각형 도형을 그림
plot(0.9*x,0.9*y,'w','LineWidth',3)  % 내부 흰색 팔각형 테두리를 그림
text(-0.5,0,'STOP','Color', 'w','FontSize',18);
axis square off
hold off
```

그림 3.22 다각형 내부 색으로 채우기

3.3.4 Pseudocolor 그래프

행렬 C의 의사칼라(Pseudocolor) 또는 체크보드(Checkerboard) 그래프는 다음과 같은 사용법으로 그린다.

예제 3.12 C= $\exp(-x^2-y^2)$ $(-2 \le x,y \le 2)$의 **의사칼라 그래프와** 10×10 **균등난수를 발생시켜 의사칼라 그래프를 그려보자.**

- pcolor(C) % 행렬 C의 원소 값들을 색지도(colormap) 원소에 선형적으로 사상시켜 의사칼라 그래프를 그려준다. 색지도는 4.1.2절을 참조 바란다.
- pcolor(x,y,C) % 벡터 x, y로 정의되는 격자(Grid)에 의사칼라 그래프를 그려 준다.

Script file: prog3_23.m

```
subplot 121
x= -2:0.25:2; y= -2:0.25:2;
[X,Y]= meshgrid(x,y);
C= exp(-X.^2-Y.^2);
pcolor(x,y,C);
axis equal off
axis([-2 2 -2 2]);
colormap gray

subplot 122
m= rand(10);
pcolor(m)
axis equal off
```

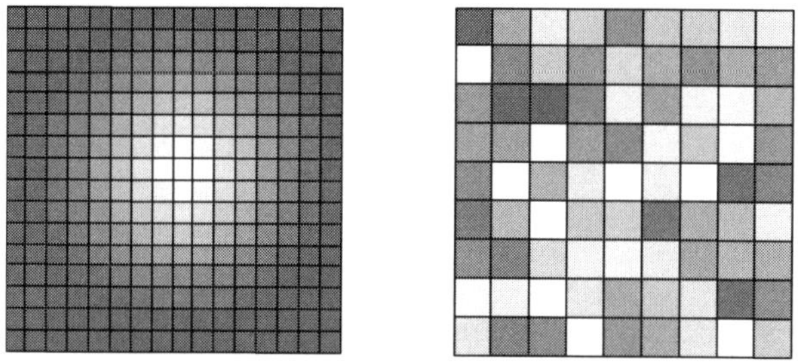

그림 3.23 다각형 내부 색으로 채우기

3.4 기타 그래프

3.4.1 Quiver 그래프

벡터장을 그릴 때는 명령어 quiver와 gradient를 사용한다. 그 형식은 다음과 같다.

- `quiver(U,V) % (U,V) 원소로 벡터장을 그려준다.`
- `quiver(X,Y,U,V) % (X,Y) 위치에 (U,V) 원소로 벡터장을 그려준다.`
- `[U,V]= gradient(Z,dx,dy) % 행렬 Z의 x, y 방향의 구배, 즉 U= dZ/dx, V= dZ/dy를 반환한다.`

예제

3.22 $f(x,y)= x.exp(-x^2-y^2)$ $(-2 \le x,y \le 2)$**의 등고선과 벡터장을 동시에 그려보자. 단,** $\Delta x= \Delta y= 0.25$**이다.**

Script file: prog3_24.m

```
clf
dx= 0.25; dy= 0.25;
x= -2:dx:2; y= -2:dy:2;
[X,Y]= meshgrid(x,y);
Z= X.*exp(-X.^2-Y.^2);
[PX,PY] = gradient(Z,dx,dy); % Z의 구배를 반환함
```

```
hold on
contour(X,Y,Z,10,'k') % 등고선을 그려줌
quiver(x,y,PX,PY,1,'k'); % 벡터장을 그려줌
axis equal
axis([-2 2 -2 2])
hold off
```

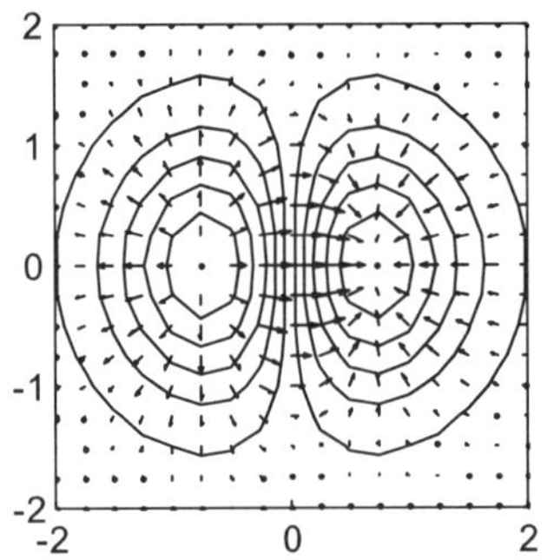

그림 3.24 벡터장 그래프

3.4.2 Polor 그래프

각 θ와 반경 r로 정의되는 극좌표 상의 함수 r = f(θ)의 그래프를 그릴 때에는 polor 명령어를 사용한다. 그 사용법은 다음과 같고 이때 θ는 0과 2θ 사이의 값이며 라디안(Radian) 단위이다.

- polor(theta,rho) % 각 theta와 반경 rho의 극좌표 그래프를 그려준다.
- polor(theta,rho,'s') % 선 속성 s를 가지고 극좌표 그래프를 그려준다. 선 속성 s는 3.1.1.1절을 참조 바란다.

예제 3.23 다음 두 극좌표 그래프를 그려보자.

(a) $r = \cos(2\theta)$ (3.5a)

(b) $r = 1 + 2.5\cos(\theta) \quad (0 \le \theta \le 2\pi)$ (3.5b)

풀이 0~2π 사이에 100개의 데이터를 취해 극좌표 그래프를 그리는 스크립트와 이를 실행한 결과는 다음 그림과 같다.

Script file: prog3_25.m

```
subplot 121
th= linspace(0,2*pi,100);
r= cos(2*th);
polar(th,r,'r') % 그림 3.25(a)

subplot 122
r= 1+2.5*cos(th); % 그림 3.25(b)
polar(th,r,'r')
```

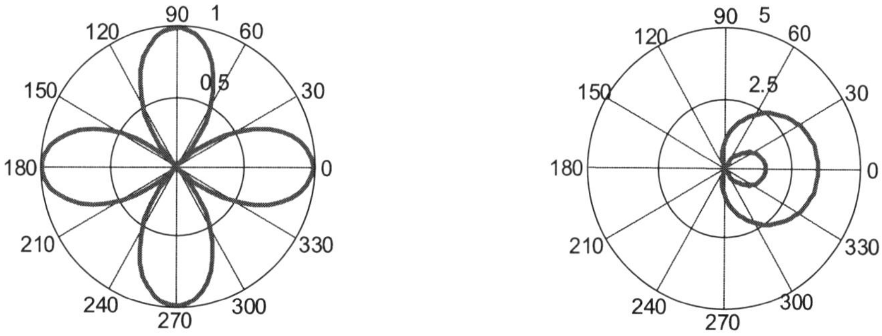

(a) (b)

그림 3.25 극좌표 그래프

Chapter 04

3차원 그래프

MATLAB AND ANIMATION

4.1 선 그래프

4.2 그물망형 그래프

4.3 면 그래프

4.4 기타 3차원 그래프

4.5 매개방정식의 그래프

깊이 생각하면 할수록
새로운 감탄과 함께 마음을 가득 차게 하는
두 가지 기쁨이 있다.
하나는 별이 반짝이는 하늘이요,
다른 하나는 내 마음속의 도덕률이다.
이 두 가지를 삶의 지침으로 삼고 나아갈 때,
막힘이 없을 것이다.
항상 하늘과 도덕률에 비추어 자신을 점검하자.
그리하여 매번 잘못된 점을 찾아
반성하는 사람이 되자.

〈임마뉴엘 칸트〉

Matlab & Animation

앞 장에서 우리는 여러 가지 2차원 그래프를 그려주는 MATLAB 그래픽 명령어에 대해 살펴보았고, 이들의 사용법을 어느 정도 익혔으리라 생각된다. 이 장에서는 앞서 배운 지식을 기반으로 공학, 과학분야에서 자주 활용되는 3차원 그래프를 그려주는 명령어에 대하여 살펴보자. 고수준의 그래픽 기능을 활용하기 위한 핸들 사용과 속성 설정은 다음 장에서 다룰 것이다.

3차원 곡선식은 일반적으로 두 독립변수 x, y의 함수 z= f(x,y)나 매개변수의 함수 x= f(t), y= g(t), z= h(t) (a≤t≤b)로 표시되므로 이들을 그래프로 그리는 문제를 다루게 될 것이다.

4.1 선 그래프

4.1.1 Plot3 그래프

plot3는 2차원 plot 명령어를 확장해서 3차원 선 도형을 그릴 수 있게 한 것으로써, 그 형식은 다음과 같다.

- plot3(z) % z의 3 차원 선 그래프를 그려준다.
- plot3(x,y,z) % x,y에 대한 z의 3 차원 선 그래프를 그려준다. 단 x,y,z는 같은 길이의 벡터라야 한다.
- plot3(x,y,z,'Specifier','PropertyName','PropertyValue') % 추가 옵션을 사용해 x,y에 대한 z의 3차원 선 그래프를 그려준다.
- h= plot3(…) % z의 3차원 그래프를 그리고 또 핸들 h를 돌려준다.

예제 4.1 다음과 같은 3차원 곡선식이 주어질 때 이를 그려주는 스크립트를 작성해보자.

$$z = \frac{\sin(\sqrt{x^2 + y^2})}{\sqrt{x^2 + y^2}} \quad (-3\pi \le x,\ y \le 3\pi) \tag{4.1}$$

풀이 앞 장의 예제를 통해서도 언급하였지만, x= y= 0이면 오버플로 오류가 발생되므로 이때의 x, y 값을 eps로 설정하였다. 스크립트를 실행하면 다음 그래프를 얻는다.

Script file: prog4_1.m

```
x= linspace(-3*pi,3*pi,100);
x(find(x == 0))= eps; % x= 0이면 x= eps로 설정
y= x;
r= sqrt(x.^2+y.^2);
z= sin(r)./r;
plot3(x,y,z,'k','LineWidth',2);
grid on
xlabel('x'); ylabel('y'); zlabel('z');
view(-25,30)
```

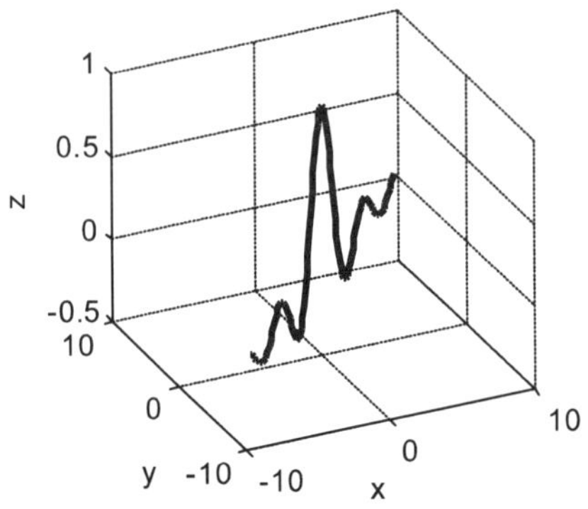

그림 4.1 plot3 그래프

곡선식이 매개변수의 함수로 표시되는 경우의 그래프 작성법은 4.5절을 참조 바란다.

4.1.2 Contour3 그래프

3차원 등고선 그래프를 그려주는 명령어는 다음과 같다.

- contour3(Z) % 행렬 Z의 3차원 등고선을 그려주며, 등고선의 높이와 수는 Z의 최소, 최대값에 따라 자동적으로 설정된다.
- contour3(X,Y,Z) % X,Y에 대한 Z의 3차원 등고선을 그려준다.

- contour3(X,Y,Z,n) % X,Y에 대한 Z의 3차원 등고선 n개를 그려준다.
- contour3(X,Y,Z,v) % 벡터 v에 지정된 높이에서 X,Y에 대한 Z의 3차원 등고선을 그려준다.
- contour3(…, 'LineSpec') % 속성 LineSpec로 X,Y에 대한 Z의 3차원 등고선을 그려준다.
- [C,h]= contour3(…) % Z의 3차원 등고선을 그리고 또 등고선 행렬 C와 핸들 h를 돌려준다.

예제 4.2 **다음과 같은 함수식이 주어질 때 3차원 등고선 20개를 그려주는 스크립트를 작성해보자. 명령어 meshgrid에 대한 자세한 설명은 다음 절을 참조 바란다.**

$$z = \frac{2}{x^2 + y^2 + 1} + \frac{1}{(x-5)^2 + y^2 + 1} \quad (-5 \le x,\ y \le 10) \tag{4.2}$$

Script file: prog4_2.m

```
x= -5:1:10; y= -5:1:10;
[X,Y]= meshgrid(x,y);
Z= 2./(X.^2+Y.^2+1)+1./((X-5).^2+Y.^2+1); % 배열 연산으로 Z를 계산
contour3(X,Y,Z,20)
axis([-5 10 -5 10 -1 2])
colormap jet % jet를 현재의 색지도로 설정
grid off
```

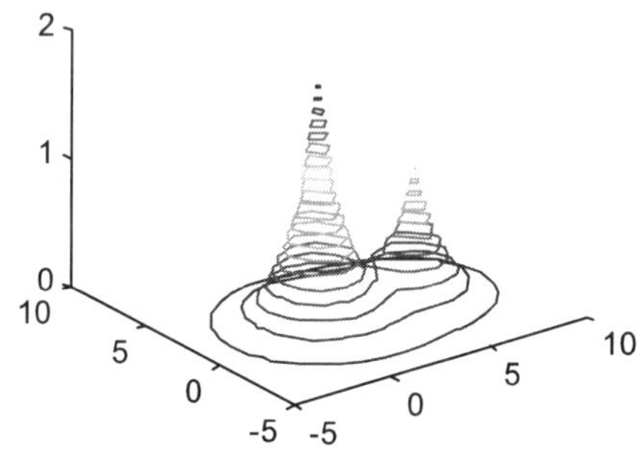

그림 4.2 3차원 등고선 그래프

MATLAB은 생성된 그래프의 입체적인 시각효과를 더하기 위하여 Z의 높이에 따라 색

을 부여하는 수단으로 색지도(Colomap)을 사용하고 있다. 명령어 colormap은 기본적으로 0과 1 사이의 원소 값을 갖는 64×3 행렬을 만드는데, 각 행의 세 원소는 빨강(Red), 초록(Green), 파랑(Blue)의 RGB 강도를 나타낸다. 이 값을 변경해서 색 지정을 할 수 있다.

일례로 다음은 기본 색들의 RGB 값을 나타낸다.

RBG 값	기호	기본 색
0 0 0	k	검정색(Black)
0 0 1	b	파랑색(Blue)
0 1 0	g	초록색(Green)
0 1 1	c	청록색(Cyan)
1 0 0	r	빨간색(Red)
1 0 1	m	자홍색(Magenta)
1 1 0	y	노랑색(Yellow)
1 1 1	w	흰색(White)

기본 색지도는 Jet이고 이는 가장 낮은 값이 짙은 청색, 가장 높은 값이 빨간색, 그 사이에는 높이에 따라 색을 부여한다. 사용자가 색을 변경하려면 명령어 colormap을 이용하거나 아니면 그림창의 속성 편집기(5.2절 참조)를 이용하면 된다.

```
➲ map= colormap % 현재의 색지도를 추출해서 map에 넘겨준다.
➲ colormap(map) % 행렬 map으로 현재의 색지도를 설정한다. 괄호는 생략할 수 있다.
```

MATLAB은 사용자 편의를 위해 내장된 색지도를 지원하고 있으며, 제공되는 몇 가지 기본 패턴은 아래와 같다. 더 세밀한 칼라색은 help colormap에서 확인 바란다.

Built-in colormap	문자	Built-in colormap	문자
	Jet		Winter
	HSV		Gray
	Hot		Bone
	Cool		Copper
	Spring		Pink
	Summer		Lines
	Autumn		

4.2 그물망형 그래프

4.2.1 Mesh 그래프

mesh 그래프는 대표적인 3차원 그래프이며, 이를 그리는 작업은 3단계로 나뉠 수 있다. 첫 번째 단계에서는 함수 $z = f(x,y)$의 z값을 구할 격자(Grid)를 정하게 된다. 그림 4.3(a)와 같이 x-y 평면의 각 축을 등간격으로 나누고 격자점을 얻게 되며, 이를 수행해주는 명령어가 meshgrid이다.

- `[X,Y]= meshgrid(x)` % 벡터 x로부터 격자점의 좌표들로 구성되는 행렬 X,Y를 반환한다. y를 생략하면 y= x로 간주된다.
- `[X,Y]= meshgrid(x,y)` % 벡터 x,y로부터 좌표 행렬 X,Y를 반환한다.

두 번째 단계에서는 그림 4.3(b)와 같이 격자점 (X_{ij},Y_{ij})에서 함수값 $Z_{ij}= f(X_{ij},Y_{ij})$를 얻게 된다. 필요하다면 배열 연산자를 쓰면 계산이 대단히 편리해진다.

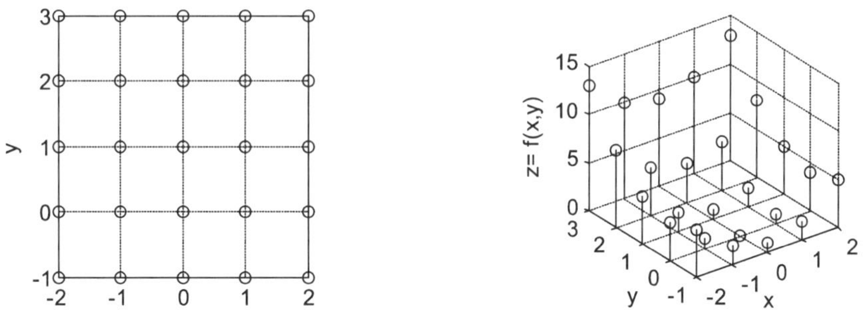

(a) (b)

그림 4.3 (X_{ij},Y_{ij})의 설정과 $Z_{ij}= f(X_{ij},Y_{ij})$의 계산

$z= x^2+y^2$의 그래프를 그리는 예를 생각해보자. 격자점과 함수값을 구하기 위해 [X,Y]= meshgrid(−2:2, −1:3)와 Z= X.^2+Y.^2를 수행한 결과는 다음 표와 같다. 특히 격자점 (X_{ij},Y_{ij})= (2,3)에서 함수값은 $Z_{ij} = X_{ij}^2 + Y_{ij}^2 = 13$이고, 원 안에 표시하였다.

X = −2 −1 0 1 2	Y = −1 −1 −1 −1 −1	Z= 5 2 1 2 5
−2 −1 0 1 2	0 0 0 0 0	4 1 0 1 4
−2 −1 0 1 2	1 1 1 1 1	5 2 1 2 5
−2 −1 0 1 2	2 2 2 2 2	8 5 4 5 8
−2 −1 0 1 (2)	3 3 3 3 (3)	13 10 9 10 (13)

마지막 단계에서는 행렬 X,Y,Z로 mesh나 surf 명령어로 그래프를 그리게 된다. 3차원 mesh 그래프를 그리는 명령어는 다음과 같다.

- mesh(Z) % 행렬 Z의 mesh 그래프를 그려준다.
- mesh(X,Y,Z) % 행렬 X,Y에 대한 행렬 Z의 mesh 그래프를 그려준다.
- meshc(X,Y,Z) % 행렬 X,Y,Z의 mesh 그래프와 등고선 그래프를 같이 그려준다.
- meshz(X,Y,Z) % 행렬 X,Y,Z의 mesh 그래프와 휘장(Curtain)을 같이 그려준다.

예제 4.3 **함수 f가 다음 식으로 주어진다면 1×2 분할 화면에 검정색의 mesh 그래프와 meshz 그래프를 그리는 스크립트를 작성해보자.**

$$f = -\frac{1}{1+2(x_1-1.5)^2+(x_2+1)^2} - \frac{0.6}{1+(x_1+1)^2+(x_2-1.5)^2} \quad (-4 \le x_1,\ x_2 \le 4) \tag{4.3}$$

풀이 작성한 스크립트는 다음과 같다. 이때 격자 간격을 0.5로 하였다. 간격이 너무 조밀해도, 또 너무 듬성듬성해도 그림 모양이 좋지 못하게 된다. 검정색의 도형을 그리고 싶으면 색지도 행렬의 차원을 얻어 같은 차원의 영행렬을 만들고 이를 현재의 색지도로 설정해주면 된다.

Script file: prog4_3.m

```
x1= -4:0.5:4; x2= x1;
[X1,X2]= meshgrid(x1,x2); % 격자점의 좌표 행렬 X,Y를 얻음
F1= 1./(1+2*(X1-1.5).^2+(X2+1).^2);
F2= 1./ (1+(X1+1).^2+(X2-1.5).^2);
F= -(F1+0.6*F2);
subplot 121
mesh(X1,X2,F); % mesh 그래프를 그려줌
axis([-4 4 -4 4 -1 1])
```

```
xlabel('x_1'); ylabel('x_2'); zlabel('f(x_1,x_2)');
colormap (zeros(size(colormap)))  % 현재의 색지도를 검정색으로 설정

subplot 122
meshz(X1,X2,F); % 휘장이 있는 mesh 그래프를 그려줌
axis([-4 4 -4 4 -1 1])
xlabel('x_1'); ylabel('x_2'); zlabel('f(x_1,x_2)');
```

위의 스크립트를 실행할 때 생성된 그래프는 다음과 같다.

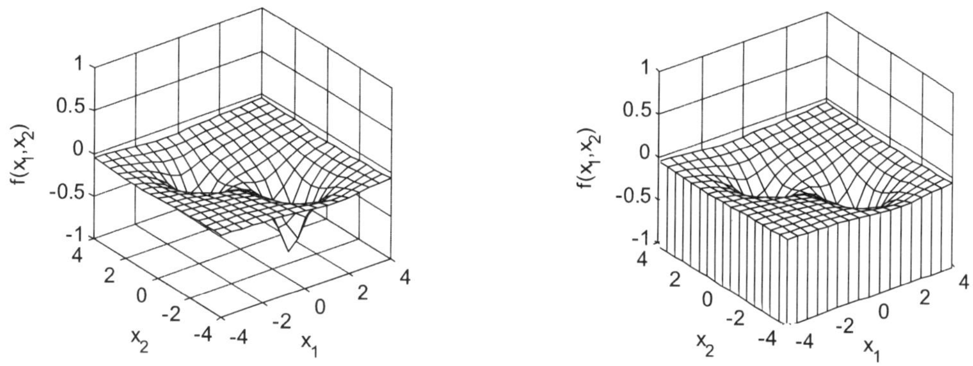

그림 4.4 mesh와 meshz 그래프

스크립트에서 size(colormap)는 현재의 색지도의 차원을 얻고, zeros(size(colormap))는 같은 차원의 영 행렬을 만들며, colormap(zeros(size(colormap)))는 흑백 도형을 그리기 위해 현재의 색지도를 영 행렬로 설정해주는 명령어이다. 이것은 다음 세 줄의 명령어를 간단히 한 줄로 표현한 것이다.

```
map= colormap;
map= zeros(size(map));
colormap(map)
```

예제

4.4 다음 함수의 mesh 그래프와 등고선 그래프를 동시에 그려주는 스크립트를 작성해보자.

$$z = xe^{-\frac{x^2+y^2}{2}} \quad (-2 \le x, y \le 2) \tag{4.4}$$

풀이 격자점 계산 시 y의 정의역이 x와 같아서 편의상 meshgrid에서 생략하였고, colormap(zeros(size(colormap)))는 앞의 예제와 같이 흑백 그래프를 그리기 위해 사용되었다.

Script file: prog4_4.m

```
x= -2:0.2:2;
[X,Y]= meshgrid(x); % 격자점의 좌표 행렬 X,Y를 얻음
F= X.*exp(-X.^2-Y.^2);
meshc(X,Y,F) % 등고선이 있는 mesh 그래프를 그려줌
xlabel('x'); ylabel('y'); zlabel('z=f(x,y)');
colormap(zeros(size(colormap))) % 현재의 색지도를 검정색으로 설정
```

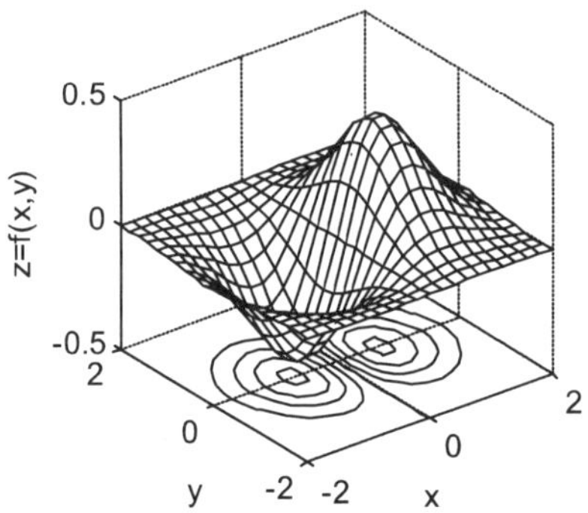

그림 4.5 meshc 그래프

예제

4.5 토러스(Torus)란 평면상에 하나의 원이 주어지면 이 원과 교차하지 않는 직선을 축으로 회전시킬 때 만들어지는 튜브(또는 도넛) 모양의 곡면을 말한다. 다음 매개방정식으로 표시되는 토러스 함수의 mesh 그래프를 그려보자.

$$x= \cos(u)(R+r\cos(v)) \tag{4.5a}$$

$$y= \sin(u)(R+r\cos(v)) \tag{4.5b}$$

$$z= r\sin(v) \quad (0 \le u \le 1.5\pi,\ 0 \le v \le 2\pi) \tag{4.5c}$$

풀이 R은 토러스의 중심부에서 튜브 중심까지의 거리, r는 튜브의 반경이고 편의상 R= 1, r= 0.5로 하여 그렸다. 매개변수 u, v는 라디안 단위의 각으로서 만약 0에서 2π까지 변하면 완전 튜브 모양이 되하지만 여기서는 u를 0~1.5π까지 진행시킴으로써 다음과 같은 모양을 얻게 된다.

Script file: prog4_5.m

```
R= 1; r= 0.5;
u= linspace(0,1.5*pi,40); % 0~1.5π 사이에 40개 데이터를 취함
v= linspace(0,2*pi,20);  % 0~2π 사이에 20개 데이터를 취함
[U,V]= meshgrid(u,v); % 격자점의 좌표 행렬을 얻음
X= cos(U).*(R+r*cos(V));
Y= sin(U).*(R+r*cos(V));
Z= r*sin(V);

mesh(X,Y,Z) % mesh 그래프를 그려줌
xlabel('x'); ylabel('y'); zlabel('z');
axis equal; % x,y,z 축의 눈금 스케일을 같게 설정
grid off
view(55,40) % 그래프의 시야각을 설정(4.4.5절 참조)
colormap(zeros(size(colormap)))
```

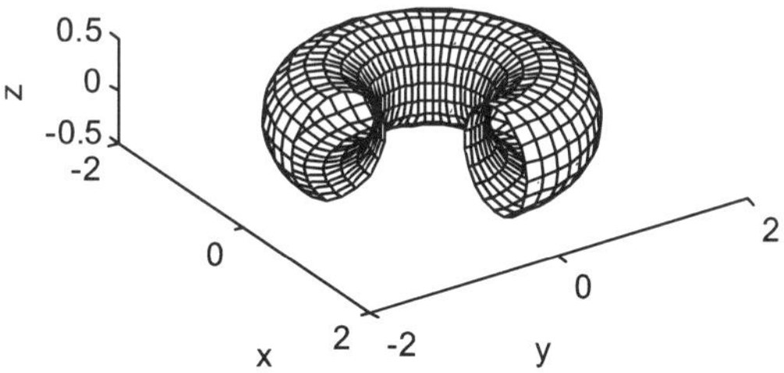

그림 4.6 토러스 함수의 mesh 그래프

4.2.2 Trimesh 그래프

3차원 trimesh 그래프를 그려주는 명령어는 다음과 같다.

```
TRI= delaunay(X,Y)  % X,Y로부터 n×3 면 행렬 TRI를 반환한다. TRI의 각 행은 하나의
```

삼각면을 의미한다.

- trimesh(TRI,X,Y,Z) % 행렬 TRI와 X,Y,Z를 가지고 삼각 mesh 그래프를 그려준다.

예제 4.6 다음 함수의 mesh 그래프와 trimesh 그래프를 분할 화면에 그려주는 스크립트를 작성해 보자.

$$z = xe^{-\frac{x^2+y^2}{2}} \quad (-2 \le x,\ y \le 2) \tag{4.6}$$

Script file: prog4_6.m

```
x= -2:0.25:2;
[X,Y]= meshgrid(x); % 격자점의 좌표 행렬을 얻음
Z= X.*exp(-X.^2-Y.^2);
subplot 121
mesh(X,Y,Z) % mesh 그래프를 그려줌
xlabel('x'), ylabel('y'), zlabel('z=f(x,y)')
colormap(zeros(size(colormap)))
grid off

subplot 122
TRI= delaunay(X,Y) % n×3 면 행렬 TRI를 얻음
trimesh(TRI,X,Y,Z) % 삼각 mesh 그래프를 그려줌
xlabel('x'), ylabel('y'), zlabel('z=f(x,y)')
grid off
```

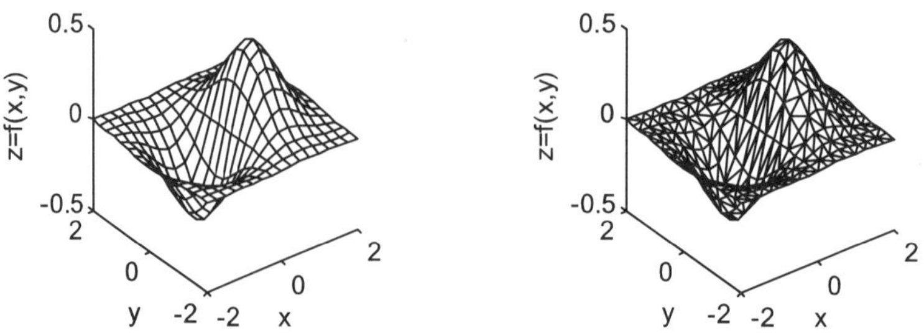

그림 4.7 mesh와 trimesh 그래프

4.2.3 Stem3 그래프

3차원 줄기 그래프(Stem3 graph)를 그려주는 명령어는 다음과 같다.

- stem3(Z) % Z의 3차원 줄기 그래프를 그려준다.
- stem3(X,Y,Z) % X,Y 위치에 Z의 3차원 줄기 그래프를 그려준다.
- stem3(X,Y,Z,'Property') % 주어진 선 속성으로 X,Y 위치에 Z의 3차원 줄기 그래프를 그려준다.

예제 4.7 다음 매개방정식의 3차원 줄기 그래프를 그려보자.

$$x = \cos(\theta) \tag{4.7a}$$

$$y = \sin(\theta) \tag{4.7b}$$

$$z = \left|\frac{\sin(4\theta)}{4\theta}\right| \quad (-\pi \le \theta \le \pi) \tag{4.7c}$$

풀이 θ= 0일 때 sin(0)/0의 연산 오류를 피하기 위해 θ= eps로 설정하며, 3차원 줄기 그래프와 선 그래프를 동시에 그렸다. 실행 결과는 다음 그래프와 같다.

Script file: prog4_7.m

```
th= linspace(-pi,pi,100);
th(find(th==0))= eps;
x= cos(th); y= sin(th);
z= abs(sin(4*th)./(4*th));
hold on
stem3(x,y,z,'k', 'filled') % 줄기 그래프를 그려줌
plot3(x,y,z,'r')% 선 그래프를 그려줌
xlabel('x'), ylabel('y'), zlabel('z')
view(-45,36)
grid off
box off
hold off
```

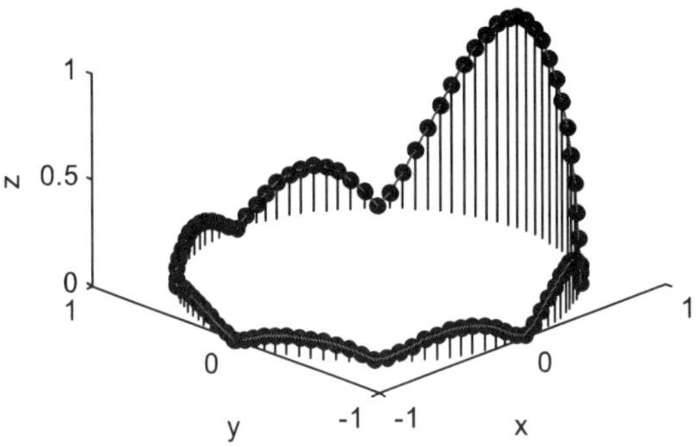

그림 4.8 stem3 그래프

4.3 면 그래프

4.3.1 Surf 그래프

surf 명령어는 선과 선 사이를 채색한다는 점 외에는 mesh 명령어와 유사하다. 3차원 표면 그래프를 그리고 또 면의 색 변화를 한층 더 부드럽게 해주는 명령어는 다음과 같다.

```
surf(Z) % 행렬 Z의 표면 그래프를 그려준다.
surf(X,Y,Z) % 행렬 X,Y,Z의 표면 그래프를 그려준다.
surfc(X,Y,Z) % X,Y,Z의 표면 그래프와 등고선을 그려준다.
surfl(X,Y,Z) % 빛이 조사되는 X,Y,Z의 표면 그래프를 그려준다.
shading interp / flat / faceted % 면의 색 변화를 제어해준다.
```

도형 표면을 보다 매끄럽게 보이도록 하기 위해서는 surf 명령어 다음에 shading 명령어를 쓰게 되고, 이때 3가지 제어 방법이 제공된다. interp는 각 segment 내의 색을 선형적으로 변경해주며, flat는 일정하게, faceted는 flat에 검정 격자선을 그려준다.

예제 4.8 다음 함수의 mesh와 surf 그래프를 그려보자.

$$z = -5xye^{-x^2-y^2}\ (-4 \le x,\ y \le 4) \tag{4.8}$$

풀이 그림 4.9(a)는 현재의 색지도를 copper로 하여 mesh 그래프를 그린 것이고, 그림 4.9(b)는 surf 명령어로 앞의 도형 면을 채색한 결과이다.

Script file: prog4_8.m

```
x= -4:0.3:4;
[X,Y]= meshgrid(x);
Z= -5*X.*Y.*exp(-X.^2-Y.^2);
subplot 121
mesh(X,Y,Z)
axis([-4 4 -4 4 -1 1])
xlabel('x'); ylabel('y'); zlabel('z= f(x,y)');
colormap copper % 현재의 색지도를 copper로 설정
grid off

subplot 122
surf(X,Y,Z)
axis([-4 4 -4 4 -1 1])
xlabel('x'); ylabel('y'); zlabel('z= f(x,y)');
grid off
```

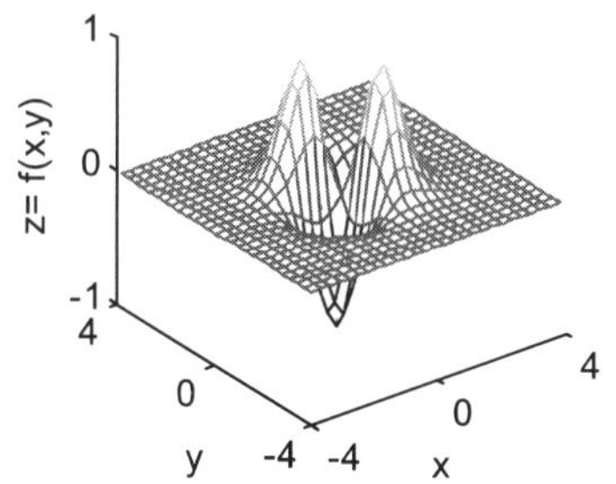

(a) mesh 그래프

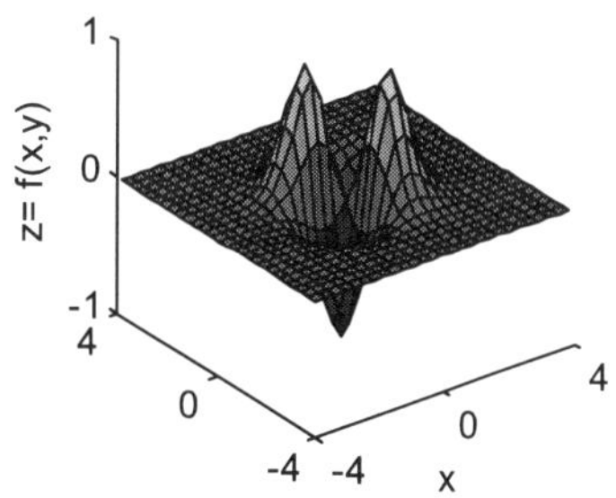

(b) surf 그래프

그림 4.9 mesh 그래프와 surf 그래프

예제

4.9 다음 스크립트는 아래 함수의 surfl 그래프와 색의 변화를 제어한 surfl 그래프 작성법을 보여주고 있다.

$$z = \frac{\sin(r)}{r}$$
$$r = \sqrt{x^2 + y^2} \quad (-15 \le x, y \le 15) \tag{4.9}$$

Script file: prog4_9.m

```
x= -15:15;
x(find(x==0))= eps; % x= 0일 때 x= eps로 설정함
[X,Y]= meshgrid(x);
R= sqrt(X.^2+Y.^2);
Z= sin(R)./R;

subplot 121
surfl(X,Y,Z) % 빛이 조사되는 표면 그래프를 그려줌
colormap summer % 현재의 색지도를 summer로 설정
axis([-15 15 -15 15 -0.5 1])
axis off

subplot 122
surfl(X,Y,Z) % 빛이 조사되는 표면 그래프를 그려줌
shading interp % interp로 색의 변화를 제어
axis([-15 15 -15 15 -0.5 1])
axis off
```

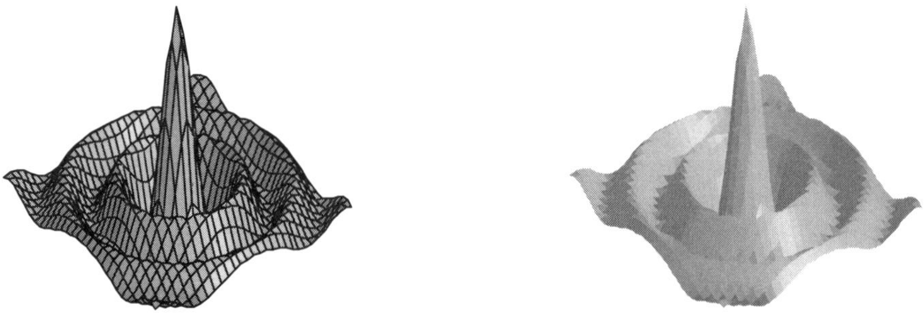

그림 4.10 surfl 그래프

4.3.2 Trisurf 그래프

명령어 trisurf의 사용법은 trimesh와 유사하며, 다음과 같은 형식을 갖는다.

> ➲ trisurf(TRI,X,Y,Z) % TRI와 X,Y,Z 좌표 행렬로 삼각형 표면 그래프를 그려준다. TRI는 delaunay에 의해 생성되며, 4.2.2절을 참조 바란다.

예제

4.10 다음은 예제 4.3에서 살펴본 함수식의 trimesh와 trisurf 그래프를 그리는 스크립트이고, 이를 실행하면 그림 4.11을 얻는다.

Script file: prog4_10.m

```
x1=-4:0.5:4; x2= x1;
[X1,X2]= meshgrid(x1,x2);
F1= 1./(1+2*(X1-1.5).^2+(X2+1).^2);
F2= 1./ (1+(X1+1).^2+(X2-1.5).^2);
F= -(F1+0.6*F2);
TRI= delaunay(X1,X2);
subplot 121
trimesh(TRI,X1,X2,F)
axis([-4 4 -4 4 -1 1])
xlabel('x_1'); ylabel('x_2'); zlabel('f(x_1,x_2)');
axis off

subplot 122
trisurf(TRI,X1,X2,F)
axis([-4 4 -4 4 -1 1])
xlabel('x_1'); ylabel('x_2'); zlabel('f(x_1,x_2)');
axis off
```

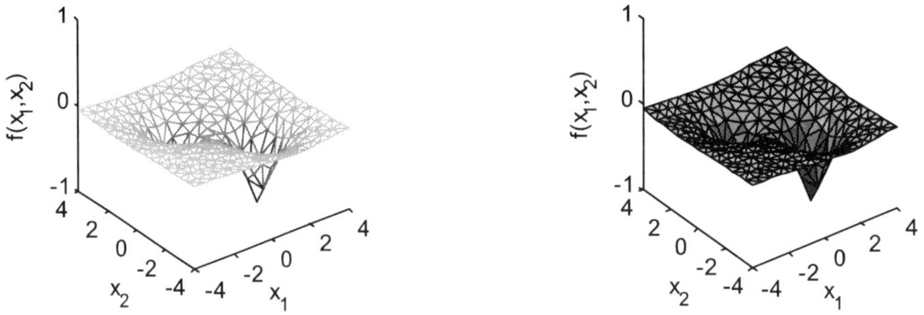

그림 4.11 trimesh와 trisurf 그래프

4.3.3 Cylinder 그래프

3차원 원기둥 그래프(Cylinder graph)는 2단계로 생성된다. 첫 번째 단계는 z가 0에서 1까지 등간격으로 증분되는 동안 x-y 평면에 반경이 r인 원기둥을 그리는 데이터를 생성한다. 이런 데이터를 만들어 주는 명령어가 cylinder이고 다음 형식을 갖는다.

- [X, Y, Z]= cylinder(r) % 측면의 반경이 r인 원기둥 데이터를 만들어 준다.
- [X, Y, Z]= cylinder(r, n) % 측면의 반경이 r이고, 원주상에 n개의 격자 수를 갖는 원기둥 데이터 만들어 준다.

두 번째 단계는 생성된 X, Y, Z 데이터를 이용하여 mesh나 surf 그래프를 그리는 것이다.

예제

4.11 다음 식으로 주어지는 반경 r의 원기둥 그래프를 그려보자.

$$r = \cos(t) + 1 \quad (0 \le t \le 2\pi) \tag{4.10}$$

풀이 원기둥 mesh 그래프와 원기둥 surf 그래프를 그려주는 스크립트는 다음과 같다. 먼저 구간 t를 30 등분하여 반경 벡터 r을 얻고, cylinder 명령어로 X, Y, Z를 생성한 다음 mesh와 surf 그래프를 그렸다.

Script file: prog4_11.m

```
t= linspace(0,2*pi,30);
r= cos(t)+1;
```

```
[X,Y,Z]= cylinder(r); % 원기둥 데이터를 생성
subplot 121
mesh(X,Y,Z); % mesh 그래프를 그려줌
axis([-2 2 -2 2 0 1])
xlabel('x'); ylabel('y'); zlabel('z');

subplot 122
surf(X,Y,Z); % surf 그래프를 그려줌
axis([-2 2 -2 2 0 1])
xlabel('x'); ylabel('y'); zlabel('z');
```

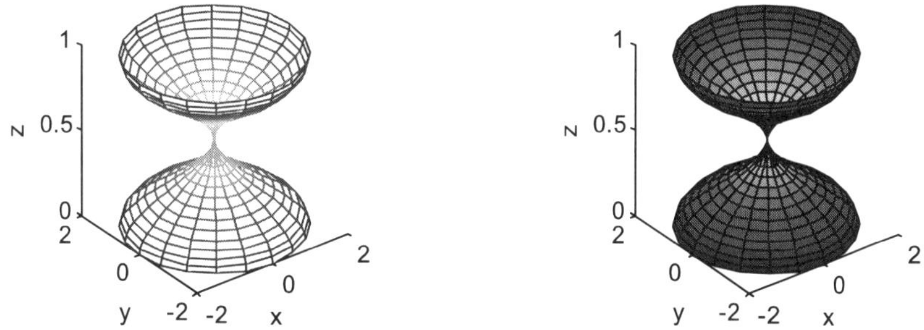

그림 4.12 원기둥 그래프

위의 그림에서도 알 수 있듯이 cylinder 명령어로 만든 원기둥 그래프는 기본적으로 0(바닥)과 1(꼭대기) 사이의 높이를 갖는다. 이를 Zmin과 zmax 사이의 높이로 변환하려면 다음 식으로 사상하면 된다.

$$Z' = (zmax - zmin)Z + zmin \tag{4.11}$$

여기서 zmin과 zmax는 각각 Z'의 최소, 최대 높이를 의미한다.

예제

4.12 다음 식으로 반경 r의 원기둥 그래프를 만들되 각각 (-1,1), (0,4), (0,3) 구간에 높이를 갖도록 사상하고, 마지막 두 그래프는 x, y 축을 중심으로 90° 회전시켜보자.

$$r = 2 + \cos(t) \ \ (0 \le t \le 2\pi) \tag{4.12}$$

풀이 그림 4.13(a)는 원래의 도형, 그림 4.13(b)는 Z를 (−1,1) 구간으로 사상한 그래프, 그림 4.13(c)는 Z를 (0,4) 구간으로 사상하고 또 y축을 중심으로 오른쪽으로 90° 회전한 그래프, 4.13(d)는 Z를 (0,3) 구간으로 사상하고 또 x축을 중심으로 왼쪽으로 90° 회전한 도형이다. y축을 기준으로 도형을 회전시킬 경우에는 X와 Z를, x축을 기준으로 회전시킬 경우에는 Y와 Z를 서로 바꿔주면 된다.

Script file: prog4_12.m

```
t= linspace(0,2*pi,20);
r= 2+cos(t);
[X,Y,Z]= cylinder(r);

subplot 221
surf(X,Y,Z)
xlabel('x'); ylabel('y'); zlabel('z');
axis([-5 5 -5 5 0 1])

subplot 222
surf(X,Y,2*Z-1) % Z를 구간 (-1,1)로 사상한 surf 그래프를 그려줌
xlabel('x'); ylabel('y'); zlabel('z');
axis([-5 5 -5 5 -1 1])

subplot 223
surf(4*Z,Y,X) % Z를 구간 (0,4)로 사상하고 y축을 중심으로 시계방향으로
% 90° 회전한 surf 그래프를 그려줌
xlabel('x'); ylabel('y'); zlabel('z');
axis([0 4 -5 5 -5 5])

subplot 224
surf(X,3*Z,Y) % Z를 구간 (0,3)으로 사상하고 x축을 중심으로 반시계방향으로
         % 90° 회전한 surf 그래프를 그려줌
xlabel('x'); ylabel('y'); zlabel('z');
axis([-5 5 0 3 -5 5])
```

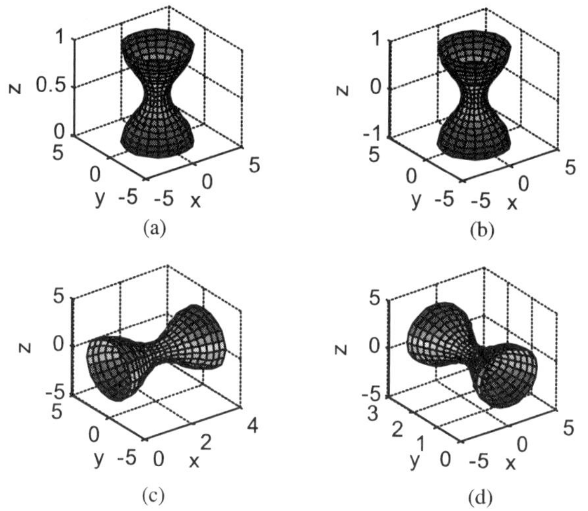

그림 4.13 원기둥 그래프

4.3.4 Sphere 그래프

구(Sphere)를 그려주는 명령어는 다음 형식을 가진다.

- `sphere(n) % 원점을 중심으로 하는 n개의 격자를 가진 단위구를 그려준다. n을 생략하면 n= 20이 자동 설정된다.`
- `[X,Y,Z]= sphere(n) % 원점을 중심으로 하는 단위 구의 (n+1)×(n+1) 좌표 행렬 X,Y,Z를 돌려준다. 이 데이터와 surf, mesh 등으로 구 그래프를 그릴 수 있다.`

예제 4.13 **중심이** (1,1,1)**이고 반경이** 2**인 구를 그리는 스크립트를 작성해보자**. **단**, **격자 수** n**은** 20**이다**.

풀이 임의의 중심과 반경을 가진 구를 그릴 때에는 원점을 중심으로 한 단위구 좌표 행렬 X,Y,Z를 생성한 다음, 식 (4.13)으로 사상하면 된다.

$$X' = rX+x0 \tag{4.13a}$$

$$Y' = rY+y0 \tag{4.13b}$$

$$Z' = rZ+z0 \tag{4.13c}$$

여기서 r은 구의 반경, (x0, y0,z0)는 구의 중심, X',Y',Z'는 새로 계산된 좌표 행렬이다.

스크립트와 이를 실행해서 얻은 구 그래프는 다음과 같다.

Script file: prog4_13.m

```
x0= 1; y0= 1; z0= 1; r= 2;
[X,Y,Z]= sphere(20); % 20개의 격자를 가진 단위구 데이터를 생성
X= r*X+x0; Y= r*Y+y0; Z= r*Z+z0;
surf(X,Y,Z)  % 중심이 (x0,y0,z0)이고 반경이 r인 구를 그려줌
axis equal
colormap summer
```

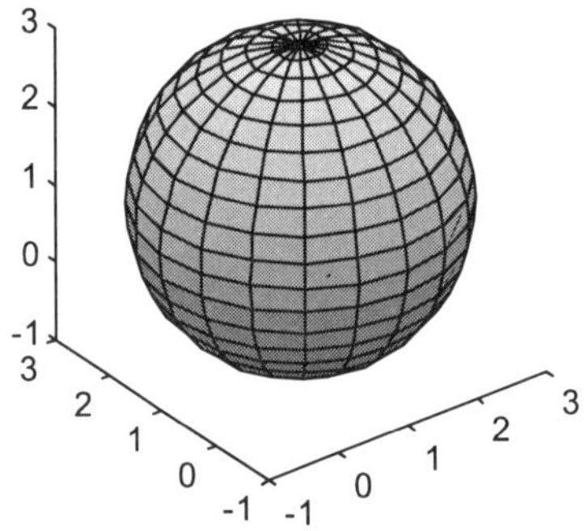

그림 4.14 구 그래프

4.4 기타 3차원 그래프

4.4.1 Fill3 그래프

fill3는 내부를 지정한 색으로 채운 3차원 닫힌 다각형 그래프를 그려주는 명령어이며, 그 형식은 다음과 같다.

```
fill3(X,Y,Z,'ColorSpec')  % X,Y,Z로 지정한 색의 다각형을 그려준다.
```

예제

4.14 3차원 공간에서 6개의 점 (0,0,0), (0.5,0.5,0.5), (0,1,0), (1,1,0), (0.5,0.5,0.5), (1,0,0)으로 이루어진 다각형을 그리고 파란색으로 채워보자.

Script file: prog4_14.m

```
x= [0 0.5 0 1 0.5 1];
y= [0 0.5 1 1 0.5 0];
z= [0 0.5 0 0 0.5 0];
fill3(x,y,z,'b')
axis([0 1 0 1 0 1])
view(-50,18)
```

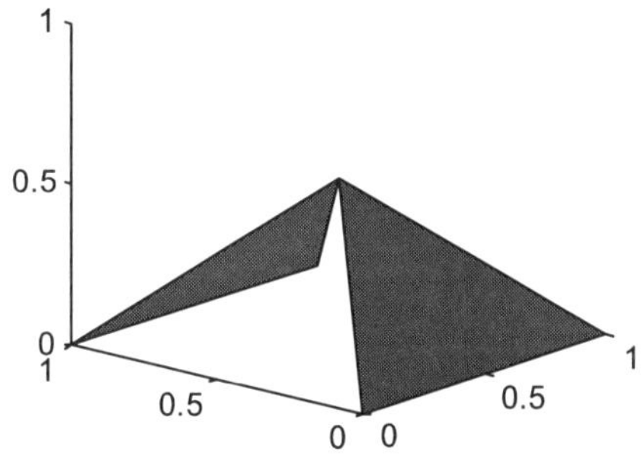

그림 4.15 fill3 그래프

4.4.2 Bar3 그래프

3차원 막대 그래프(Bar graph)를 그려주는 bar3 명령어는 다음 형식을 갖는다.

- bar3(Z) % 행렬 Z의 열을 그룹으로 한 3차원 막대 그래프를 그려준다.
- bar3(Y,Z) % Y 위치에서 Z의 열을 그룹으로 한 3차원 막대 그래프를 그려준다. 이때 벡터 Y의 원소들은 단조 증가하거나 단조 감소해야 한다.
- bar3(…,'style') % style은 막대 그래프의 형식을 지정해주며 detached, grouped, stacked 중 하나가 된다. 생략하면 기본값으로 detached가 설정된다.

예제

4.15 색지도 summer로부터 5×3 행렬을 취해 3차원 막대 그래프를 그리는 스크립트를 작성해 보자.

풀이 summer는 MATLAB의 내장된 색지도이고 64×3 행렬이다. 여기서 5×3 행렬을 취하는 명령어가 summer(5)이다.

```
>> size(summer)
ans= 64   3
>> summer(5)
ans=       0   0.5000   0.4000
      0.2500   0.6250   0.4000
      0.5000   0.7500   0.4000
      0.7500   0.8750   0.4000
      1.0000   1.0000   0.4000
```

이로부터 detached와 stacked 막대 그래프를 그리는 스크립트는 아래와 같다.

Script file: prog4_15.m

```
Z= summer(5); % summer 색지도로부터 5×3 행렬을 취함
subplot(1,2,1)
bar3(Z,'detached') % detached 형식으로 막대 그래프를 그려줌
title('Detached')

subplot(1,2,2)
bar3(Z,'stacked')% stacked 형식으로 막대 그래프를 그려줌
title('Stacked')
```

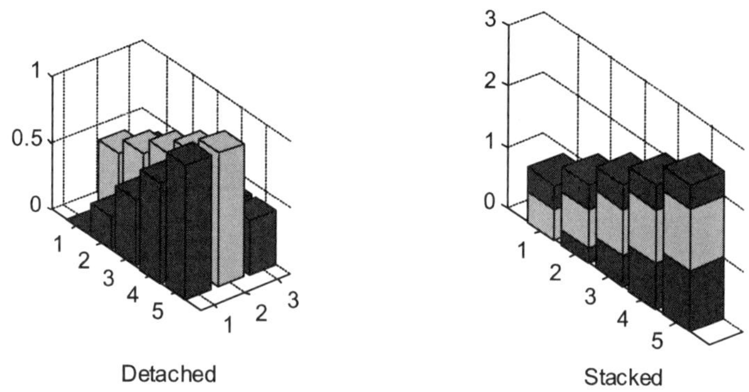

그림 4.16 3차원 막대 그래프

4.4.3 Pie3 그래프

3차원 파이 그래프(Pie graph)를 그려주는 명령어는 다음과 같다.

- pie3(z) % 벡터 z의 파이 그래프를 그려준다.
- pie3(z, p) % 벡터 z의 파이 그래프를 그려주고, 벡터 p의 원소가 1이면 파이 조각을 그래프의 중심으로부터 조금 떨어져 나오게 한다. p는 0과 1로 이루어진 벡터이고 그 길이는 z와 같아야 한다.
- pie3(…,label) % 벡터 z의 파이 그래프와 라벨을 그려준다. 셀 벡터 label에는 라벨이 저장되고 그 길이는 z와 같아야 한다.

예제

4.16 **z = [20 30 22 18 10] 데이터를 가지고 3차원 파이 그래프를 그리되 두 번째 파이가 조금 떨어져 나오게 해보자.**

풀이 각 파이의 백분율 라벨을 표시하기 위하여 셀 벡터 label에는 백분율 문자열이 저장되고, 두 번째 파이가 조금 떨어져 나오도록 p의 두 번째 원소가 1로 설정된다.

Script file: prog4_16.m

```
z= [20 30 22 18 10];
p= [0 1 0 0 0]; % 다섯 개의 파이조각 중에 두 번째 것이 떨어져 나오게 함
label= {'20%','30%','22%','18%','10%'};
pie3(z,p,label);
colormap hsv % 현재의 색지도를 hsv로 설정함
```

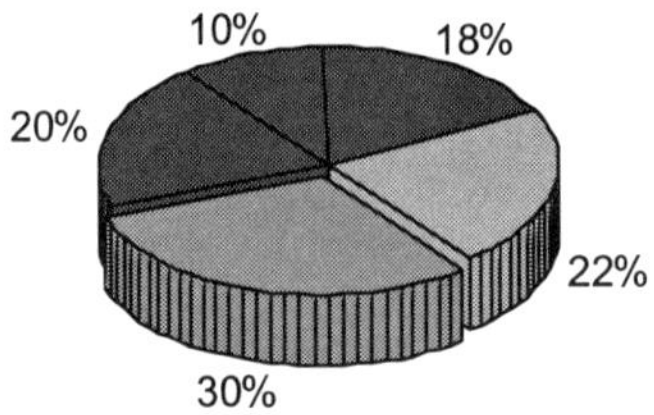

그림 4.17 3차원 파이 그래프

4.4.4 Quiver3 그래프

3차원 벡터장 그래프를 그려주는 명령어 형식은 다음과 같다.

> ➲ `quiver3(x,y,z,u,v,w)` % 3차원 벡터장 그래프를 그려준다. 여기서 u,v,w는 각각 x,y,z 방향의 구배를 의미한다.

예제

4.17 어떤 발사체가 초기 위치 (x_0,y_0,z_0)에서 x,y,z 방향으로 각각 v_x, v_y, v_z 속도를 가지고 공중을 향해 발사될 때 다음 관계식을 갖는다.

$$x= x_0+v_xt \tag{4.14a}$$

$$y= y_0+v_yt \tag{4.14b}$$

$$z= z_0+v_zt-gt^2/2 \quad (0 \le t \le 2) \tag{4.14c}$$

$x_0= y_0= z_0= 0$, $v_x= v_y=2$, $v_z= 10$이고 g= 9.8일 때 발사체의 3차원 벡터장을 그려보자.

풀이 매개변수 t= 0~2 사이에 0.1 간격으로 데이터를 취해 x,y,z를 얻고 이들의 구배를 구한 다음 벡터장을 그리면 된다.

Script file: prog4_17.m

```
x0= 0; y0= 0; z0= 0; vx= 2; vy= 2; vz= 10; g= 9.8;
t= 0:0.1:2;
x= x0+vx*t; y= y0+vy*t; z= z0+vz*t-0.5*g*t.^2;
u= gradient(x);v= gradient(y);w= gradient(z); % 구배를 구함
quiver3(x,y,z,u,v,w) % 3차원 벡터장 그래프를 그려줌
view(-10,32) % 시야각을 설정함
```

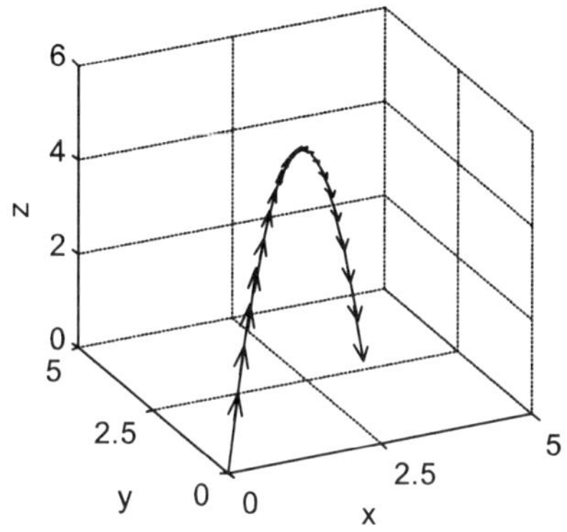

그림 4.18 발사체의 3차원 벡터장

4.4.5 기타 명령어

- `view(az,el)` % 3차원 그래프에서 시야각을 설정해준다.
- `colorbar` % 그래프 옆에 높이와 색과의 관계를 시각적으로 보여주는 사각형 칼라바를 그려준다.
- `text(x,y,z,'string')` % 3차원 그래프에 문자열을 그려준다.
- `whitebg` % 바탕화면 색을 흑백으로 절환해주며 토글식이다. 주로 명령창에서 사용된다.
- `alpha(v)` % 그래프의 투명도를 조절한다. v= 0는 완전투명(Clear), v= 1은 불투명(Opaque)을 의미한다.

view 명령어는 방위각과 고도각으로 그래프를 보는 시야각(Viewing angle)을 설정해주며, az는 음의 y 축을 기점으로 z 축을 중심으로 수평 회전한 방위각(Azimuth) 이며, 반시계방향이 양이다. el은 x-y 평면으로부터 측정한 고도각(Elevation)이며, 위쪽 방향이 양이다. 각의 단위는 도(°)이다.

MATLAB의 기본값은 view(−37.5, 30)이다.

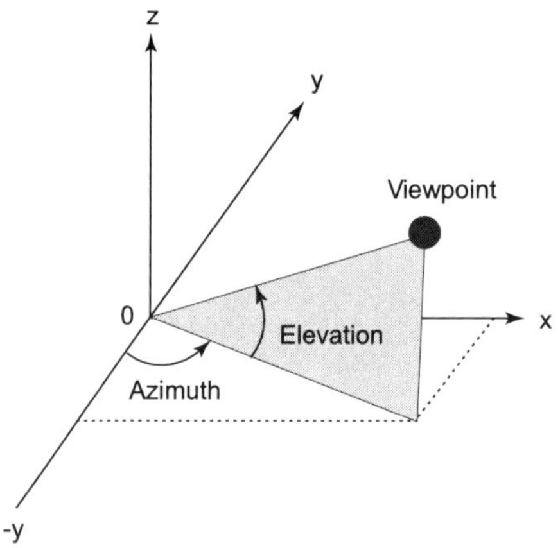

그림 4.19 방위각과 고도각

예제

4.17 식 (4.4)를 다시 생각하자. 칼라바를 가지는 면 그래프를 그려보자.

Script file: prog4_18.m

```
clf
x= -2:0.2:2;
[X,Y]= meshgrid(x);
F= X.*exp(-X.^2-Y.^2);
surf(X,Y,F)
xlabel('x'); ylabel('y'); zlabel('z=f(x,y)');
colorbar
colormap jet
```

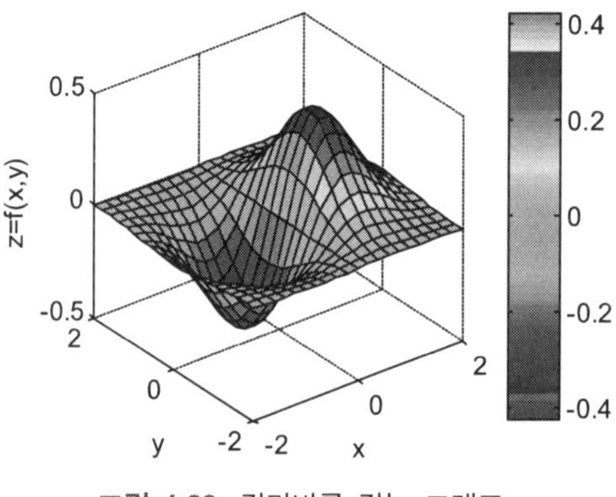

그림 4.20 칼라바를 갖는 그래프

예제

4.18 **가끔 그래프의 투명도를 조절할 필요가 있을 때 alpha 명령어를 쓰면 된다. 예를 통해 살펴보자.**

$$z= x^2-y^2 \ (-5\le x,y\le 5) \tag{4.15}$$

풀이 그림 4.21(b)는 alpha(0.5)로 투명도가 조절된 그래프이다.

Script file: prog4_19.m

```
x= -5:1:5;
[X,Y]= meshgrid(x);
Z= X.^2-Y.^2;

subplot 121
surf(X,Y,Z) % surf 그래프를 그려줌
view(-23,8) % 시야각을 설정함
colormap jet;
axis off

subplot 122
surf(X,Y,Z) % surf 그래프를 그려줌
view(-23,8) % 시야각을 설정함
alpha(0.5) % 그래프의 투명도를 조절함
axis off
```

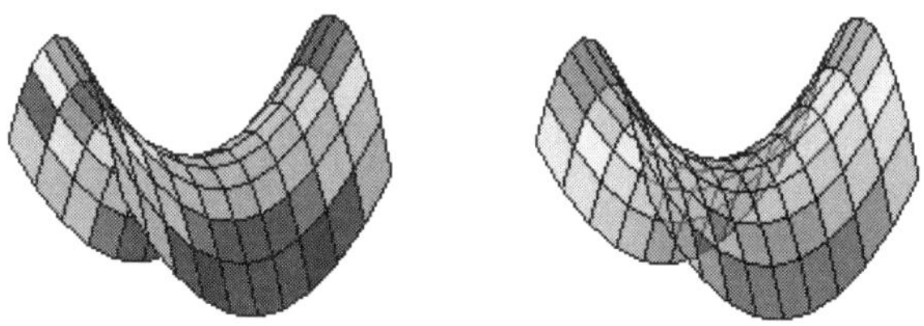

(a) v= 1 (b) v= 0.5

그림 4.21 surf 그래프와 투명도

4.5 매개방정식의 그래프

3차원 곡선 상의 좌표가 매개변수의 함수로 표시되는 방정식의 그래프를 그리는 문제를 살펴보자.

4.5.1 매개방정식 x= f(t), y= g(t), z= h(t)

3차원 곡선상의 한 점의 좌표 (x,y,z)가 아래와 같이 매개변수 t의 함수로 주어질 때

$$x= f(t),\ y= g(t),\ z= h(t) \quad (a \le t \le b) \tag{4.16}$$

그래프 생성은 먼저 구간 (a, b) 사이에 등간격으로 데이터를 취해 벡터 t를 생성하고 이로부터 x, y, z를 구한 다음, 명령어 plot3, fill3 등을 적용하면 된다.

예제 4.19 매개방정식 $x= \cos^3(\theta)$, $y= \sin^3(\theta)$, $z= \cos(\theta)$ $(0 \le \theta \le 2\pi)$로 표시되는 곡선을 그리고 초록색으로 채워보자.

Script file: prog4_20.m

```
t= linspace(0,2*pi,100); % 0과 2π 사이에 100 개의 데이터를 취함
x= cos(t).^3;
y= sin(t).^3;
z= cos(t);
fill3(x,y,z,'g')
xlabel('x'); ylabel('y'); zlabel('z');
```

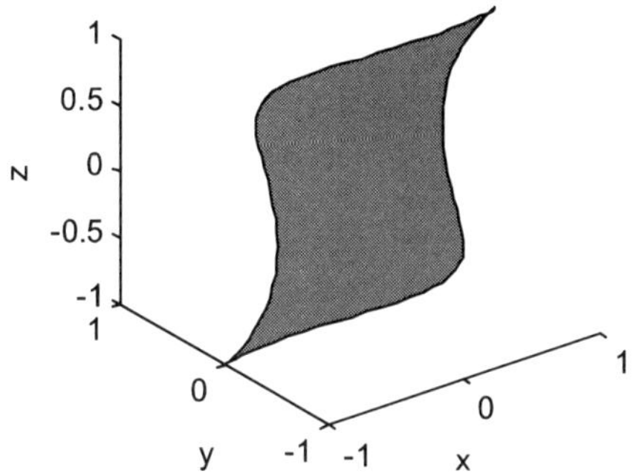

그림 4.22 예제 4.19의 그래프

예제 4.20 두 개의 3차원 곡선식이 주어진다. 이들을 분할 화면에 그려주는 스크립트를 작성해보자.

$$\text{(a)}\ x = (1-t/h)\cos(at),\ y = (1-t/h)\sin(at),\ z = t \tag{4.17a}$$

$$\text{(b)}\ x = \cos(at)-\cos(bt)^j,\ y = \sin(ct)-\sin(dt)^k,\ z = t \quad (0 \le t \le 10\pi) \tag{4.17b}$$

단, h= 10π, a= 1, b= 1, c= 1, d= 1, j= 3, k= 3

풀이 식 (4.17a)는 t가 클수록 반경이 줄어드는 나선형 모양을 보여주는 수식이고, 식 (4.17b)는 계수 값에 따라 매우 복잡한 형상을 보여주는 수식이다. 작성한 스크립트를 실행하면 다음 결과를 얻는다.

Script file: prog4_21.m

```
t= 0:pi/50:10*pi;
subplot 121
a= 1; h= 10*pi;
x= (1-t/h).*cos(a*t); y= (1-t/h).*sin(a*t); z= t;
plot3(x,y,z,'k');
axis([-1 1 -1 1 0 40])
xlabel('x'),ylabel('y'),zlabel('z')

subplot 122
a= 1;b= 1;c= 1;d= 1; j= 3; k= 3;
x= cos(a*t)-cos(b*t).^j; y= sin(c*t)-sin(d*t).^k; z= t;
plot3(x,y,z,'k');
axis([-0.5 0.5 -0.5 0.5 0 40])
xlabel('x'),ylabel('y'),zlabel('z')
```

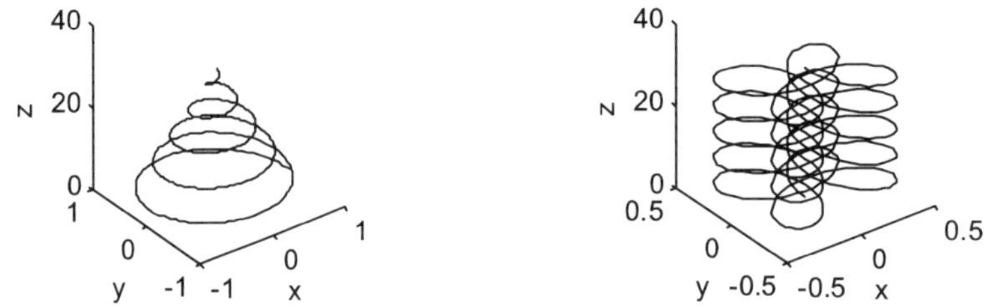

그림 4.23 예제 4.20의 plot3 그래프

4.5.2 매개방정식 x= f(s,t), y= g(s,t), z= h(s,t)

3차원 곡선 상의 한 점의 좌표 (x,y,z)가 두 매개변수 s, t의 함수로 표시되는 경우를 생각하자.

$$x= f(s,t),\ y= g(s,t),\ z= h(s,t) \quad (a \le s \le b,\ c \le t \le d) \tag{4.18}$$

그래프 생성은 먼저 구간 (a, b)와 (c, d)를 각각 n, m 등분해서 벡터 $s= [s_0\ s_1 \cdots s_n]$, $t= [t_0\ t_1 \cdots t_m]$을 생성하고, 이로부터 행렬 X, Y, Z를 계산하고,

$$X = \begin{bmatrix} f(s_0,t_0) & f(s_0,t_1) & \cdots & f(s_0,t_m) \\ f(s_1,t_0) & f(s_1,t_1) & \cdots & f(s_1,t_m) \\ \vdots & \vdots & \vdots & \vdots \\ f(s_n,t_0) & f(s_n,t_1) & \cdots & f(s_n,t_m) \end{bmatrix} \quad Y = \begin{bmatrix} g(s_0,t_0) & g(s_0,t_1) & \cdots & g(s_0,t_m) \\ g(s_1,t_0) & g(s_1,t_1) & \cdots & g(s_1,t_m) \\ \vdots & \vdots & \vdots & \vdots \\ g(s_n,t_0) & g(s_n,t_1) & \cdots & g(s_n,t_m) \end{bmatrix}$$

$$Z = \begin{bmatrix} h(s_0,t_0) & h(s_0,t_1) & \cdots & h(s_0,t_m) \\ h(s_1,t_0) & h(s_1,t_1) & \cdots & h(s_1,t_m) \\ \vdots & \vdots & \vdots & \vdots \\ h(s_n,t_0) & h(s_n,t_1) & \cdots & h(s_n,t_m) \end{bmatrix}$$

mesh나 surf 등의 명령어를 이용하면 된다.

예제를 통해 살펴보자.

예제

4.21 **매개방정식 x= cos(s)cos(t), y= sin(s)cos(t), z= cos(s) ($0 \le s,t \le 2\pi$)의 surf 그래프를 그려보자.**

풀이 $0 \sim 2\pi$ 사이에서 80개의 데이터를 취해 행 벡터 s와 t를 생성하고, s를 전치시켜 열 벡터로 만든다. 이 예제

에서 z는 s만의 함수이므로 행렬 Z를 생성하기 위해서는 벡터 t와 차원이 같고 모든 원소가 1인 벡터를 뒤쪽에서 곱해준다. 스크립트를 실행하면 다음 그래프를 얻는다.

Script file: prog4_22.m

```
s= linspace(0,2*pi,80);  % 행 벡터 s를 생성
s= s';  % 열 벡터로 변환
t= linspace(0,2*pi,80);  % 행 벡터 t를 생성
X= cos(s)*cos(t);
Y= sin(s)*cos(t);
Z= cos(s)*ones(size(t));% [1 1 … 1]을 뒤쪽에 곱해줌
surf(X,Y,Z)
grid off
```

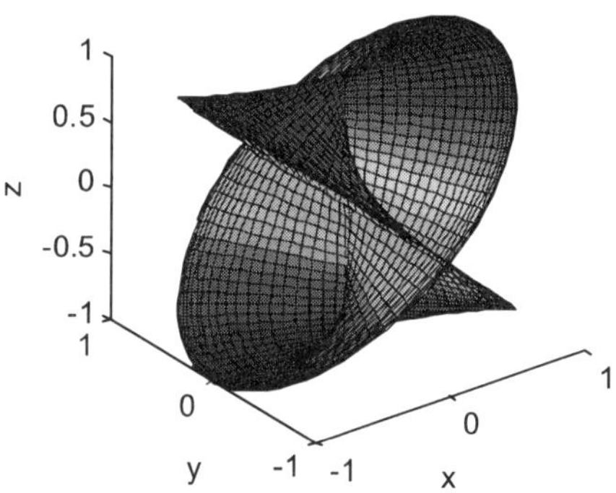

그림 4.24 예제 4.21의 surf 그래프

예제

4.22 다음 함수의 mesh 그래프를 그려주는 스크립트를 작성해보자.

$$x= \sin(pu)^2\cos(v) \tag{4.19a}$$

$$y= \sin(pu)^2\sin(v) \tag{4.19b}$$

$$z= u \quad (-1 \le u \le 1,\ 0 \le v \le 2\pi) \tag{4.19c}$$

풀이 −1~1과 0~2π 사이에 등간격으로 30개의 데이터를 취해 u, v를 생성하고 u를 전치시켰다. z는 u만의 함수이므로 벡터 v와 차원이 같고 모든 원소가 1인 벡터를 뒤쪽에 곱해준다. 이를 실행하면 다음 그래프를 얻는다.

Script file: prog4_23.m

```
u= linspace(-1,1,30); u= u'; % 행 벡터 u를 생성한 후 열 벡터로 변환
v= linspace(0,2*pi,30); % 행 벡터 v를 생성
X= sin(pi*u).^2*cos(v);
Y= sin(pi*u).^2*sin(v);
Z= u*ones(size(v));% [1 1 … 1]을 뒤쪽에 곱해줌
mesh(X,Y,Z)
set(gca, 'DataAspectRatio', [1 1 1]); % 각 축의 종횡비를 같게 설정
grid off
view(135,15);
colormap jet % 현재의 색지도를 jet로 설정함
```

스크립트에서 현재 축의 DataAspectRatio 속성값을 [1 1 1]로 설정한 것은 각 축의 스케일을 동일하게 하라는 의미이며, 이것은 axis equal 과 같은 의미로 사용된다.

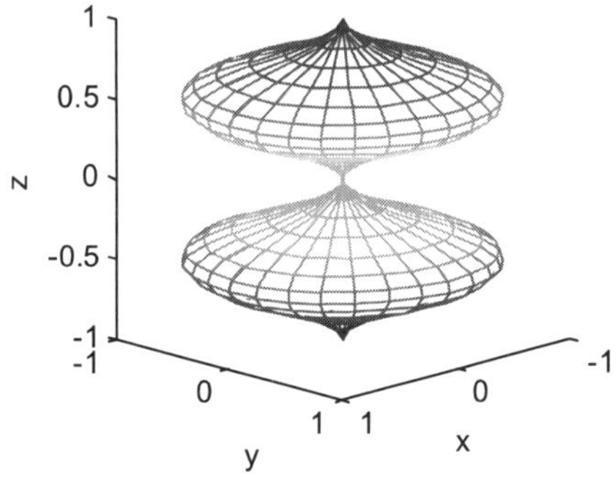

그림 4.25 예제 4.23의 mesh 그래프

Chapter 05

그래프 속성 바꾸기

MATLAB AND ANIMATION

5.1 그래픽 객체와 핸들

5.2 명령어로 속성값 바꾸기

5.3 속성 편집기에서 속성값 바꾸기

임금님의 행차는 서쪽으로 멀리 가시고
왕자는 북쪽 땅에서 위태한 몸
나라를 걱정하는
의로운 신하 장수들은
공로를 세울 때로다.
바다에 맹세하니 물고기와 용도 감동하고
산에 맹세하니 초목이 아네
이 원수 모조리 무찌른다면
내 한 몸 죽음 사양하리오

〈충무공, 진중음 1〉

Matlab & Animation

앞 장에서 우리는 2차원, 3차원 그래프를 그리는 여러 가지 명령어들과 그 사용법에 대하여 살펴보았다. 기본적으로 그려지는 그래프 그 자체만으로도 훌륭하지만 MATLAB은 정교하면서도 사용자의 요구를 충분히 수용한 그래프를 그릴 수 있게 해주는 메커니즘을 제공하고 있다. 이 장에서는 그래픽 객체를 완벽하게 제어해주는 핸들 그래픽스에 대해서 알아보도록 한다. 또 핸들 그래픽스와 그래픽 객체에 대한 명확한 이해를 바탕으로, 고품질의 그래프를 생성할 수 있도록 객체의 속성을 제어하는 방법에 대해서도 알아본다.

5.1 그래픽 객체와 핸들

5.1.1 그래픽 객체

MATLAB은 컴퓨터 그래픽을 생성해줄 뿐만 아니라 사용자 요구에 따라 수정할 수 있게 해주는 객체지향(Object-oriented) 그래픽 시스템을 제공하고 있는데, 이를 핸들 그래픽스(Handle graphics)라 한다. 핸들 그래픽스 시스템의 핵심은 그래픽 객체(Graphics object)라 할 수 있다. 그래픽 객체란 3장과 4장에서 살펴본 다양한 그래프들과 9장과 10장에서 다룰 사용자 인터페이스 컴포넌트들(Components)을 화면에 나타내주기 위해 사용되는 저급(Low-level) 드로잉 요소를 말한다. 여기서 말하는 저급이란 용어는 다른 그래픽 명령어들의 기본 요소가 된다는 의미를 담고 있다.

그림 5.1은 기본 그래픽 객체들과 이들의 계층적 구조를 보여준다. 이 외에도 더 많은 객체들이 있지만 더 자세한 것은 도움말창에서 'Types of Graphics Objects'로 조회하면 볼 수 있다.

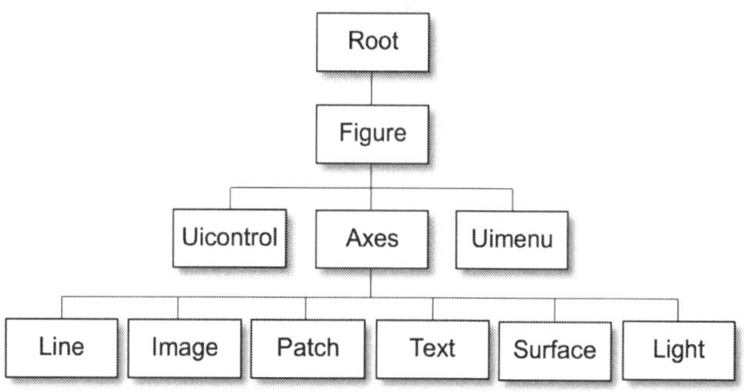

그림 5.1 그래픽 객체들의 계층적 구조

3장과 4장에서 다루었던 대부분의 그래프들은 Root, Figure, Axes, Line, Image, Patch, Text, Surface, Light와 같은 기본 객체들로 그려지며, 9장과 10장에서 다루게 될 GUI 그래프들은 이들과 Uicontrol, Uimenu 객체로 그려지므로 이런 객체들을 어떻게 생성하고 또 이들의 속성을 어떻게 제어하는지를 아는 것은 대단히 중요하다. 다행히도 기본적인 생성은 대단히 간단하다. MATLAB이 실행될 때 자동적으로 존재하는 Root를 제외하고는, 명령줄에 객체명을 간단히 입력하고 실행만 해도 만들어진다.

figure를 실행하면 Figure 객체가 만들어지고, axes를 실행하면 현재의 그림창에 Axes 객체가 만들어지고, line을 실행하면 현재의 축에 Line 객체가 그려진다. 부모(상위) 객체가 존재하지 않을 때 자식(하위) 객체를 만들려고 하면 MATLAB은 자식이 필요로 하는 부모 객체들을 자동적으로 만들게 된다. 예를 들어, Figure 객체가 존재하지 않을 때(즉 그림창이 없을 때) line 명령어를 실행하면 원하는 Line 객체뿐만 아니라 부모 객체인 Axes와 Figure도 만들어진다.

여기서는 Uicontrol와 Uimenu를 제외한 핸들 그래픽스 시스템의 기본이 되는 그래픽 객체에 대해 간단히 살펴보자.

5.1.1.1 Root 객체

Root는 계층적 구조의 최상위 객체이며, 컴퓨터 화면을 의미한다. MATLAB이 실행되면 자동적으로 생성된다. 사용자가 이를 직접 생성할 수는 없지만 그 속성값을 변경해서 그래픽 표시에 영향을 미치게는 할 수 있다.

5.1.1.2 Figure 객체

Figure 객체는 그래픽 명령을 실행할 때 컴퓨터 화면에 나타나는 그림창을 의미한다. 여러 기본 그래픽 객체들이 여기에 모여 완성된 그래프를 만들게 된다. 따라서 Figure 객체(그림창) 없이는 그래프를 그릴 수 없기 때문에 Root 다음으로 상위 객체가 된다.

명령줄에서

```
>> figure
```

를 실행하면 그림 5.2와 같은 빈 그림창이 나타나고 또 figure(2)을 입력하면 핸들이 2인 다른 그림창이 나타나게 된다. 서로 다른 정수를 입력하기만 하면 그림창의 생성에는 제한이 없다. 화면에 여러 개의 그림창이 존재하면 그 중 하나가 항상 현재 그림창(Current figure window) 또는 활성 그림창(Active figure window)이 되고 마우스로 클릭해서 활성화시킬 수 있다. 그림창이 활성화되면 타이틀 바의 색깔이 다른 것보다 짙게 나타나고, 그림창들이 포개져 있을 경우에는 맨 앞쪽으로 올라온다.

plot, mesh, surf 등과 같은 고급 그래픽 명령어는 Figure 객체가 없으면 자동적으로 생성하고, 항상 현재의 그림창에 도형과 문자들을 나타낸다.

5.1.1.3 Axes 객체

Axes 객체는 그림창 안에 영역을 정의하고 자식(하위) 객체들을 그 영역 내에 맞추어 주는 축을 의미한다. Axes 객체(축)는 그림창 위에 그려지기 위해서는 Figure 객체를 필요로 하므로 그 자식이 되고 Line, Image, Patch, Text, Surface와 Light는 축 상에 그려지므로 Axes의 자식 객체가 된다. 예를 들어 plot, mesh, surf 등과 같은 고급 그래픽 명령어를 실행할 때 Axes 객체가 없으면 자동적으로 만들어진다. 만약 한 그림창에 여러 개의 축이 존재하면 그 중 하나가 항상 현재 축(Current axis)으로 지정된다.

명령줄에서 axes를 입력하고 실행하면 그림 5.3과 같이 빈 그림창에 축이 나타나게 된다.

```
>>axes
```

그림 5.2 Figure 객체

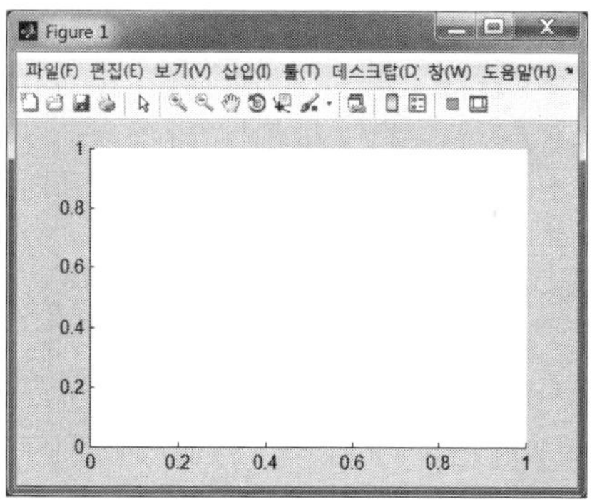

그림 5.3 Figure와 Axes 객체

5.1.1.4 Line 객체

Line 객체는 도형을 생성하는데 있어서 가장 기본이 되는 그래픽 객체이고 선을 의미한다. plot, plot3 및 contour와 같은 고급 명령어를 실행하면 Line 객체(선)가 생성되고, 이때 부모 객체인 Axes의 좌표계(Coordinate system)가 Line 객체의 위치와 방향을 잡아준다.

명령줄에서 line을 실행하면 그림 5.4와 같이 그림창의 축 상에 선이 나타난다. 그림창이 열려 있지 않은 상태에서 이 명령을 실행해도 자동적으로 그림창과 축이 나타난다. 즉 앞서 언급하였듯이 자식 객체가 호출되면 이 객체가 필요로 하는 부모 객체들이 자동적으로 생성된다.

```
>>line
```

5.1.1.5 Image 객체

Image 객체는 데이터 행렬과 색지도로 표현되는 화면 상의 이미지를 의미한다. 데이터 행렬 요소들을 픽셀 색상으로 해석하는 방식에 따라 세 가지 기본 이미지 종류(인덱스, 강도 및 트루칼라)가 있다. 이미지를 그릴 때 부모 Axes 객체의 좌표계가 이미지의 위치와 방향을 정해준다.

명령줄에서 다음 명령어를 실행하면 그림창의 축 상에 그림 5.5와 같은 이미지가 나타나게 된다.

```
>> load mandrill
>> image(X)
>>colormap(map)
>> axis equal
```

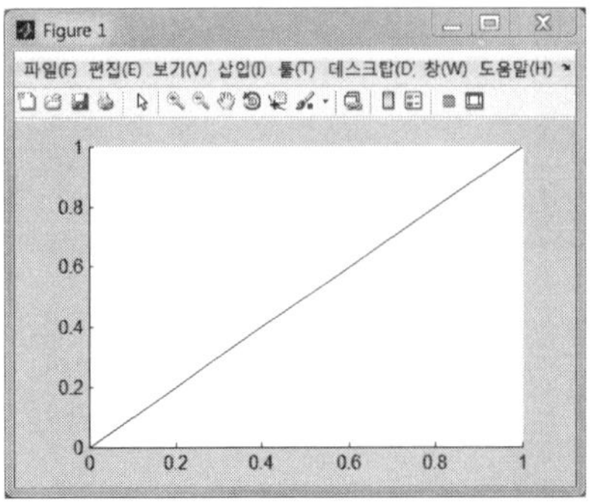

그림 5.4 Figure, Axes와 Line 객체

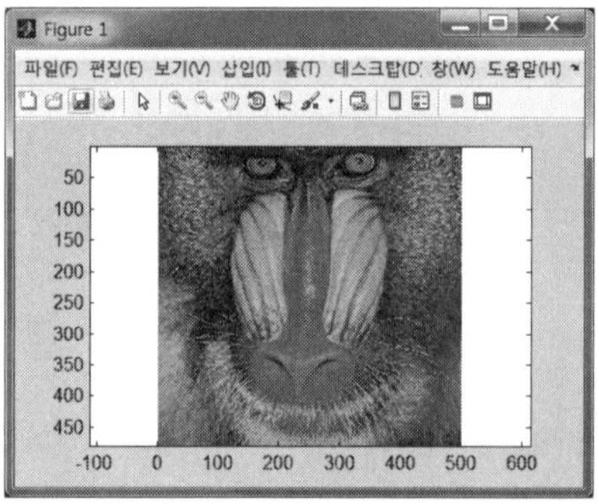

그림 5.5 Figure, Axes와 Image 객체

5.1.1.6 Patch 객체

Patch 객체란 서로 연결되거나 연결되지 않을 수도 있는 불규칙한 모양의 다각형을 말한다. Patch 객체(패치)는 비행기, 자동차와 같은 실세계 객체들을 모델링하거나 임의 형상의 2D 또는 3D 다각형을 그리는데 유용하다. fill, fill3과 같은 고급 명령어와 patch 명령어 등은 Patch 객체를 생성한다. 상위의 Axes 객체의 좌표계가 패치의 위치와 방향을 정해준다.

명령줄에서 다음 명령어를 실행하면 그림창의 축 상에 그림 5.6과 같은 패치가 나타나게 된다.

```
>> t= 0:pi/4:2*pi;
>> patch(sin(t),cos(t),'g')
>> axis equal
```

5.1.1.7 Text 객체

Text 객체는 문자열을 의미하고 상위 객체인 Axes의 좌표계가 텍스트를 배치해준다. title, xlabel, ylabel, zlabel, text와 gtext와 같은 명령어들은 Text 객체를 생성한다.

명령줄에서 다음 명령어를 실행하면 그림창의 축 상에 그림 5.7과 같은 문자열이 나타나게 된다.

```
>> text(0.2,0.5,'This is a text object')
```

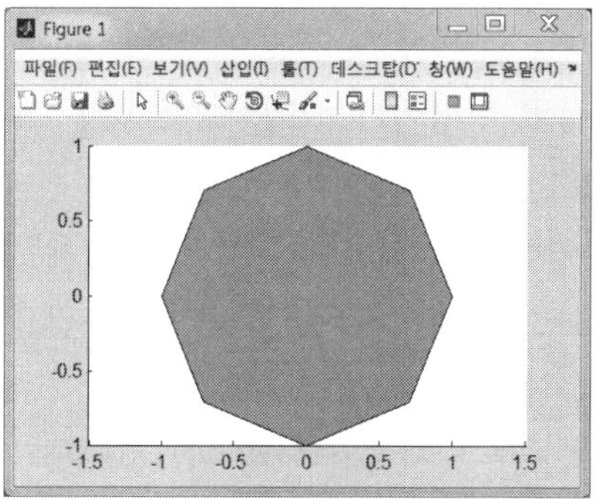

그림 5.6 Figure, Axes와 Patch 객체

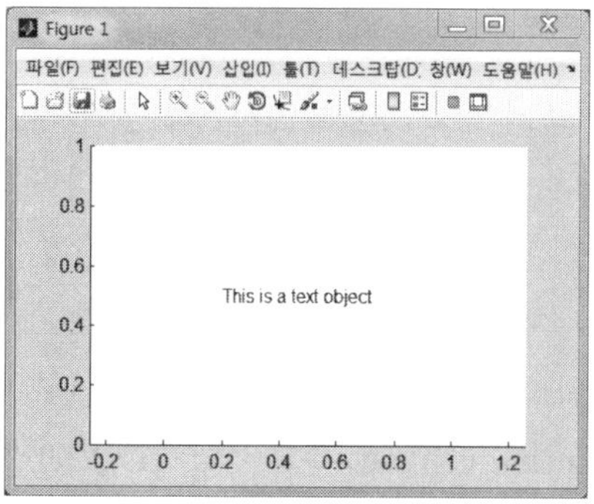

그림 5.7 Figure, Axes와 Text 객체

5.1.1.8 Surface 객체

Surface 객체는 사변형의 사각형 격자를 의미하며, 특히 함수식의 행렬 데이터로부터 도형을 표시하기에 적합하다. surf와 mesh와 같은 고급 명령어는 Surface 객체를 만든다. 상위의 Axes의 좌표계가 Surface 객체의 위치와 방향을 조절해 준다.

다음 스크립트를 실행하면 그림창의 축 상에 그림 5.8과 같은 도형이 나타나게 된다.

Script file: prog5_1.m

```
x= -15:15;
x(find(x==0))= eps;
[X,Y]= meshgrid(x);
R= sqrt(X.^2+Y.^2);
Z= sin(R)./R;
surf(X,Y,Z)  % 그림 5.8의 surf 그래프 생성
%surfl(X,Y,Z)  % 그림 5.9의 광원을 가지는 surf 그래프 생성
axis([-15 15 -15 15 -0.5 1])
grid off
colormap summer
```

5.1.1.9 Light 객체

Light 객체는 축 내의 모든 객체에 영향을 미칠 광원을 의미한다. 빛을 볼 수는 없지만 모든 그래픽 객체에 공통 광원, 색상, 위치 및 기타 속성의 스타일을 제어하는 속성을 설정할 수 있다. surfl과 같은 고급 명령어와 light 명령어는 현재 축에 Light 객체를 생성한다.

prog5_1의 스크립트에서 surf를 주석 처리하고 surfl 명령어가 실행되도록 하면 그림 5.9와 같이 광원을 갖는 도형이 나타나게 된다.

계층조직은 그래픽 객체들 간에 상호 의존성을 반영한다. 앞서 살펴 보았듯이 객체들은 다른 객체에 포함될 수 있다. 선은 축 상에 그려지므로 Line 객체는 Axes 객체를 필요로 하고 또 축은 그림창 내에 그려지므로 Axes 객체는 Figure 객체를 필요로 한다. plot, surf, mesh, contour 등과 같은 고급 명령어들은 그래프를 표시하기 위해 필요한 모든 상위 객체들을 자동적으로 불러오게 된다. 하위 객체들은 상위 객체들의 속성을 상속받을

수 있고, 상위 객체들은 하위 객체들을 제어할 수 있다. 만약 한 상위 객체가 삭제되면 그와 연관된 모든 하위 객체들은 사라지게 된다.

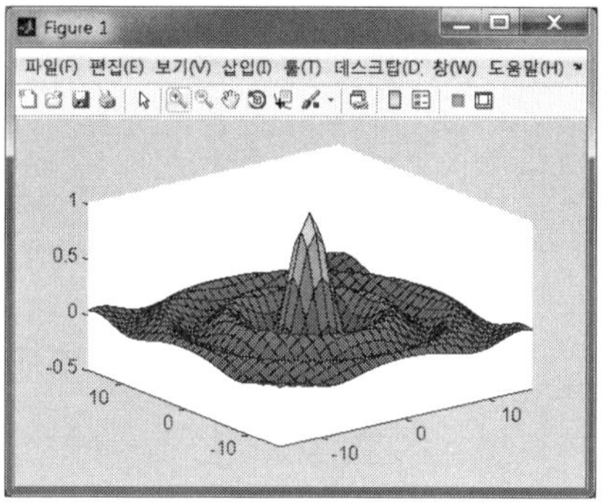

그림 5.8 Figure, Axes와 Surface 객체

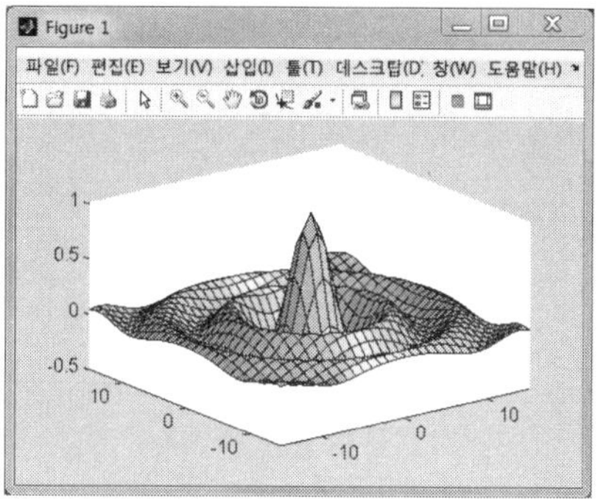

그림 5.9 Figure, Axes, Surface와 Light 객체

5.1.2 객체 핸들

5.1.2.1 객체 핸들의 생성

어떤 그래픽 명령어가 실행되면 그와 관련된 여러 개의 객체들이 만들어진다. 예를 들어, text 명령어는 Figure, Axes, Text 객체를, line 명령어는 Figure, Axes, Line 객체를, plot와 같은 고급 명령어는 Figure, Axes, Line 등의 객체를 생성한다.

MATLAB은 이러한 객체들이 생성될 때 객체마다 자동적으로 고유한 번호를 부여 하는데 이를 핸들(Handle)이라 한다. 이를 잘 저장하였다가 나중에 객체의 모양을 이루는 그래픽 속성들을 제어하는데 사용할 수 있다. Root 객체의 핸들은 항상 0이고, Figure 객체의 핸들은 정수이고 그림창의 좌측상단에 나타난다. 그 외에 다른 객체들의 핸들은 부동소수점의 숫자로 표시된다.

3장과 4장에서 출력인수를 사용해 핸들을 받는 여러 가지 그래픽 명령어들을 다루었다. 예를 들어 스크립트 prog5_2.m을 실행하면 그림창에 축과 sin(t), cos(t) 선이 그려진다. 그림 5.10은 이를 보여준다. plot 명령어에 의해 Figure, Axes와 두 Line 객체가 생성되고, Line 객체들의 핸들이 2×1 벡터 h로 반환된다.

Script file: prog5_2.m

```
t= 0:0.02:10;
y1= sin(t);
y2= cos(t);
h= plot(t,y1,'k',t,y2,'k:','LineWidth',2)
```

```
h=   174.0040
     175.0016
```

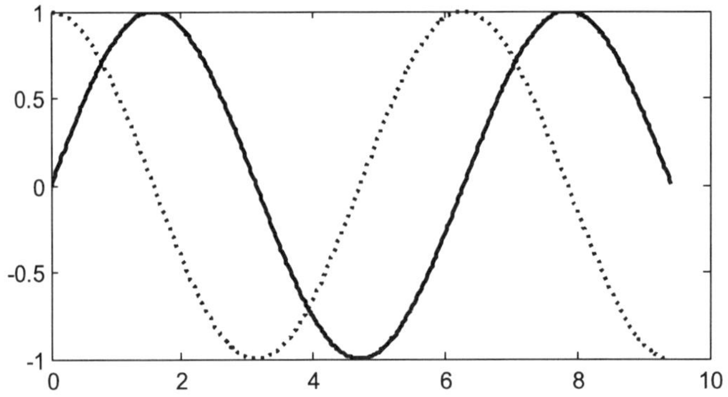

그림 5.10 sin(t)와 cos(t) 그래프

5.1.2.2 핸들의 확인

현재 그림창에서 사용 중인 모든 객체들과 현재 객체의 핸들은 다음 명령어로 확인할 수 있다.

- findobj % 현재 그림창에서 사용 중인 모든 객체들의 핸들을 얻는다.
- gco % 가장 최근에 만들거나 마우스로 클릭한 현재 객체의 핸들을 얻는다.

또 Figure와 Axes 같이 빈번하게 사용되는 객체들의 핸들은 다음 명령어로 확인할 수 있다.

- gcf % 현재 Figure객체의 핸들을 얻는다.
- gca % 현재 Axes객체의 핸들을 얻는다.

현재의 그림창과 축의 핸들을 알려면 다음과 같이 하면 된다.

```
>> gcf
ans= 1
>> gca
ans= 173.0050
```

prog5_2의 스크립트를 통해서도 알 수 있겠지만 plot 명령어를 실행할 때 화면에 반환되는 Line 객체들의 핸들은 시스템마다 또 실행할 때마다 다를 수 있다. 이때 나타나는 수치 값의 의미를 아는 것보다는 h(1)은 sin(t)을 그린 Line 객체의 핸들, h(2)는 cos(t)을 그린 Line 객체의 핸들이라는 사실과 이를 저장하였다가 나중에 객체들의 속성 조작에 사용할 수 있다는 사실을 아는 것이 더 중요하다.

핸들은 속성값을 변경하기 위해 다른 함수의 입력인수로 전달되기도 하고 또 delete 명령어로 객체를 삭제하는 데도 사용된다. 예를 들어, 다음 명령어는 핸들 h(1)의 객체, 즉 sin(t) 그래프를 삭제해준다.

```
>> delete(h(1))
```

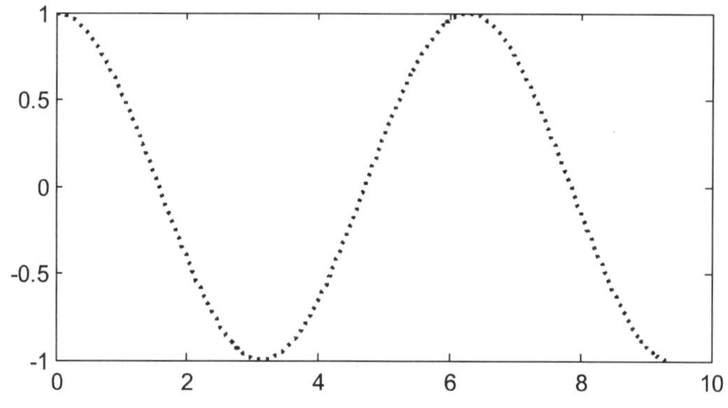

그림 5.11 cos(t) 그래프

다음 명령어는 현재의 그림창만 남기고 모든 그래프를 지워주고,

```
>> delete(gca)
```

다음 명령어는 현재의 그림창을 닫아주고 관련된 모든 객체들을 삭제하게 된다. 만약 화면에 여러 개의 그림창이 열려 있을 경우에는 다른 그림창은 이 명령어에 영향을 받지 않는다.

```
>> delete(gcf)
```

5.2 명령어로 속성값 바꾸기

5.2.1 Get 명령어

MATLAB에서 다루는 모든 객체들은 그들이 어떻게 표시되어야 하는지를 제어할 수 있는 속성들(Properties)을 가지고 있다. 이 속성들의 값을 제어함으로써 사용자의 요구를 충분히 수용하는 그래프를 그리는 것이 가능하다. 이미 생성된 객체의 속성들을 변경하려면 그 객체를 만든 명령어에 의해 반환된 핸들이 필요하고 또 그 객체가 어떤 속성들을 가지며 어떤 속성값으로 지정되어 있는지를 먼저 알아야 한다. 이를 알려면 핸들과 get 명령어를 사용하면 된다. get 명령어는 다음 형식을 갖는다.

```
get(h)  % 핸들 h를 가지는 객체의 속성을 얻는다.
v= get(h,'PropertyName')  % 핸들 h를 가지는 객체의 지정한 속성값을 v에 반환한다.
```

그림 5.11의 cos(t)와 관련된 객체에 설정된 모든 속성 목록을 보려면 다음과 같이 하면 된다. h(1)은 이미 삭제되었음을 상기하라.

```
>> get(h(2))
        DisplayName: ''
          Annotation: [1x1 hg.Annotation]
               Color: [0 0 0]
           LineStyle: ':'
```

```
          LineWidth: 2
             Marker: 'none'
         MarkerSize: 6
    MarkerEdgeColor: 'auto'
    MarkerFaceColor: 'none'
              XData: [1x472 double]
              YData: [1x472 double]
              ZData: [1x0 double]
      BeingDeleted: 'off'
      ButtonDownFcn: []
           Children: [0x1 double]
           Clipping: 'on'
          CreateFcn: []
          DeleteFcn: []
         BusyAction: 'queue'
   HandleVisibility: 'on'
            HitTest: 'on'
      Interruptible: 'on'
           Selected: 'off'
 SelectionHighlight: 'on'
                Tag: ''
               Type: 'line'
      UIContextMenu: []
           UserData: []
            Visible: 'on'
             Parent: 173.0012
          XDataMode: 'manual'
        XDataSource: ''
        YDataSource: ''
        ZDataSource: ''
```

이 중에 특정 속성값만 알고 싶으면 get과 속성명으로 호출하면 된다.

```
>> v= get(h(2),'LineWidth')
```

```
v= 2
>> v= get(h(2),'LineStyle')
v= :
```

한편 Figure와 Axes 객체도 많은 상세 속성들을 가지고 있는데, Figure가 어떤 속성을 가지고 있는지 알고 싶으면 다음과 같이 get(gcf)하면 되고, Axes의 속성을 알고 싶으면 get(gca)하면 된다.

```
>> get(gcf)
    Alphamap = [ (1 by 64) double array]
    CloseRequestFcn = closereq
    Color = [0.8 0.8 0.8]
    Colormap = [ (64 by 3) double array]
    CurrentAxes = []
    CurrentCharacter =
    CurrentObject = []
    CurrentPoint = [0 0]
    DockControls = on
    FileName =
    IntegerHandle = on
    InvertHardcopy = on
    KeyPressFcn =
    KeyReleaseFcn =
    MenuBar = figure
    Name =
    NextPlot = add
    NumberTitle = on
    PaperUnits = centimeters
    PaperOrientation = portrait
    PaperPosition = [0.634517 6.34517 20.3046 15.2284]
    PaperPositionMode = manual
    PaperSize = [20.984 29.6774]
    PaperType = A4
```

```
Pointer = arrow
PointerShapeCData = [ (16 by 16) double array]
PointerShapeHotSpot = [1 1]
Position = [624 474 672 504]
Renderer = None
RendererMode = auto
Resize = on
ResizeFcn =
SelectionType = normal
ToolBar = auto
Units = pixels
WindowButtonDownFcn =
WindowButtonMotionFcn =
WindowButtonUpFcn =
WindowKeyPressFcn =
WindowKeyReleaseFcn =
WindowScrollWheelFcn =
WindowStyle = normal
WVisual = 00 (RGB 32  GDI, Bitmap, Window)
WVisualMode = auto

BeingDeleted = off
ButtonDownFcn =
Children = []
Clipping = on
CreateFcn =
DeleteFcn =
BusyAction = queue
HandleVisibility = on
HitTest = on
Interruptible = on
Parent = [0]
Selected = off
SelectionHighlight = on
Tag =
```

```
    Type = figure
    UIContextMenu = []
    UserData = []
    Visible = on
```

```
>> get(gca)
    ActivePositionProperty = outerposition
    ALim = [0 1]
    ALimMode = auto
    AmbientLightColor = [1 1 1]
    Box = on
    CameraPosition = [5 0 17.3205]
    CameraPositionMode = auto
    CameraTarget = [5 0 0]
    CameraTargetMode = auto
    CameraUpVector = [0 1 0]
    CameraUpVectorMode = auto
    CameraViewAngle = [6.60861]
    CameraViewAngleMode = auto
    CLim = [0 1]
    CLimMode = auto
    Color = [1 1 1]
    CurrentPoint = [ (2 by 3) double array]
    ColorOrder = [ (7 by 3) double array]
    DataAspectRatio = [5 1 1]
    DataAspectRatioMode = auto
    DrawMode = normal
    FontAngle = normal
    FontName = Helvetica
    FontSize = [10]
    FontUnits = points
    FontWeight = normal
    GridLineStyle = :
    Layer = bottom
```

```
LineStyleOrder = -
LineWidth = [0.5]
MinorGridLineStyle = :
NextPlot = replace
OuterPosition = [0 0 1 1]
PlotBoxAspectRatio = [1 1 1]
PlotBoxAspectRatioMode = auto
Projection = orthographic
Position = [0.13 0.11 0.775 0.815]
TickLength = [0.01 0.025]
TickDir = in
TickDirMode = auto
TightInset = [0.0546218 0.0726496 0.0168067 0.034188]
Title = [174.005]
Units = normalized
View = [0 90]
XColor = [0 0 0]
XDir = normal
XGrid = off
XLabel = [176.001]
XAxisLocation = bottom
XLim = [0 10]
XLimMode = auto
XMinorGrid = off
XMinorTick = off
XScale = linear
XTick = [0 2 4 6 8 10]
XTickLabel =
  0
  2
  4
  6
  8
  10
XTickLabelMode = auto
XTickMode = auto
```

```
YColor = [0 0 0]
YDir = normal
YGrid = off
YLabel = [177.001]
YAxisLocation = left
YLim = [-1 1]
YLimMode = auto
YMinorGrid = off
YMinorTick = off
YScale = linear
YTick = [-1 -0.5 0 0.5 1]
YTickLabel =
  -1
  -0.5
  0
  0.5
  1
YTickLabelMode = auto
YTickMode = auto
ZColor = [0 0 0]
ZDir = normal
ZGrid = off
ZLabel = [178.001]
ZLim = [-1 1]
ZLimMode = auto
ZMinorGrid = off
ZMinorTick = off
ZScale = linear
ZTick = [-1 0 1]
ZTickLabel =
ZTickLabelMode = auto
ZTickMode = auto
BeingDeleted = off
ButtonDownFcn =
Children = [175.002]
Clipping = on
```

```
CreateFcn =
DeleteFcn =
BusyAction = queue
HandleVisibility = on
HitTest = on
Interruptible = on
Parent = [1]
Selected = off
SelectionHighlight = on
Tag =
Type = axes
UIContextMenu = []
UserData = []
Visible = on
```


Figure 객체의 속성 중 Position은 그림창의 위치와 크기를 설정해주고, Axes 객체의 속성 중에서 자주 변경되는 속성과 속성값들은 다음 표와 같다.

속성명	설명	속성값
FontName	폰트 지정	OS에서 지원 가능한 폰트
FontSize	폰트 크기 지정	point 단위의 수
XLim	x축의 최소, 최대값 지정	[xmin xmax]
XTick	x축의 티크 위치 지정	[xt1 xt2 xt3 …]
XTickLabel	x축의 티크 라벨 지정	[xt1 xt2 xt3 …]
YLim	y축의 최소, 최대값 지정	[ymin ymax]
YTick	y축의 티크 위치 지정	[yt1 yt2 yt3 …]
YTickLabel	y축의 티크 라벨 지정	[yt1 yt2 yt3 …]
ZLim	z축의 최소, 최대값 지정	[zmin zmax]
ZTick	z축의 티크 위치 지정	[zt1 zt2 zt3 …]
ZTickLabel	z축의 티크 라벨 지정	[zt1 zt2 zt3 …]

5.2.2 Set 명령어

MATLAB은 속성값(Property value)을 설정할 수 있는 세 가지 방법을 제공하고 있다.

- 객체를 생성하는 명령어에서 직접 설정하는 방법(예로, 3.1.1절의 plot 명령어에서 선색, 선폭 등의 지정)
- 객체가 만들어진 이후 set 명령어로 설정하는 방법
- 객체가 만들어진 이후 속성 편집기에서 설정하는 방법

첫째 방법은 3장에서 이미 살펴보았기 때문에 생략하고, 셋째 방법은 5.3절에서 다루며, 여기서는 set 명령어로 설정하는 방법에 대해 살펴보자.

그래픽 객체의 핸들을 미리 저장해 두었다면 이를 이용하여 언제든지 그 객체의 다양한 속성들에 접근할 수 있다. 객체의 핸들과 속성명(Property name)으로 속성값을 변경할 수 있게 해주는 명령어가 set이며, 그 형식은 다음과 같다.

```
set(h)  % 객체 h의 모든 속성명과 가능한 속성값을 보여준다.
set(h,'PropertyName') % 객체 h의 지정한 속성명과 가능한 속성값을 보여준다.
set(h,'PropertyName',PropertyValue)  % 객체 h의 지정한 속성값을 설정한다.
```

만약 속성값을 생략하면 get 명령어와 유사하게 모든 속성명과 가능한 속성값을 화면에 보여주기만 한다. 속성명을 입력할 때 대소문자를 구분하지 않아도 된다.

5.2.2.1 그림창의 크기 조절

현재 그림창의 크기 조절은 마우스로도 가능하지만, 명령줄이나 프로그램을 통해서도 할 수 있다. 이렇게 하기 위해서는 먼저 Root 객체로부터 화면의 크기를 알아낸 다음 set 명령어로 Figure 객체의 Position 속성값을 변경하면 된다. Position 속성은 4개의 값, 즉 [x y wh ht]를 속성값으로 하고 있다. x와 y는 컴퓨터 화면을 기준으로 그림창 좌측하단의 위치, wh와 ht는 각각 그림창의 넓이와 높이를 의미한다.

다음은 명령줄에서 그림창의 크기를 조절하는 예를 보여준다.

```
>> scrsz = get(0 ,'ScreenSize');
>> set(gcf, 'Position',[scrsz(3)/4 scrsz(4)/2 scrsz(3)/4 scrsz(4)/4])
```

5.2.2.2 축의 한계 설정

sin(t)과 cos(t) 그림을 다시 그리고 x와 y축의 최소, 최대치를 각각 [0 3π]와 [−1.2 1.2]로, 티크 위치를 각각 [0 2 4 6 8]와 [−1 −0.5 0 0.5 1]로, 티크 라벨 값을 각각 [0 2 4 6 8]와 [−1 −0.5 0 0.5 1]로, 폰트를 Arial 10으로 설정해보자. 또 축 라벨과 범례도 추가해보자. 여기서는 Line 객체의 핸들 h는 쓰이지 않고, 축의 속성값을 변경하기 위해 현재 축의 핸들 gca만 set 명령어에서 쓰이고 있음에 유의하라.

Script file: prog5_3.m

```
t= 0:0.02:3*pi;
y1= sin(t); y2= cos(t);
h= plot(t,y1,'k',t,y2,'k:','LineWidth',2);
set(gca,'XLim',[0 3*pi] ,'XTick',[0 2 4 6 8],'XTickLabel',[0 2 4 6 8])
set(gca,'YLim',[-1.2 1.2] ,'YTick',[-1 -0.5 0 0.5 1],'YTickLabel',[-1
    -0.5 0 0.5 1]);
set(gca,'FontName','Arial','FontSize',10);
xlabel('t')
ylabel('y_1 and y_2')
legend('sin(t)','cos(t)','Location','SouthEast');
```

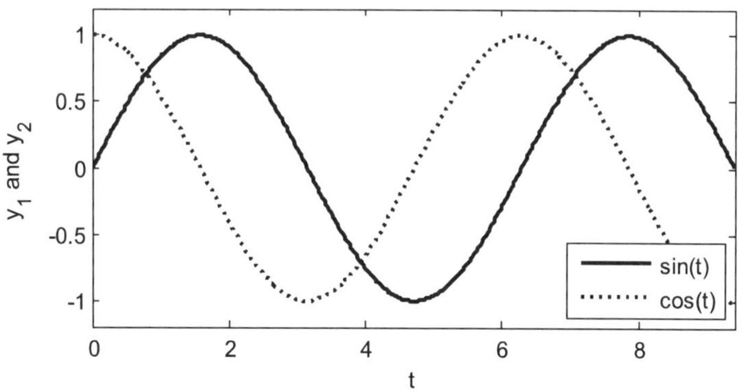

그림 5.12 sin(t)와 cos(t) 그래프의 축 한계 설정

이와 같이 사용자의 기호에 따라 Axes 객체의 속성을 적절히 지정해 놓으면 자동모드

가 수동으로 전환되면서 그림창의 크기를 축소하거나 확대하더라도 티크 위치, 티크 라벨, 폰트 크기 등이 변하지 않는다.

5.2.2.3 선색과 선폭 설정

그림 5.12에서 cos(t)의 선색을 빨강색으로 선폭을 1 point로 변경하고 싶으면 핸들 h(2)를 사용하여 다음과 같이 설정하면 된다.

```
>> set(h(2),'Color','r','LineWidth',1)
```

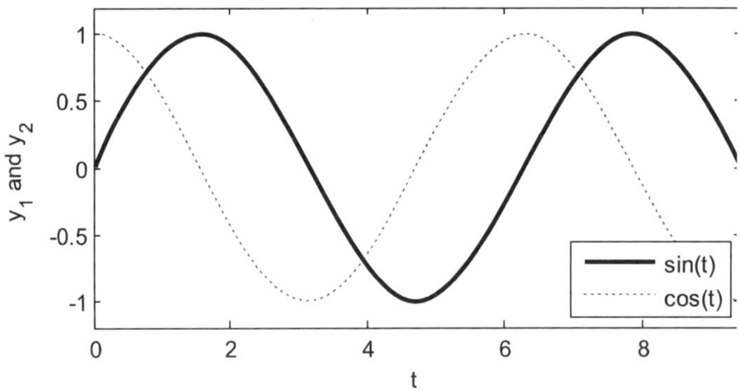

그림 5.13 sin(t)와 cos(t) 그래프의 선색과 선폭 변경

식 (4.9)의 surfl 그래프를 다시 그리고 x,y축과 z축의 최소, 최대치를 각각 [−15 15]와 [−0.5 1]로, 티크 위치를 각각 [−15 0 15]와 [−0.5 0 0.5 1]로, 티크 라벨값을 각각 [−15 0 15]와 [−0.5 0 0.5 1]로, 폰트를 Arial 10으로 설정하고 축 라벨도 추가해보자.

Script file: prog5_4.m

```
x= -15:15;
[X,Y]= meshgrid(x);
R= sqrt(X.^2+Y.^2)+eps;
Z= sin(R)./R;
surfl(X,Y,Z)
colormap summer
```

```
set(gca,'XLim',[-15 15] ,'XTick',[-15 0 15],'XTickLabel',[-15 0 15])
set(gca,'YLim',[-15 15] ,'YTick',[-15 0 15],'YTickLabel',[-15 0 15]);
set(gca,'ZLim',[-0.5 1] ,'ZTick',[-0.5 0 0.5 1],'ZTickLabel',
    [-0.5 0 0.5 1]);
set(gca,'FontName','Arial','FontSize',10);
xlabel('x'),ylabel('y'),zlabel('z(x,y)')
```

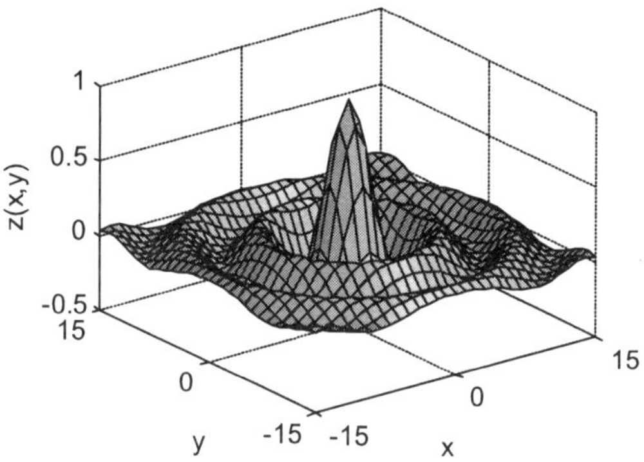

그림 5.14 surfl 그래프의 축 한계 설정

5.3 속성 편집기에서 속성값 바꾸기

MATLAB의 장점 중 하나가 풍부한 GUI(Graphic user interface) 기능을 제공하고 있다는 점일 것이다. 앞서 살펴본 바와 같이 미리 그려진 그래프의 속성을 set 명령어로 적절히 제어하면 그림 크기, 선 모양, 선 색, 폰트 등을 변경할 수 있다. 하지만 원하는 모양을 얻기 위해 스크립트를 통해 일일이 속성을 지정하기에는 번거로운 면도 있다. 쉽게 변경할 수 있는 한 방법이 속성 편집기를 이용하는 것이다.

5.3.1 속성 편집기 열기

그래프 속성을 변경하고 싶을 때에는 속성 편집기(Property editor)를 열어야 하는데, 먼저 다음 명령어를 실행해서 그림창에 그래프를 띄워보자.

```
>> t= 0:0.02:10;
>> y1= sin(t); y2= cos(t);
>> plot(t,y1,'k',t,y2,'k:')
```

그림창에서 <편집> → <Figure 속성>을 선택하고 클릭하면 속성 편집기가 그림창의 하단에 연결되어 나타난다. 그림창에서 분리시키고 싶을 때에는 <도킹 해제>를, 반대로 결합시키고 싶을 때에는 속성 편집기에서 ↘(타원 참조)를 클릭하면 된다. 이를 닫고 싶을 때는 속성 편집기의 우측 상단에 있는 ⊙를 클릭한 다음 <닫기>를 선택하면 된다. 다음 그림은 그림창과 분리된 속성 편집기를 보여준다.

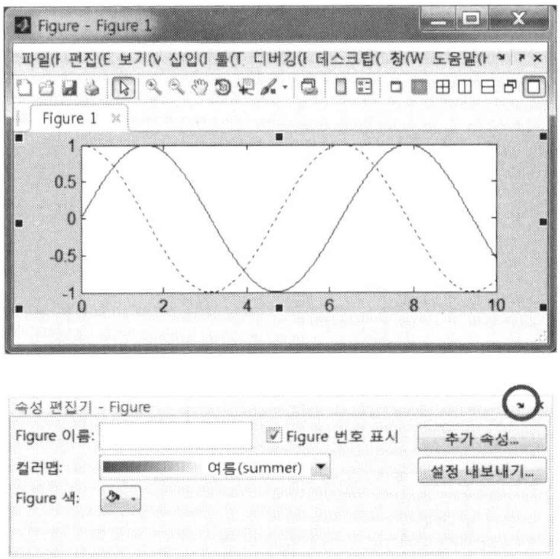

그림 5.15 그림창과 속성 편집기

5.3.2 속성값 바꾸기

변경할 도형을 선택하면(예로 실선을 마우스로 선택) 속성값을 변경할 수 있게 해주며, 여기서 선 종류, 선폭, 선색, 표식 등을 변경할 수 있다.

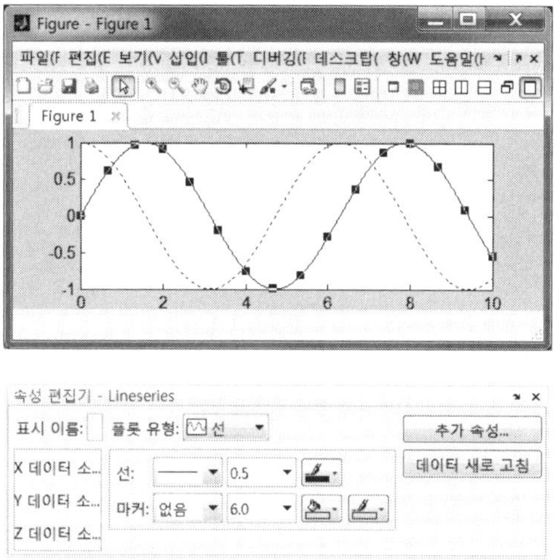

그림 5.16 도형 선택과 속성 편집기

먼저 현재 0.5로 설정되어 있는 선폭을 2로 변경해보자. 아래 모양으로 바뀔 것이다.

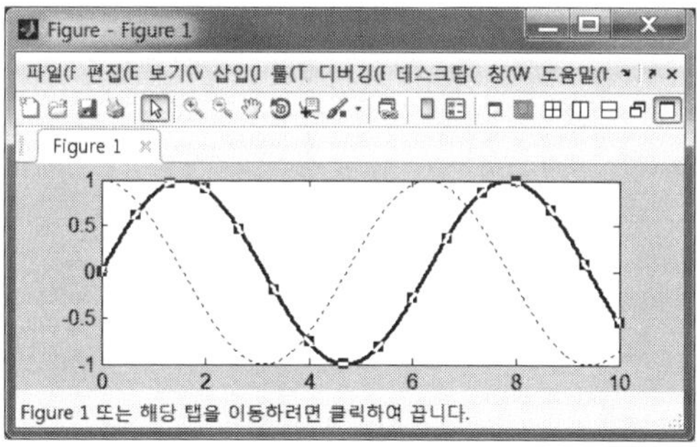

그림 5.17 선폭의 변경

다음은 y축의 한계를 −1.2~1.2로 변경하고, 티크 라벨을 변경해보자. 그래프의 가장자리(박스)를 마우스로 클릭하면 축 변경과 관련 있는 항목들이 나타나며, <Y 축>를 선택하면 그림 5.18을 얻는다. <Y 제한> 박스 좌우를 −1.2, 1.2로 변경한 다음 <눈금…> 버튼을 클릭해보자. 티크가 그려질 위치와 티크 라벨을 보여주는 그림 5.19(a)의 창이 나타날 것이다. 현재 자동(기준값)으로 체크되어 있는 상태이고, 삭제하고 싶은 티크 라벨 위치를 마우스로 선택하고 <삭제> 버튼을 누르면 삭제된다. 그림 5.19(b)는 −0.5와 0.5를 삭제한 경우이고, 그림 5.20은 최종적으로 변경된 그래프를 보여준다.

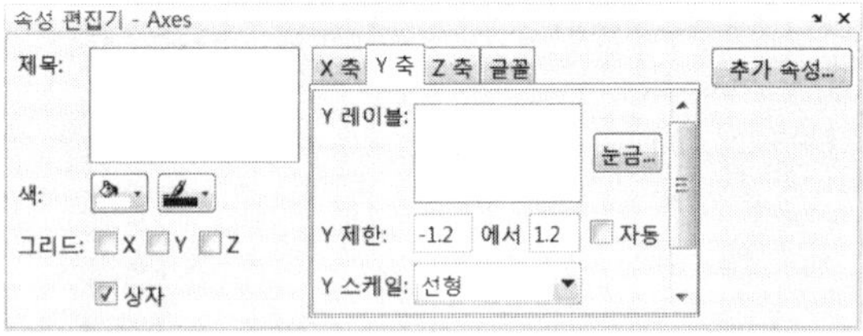

그림 5.18 속성 편집기

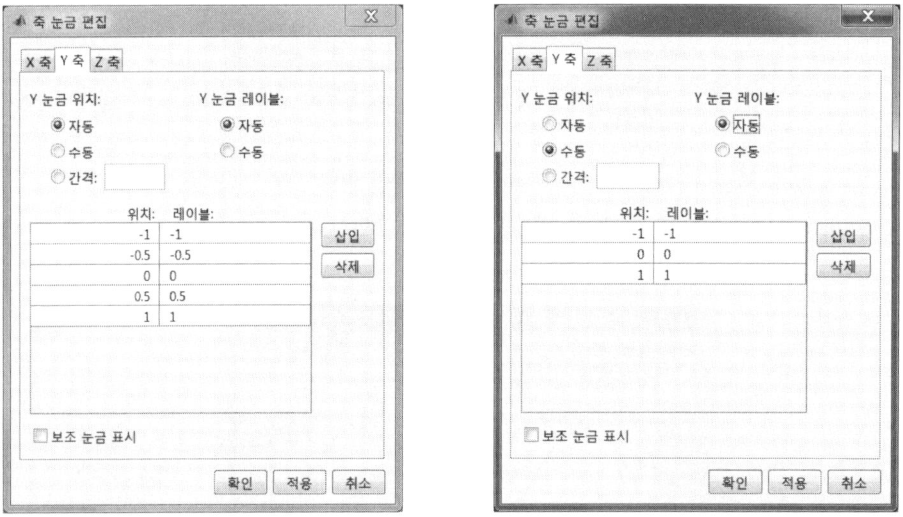

(a) 변경 전　　　　(b) 변경 후

그림 5.19 축 눈금 편집

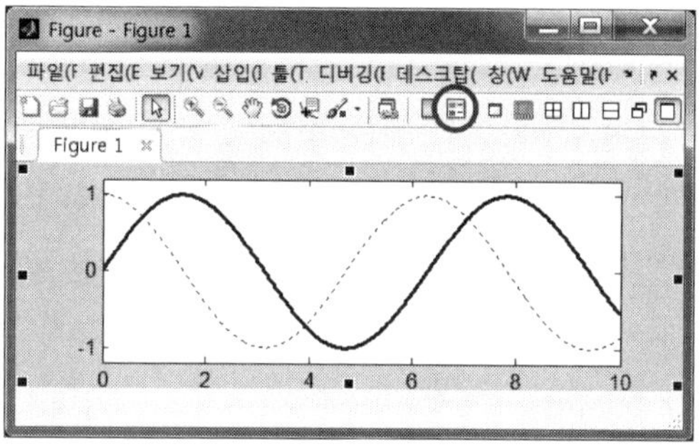

그림 5.20 축 한계와 눈금이 변경된 그래프

다음은 범례를 추가해보자. 그림 5.20의 원 부분을 클릭하면 기본 범례가 나타나며 자동적으로 나타나는 문자열은 마우스로 더블 클릭해서 변경할 수 있다. 범례의 위치는 마우스 왼쪽 버튼을 누른 상태에서 드래그해서 원하는 곳으로 옮길 수 있다.

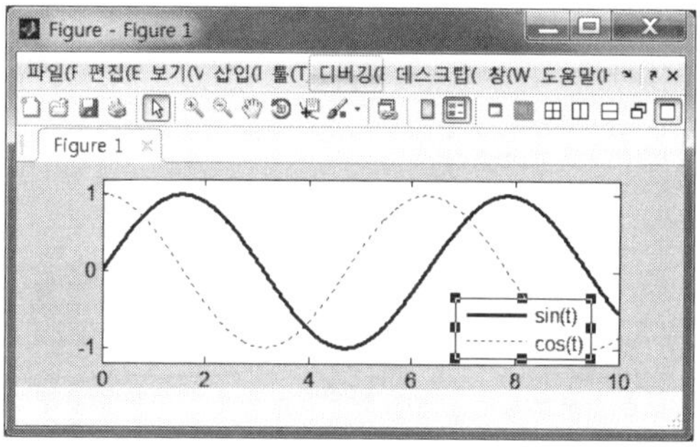

그림 5.21 범례가 추가된 그래프

5.3.3 그림파일 저장하고 열기

속성 편집기에서 수정한 그림은 나중에 사용하도록 파일에 저장할 수 있다. 그림창에서 <파일> → <다른 이름으로 저장>을 누르든지 아니면 저장 아이콘 을 누르면 파일명을 입력하라는 창이 나타난다. 여기에 파일명을 입력하면 그림은 확장자 '.fig'를 갖는 파일에 저장된다.

반대로 저장되어 있는 파일을 열 경우에는 <열기>에서 파일을 찾아 선택하면 열린다.

5.3.4 그림파일 내보내기

지금까지 보인 대부분의 그림들은 화면의 메뉴 정보도 함께 전달해야 하는 필요성 때문에 간편하면서도 유용한 '알캡처'[15]를 써서 화면 캡처한 후에 붙여넣기를 한 것들이다. 하지만 창틀이 없는 그림 파일만 아래한글이나 MS Word와 같은 문서 편집기에 내보내야 할 때가 종종 있다. 이때에는 그림창에서 <편집>→<Figure 복사>를 클릭하면(그림 5.22 참조) 그림은 클립보드(Clipboard)에 저장되고 언제든지 <붙여넣기>만 하면 문서 편집기에서 가져올 수 있다(그림 5.23 참조).

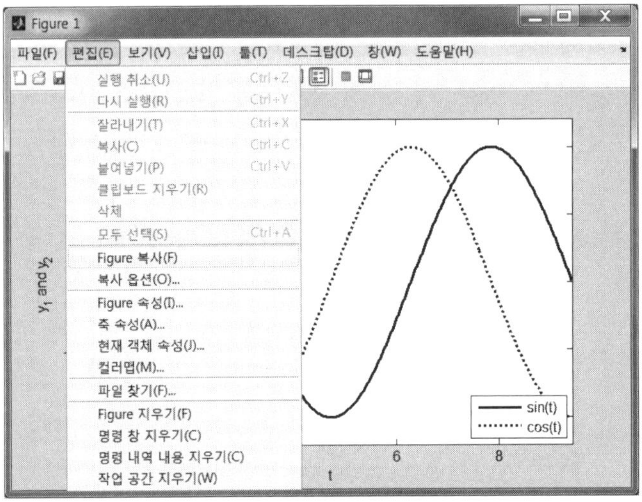

그림 5.22 클립보드에 그림파일 복사

클립보드로 복사하기 전에 <편집>→<복사 옵션>에 가서 그림에 대한 기본 설정을 미리 확인해두는 것을 잊어서는 안 된다. 가끔 <비트맵>으로 설정하는 경우를 제외하고는 그림 5.24와 같이 기본 설정으로 체크해 두는 것이 좋다.

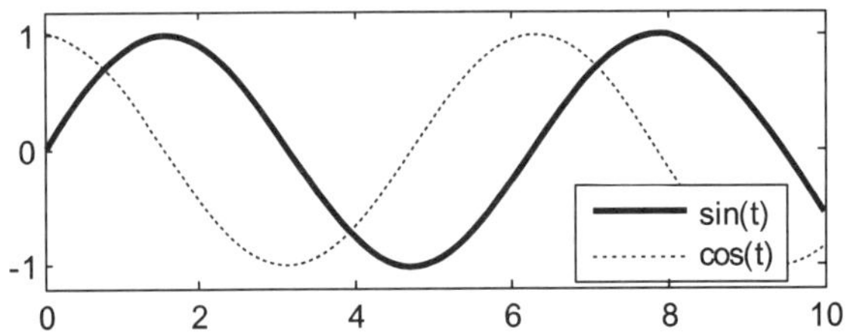

그림 5.23 문서 편집기에 내보낸 그림

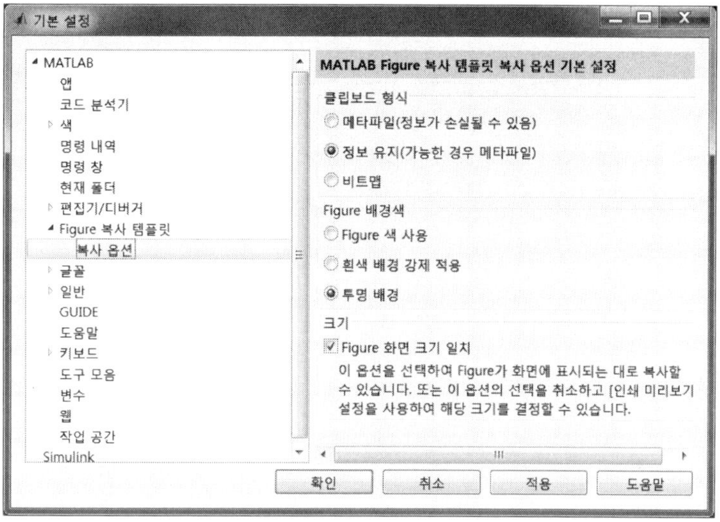

그림 5.24 복사 옵션

이와 같이 속성 편집기를 통한 속성 변경은 편리한 점도 많지만, 스크립트를 다시 실행하게 되면 지금까지 작업했던 내용들이 다 사라지고 새로 그려지는 단점도 있다. 따라서 저자의 경험에 의하면 기본적인 속성 변경은 항상 스크립트를 통해서 하고, 간단하면서도 일회성 속성 변경만 속성 편집기를 통해서 하는 것이 좋은 방법이라 생각된다.

Chapter 06

시스템 모델링과 시뮬레이션

MATLAB AND ANIMATION

6.1 시스템의 표현

6.2 미분방정식의 상태공간 표현

6.3 시스템의 전달함수 표현

6.4 오프라인 시뮬레이션

6.5 4차 Runge-Kutta법

6.6 비선형 요소의 시뮬레이션

난항해하고 또 항해하지
저 바다 건너 본향으로
거친 파도를 헤치며 나아가고 있어
당신 곁으로, 자유를 위해
난 날고 또 날고 있지
창공을 가르는 새처럼
아득한 구름들을 헤치며 날고 있어
당신 곁으로, 자유를 위해
내 말이 들리나요 내 말이
저 멀리 어두운 밤하늘을 가로질러
내 마음 애절해 영원히 울고 싶어요
내게 말을 건네줄 당신 곁에 있고파
우린 항해하고 또 항해하지
저 바다 건너 본향으로
거친 파도를 헤치며 나아가고 있어
당신 곁으로, 자유를 위해
오 주여 당신 곁으로, 자유를 위해
오 주여 당신 곁으로, 자유를 위해

〈 Rod Stewart, I am sailing 〉

Matlab & Animation

이 장은 8장에서 사용될 시스템의 수학적 모델을 얻고, 이들을 상태공간(State Space)과 전달함수(Transfer function)로 표현하고, 시뮬레이션하는 방법에 대해 살펴본다. 특히 6.1절과 6.2절은 참고문헌 [16]를 중심으로 살펴본다.

6.1 시스템의 표현

모델(model)이란 물리적 시스템을 표현하는 일련의 수학적 방정식을 말한다. 시스템에 물리법칙을 적용해 얻게 되는 모델은 일반적으로 상미분방정식, 편미분방정식, 차분방정식 또는 ARMA(Auto regressive moving average) 등의 형태로 기술된다. 모델은 실제 시스템을 정확하게 기술해주기도 하지만, 그렇지 못할 경우도 있다. 일례로 어떤 시스템의 모델이 특정(저주파) 입력에 대해서는 실제 시스템의 특성을 잘 나타내지만, 다른(고주파) 입력에 대해서는 그렇지 못한 경우도 있다. 이런 점을 고려해 복잡하게 모델링하면 모델은 실제 시스템에 더욱 일치되지만, 모델의 파라미터를 얻기가 쉽지 않고, 제어기 설계가 까다로워져 전체적으로는 바람직하지 못한 결과를 초래할 수도 있다. 따라서 모델은 지나칠 정도로 복잡성을 주지 않으면서도 시스템의 동특성을 잘 나타낼 수 있어야 한다.

6.1.1 상태공간 표현

이 표현법은 상태변수를 도입하여 시스템을 시간영역으로 나타내게 되며 이때 초기조건을 고려한다.

6.1.1.1 상태변수

상태변수(State variable)란 $t = t_0$에서의 변수 정보와 함께 $t \geq t_0$에서의 입력 $u(t)$로부터 $t > t_0$에서의 시스템 거동을 완전히 결정할 수 있는 최소한의 변수 집합을 말한다. 일반적으로 상태변수는 $x_1(t)$, $x_2(t)$, ⋯, $x_n(t)$, 입력은 $u_1(t)$, $u_2(t)$, ⋯, $u_m(t)$, 출력은 $y_1(t)$, $y_2(t)$, ⋯, $y_p(t)$로 표시하고 편리상 아래와 같이 상태벡터, 입력벡터, 출력벡터로 표시되기도 한다.

$$\mathbf{x}(t)=\begin{bmatrix} x_1(t) \\ x_2(t) \\ \vdots \\ x_n(t) \end{bmatrix}, \mathbf{u}(t)=\begin{bmatrix} u_1(t) \\ u_2(t) \\ \vdots \\ u_m(t) \end{bmatrix}, \mathbf{y}(t)=\begin{bmatrix} y_1(t) \\ y_2(t) \\ \vdots \\ y_p(t) \end{bmatrix} \tag{6.1}$$

일반적으로 내부 신호와 출력 신호 또는 이들의 선형 결합된 신호를 모두 상태변수로 취할 수 있기 때문에 시스템을 상태방정식으로 표시하는 방법은 무궁무진하다고 할 수 있다. 그러나 상태 피드백 제어기를 설계하는 관점에서 본다면 계측이 가능하면서도 비용이 적게 드는 신호를 상태변수로 잡는 것이 유리하다.

6.1.1.2 동적방정식

시스템은 다음과 같이 간결하게 표시될 수 있다.

$$\dot{\mathbf{x}}(t)=\mathbf{f}[t, \mathbf{x}(t), \mathbf{u}(t)] \tag{6.2a}$$

$$\mathbf{y}(t)=\mathbf{g}[t, \mathbf{x}(t), \mathbf{u}(t)] \tag{6.2b}$$

여기서 $\mathbf{f}[t,\mathbf{x}(t),\mathbf{u}(t)]$와 $\mathbf{g}[t,\mathbf{x}(t),\mathbf{u}(t)]$는 선형 또는 비선형 함수벡터로서 각각 $n\times1$, $p\times1$의 차원을 가진다. 식 (6.2a)를 상태방정식(State equation), 식 (6.2b)를 출력방정식(Output equation), 두 식을 통틀어 동적방정식(Dynamic equation)이라 한다.

특히 계수들이 시간과는 무관하게 항상 일정하고 또 다음과 같이 기술된다면, 이를 선형 시불변(Linear time-invariant: LTI) 시스템이라 한다.

$$\dot{\mathbf{x}}(t)=\mathbf{A}\mathbf{x}(t)+\mathbf{B}\mathbf{u}(t) \tag{6.3a}$$

$$\mathbf{y}(t)=\mathbf{C}\mathbf{x}(t)+\mathbf{D}\mathbf{u}(t) \tag{6.3b}$$

$$\text{단, } \mathbf{A}=\begin{bmatrix} a_{11} & a_{12} & \cdots & a_{1n} \\ a_{21} & a_{22} & \cdots & a_{2n} \\ \vdots & \vdots & & \vdots \\ a_{n1} & a_{n2} & \cdots & a_{nn} \end{bmatrix}, \quad \mathbf{B}=\begin{bmatrix} b_{11} & b_{12} & \cdots & b_{1m} \\ b_{21} & b_{22} & \cdots & b_{2m} \\ \vdots & \vdots & & \vdots \\ b_{n1} & b_{n2} & \cdots & b_{nm} \end{bmatrix} \tag{6.3c}$$

$$\mathbf{C}=\begin{bmatrix} c_{11} & c_{12} & \cdots & c_{1n} \\ c_{21} & c_{22} & \cdots & c_{2n} \\ \vdots & \vdots & & \vdots \\ c_{p1} & c_{p2} & \cdots & c_{pn} \end{bmatrix}, \quad \mathbf{D}=\begin{bmatrix} d_{11} & d_{12} & \cdots & d_{1m} \\ d_{21} & d_{22} & \cdots & d_{2m} \\ \vdots & \vdots & & \vdots \\ d_{p1} & d_{p2} & \cdots & d_{pm} \end{bmatrix} \tag{6.3d}$$

6.1.2 상태공간 표현의 예

시스템을 상태공간 표현법으로 기술하는 몇 가지 예제를 다루어 보자.

6.1.2.1 기계진동 시스템

그림 6.1과 같이 병진운동하는 기계진동 시스템을 생각하자. F(t)는 입력으로서 외부에서 인가되는 힘이며, y(t)는 출력으로 변위이고, M은 질량, k는 스프링 상수, m은 점성마찰계수를 나타낸다.

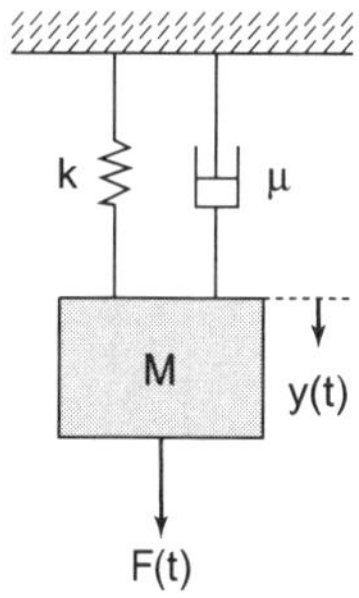

그림 6.1 기계진동 시스템

이 시스템에 뉴턴 제2법칙을 적용하면 다음 방정식이 유도된다.

$$F(t)-ky(t)-\mu\,\dot{y}(t)=M\,\ddot{y}(t) \tag{6.4}$$

이를 정리하면

$$\ddot{y}(t)+\frac{\mu}{M}\,\dot{y}(t)+\frac{k}{M}\,y(t)=\frac{1}{M}F(t) \tag{6.5}$$

여기서 F(t)= u(t)로, 상태변수를 $x_1(t)= y(t)$, $x_2(t)=\dot{y}(t)$로 정의하고 양변을 한 번 미분하고 식 (6.5)를 이용하면 다음 상태방정식을 얻는다.

$$\dot{x}_1(t)=\dot{y}(t)=x_2(t) \tag{6.6a}$$

$$\dot{x}_2(t)=\ddot{y}(t)=-\frac{k}{M}x_1(t)-\frac{\mu}{M}x_2(t)+\frac{1}{M}u(t) \tag{6.6b}$$

한편 출력방정식은 아래와 같이 간단히 표시된다.

$$y(t)= x_1(t) \tag{6.7}$$

식 (6.6)의 상태방정식과 식 (6.7)의 출력방정식을 다시 벡터-행렬 형식으로 표현하면 다음 방정식을 얻는다.

$$\begin{bmatrix} \dot{x}_1(t) \\ \dot{x}_2(t) \end{bmatrix} = \begin{bmatrix} 0 & 1 \\ -\frac{k}{M} & -\frac{\mu}{M} \end{bmatrix} \begin{bmatrix} x_1(t) \\ x_2(t) \end{bmatrix} + \begin{bmatrix} 0 \\ \frac{1}{M} \end{bmatrix} u(t) \tag{6.8a}$$

$$y(t)= [1 \quad 0] \begin{bmatrix} x_1(t) \\ x_2(t) \end{bmatrix} \tag{6.8b}$$

또는

$$\dot{\mathbf{x}}(t)= \mathbf{A}\mathbf{x}(t) + \mathbf{B}u(t) \tag{6.9a}$$

$$y(t)= \mathbf{C}\mathbf{x}(t) \tag{6.9b}$$

$$\text{단,}\ \mathbf{x}(t) = \begin{bmatrix} x_1(t) \\ x_2(t) \end{bmatrix}, \mathbf{A}= \begin{bmatrix} 0 & 1 \\ -\frac{k}{M} & -\frac{\mu}{M} \end{bmatrix}, \mathbf{B}= \begin{bmatrix} 0 \\ \frac{1}{M} \end{bmatrix}, \mathbf{C}=[1 \quad 0] \tag{6.9c}$$

6.1.2.2 진자 시스템

그림 6.2의 진자(Pendulum) 시스템을 생각하자. u(t)는 입력으로서 외부에서 가해지는 토크, θ(t)는 출력으로서 회전각을 나타낸다. m는 점성마찰계수, M은 질량, ℓ은 길이, g는 중력 가속도이다. J는 진자 질량의 관성모멘트로서 근사적으로 $J= M\ell^2$이다.

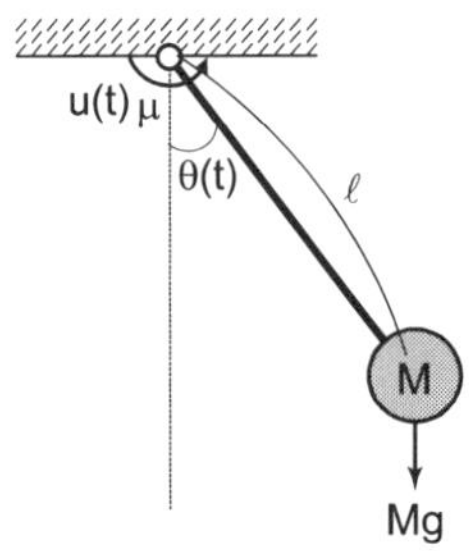

그림 6.2 진자 시스템

회전운동을 하는 시스템에 대한 뉴톤법칙을 적용하여 운동방정식을 세우면 다음과 같다.

$$J\ddot{\theta}(t) = u(t) - \mu\dot{\theta}(t) - Mg\ell\sin\theta(t) \tag{6.10}$$

상태변수를 $x_1 = \theta(t)$, $x_2 = \dot{\theta}(t)$로 정의하면 다음과 같은 비선형 동적방정식을 얻을 수 있다.

$$\dot{\mathbf{x}}(t) = \mathbf{f}[\mathbf{x}(t),u(t)] = \begin{bmatrix} x_2(t) \\ -\frac{g}{\ell}\sin x_1(t) - \frac{\mu}{M\ell^2}x_2(t) + \frac{1}{M\ell^2}u(t) \end{bmatrix} \tag{6.11a}$$

$$y(t) = g[\mathbf{x}(t),u(t)] = x_1(t) \tag{6.11b}$$

6.1.2.3 도립진자 시스템

그림 6.3의 도립진자 시스템을 생각하자. 질량이 m인 진자가 질량이 M인 카트 위에 세워져 있고, 막대기의 길이는 ℓ이다. 이 시스템은 외부에서 힘 u(t)가 작용하지 않으면 진자가 넘어지는 불안정한 시스템이다. 문제를 간단히 하기 위해 카트와 진자는 한 평면으로만 움직이며, 진자의 질량은 끝에 집중되어 있는 것으로 가정하고 또 회전부의 마찰은 무시된다.

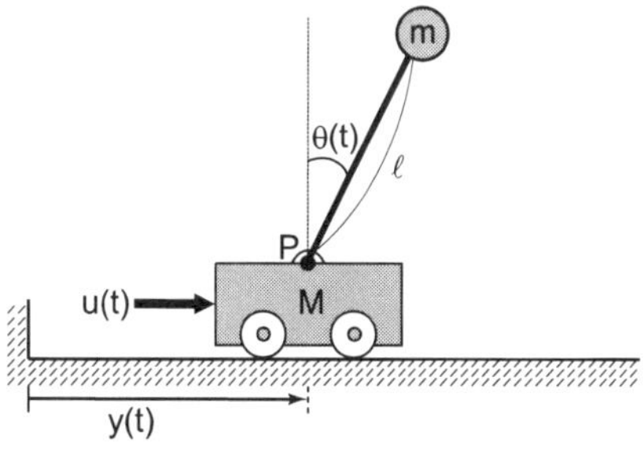

그림 6.3 도립진자 시스템

P 점의 좌표를 (y, 0)이라 하면 질량 m의 수평방향과 수직방향의 위치는 각각 $y+\ell\sin\theta$, $\ell\cos\theta$이 된다. x 방향의 운동에 대하여 뉴턴법칙을 적용하면

$$u - m\frac{d^2}{dt^2}(y + \ell\sin\theta) = M\frac{d^2 y}{dt^2} \tag{6.12}$$

가 된다. 한편 좌변의

$$\frac{d^2}{dt^2}(y + \ell\sin\theta) = \ddot{y} + \ell\ddot{\theta}\cos\theta - \ell\dot{\theta}^2\sin\theta \tag{6.13}$$

이므로 이를 식 (6.12)에 대입하고 정리하면 다음과 같이 쓸 수 있다.

$$(M+m)\ddot{y} + m\ell\ddot{\theta}\cos\theta - m\ell\dot{\theta}^2\sin\theta = u \tag{6.14}$$

다른 식 하나는 점 P 주위에서 질량 m의 회전운동에 대하여 뉴턴법칙을 적용하면

$$[m\frac{d^2}{dt^2}(y + \ell\sin\theta)]\ell\cos\theta - [m\frac{d^2}{dt^2}(\ell\cos\theta)]\ell\sin\theta = mg\ell\sin\theta \tag{6.15}$$

여기에서

$$\frac{d^2}{dt^2}\cos\theta = -\dot{\theta}^2\cos\theta - \ddot{\theta}\sin\theta \tag{6.16}$$

이므로 식 (6.13), (6.16)를 식 (6.15)에 대입하고 간략히 하면 다음 식을 얻는다.

$$\ddot{y}\cos\theta + \ell\ddot{\theta} = g\sin\theta \tag{6.17}$$

식 (6.14), (6.17)로 기술되는 모델은 비선형이지만 진자가 수직선 부근에 위치하게 되면 sinq $\approx \theta$, $\cos\theta \approx 1$, $\dot{\theta}^2 \approx 0$이 되므로 이를 대입하면 다음 선형 방정식을 얻을 수 있다.

$$(M+m)\ddot{y} + m\ell\ddot{\theta} = u \tag{6.18a}$$

$$\ddot{y} + \ell\ddot{\theta} = g\theta \tag{6.18b}$$

이 식은 다시 다음과 같이 쓸 수 있다.

$$(M+m)\ddot{y} + m\ell\ddot{\theta} = M\ddot{y} + m(\ddot{y} + \ell\ddot{\theta}) = M\ddot{y} + mg\theta = u \tag{6.19a}$$

$$(M+m)\ddot{y} + (M+m)\ell\ddot{\theta} = -m\ell\ddot{\theta} + u + (M+m)\ell\ddot{\theta} = (M+m)g\theta \tag{6.19b}$$

이를 정리하면

$$M\ddot{y} = -mg\theta + u \tag{6.20a}$$

$$M\ell\ddot{\theta} = (M+m)g\theta - u \tag{6.20b}$$

$x_1(t) = y(t),\ x_2(t) = \dot{y}(t),\ x_3(t) = \theta(t),\ x_4(t) = \dot{\theta}(t)$를 상태변수로 취하고, $y(t)$를 출력으로 하여 동적방정식을 얻으면 다음과 같다.

$$\begin{bmatrix} \dot{x}_1(t) \\ \dot{x}_2(t) \\ \dot{x}_3(t) \\ \dot{x}_4(t) \end{bmatrix} = \begin{bmatrix} 0 & 1 & 0 & 0 \\ 0 & 0 & -\dfrac{mg}{M} & 0 \\ 0 & 0 & 0 & 1 \\ 0 & 0 & \dfrac{(M+m)g}{M\ell} & 0 \end{bmatrix} \begin{bmatrix} x_1(t) \\ x_2(t) \\ x_3(t) \\ x_4(t) \end{bmatrix} + \begin{bmatrix} 0 \\ \dfrac{1}{M} \\ 0 \\ -\dfrac{1}{M\ell} \end{bmatrix} u(t) \tag{6.21a}$$

$$y(t) = \begin{bmatrix} 1 & 0 & 0 & 0 \end{bmatrix} \begin{bmatrix} x_1(t) \\ x_2(t) \\ x_3(t) \\ x_4(t) \end{bmatrix} \tag{6.21b}$$

여기서 한 가지 명심해야 할 점은 이 방정식이 q와 $\dot{\theta}$가 작은 경우에만 유효하다는 사실이다.

6.1.2.4 RLC 회로

다음과 같은 RLC 회로를 생각하자. 여기서 R은 저항, L은 인덕턴스, C는 커패시턴스, i(t)는 회로에 흐르는 전류이다.

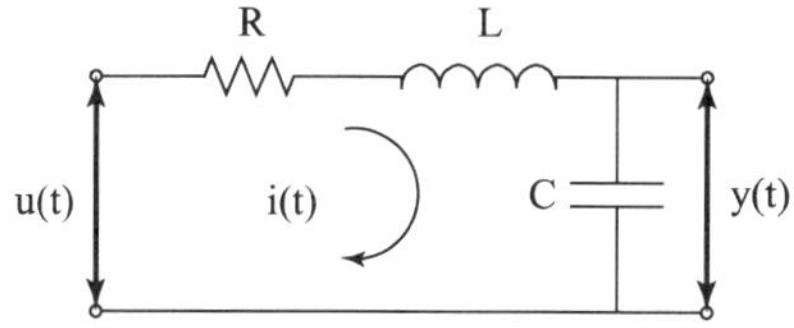

그림 6.4 RLC 회로

입력을 u(t), 출력을 y(t)로 하여 수학적 모델을 얻기 위해, 키르호프 전압법칙을 적용하면

$$u(t)= Ri(t)+L\frac{di(t)}{dt}+\frac{1}{C}\int i(t)dt \tag{6.22a}$$

$$y(t) = \frac{1}{C}\int i(t)dt \tag{6.22b}$$

상태변수를 $x_1(t) = \frac{1}{C}\int i(t)dt$, $x_2(t)= i(t)$로 정의하면 다음 상태방정식과 출력방정식을 얻는다.

$$\begin{bmatrix} \dot{x}_1(t) \\ \dot{x}_2(t) \end{bmatrix} = \begin{bmatrix} 0 & \frac{1}{C} \\ -\frac{1}{L} & -\frac{R}{L} \end{bmatrix} \begin{bmatrix} x_1(t) \\ x_2(t) \end{bmatrix} + \begin{bmatrix} 0 \\ \frac{1}{L} \end{bmatrix} u(t) \tag{6.23a}$$

$$y(t)= [1 \quad 0]\begin{bmatrix} x_1(t) \\ x_2(t) \end{bmatrix} \tag{6.23b}$$

6.1.2.5 전기자제어 DC 모터

다음은 전기자제어 DC 모터를 생각해보자. 그림에서 u(t)는 입력으로서 외부에서 가해지는 전기자 전압이고, q(t)는 출력으로서 각변위이다. 전기자 회로의 등가저항과 인덕턴스는 각각 R, L이고, J는 회전부의 등가 관성모멘트이고, m는 점성마찰계수이다. 한편 계자전압 $e_f(t)$는 일정한 것으로 간주된다.

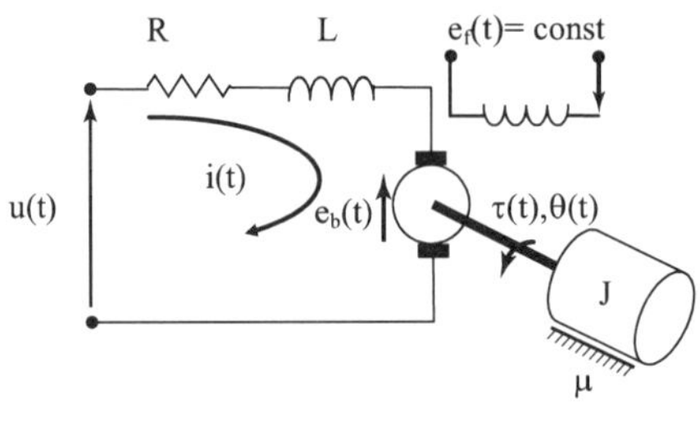

그림 6.5 전자제어 DC 모터

먼저 전기자 회로에 키르호프의 전압법칙을 적용하면

$$u(t)= Ri(t)+L\frac{di(t)}{dt}+e_b(t) \tag{6.24a}$$

$$e_b(t)= K_b\dot{\theta}(t) \tag{6.24b}$$

여기서 전압 $e_b(t)$는 전기자 코일에서 발생되는 역기전력(Back-emf)으로서 각속도에 비례하며 K_b는 비례상수이다. 한편 회전토크 $\tau(t)$는 회전자의 전류에 비례해서 증가하는 관계를 가지며 K_t는 비례상수이다.

$$\tau(t)= K_t i(t) \tag{6.25}$$

한편 기계회전 시스템에서는 각 q(t)과 토크 t(t) 사이에는 다음 관계가 성립한다.

$$\tau(t) -\mu \dot{\theta}(t)= J\ddot{\theta}(t) \tag{6.26}$$

식 (6.24)~(6.26)에서 상태변수를 $x_1(t)= q(t)$, $x_2(t)= \dot{\theta}(t)$, $x_3(t)= i(t)$로 취하고 정리하면 다음 상태방정식과 출력방정식을 얻는다.

$$\begin{bmatrix} \dot{x}_1(t) \\ \dot{x}_2(t) \\ \dot{x}_3(t) \end{bmatrix} = \begin{bmatrix} 0 & 1 & 0 \\ 0 & -\frac{\mu}{J} & \frac{K_t}{J} \\ 0 & -\frac{K_b}{L} & -\frac{R}{L} \end{bmatrix} \begin{bmatrix} x_1(t) \\ x_2(t) \\ x_3(t) \end{bmatrix} + \begin{bmatrix} 0 \\ 0 \\ \frac{1}{L} \end{bmatrix} u(t) \tag{6.27a}$$

$$y(t)= [1 \quad 0 \quad 0] \begin{bmatrix} x_1(t) \\ x_2(t) \\ x_3(t) \end{bmatrix} \tag{6.27b}$$

6.1.2.6 2탱크 시스템

탱크 두 개가 직렬로 연결된 그림과 같은 시스템을 생각하자. 평형상태가 유지되고 있는 중에 탱크 1의 입력유량 $q_i(t)$가 변하면 탱크의 수위가 달라지고 출력유량 $q_o(t)$도 변하게 된다.

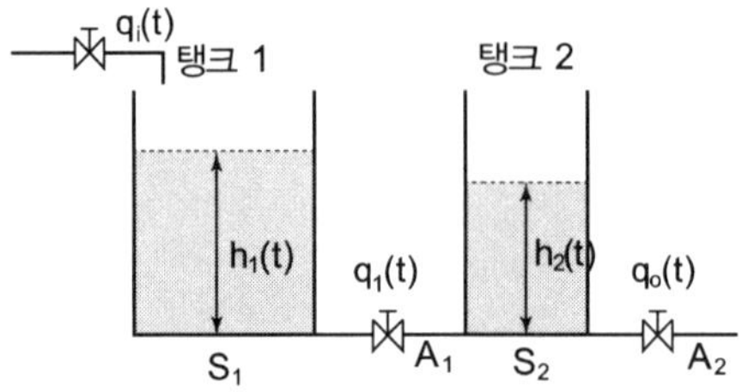

그림 6.6 2 탱크 시스템

사용된 기호를 다음과 같이 정의하면

$q_i(t)$, $q_1(t)$, $q_o(t)$: 입력, 내부 및 출력유량
S_1, S_2: 탱크 1, 2의 단면적
A_1, A_2: 파이프의 단면적
$h_1(t)$, $h_2(t)$: 탱크 1, 2의 수위

탱크 1, 2에 대한 유체의 평형방정식은

$$S_1 \frac{dh_1(t)}{dt} = q_i(t) - q_1(t) \tag{6.28a}$$

$$S_2 \frac{dh_2(t)}{dt} = q_1(t) - q_o(t) \tag{6.28b}$$

여기서

$$q_1(t) = A_1 \sqrt{2g[h_1(t) - h_2(t)]} \tag{6.29a}$$

$$q_o(t) = A_2 \sqrt{2gh_2(t)} \tag{6.29b}$$

의 관계를 가지므로 상태변수로 $x_1(t) = h_1(t)$, $x_2(t) = h_2(t)$를 취하고 정리하면

$$\dot{x}_1(t) = -\frac{A_1}{S_1}\sqrt{2g[x_1(t) - x_2(t)]} + \frac{1}{S_1} q_i(t) \tag{6.30a}$$

$$\dot{x}_2(t) = \frac{A_1}{S_2}\sqrt{2g[x_1(t) - x_2(t)]} - \frac{A_2}{S_2}\sqrt{2gx_2(t)} \tag{6.30b}$$

$$q_o(t) = A_2\sqrt{2gx_2(t)} \quad (6.30c)$$

$q_o(t)= y(t)$, $q_i(t)= u(t)$로 하고 상태벡터 $x(t)=[x_1(t)\ x_2(t)]^T$로 표시하면 상태방정식과 출력방정식은 다음과 같다.

$$\dot{\mathbf{x}}(t)= \mathbf{f}[t,\mathbf{x}(t), u(t)] \quad (6.31a)$$

$$y(t)= g[t,\mathbf{x}(t), u(t)] \quad (6.31b)$$

$$단,\ \mathbf{f}[t,\mathbf{x}(t), u(t)] = \begin{bmatrix} -\frac{A_1}{S_1}\sqrt{2g[x_1(t)-x_2(t)]}+\frac{1}{S_1}u(t) \\ \frac{A_1}{S_2}\sqrt{2g[x_1(t)-x_2(t)]}-\frac{A_2}{S_2}\sqrt{2gx_2(t)} \end{bmatrix} \quad (6.31c)$$

$$g[t,\mathbf{x}(t), u(t)] = A_2\sqrt{2gx_2(t)} \quad (6.31d)$$

6.2 미분방정식의 상태공간 표현

여기서는 시스템의 모델이 미분방정식으로 표시될 때 이로부터 상태공간 방정식을 얻는 두 가지 방법에 대해서 살펴보자.

6.2.1 방법 1

먼저 3계 미분방정식의 상태방정식과 출력방정식을 얻고, n계 미분방정식에도 적용해 보자.

$$\dddot{y}+a_1\ddot{y}+a_2\dot{y}+a_3y = b_0\dddot{u}+b_1\ddot{u}+b_2\dot{u}+b_3u \quad (6.32)$$

초기조건, $\ddot{y}(t_0), \dot{y}(t_0)y(t_0), \ddot{u}(t_0), \dot{u}(t_0), u(t_0)$

미분연산자 $p= d/dt$를 정의하면 $dy/dt= py$, $d^2y/dt^2= p^2y$, $d^3y/dt^3= p^3y$가 되므로 식 (6.32)를 p에 대해 정리하면

$$(p^3+a_1p^2+a_2p+a_3)y = (b_0p^3+b_1p^2+b_2p+b_3)u \quad (6.33)$$

$$P^3(y-b_0u)+p^2(a_1y-b_1u)+p(a_2y-b_2u)+(a_3y-b_3u)= 0$$

여기서 상태변수 x_1, x_2, x_3를 아래와 같이 정의하면

$$x_1 = y - b_0 u \tag{6.34a}$$

$$x_2 = p(y - b_0 u) + (a_1 y - b_1 u) = p x_1 + (a_1 y - b_1 u) \tag{6.34b}$$

$$x_3 = p^2(y - b_0 u) + p(a_1 y - b_1 u) + (a_2 y - b_2 u) = p x_2 + (a_2 y - b_2 u) \tag{6.34c}$$

식 (6.33)은 식 (6.34c)로부터 다음 관계가 성립하며

$$p x_3 = -(a_3 y - b_3 u) \tag{6.35}$$

식 (6.34), 식 (6.35)를 다시 정리하면 다음 식들을 얻게 된다.

$$\dot{x}_1 = x_2 - a_1 y + b_1 u = x_2 - a_1(x_1 + b_0 u) + b_1 u = -a_1 x_1 + x_2 + (b_1 - a_1 b_0)u \tag{6.36a}$$

$$\dot{x}_2 = x_3 - a_2 y + b_2 u = x_3 - a_2(x_1 + b_0 u) + b_2 u = -a_2 x_1 + x_3 + (b_2 - a_2 b_0)u \tag{6.36b}$$

$$\dot{x}_3 = -(a_3 y - b_3 u) = -a_3(x_1 + b_0 u) + b_3 u = -a_3 x_1 + (b_3 - a_3 b_0)u \tag{6.36c}$$

이를 다시 상태벡터로 표시하면,

$$\dot{\mathbf{x}} = \mathbf{A}\mathbf{x} + \mathbf{B}u \tag{6.37a}$$

$$\text{단, } \mathbf{A} = \begin{bmatrix} -a_1 & 1 & 0 \\ -a_2 & 0 & 1 \\ -a_3 & 0 & 0 \end{bmatrix}, \ \mathbf{B} = \begin{bmatrix} b_1 - a_1 b_0 \\ b_2 - a_2 b_0 \\ b_3 - a_3 b_0 \end{bmatrix} \tag{6.37b}$$

한편 초기조건은 다음 식으로부터 계산될 수 있다.

$$x_1(t_0) = y(t_0) - b_0 u(t_0)$$
$$x_2(t_0) = \dot{x}_1(t_0) + a_1 y(t_0) - b_1 u(t_0) = \dot{y}(t_0) - b_0 \dot{u}(t_0) + a_1 y(t_0) - b_1 u(t_0)$$
$$x_3(t_0) = \dot{x}_2(t_0) + a_2 y(t_0) - b_2 u(t_0) = \ddot{y}(t_0) - b_0 \ddot{u}(t_0) + a_1 \dot{y}(t_0) - b_1 \dot{u}(t_0) + a_2 y(t_0) - b_2 u(t_0)$$

한편, 출력방정식은 식 (6.34a)로부터 다음 식을 얻는다.

$$y = x_1 + b_0 u$$

이를 다시 상태벡터로 표시하면

$$y = \mathbf{C}\mathbf{x} + \mathbf{D}u \tag{6.38a}$$

단, $\mathbf{C}=[1\ 0\ 0]$, $D=b_0$ (6.38b)

따라서 n계 미분방정식으로 표시되는 경우를 생각하면

$$\overset{(n)}{y}+a_1\overset{(n-1)}{y}+\cdots+a_{n-1}\dot{y}+a_n y=b_0\overset{(n)}{u}+b_1\overset{(n-1)}{u}+\cdots+b_{n-1}\dot{u}+b_n u \tag{6.39}$$

상태방정식과 출력방정식은 다음과 같이 표시된다.

$$\dot{\mathbf{x}}=\mathbf{A}\mathbf{x}+\mathbf{B}u \tag{6.40a}$$

$$y=\mathbf{C}\mathbf{x}+Du \tag{6.40b}$$

$$단,\ \mathbf{A}=\begin{bmatrix}-a_1 & 1 & 0\cdots 0\\ -a_2 & 0 & 1\cdots 0\\ \vdots & \vdots & \vdots\quad\ \vdots\\ -a_{n-1} & 0 & 0\cdots 1\\ -a_n & 0 & 0\cdots 0\end{bmatrix},\ \mathbf{B}=\begin{bmatrix}b_1-a_1b_0\\ b_2-a_2b_0\\ \vdots\\ b_{n-1}-a_{n-1}b_0\\ b_n-a_nb_0\end{bmatrix},$$

$$\mathbf{C}=[1\ 0\cdots 0\ 0],\ D=b_0 \tag{6.40c}$$

예제 6.1 다음 미분방정식의 상태공간 표현을 구하라.

$\dddot{y}+2\ddot{y}+y=4\ddot{u}+u$ 단, $\ddot{y}(0)=\dot{y}(0)=0$, $y(0)=1$, $\ddot{u}(0)=\dot{u}(0)=u(0)=0$

풀이 주어진 식으로부터 $a_1=2$, $a_2=0$, $a_3=1$, $b_0=0$, $b_1=4$, $b_2=0$, $b_3=1$이므로

$$\dot{\mathbf{x}}=\begin{bmatrix}-2 & 1 & 0\\ 0 & 0 & 1\\ -1 & 0 & 0\end{bmatrix}\mathbf{x}+\begin{bmatrix}4\\ 0\\ 1\end{bmatrix}u$$

$$y=[1\quad 0\quad 0]\mathbf{x}$$

이고, 초기조건은 다음 식으로부터 구할 수 있다.

$$x_1(0)=y(0)-b_0u(0)=1$$

$$x_2(0)=\dot{y}(0)-b_0\dot{u}(0)+a_1y(0)-b_1u(0)=2$$

$$x_3(0)=\ddot{y}(0)-b_0\ddot{u}(0)+a_1\dot{y}(0)-b_1\dot{u}(0)+a_2y(0)-b_2u(0)=0$$

6.2.2 방법 2

다시 식 (6.32)의 3계 미분방정식을 미분연산자로 표시하고 정리하면

$$y = (b_0p^3+b_1p^2+b_2p+b_3)\frac{u}{(p^3+a_1p^2+a_2p+a_3)} \tag{6.41}$$

여기서 $\frac{u}{(p^3+a_1p^2+a_2p+a_3)} = q$라 놓으면 다음 두 식을 얻을 수 있다.

$$(p^3+a_1p^2+a_2p+a_3)q = u \tag{6.42a}$$

$$y = (b_0p^3+b_1p^2+b_2p+b_3)q \qquad (6.42a)$$

이를 다시 미분방정식 형태로 표시하면

$$\dddot{q}+a_1\ddot{q}+a_2\dot{q}+a_3q = u \tag{6.43a}$$

$$y = b_0\dddot{q}+b_1\ddot{q}+b_2\dot{q}+b_3q \tag{6.43b}$$

여기서 다음과 같이 상태변수를 정의하고

$$x_1 = q,\ x_2 = \dot{q},\ x_3 = \ddot{q} \tag{6.44}$$

양변을 한번 미분하고 정리하면

$$\begin{aligned}
\dot{x}_1 &= \dot{q} = x_2 \\
\dot{x}_2 &= \ddot{q} = x_3 \\
\dot{x}_3 &= \dddot{q} = -a_3q - a_2\dot{q} - a_1\ddot{q} + u = -a_3x_1 - a_2x_2 - a_1x_3 + u
\end{aligned}$$

이를 다시 상태벡터로 표시하면,

$$\dot{\mathbf{x}} = \begin{bmatrix} 0 & 1 & 0 \\ 0 & 0 & 1 \\ -a_3 & -a_2 & -a_1 \end{bmatrix}\mathbf{x} + \begin{bmatrix} 0 \\ 0 \\ 1 \end{bmatrix}u \tag{6.45}$$

출력방정식은 식 (6.43)으로부터 다음 식을 얻는다.

$$y = b_0\dddot{q} + b_1\ddot{q} + b_2\dot{q} + b_3 q$$
$$= b_0(u - a_1\ddot{q} - a_2\dot{q} - a_3 q) + b_1\ddot{q} + b_2\dot{q} + b_3 q$$
$$= (b_3 - a_3 b_0)x_1 + (b_2 - a_2 b_0)x_2 + (b_1 - a_1 b_0)x_3 + b_0 u$$

이를 다시 상태벡터로 표시하면

$$y = [(b_3-a_3b_0)\ (b_2-a_2b_0)\ (b_1-a_1b_0)]\mathbf{x} + b_0u \tag{6.46}$$

한편, 초기조건은 다음 세 연립방정식으로부터 계산될 수 있다.

$$y(0) = (b_3-a_3b_0)x_1(0)+(b_2-a_2b_0)x_2(0)+(b_1-a_1b_0)x_3(0)+b_0u(0)$$
$$\begin{aligned}\dot{y}(0) &= (b_3-a_3b_0)x_2(0)+(b_2-a_2b_0)x_3(0)+(b_1-a_1b_0)[-a_3x_1(0)-a_2x_2(0) \\ &\quad -a_1x_3(0)+u(0)] +b_0\,\dot{u}(0) \\ &= -a_3(b_1-a_1b_0)x_1(0)+[(b_3-a_3b_0)-a_2(b_1-a_1b_0)]x_2(0) \\ &\quad +[(b_2-a_2b_0)-a_1(b_1-a_1b_0)]x_3(0)+(b_1-a_1b_0)u(0)+b_0\,\dot{u}(0)\end{aligned}$$
$$\begin{aligned}\ddot{y}(0) &= -a_3(b_1-a_1b_0)x_2(0)+[(b_3-a_3b_0)-a_2(b_1-a_1b_0)]x_3(0) \\ &\quad + [(b_2-a_2b_0)-a_1(b_1-a_1b_0)][-a_3x_1(0)-a_2x_2(0)-a_1x_3(0)+u(0)] \\ &\quad +b_0\,\ddot{u}(0) + (b_1-a_1b_0)\,\dot{u}(0) \\ &= -a_3[(b_2-a_2b_0)-a_1(b_1-a_1b_0)]x_1(0)+\{-a_3(b_1-a_1b_0) \\ &\quad - [(b_2-a_2b_0)-a_1(b_1-a_1b_0)]a_2\}x_2(0)+\{ [(b_3-a_3b_0)-a_2(b_1-a_1b_0)] \\ &\quad - [(b_2-a_2b_0)-a_1(b_1-a_1b_0)]a_1\}x_3(0) +b_0\,\ddot{u}(0) +(b_1-a_1b_0)\,\dot{u}(0) \\ &\quad + [(b_2-a_2b_0)-a_1(b_1-a_1b_0)]u(0)\end{aligned}$$

따라서 n계 미분방정식의 상태방정식과 출력방정식은 다음과 같이 표시된다.

$$\dot{\mathbf{x}} = \mathbf{A}\mathbf{x} + \mathbf{B}u \tag{6.47a}$$

$$y = \mathbf{C}\mathbf{x} + Du \tag{6.47b}$$

$$단,\ \mathbf{A} = \begin{bmatrix} 0 & 1 & 0 & \cdots & 0 \\ 0 & 0 & 1 & \cdots & 0 \\ \vdots & \vdots & \vdots & & \vdots \\ 0 & 0 & 0 & \cdots & 1 \\ -a_n & -a_{n-1} & -a_{n-2} & \cdots & -a_1 \end{bmatrix},\ \mathbf{B} = \begin{bmatrix} 0 \\ 0 \\ \vdots \\ 0 \\ 1 \end{bmatrix},$$

$$\mathbf{C}= [(b_n-a_nb_0)\ (b_{n-1}-a_{n-1}b_0) \cdots (b_2-a_2b_0)\ (b_1-a_1b_0)],\ D= b_0 \tag{6.47c}$$

식 (6.39)로부터 모든 초기조건을 0으로 하고 라플라스 변환하여 전달함수를 구하면

$$
\begin{aligned}
\frac{Y(s)}{U(s)} &= \frac{b_0 s^n + b_1 s^{n-1} + \cdots + b_n}{s^n + a_1 s^{n-1} + \cdots + a_n} \\
&= b_0 + \frac{(b_1 - a_1 b_0)s^{n-1} + (b_2 - a_2 b_0)s^{n-2} + \cdots + (b_n - a_n b_0)}{s^n + a_1 s^{n-1} + \cdots + a_n}
\end{aligned}
\tag{6.48}
$$

이 되며, 식 (6.47)과 식 (6.48)을 서로 비교해 보면 분모의 계수들은 부호를 반대로 취한 후 행렬 **A**의 마지막 행에 저차 순으로 나열되고, 행렬 **C**의 원소는 다항식 분자의 계수가 저차 순으로 나열된 것과 같게 된다. 특히 이 형을 가제어 정준형(Controllable canonical form)이라 부른다.

예제 6.2 다음 미분방정식의 상태공간 표현을 구하라.

$$\ddot{y} + 3\dot{y} + 2y = \dot{u} + u \quad \text{단}, \dot{y}(0) = 0, y(0) = 1, \dot{u}(0) = 0, u(0) = 0$$

풀이 주어진 식으로부터 $a_1 = 3$, $a_2 = 2$, $b_0 = 0$, $b_1 = 1$, $b_2 = 1$

$$\dot{\mathbf{x}} = \begin{bmatrix} 0 & 1 \\ -2 & -3 \end{bmatrix} \mathbf{x} + \begin{bmatrix} 0 \\ 1 \end{bmatrix} u$$

$$y = [1 \quad 1]\mathbf{x}$$

이고, 초기조건은

$$y(0) = (b_2 - a_2 b_0)x_1(0) + (b_1 - a_1 b_0)x_2(0) + b_0 u(0)$$

$$\dot{y}(0) = (b_2 - a_2 b_0)x_2(0) + (b_1 - a_1 b_0)[-a_2 x_1(0) - a_1 x_2(0) + u(0)] + b_0 \dot{u}(0)$$

즉,

$$x_1(0) + x_2(0) = 1$$

$$-2x_1(0) - x_2(0) = 0$$

두 식을 풀면 다음 값을 얻는다.

$$x_1(0) = -1, \ x_2(0) = 2$$

6.3 시스템의 전달함수 표현

전달함수(Transfer function) 표현은 시간함수를 주파수 영역으로 변환하여 표시하는 것으로서 연속시간 시스템에서는 라프라스 변환(Laplace transform), 이산시간 시스템에서는 z 변환(z-transform)이 이용된다. 이 표현법에서는 내부변수는 제거되어 입출력 신호만의 관계, 즉 대수방정식 형태의 전달함수로 표시되기 때문에 입출력 관계가 일목요연하게 표시되는 장점이 있으나 비선형시스템에 적용할 수 없고 또 모든 초기조건을 0으로 간주하는 단점을 가지고 있다.

앞서 다룬 시불변 상태공간형도 전달함수로 표현 가능한데 이에 대해 살펴보자. 편의상 다음 LTI 동적방정식을 생각하자.

$$\dot{\mathbf{x}}(t) = \mathbf{A}\mathbf{x}(t) + \mathbf{B}\mathbf{u}(t),\ \mathbf{x}(t_0) \tag{6.49a}$$

$$\mathbf{y}(t) = \mathbf{C}\mathbf{x}(t) + \mathbf{D}\mathbf{u}(t) \tag{6.49b}$$

여기서 $\mathbf{x}(t) \in \mathbf{R}^n$, $\mathbf{u}(t) \in \mathbf{R}^m$, $\mathbf{y}(t) \in \mathbf{R}^p$ 벡터이고 **A**, **B**, **C**, **D**는 각각 n×n, n×m, p×n, p×m 행렬이다. 초기조건을 0으로 간주하고 상태방정식의 양변을 라프라스 변환하면 다음과 같다.

$$s\mathbf{X}(s) = \mathbf{A}\mathbf{X}(s) + \mathbf{B}\mathbf{U}(s)$$

이를 $\mathbf{X}(s)$에 대해 풀면

$$\mathbf{X}(s) = (s\mathbf{I} - \mathbf{A})^{-1}\mathbf{B}\mathbf{U}(s) \tag{6.50}$$

한편 출력방정식을 라프라스 변환하면

$$\mathbf{Y}(s) = \mathbf{C}\mathbf{X}(s) + \mathbf{D}\mathbf{U}(s) \tag{6.51}$$

식 (6.50)을 식 (6.51)에 대입하고 정리하면 입출력 간의 전달함수를 구할 수 있다.

$$\mathbf{G}(s) = \mathbf{Y}(s)/\mathbf{U}(s) = \mathbf{C}(s\mathbf{I} - \mathbf{A})^{-1}\mathbf{B} + \mathbf{D} \tag{6.52}$$

이를 전달함수 행렬(Transfer function matrix)이라 하며, 일반적으로 G(s)는 p×m 행렬이고 각 원소는 s의 유리함수이다.

상태공간식으로부터 전달함수를 얻기 위한 MATLAB 명령어는 다음과 같다.

- [ns,ds]= ss2tf(A,B,C,D) % 단일입력 상태공간식으로부터 전달함수를 얻는다.
- [ns,ds]= ss2tf(A,B,C,D,iu) % 다입력 상태공간식으로부터 전달함수를 얻는다. iu는 입력 원소의 색인(순서)으로서 1, 2, 3,…과 같은 정수이다.

예제 6.3 다음 상태공간식으로부터 전달함수를 구하라.

(a) $\dot{\mathbf{x}} = \begin{bmatrix} 0 & 1 \\ 0 & -1 \end{bmatrix}\mathbf{x} + \begin{bmatrix} 0 \\ 1 \end{bmatrix}u$　　(b) $\dot{\mathbf{x}} = \begin{bmatrix} 0 & 1 \\ 0 & -1 \end{bmatrix}\mathbf{x} + \begin{bmatrix} 1 & 0 \\ 0 & 1 \end{bmatrix}\mathbf{u}$

$y = [1 \quad 0]\mathbf{x}$　　$y = [1 \quad 0]\mathbf{x}$

풀이

(a) $s\mathbf{I} - \mathbf{A} = \begin{bmatrix} s & -1 \\ 0 & s+1 \end{bmatrix}$이므로

$$(s\mathbf{I}-\mathbf{A})^{-1} = \frac{1}{s(s+1)}\begin{bmatrix} s+1 & 1 \\ 0 & s \end{bmatrix}$$

$$\mathbf{G}(s) = \mathbf{C}(s\mathbf{I}-\mathbf{A})^{-1}\mathbf{B} + \mathbf{D} = \frac{1}{s(s+1)}[1 \quad 0]\begin{bmatrix} s+1 & 1 \\ 0 & s \end{bmatrix}\begin{bmatrix} 0 \\ 1 \end{bmatrix} = \frac{1}{s(s+1)}$$

다음은 수작업으로 구한 전달함수를 확인해주는 명령어이다.

```
>> A= [0 1;0 -1]; B= [0;1]; C= [1 0]; D= 0 ;
>> [ns,ds]= ss2tf(A,B,C,D)
ns=  0    0    1.0000
ds=  1    1    0
```

(b) 앞서 구한 결과로부터

$$(s\mathbf{I}-\mathbf{A})^{-1} = \frac{1}{s(s+1)}\begin{bmatrix} s+1 & 1 \\ 0 & s \end{bmatrix}$$

이므로

$$\mathbf{G}(s) = \mathbf{C}(s\mathbf{I}-\mathbf{A})^{-1}\mathbf{B}+\mathbf{D} = \frac{1}{s(s+1)}[1 \quad 0]\begin{bmatrix} s+1 & 1 \\ 0 & s \end{bmatrix}\begin{bmatrix} 1 & 0 \\ 0 & 1 \end{bmatrix} = \begin{bmatrix} \frac{1}{s} \\ \frac{1}{s(s+1)} \end{bmatrix}$$

다음은 이를 확인해주는 명령어이다. 두 번째와 세 번째 줄의 1과 2는 다입력 시스템의 입력 원소의 색인을 나타낸다.

```
>> A= [0 1;0 -1]; B= [1 0;0 1]; C= [1 0]; D= [0 0];
>> [ns,ds]= ss2tf(A,B,C,D,1)
ns=   0    1    1
ds=   1    1    0   % G(s)= (s+1)/(s^2+s)= 1/s
>> [ns,ds]= ss2tf(A,B,C,D,2)
ns=   0    0   1.0000
ds=   1    1    0   % G(s)= 1/(s^2+s)
```

6.4 오프라인 시뮬레이션

다음 장에서 다룰 온라인 시뮬레이션에 대해 알아보기 전에 먼저 오프라인 시뮬레이션에 대해 간단히 살펴보자. 여기서 말하는 오프라인(Off-line)과 온라인(On-line)은 모든 연산을 끝낸 후 사용자에게 그 결과를 일괄적으로 주느냐 아니면 계산 단계 단계마다 그 결과를 주느냐로 구분된다. 전자를 오프라인, 후자를 온라인으로 정의한다.

6.4.1 전달함수 표현 시스템

선형 시불변 시스템의 입출력 관계가 다음 전달함수로 표시되는 경우를 생각하자. 단, 모든 초기조건은 0으로 간주된다.

$$\frac{Y(s)}{U(s)} = \frac{b_0 s^n + b_1 s^{n-1} + \cdots + b_{n-1}s + b_n}{s^n + a_1 s^{n-1} + \cdots + a_{n-1}s + a_n} \tag{6.53}$$

계단형과 임의 입력에 대한 시스템의 응답을 시뮬레이션할 수 있는 명령어로는 step과 lsim이 있으며 그 형식은 다음과 같다.

- step(ns,ds,tfinal) % t= 0~tfinal 까지의 단위계단응답을 그려준다.
- step(ns,ds,t) % t에서 단위계단응답을 그려준다.
- y= step(ns,ds,tfinal) % t= 0~tfinal 까지의 단위계단응답을 구해 y에 저장해준다.
- y= step(×××) % t에서 단위계단응답을 구해 y에 저장해준다.
- lsim(ns,ds,u,t) % t에서 입력 u의 응답을 그려준다.
- y= lsim(×××) % t에서 입력 u의 응답을 구해 y에 저장해준다.

여기서 ns와 ds는 각각 식 (6.53)의 분자와 분모 다항식의 계수들을 내림차순으로 쓴 벡터 ns= $[b_0\ b_1\ \cdots\ b_{n-1}\ b_n]$, ds= $[a_0\ a_1\ \cdots\ a_{n-1}\ a_n]$이고, t는 사용자가 ti:step:tf 형식으로 지정한 시간벡터이고, u는 t 시각에서 정의되는 입력벡터이다.

다음 전달함수로 표시되는 시스템의 단위계단응답을 15초동안 그릴 경우에는

$$\frac{Y(s)}{U(s)} = \frac{s+2}{s^2+0.8s+2}$$

step 명령어를 쓰면 된다.

```
>> ns= [1 2]; ds= [1 0.8 2];
>> step(ns,ds,15)
```

예제 6.4 다음 전달함수로 주어지는 시스템에서 입력 u(t)= 2 (t>0)에 대한 계단응답을 20초동안 그려라.

$$\frac{Y(s)}{U(s)} = \frac{3s+1}{2s^3+4s^2+3s+1}$$

풀이 스크립트에서 size(t)는 시간벡터 t의 차원을 얻는 명령어이고, u= 2*ones(size(t))는 t와 차원이 같으면서 모든 원소가 2인 입력 벡터를 만들어준다. 실행할 때 얻어지는 응답은 그림 6.7과 같다.

Script file: prog6_1.m

```
ns= [3 1]; ds= [2 4 3 1];
t= 0:0.02:20;
```

```
u= 2*ones(size(t));
y= lsim(ns,ds,u,t);

plot(t,y,'k','LineWidth',2)
axis([0 20 0 3]);
xlabel('y');
ylabel('y(t)');
```

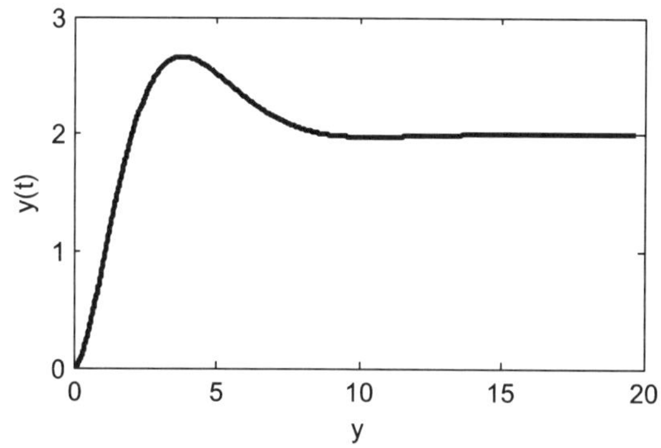

그림 6.7 계단응답

6.4.2 상태공간 표현 시스템

일반적으로 시스템은 선형 또는 비선형일 수 있고 또 초기조건을 가진 경우가 많기 때문에 전달함수 표현법의 사용은 제한적이라고 할 수 있다. 대신 상태공간 표현법은 이런 제약에서 자유로우며 LTI 시스템은 아래 식으로 표시된다.

$$\dot{\mathbf{x}}(t) = A\mathbf{x}(t) + B\mathbf{u}(t),\ \mathbf{x}(t_0) \tag{6.54a}$$

$$\mathbf{y}(t) = C\mathbf{x}(t) + D\mathbf{u}(t) \tag{6.54b}$$

계단형과 임의 입력에 대한 시스템의 응답을 얻기 위한 명령어는 다음과 같다.

- step(A,B,C,D) % 초기조건이 0일 때 단위계단응답을 그려준다.
- step(A,B,C,D,iu,tfinal) % t= 0~tfinal까지의 단위계단응답을 그려준다. iu는 입력 원소의 색인을 뜻한다.

- step(A,B,C,D,iu,t) % t에서 단위계단응답을 그려준다.
- y= step(…) % 단위계단응답을 구해 y에 저장해준다.
- lsim(sys,u,t,x0) % 초기조건이 x0일 때 입력 u에 대한 응답을 그려준다.
- y= lsim(…) % 입력 u에 대한 응답을 구해 y에 저장해준다.

6.1.2.4절의 RLC 회로에서 R= 1[W], L= 1[H], C= 0.1[F]일 때 다음 상태공간식을 얻는다. 초기조건 x(0)= 0에 대한 단위계단응답을 15초동안 그리는 명령어는 다음과 같다.

$$\dot{\mathbf{x}} = \begin{bmatrix} 0 & 10 \\ -1 & -1 \end{bmatrix} \mathbf{x} + \begin{bmatrix} 0 \\ 1 \end{bmatrix} u$$

$$y = [1 \quad 0]\mathbf{x}$$

```
>> A= [0 10;-1 -1]; B= [0;1]; C=[1 0]; D= 0;
>> step(A,B,C,D,1,15)
```

예제

6.5 다음 식으로 주어지는 시스템에서 입력 u(t)= 2 (t>0)에 대한 계단응답을 20초동안 그려보자.

$$\dot{\mathbf{x}} = \begin{bmatrix} 0 & 1 \\ -1 & -2 \end{bmatrix} \mathbf{x} + \begin{bmatrix} 0 \\ 1 \end{bmatrix} u, \ \mathbf{x}(t_0) = \begin{bmatrix} 0.1 \\ 0 \end{bmatrix}$$

$$y = [1 \quad 0]\mathbf{x}$$

Script file: prog6_2.m

```
A= [0 1;-1 -2]; B= [0;1]; C= [1 0]; D= 0;
x0= [0.1;0];
t= 0:0.02:20;
u= 2*ones(size(t));
y= lsim(A,B,C,D,u,t,x0);

plot(t,y,'k','LineWidth',2)
axis([0 20 0 2.5])
xlabel('t'), ylabel('y(t)')
```

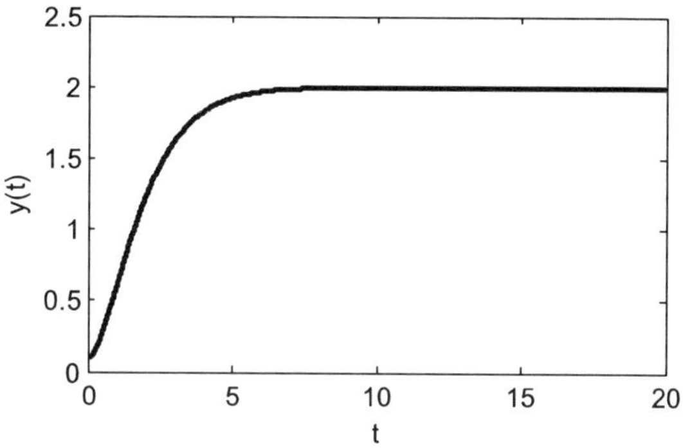

그림 6.8 계단응답

6.5 4차 Runge-Kutta법

앞에서 살펴본 방법들은 모든 계산을 끝낸 뒤에야 데이터를 넘겨받아 이를 그래프로 그리게 된다. 만약 매 단계 단계마다 계산 결과를 즉시 넘겨준다면 애니메이션 구현이 용이할 것이다. 이를 위해 온라인적으로 상미분방정식(ODE)을 풀도록 4차 Runge-Kutta(R-K) 법을 사용해보자. 4차 R-K법은 Stiff ODE를 제외하고 일반적으로 폭넓게 사용되는 방법이다.

6.5.1 1계 미분방정식의 해법

먼저 y(t)와 u(t)를 각각 출력과 입력으로 하는 초기값 문제를 고려하자.

$$y'(t) = f[t, y(t), u(t)] \quad (a \le t \le b)$$

$$\text{단, 초기값}\ \ y(a) = \alpha \tag{6.55}$$

여기서 a와 b는 각각 초기시각과 최종시각을, a는 초기값을 의미한다. 구간 $a \le t \le b$를 n등분하여 분점들을 차례로 t_0, $t_1, \cdots$, t_n이라 하면 t_i는 다음 식으로 주어진다.

$$t_i = a + ih \quad (i = 0, 1, \cdots, n) \tag{6.56a}$$

$$h = \frac{b-a}{n} \tag{6.56b}$$

4차 R-K알고리즘의 유도는 어렵고 또 지루하기 때문에 생략하고 전체적인 알고리즘만 간단히 소개한다. 자세한 것은 참고서나 웹 페이지를 참조 바란다[14, 18].

```
Step 1 Input a, b, h, a
Step 2 Set n= (b-a)/h, t= a, y= a
Step 3 For i= 0 to n-1 do Steps 4-7
Step 4 Input u
    Step 5 Set k1= hf(t,y,u)
           k2= hf(t+h/2,y+k1/2,u)
           k3= hf(t+h/2,y+k2/2,u)
           k4= hf(t+h,y+k3,u)
           y= y+1/6 (k1+2k2+2k3+k4)
    Step 6 Set t= t+h
    Step 7 Output t and y
Step 8 Stop
```

4차 R-K법의 절단오차는 h^4에 비례하므로 h를 작게 할수록 정밀도가 급격히 향상되는 것을 알 수 있다.

$$O(h^4) = -\frac{(b-a)h^4}{5760} y^{(4)}(\xi) \qquad (6.57)$$

단, x는 구간 a와 b 사이의 어떤 값이다.

6.5.2 고계 미분방정식의 해법

앞서 살펴보았듯이 모든 시스템은 다음과 같은 상태공간식으로 표시될 수 있고

$$\dot{\mathbf{x}}(t) = \mathbf{f}[t, \mathbf{x}(t), \mathbf{u}(t)] \qquad (6.58a)$$

$$\mathbf{y}(t) = \mathbf{g}[t, \mathbf{x}(t), \mathbf{u}(t)] \quad (a \le t \le b) \qquad (6.58b)$$

단, 초기값 $\mathbf{x}(a) = \boldsymbol{\alpha}$

여기서 **f**와 **g**는 각각 상태벡터 x와 입력벡터 u의 선형 또는 비선형 결합으로 표시되는

n×1, p×1 차원의 함수벡터이다. 앞서 살펴본 4차 R-K법을 식 (6.58)에 직접 확장 적용할 수도 있지만 문제를 좀 더 단순화하기 위해 단일 입출력 3차 시스템에 적용해보자. 그러면

$$\dot{x}_1 = f_1(t,x_1,x_2,x_3,u) \tag{6.59a}$$

$$\dot{x}_2 = f_2(t,x_1,x_2,x_3,u) \tag{6.59b}$$

$$\dot{x}_3 = f_3(t,x_1,x_2,x_3,u) \tag{6.59c}$$

$$y = g(t,x_1,x_2,x_3,u) \quad (a \le t \le b) \tag{6.60}$$

단, 초기값 $x_1(a)= \alpha_1,\ x_2(a)= \alpha_2,\ x_3(a)= \alpha_3$

앞에서와 같이 $t_i= a+ih$ $(i= 0,1,\cdots,n)$로 정의하면 4차 R-K법은 반복적으로 $x_1(t_i)$, $x_2(t_i)$, $x_3(t_i)$와 $y(t_i)$를 구하게 된다. 전체 알고리즘은 다음과 같다.

```
Step 1 Input a, b, h, a1, a2, a3
Step 2 Set n= (b-a)/h, t= a, x1= a1, x2= a2, x3= a3
Step 3 For i= 0 to n-1 do Steps 4-7
    Step 4 Input u
    Step 5 Set k11= hf1(t,x1,x2,x3,u)
               k21= hf2(t,x1,x2,x3,u)
               k31= hf3(t,x1,x2,x3,u)

               k12= hf1(t+h/2,x1+k11/2,x2+k21/2,x3+k31/2,u)
               k22= hf2(t+h/2,x1+k11/2,x2+k21/2,x3+k31/2,u)
               k32= hf3(t+h/2,x1+k11/2,x2+k21/2,x3+k31/2,u)

               k13= hf1(t+h/2,x1+k12/2,x2+k22/2,x3+k32/2,u)
               k23= hf2(t+h/2,x1+k12/2,x2+k22/2,x3+k32/2,u)
               k33= hf3(t+h/2,x1+k12/2,x2+k22/2,x3+k32/2,u)

               k14= hf1(t+h,x1+k13,x2+k23,x3+k33,u)
               k24= hf2(t+h,x1+k13,x2+k23,x3+k33,u)
               k34= hf3(t+h,x1+k13,x2+k23,x3+k33,u)

               x1= x1+(k11+2k12+2k13+k14)/6
               x2= x2+(k21+2k22+2k23+k24)/6
```

```
            x3= x3+(k31+2k32+2k33+k34)/6
    Step 6 Set y= g(t,x1,x2,x3,u)
            t= t+h
    Step 7 Output t and y
Step 8 Stop
```

전체 알고리즘 중에서 Step 5에 해당되는 부분만 함수 함수(Function function)를 써서 프로그래밍해보면 RK4_1과 같다. RK4_1은 벡터 표현 기법으로 프로그래밍되었고, 함수 fun과 시각 t, 상태벡터 x, 입력 u, 시간 증분치 h를 입력 받아 새로운 x를 계산해서 되돌리는 형식으로 되어 있다. 이때 식 (6.59)를 계산해주는 함수, 즉 실제 전달되는 함수는 RK4_1 내에서 사용되는 대응 함수(또는 명목 함수) fun과 같은 형식을 가져야 한다. 즉, 입력인수의 데이터형, 순서와 개수가 같아야 한다.

Function file: RK4_1.m

```
function x= RK4_1(fun, t, x, u, h)
k1 = h*fun(t,x,u);
k2 = h*fun(t+0.5*h,x+0.5*k1,u);
k3 = h*fun(t+0.5*h,x+0.5*k2,u);
k4 = h*fun(t+h,x+k3,u);
x= x+(k1+2*(k2+k3)+k4)/6;
```

어떤 프로그래밍 환경에서는 실제 전달되는 함수가 주함수로부터 파라미터를 전달받아서 계산할 때가 있다. 이런 경우에도 적용할 수 있게 RK4_1를 수정한 것이 RK4이다. RK4는 5 또는 6개의 입력인수를 가질 수 있다. 입력인수 수가 5보다 작을 경우에는 오류 메시지를 내고 프로그램을 끝내며, 5이면 RK4_1와 같은 연산을, 6이면 par를 통해 실제 전달되는 함수에 파라미터 값을 전달해준다. 전달할 파라미터 수가 여러 개이면 par를 벡터 처리하면 된다. 물론 par 대신 가변 입력인수 varargin을 써서 프로그래밍해도 된다.

Function file: RK4.m

```
function x= RK4(fun, t, x, u, h, par)
```

```
if nargin < 5
    error('Usage: x= RK4(fun, t, x, u, h); or x= RK4(fun, t, x, u, h, par);')
end
if nargin == 5
    k1 = h*fun(t,x,u);
    k2 = h*fun(t+0.5*h,x+0.5*k1,u);
    k3 = h*fun(t+0.5*h,x+0.5*k2,u);
    k4 = h*fun(t+h,x+k3,u);
else
    k1 = h*fun(t,x,u,par);
    k2 = h*fun(t+0.5*h,x+0.5*k1,u,par);
    k3 = h*fun(t+0.5*h,x+0.5*k2,u,par);
    k4 = h*fun(t+h,x+k3,u,par);
end
x= x+(k1+2*(k2+k3)+k4)/6;
```

RK4를 호출해서 몇 가지 미분방정식의 수치해를 구해보자.

예제 6.6 예제 6.5에서 다루었던 시스템의 응답을 RK4로 다시 구해 그려보자. 단, h= 0.02초이다.

풀이 RK4를 호출하기 위해서는 사용자는 주함수와 실제 전달되는 함수를 프로그래밍해야 하는데, 다음은 이들을 보여준다.

Function file: prog6_3.m

```
function prog6_3
h= 0.02; loop= 1000;
t= 0; x= [0.1; 0]; % 초기값 설정
buf= [t x(1)]; % 초기시각과 출력을 buf에 저장
for i= 1:loop
    u= 2;
    x= RK4(@myfun,t,x,u,h);  % 핸들 @myfun을 사용
    t= t+h;
    buf= [buf;t x(1)]; % t와 출력을 buf에 저장
end
```

```
plot(buf(:,1), buf(:,2), 'k', 'LineWidth', 2);
axis([0 20 0 2.5])
xlabel('t');
ylabel('y(t)');

% 예제 6.5의 시스템
function xdot= myfun(t, x, u)
xdot = zeros(2,1);
xdot(1) = x(2);
xdot(2)= -x(1)-2*x(2)+u;
```

주함수에서는 t와 **x**가 초기화되고, t≤20초가 될 때까지 루프가 반복되는 동안 t와 **x**가 갱신되고 buf의 첫 열에는 t, 다음 열에는 x(1)이 저장된다. 루프가 끝나면 응답을 그리게 되며, 그 결과는 그림 6.9와 같다.

프로그램에서 보면 실제 전달되는 함수 myfun과 RK4 내부에서 쓰이는 명목 함수 fun의 이름이 서로 다른 것을 알 수 있다. 이름은 서로 달라도 되지만 이들의 형식은 반드시 일치해야 하고 또 RK4호출 시 입력인수로 myfun의 핸들 @myfun을 사용하여야 한다.

한편 myfun의 xdot= zeros(2,1)은 xdot가 쓰이기 전에 2×1 벡터로 초기화해주는 문장이다.

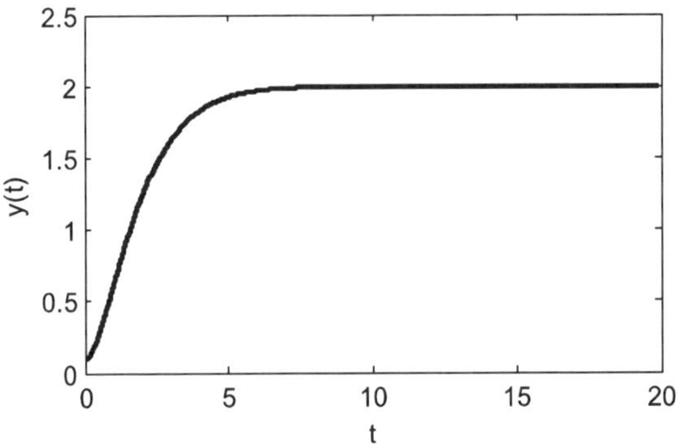

그림 6.9 계단 응답

예제

6.7 3계 미분방정식으로 표시되는 다음 시스템의 응답 y(t)를 $0<t\le 20$초 동안 구해 그려보자. 단, $u(t)= e^{-0.5t}\sin(t)$ (t>0)이고 h= 0.02초이다.

$$\dddot{y}+2\ddot{y}+2\dot{y}+y=4\ddot{u}+u \quad \text{단}, \ddot{y}(0)=\dot{y}(0)=0,\ y(0)=1,\ \ddot{u}(0)=\dot{u}(0)=u(0)=0$$

풀이 주어진 식으로부터 $a_1= 2$, $a_2= 2$, $a_3= 1$, $b_0= 0$, $b_1= 4$, $b_2= 0$, $b_3= 1$이므로 6.2.1절의 방법 1을 적용하면 다음 식을 얻는다.

$$\dot{\mathbf{x}}=\begin{bmatrix}-2 & 1 & 0\\ -2 & 0 & 1\\ -1 & 0 & 0\end{bmatrix}\mathbf{x}+\begin{bmatrix}4\\0\\1\end{bmatrix}u$$

$$y=[1 \quad 0 \quad 0]\mathbf{x}$$

한편 초기조건은 다음과 같이 계산된다.

$$x_1(0)= y(0)-b_0u(0)= 1$$
$$x_2(0)= \dot{y}(0)-b_0\dot{u}(0)+a_1y(0)-b_1u(0)= 2$$
$$x_3(0)= \ddot{y}(0)-b_0\ddot{u}(0)+a_1\dot{y}(0)-b_1\dot{u}(0)+a_2y(0)-b_2u(0)= 0$$

다음은 RK4를 호출하고 응답을 구하는 프로그램이며, 실행 결과는 그림 6.10과 같다. 이때도 응답을 그리기 위해 변수 buf를 사용하고 있다.

Function file: prog6_4.m

```
function prog6_4
t= 0; x= [1; 2; 0]; % 초기값 설정
h= 0.02; loop= 1000;
buf= [t x(1)];
for i= 1:loop
   u= exp(-0.5*t)*sin(t);
   x= RK4(@fun,t,x,u,h); % 핸들 @fun을 사용
   t= t+h;
   buf= [buf;t x(1)];
end
plot(buf(:,1), buf(:,2), 'k', 'LineWidth', 2);
axis([0 20 -1 1.5])
```

```
xlabel('t'); ylabel('y(t)');

% 예제 6.7의 상태공간 방정식
function xdot= fun(t, x, u)
xdot = zeros(3,1);
xdot(1)= -2*x(1)+x(2)+4*u;
xdot(2)= -2*x(1)+x(3);
xdot(3)= -x(1)+u;
```

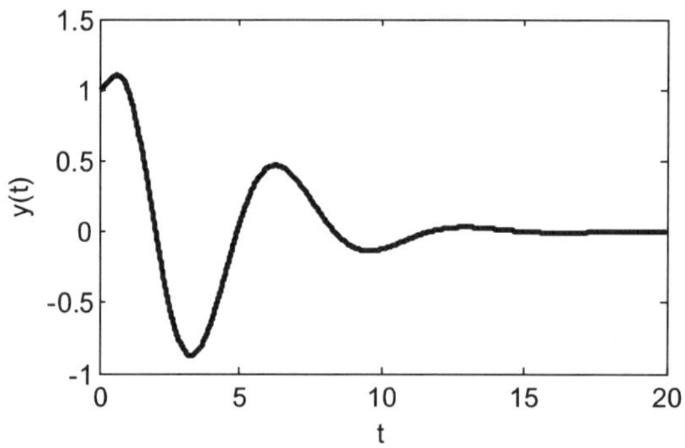

그림 6.10 3계 미분방정식의 응답

예제

6.8 다음은 카오스 현상이 일어나는 비선형 Lorenz시스템이다.

$$\dot{x} = \sigma(y - x)$$
$$\dot{y} = x(\rho - z) - y$$
$$\dot{z} = xy - \beta z$$

여기서 x, y, z는 상태변수이고, 파라미터 σ= 28, ρ= 10, β= 8/3이고, 초기값은 x(0)= 0, y(0)= 1, z(0)= 1.05이다. 25초 동안 해를 구해 그려보자. 단, h= 0.005초이다.

풀이 상태벡터 x= $[x\ y\ z]^T$로 정의되고, RK4에 의해 경신되면 t와 함께 buf에 저장된다. 저장된 데이터는 plot를 사용하여 각 변수의 시간응답을 그리거나, 그림 6.11(a)와 같이 t를 매개변수로 하여 두 변수간의 그래프를 그리거나 아니면 그림 6.11(b)와 같이 세 변수간의 3차원 그래프로 표현할 수 있다.

주함수에서 초기화된 파라미터 σ, ρ, β는 par 벡터를 통해 함수 Lorenz에 전달되고 있음에 유의하라.

Function file: prog6_5.m

```
function prog6_5
t= 0; x= [0;1;1.05]; % 초기값 설정
h= 0.005; u= 0; par=[28 10 8/3]; loop= 5000;
buf= [t x'];
for i= 1:loop
   x= RK4(@Lorenz,t,x,u,h,par);
   t= t+h;
   buf= [buf;t x'];
end
plot(buf(:,2), buf(:,4), 'k'); xlabel('x(t)'); ylabel('z(t)'); % x-z 그래프
%plot(buf(:,2), buf(:,3), 'k'); xlabel('x(t)'); ylabel('y(t)'); % x-y 그래프
%plot(buf(:,3), buf(:,4), 'k'); xlabel('y(t)'); ylabel('z(t)'); % y-z 그래프
%plot3(buf(:,2), buf(:,3),buf(:,4),'k');xlabel('x(t)'); ylabel('y(t)');
%zlabel('z(t)'); % x-y-z 그래프

% 비선형 Lorenz 시스템
function xdot= Lorenz(t,x,u,par)
rho= par(1); sigma= par(2); beta= par(3);
xdot= zeros(3,1);
xdot(1)= sigma*(x(2)-x(1));
xdot(2)= x(1)*(rho-x(3))-x(2);
xdot(3)= x(1)*x(2)-beta*x(3);
```

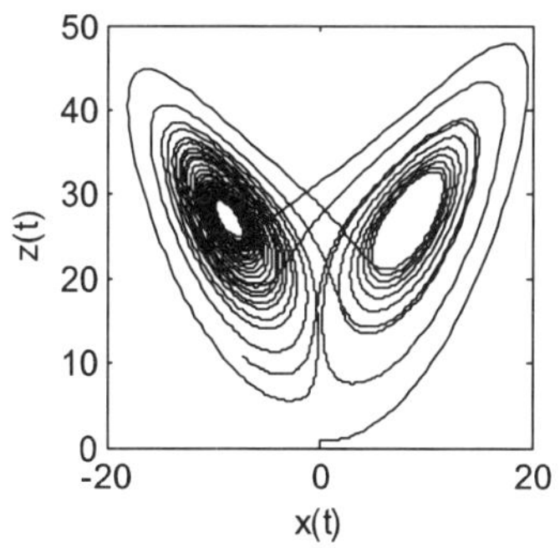

(a) x-z 그래프

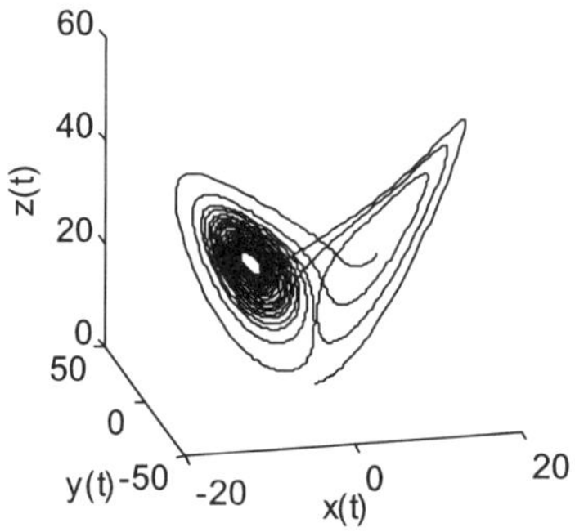

(b) x-y-z 그래프

그림 6.11 Lorenz 시스템

6.6 비선형 요소의 시뮬레이션

우리가 다루는 실제 시스템에는 여러 가지 형태의 비선형 요소들이 존재한다. 이들은 내재적으로 존재하는 비선형 요소와 경제적, 기술적인 이유로 의도적으로 삽입한 비선형성 요소로 구분될 수 있다. 전자에 속하는 것이 포화(Saturation), 시간지연(Time delay), 불감대(Dead zone), 쿨롱마찰(Coulomb friction), 백래시(Backlash) 등이고, 후자에 속하는 대표적인 것이 릴레이(Relay)이다.

여기서는 제어 시스템 설계 시 자주 접하게 되는 몇 가지 비선형 요소들을 어떻게 시뮬레이션하는지 살펴보자.

6.6.1 시간지연 요소

어떤 신호 u(t)와 L 시간 지연된 신호를 u'(t)라 하면 이들 간의 관계식은 다음과 같이 쓸 수 있다.

$$u'(t) = u(t-L) \tag{6.61}$$

이를 Laplace 변환하고 블록선도로 표시하면 다음과 같다.

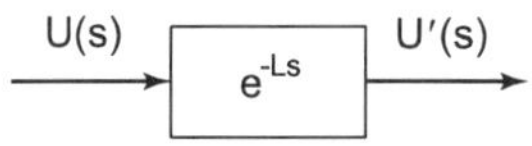

시간지연(Time delay) 요소는 컴퓨터 상에서 값을 받아 버퍼(배열)에 저장했다가 일정 시간(반복횟수)이 지난 후 꺼내서 반환하는 방법으로 구현할 수 있다. 구현은 프로그래밍 기법상 2단계로 나눠진다. 첫째 단계는 데이터를 저장할 버퍼를 생성하며, 함수 SetTimeDelay가 그 역할을 해준다. SetTimeDelay(id,L,h,iu)에서 id는 여러 개의 시간지연 요소를 동시에 구현할 때 이들을 구분해주는 식별번호(1, 2, 3, ⋯)이며, L은 시간지연, h는 샘플링 시간, iu는 버퍼의 초기값을 의미한다. iu를 생략하면 기본값 0이 설정된다. 이 함수는 버퍼가 사용되기 전에, 즉 루프 밖에서 호출되어야 한다.

Function file: SetTimeDelay.m

```
% 버퍼 생성 및 초기화
function SetTimeDelay(id,L,h,iu)
global TimeDelyBuf  index
if nargin < 3 || id < 1 || h <= 0 || L < 0 % 파라미터의 유효성 검사
   error('Check id, L and h')
end
if nargin == 3
   iu= 0; % iu가 생략될 경우 기본값으로 설정
end
index(id)= round(L/h)+1; % 시간지연 버퍼 크기를 설정
TimeDelyBuf{id}= iu*ones(1,index(id)); % TimeDelyBuf를 초기화
```

둘째 단계는 입력 값을 버퍼에 저장하고 또 일정 시간이 경과한 시간지연된 값을 반환해주며, 함수 MyTimeDelay 가 반복루프 내에서 그 역할을 해준다. du= MyTimeDelay (id,u)에서 u와 du는 각각 입력 값과 시간지연된 값을 의미한다.

Function file: MyTimeDelay.m

```
% 시간지연 구현
function du= MyTimeDelay(id,u)
global TimeDelyBuf index
maxnbuf= numel(TimeDelyBuf{id}); % TimeDelyBuf{id}의 길이를 반환
if index(id) < 1
   index(id)= maxnbuf;
end
TimeDelyBuf{id}(index(id))= u;
m= mod(index(id)+maxnbuf-2,maxnbuf)+1;
du= TimeDelyBuf{id}(m);
index(id)= index(id)-1;
```

다음 스크립트는 앞의 두 함수를 호출하여 sin(t)와 이를 각각 L= 1, 1.5만큼 지연시킨 그래프를 그리도록 작성한 것이다.

Script file: prog6_6.m

```
t= 0;h= 0.01; loop= 1000;
id1= 1; id2= 2; L1= 1; L2= 1.5; % 식별번호와 시간지연 설정
SetTimeDelay(id1,L1,h);  % id1의 시간지연 버퍼 생성 및 초기화
SetTimeDelay(id2,L2,h);  % id2의 시간지연 버퍼 생성 및 초기화
buf= [];
for i=1:loop
    u= sin(t);
    du1= MyTimeDelay(id1,u); % id1의 시간지연 구현
    du2= MyTimeDelay(id2,u); % id2의 시간지연 구현
    buf= [buf;t u du1 du2];
    t= t+h;
end
plot(buf(:,1),buf(:,2),'k.-',buf(:,1),buf(:,3),'k',buf(:,1),buf(:,4),
      'k:')
axis([0 10 -1.2 1.2])
grid on
xlabel('t'), ylabel('sin(t), sin(t-1) & sin(t-1.5)')
legend('sin(t)','sin(t-1)','sin(t-1.5)','Location','SouthEast')
```

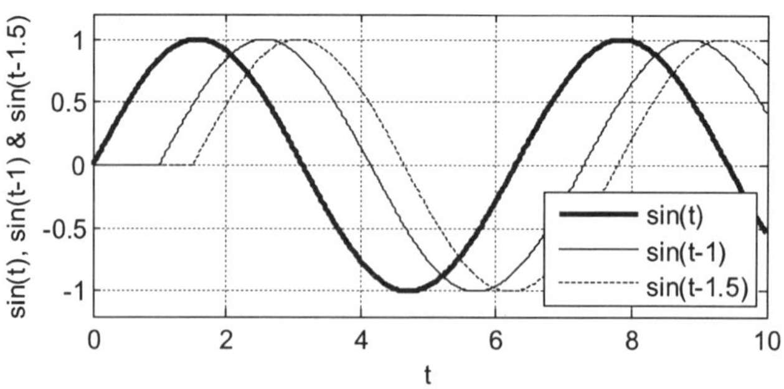

그림 6.12 sin(t), sin(t-1)과 sin(t-1.5) 그래프

6.6.2 릴레이 요소

릴레이(Relay) 요소는 ON-OFF릴레이를 포함한 여러 곳에서 볼 수 있지만, 피드백 제어시스템에서 한계진동을 일으킬 때 의도적으로 삽입해 사용하기도 한다. 더 구체적으로는 Ziegler-Nichols의 폐회로동조법으로 PID 제어기의 이득을 동조할 때 릴레이 제어기를 갖는 피드백 제어시스템으로부터 한계이득(Ultimate gain)과 한계주기(Ultimate period)를 얻기 위해 사용된다.

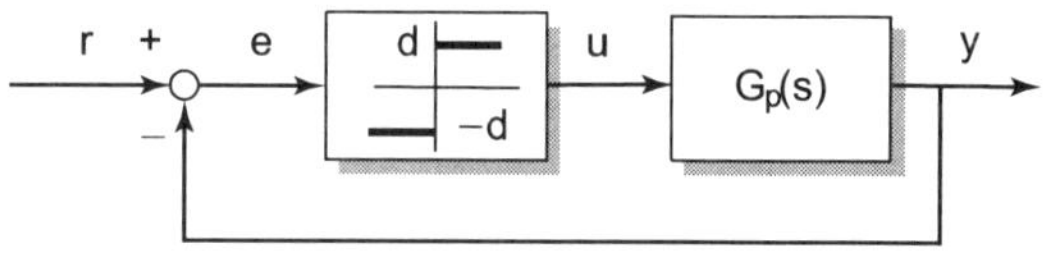

그림 6.13 릴레이 피드백 제어시스템

위의 제어시스템에서 릴레이의 동작은 다음 수식으로 표시할 수 있고 d는 릴레이의 크기이다.

$$u = \begin{cases} d, & e > 0 \\ -d, & e < 0 \end{cases} \tag{6.62}$$

e= 0는 양(음)에서 음(양)의 값으로 변경되는 과도상태이므로 어느 쪽에도 포함시키지 않았지만, 실제 프로그래밍 시에는 어느 한 곳에 포함시켜도 된다. 이를 프로그래밍한 것이 RelayFeedbackController이다.

Function file: RelayFeedbackController.m

```
function u= RelayFeedbackController(e,d)
if  e >= 0
u= d;
else
u= -d;
end
```

예제 6.9 그림 6.12의 릴레이 피드백 제어시스템에서 제어대상의 전달함수는 다음과 같고 릴레이 크기 d= 1이다.

$$G_p(s) = Y(s)/U(s) = \frac{2e^{-1.5s}}{s+2}$$

설정치 r= 0으로 할 때 응답 y(t)를 20초 동안 구해보자.

풀이 위의 식을 시간영역으로 표시하면 다음과 같다.

$$\dot{y}(t) = -2y(t) + 2u'(t) \tag{6.63a}$$

$$u'(t) = u(t-1.5) \tag{6.63b}$$

응답을 구하는 스크립트는 다음과 같다.

Function file: prog6_7.m

```
function prog6_7
r= 0; h= 0.02; L= 1.5; d= 1;ID= 1; loop= 1000;
t= 0;x= 0; % 초기치 설정
buf= [t x];
SetTimeDelay(ID,L,h,0); % 시간지연 버퍼 생성 및 초기화
for i= 1:loop
    e= r-x;
    u= RelayFeedbackController(e,d) % 릴레이 피드백 제어
    du= MyTimeDelay(ID,u); % 입력 u의 시간지연 값을 반환
    x= RK4(@fun,t,x,du,h);
    t= t+h;
    buf= [buf;t x];
end
plot(buf(:,1), buf(:,2), 'k', 'LineWidth',2)
axis([0 20 -2 2])
xlabel('t(sec)'), ylabel('y(t)')
grid on

% 예제 6.9의 제어대상
function xdot= fun(t, x, u)
xdot= -2*x+2*u;
```

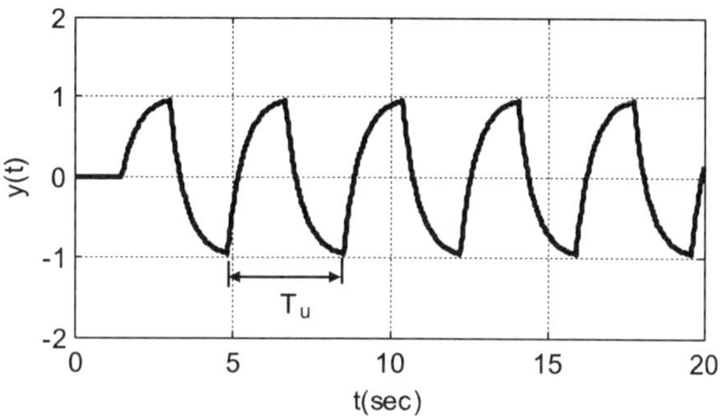

그림 6.14 한계진동 응답

그림 6.13에서 보면 진폭 a는 0.95이고, 주기는 약 3.2초이므로 한계주기 T_u는 3.2초이고, 한계이득 K_u는 다음 식으로부터 구할 수 있다[17].

$$\text{한계이득 } K_u = \frac{4d}{\pi a} = \frac{4 \times 1}{3.14 \times 0.92} = 1.38$$

$$\text{한계주기 } T_u = 3.2\text{초}$$

6.6.3 포화기 요소

액추에이터는 전기, 유압 또는 공기압 등의 에너지원을 받아 시스템을 움직이게 해주는 기계장치로서 큰 구동력이 필요할 때 자주 이용된다. 이들의 동작은 물리적으로 한계를 가지고 있다. 일례로 밸브는 전폐(Fully closed) 또는 전개(Fully opened) 범위 내에서만 동작된다. 이러한 입력값의 제한 요소를 포화기(Saturator)라 말한다.

포화기 입력의 최소, 최대값을 각각 u_{min}, u_{max}라 하면 포화기는 다음 식으로 쓸 수 있다.

$$u_s(t) = \begin{cases} u_{max}, & u(t) > u_{max} \\ u(t), & u_{min} \le u(t) \le u_{max} \\ u_{min}, & u(t) < u_{min} \end{cases} \tag{6.64}$$

다음은 양극성 포화기와 단극성 포화기의 예를 보여준다.

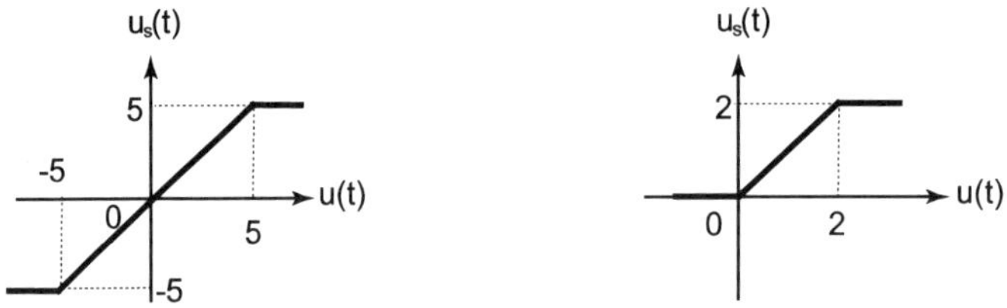

(a) 양극성 (b) 단극성

그림 6.15 포화기의 예

이들을 수식으로 표시하면 다음과 같다.

$$u_s(t) = \begin{cases} 5, & u(t) > 5 \\ u(t), & -5 \le u(t) \le 5 \\ -5, & u(t) < -5 \end{cases} \tag{6.65}$$

$$u_s(t) = \begin{cases} 2, & u(t) > 2 \\ u(t), & 0 \le u(t) \le 2 \\ 0, & u(t) < 0 \end{cases} \tag{6.66}$$

다음 함수 Saturation는 식 (6.64)를 프로그래밍한 것이다. 여기서 par는 최소값과 최대값을 가지는 1×2벡터이다.

Function file: Saturation.m

```
function us= Saturation(u,par)
umin= par(1);
umax= par(2);
us= max(umin,min(u,umax));
```

예제

6.10 다음은 PID 제어기, 제어대상, 포화기로 이루어진 제어시스템이고 이들의 전달함수와 수식은 다음과 같다.

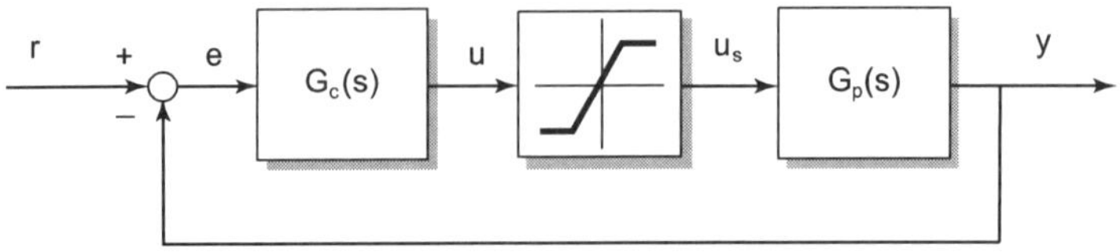

그림 6.16 포화기를 가지는 PID 제어시스템

PID 제어기:

$$G_c(s) = U(s)/E(s) = K_p(1+\frac{1}{T_i s}+T_d s) \tag{6.67}$$

제어대상:

$$G_p(s) = Y(s)/U_s(s) = \frac{2e^{-1.5s}}{s+2} \tag{6.68}$$

포화기:

$$u_s(t) = \begin{cases} 1.5, & u(t) > 1.5 \\ u(t), & -1.5 \le u(t) \le 1.5 \\ -1.5, & u(t) < -1.5 \end{cases} \tag{6.69}$$

설정치 r=1에 대하여 응답 y(t)를 15초 동안 구해보자.

풀이 식 (6.67)과 식 (6.68)을 시간영역으로 표시하면 다음과 같다.

$$u(t) = K_p[e(t)+\frac{1}{T_i}\int e(t)dt + T_d\frac{de(t)}{dt}] \tag{6.70}$$

$$\dot{y}(t) = -2y(t)+2u_s'(t) \tag{6.71}$$

$$u_s'(t) = u_s(t-1.5) \tag{6.72}$$

식 (6.68)의 제어대상에 대해 예제 6.9에서 구한 K_u와 T_u를 Ziegler–Nichols 동조규칙에 적용하면 다음 파라미터를 구할 수 있다[17].

$$K_p = K_u/1.7 = 1.38/1.7 = 0.81$$

$$T_i = T_u/2 = 3.2/2 = 1.6$$

$$T_d = T_u/8 = 3.2/8 = 0.4$$

응답을 구하는 스크립트는 다음과 같다.

Function file: prog6_8.m

```
function prog6_8
Kp= 0.63; Ti= 1.6; Td= 0.4; % PID 파라미터
L= 1.5; % 시간지연
t= 0; x= 0; r= 1; % 초기치와 설정치
h= 0.02; ee= r-x; z= 0;loop= 750;
```

```
buf= [t x 0];
SetTimeDelay(1,L,h,0);                  % 1번 시간지연 버퍼를 0으로 초기화
for i= 1:loop
    e= r-x;                             % 오차 계산
    z= z+0.5*h*(e+ee);                  % 사다리꼴 적분
    ce= (e-ee)/h;                       % 근사 미분
    ee= e;                              % 오차값 갱신
    u= Kp*(e+z/Ti+Td*ce);               % PID 제어기 계산
    us= Saturation(u,[-1.5 1.5]);       % Saturator 호출
    du= MyTimeDelay(1,us);              % Time delay 호출
    x= RK4(@fun,t,x,du,h);              % 4차 R-K법 호출
    t= t+h;
    buf= [buf;t x us];
end
subplot 211
plot(buf(:,1), buf(:,2), 'k', 'LineWidth', 2)  % y(t) 그래프
axis([0 15 0 1.5])
xlabel('t(sec)')
ylabel('y(t)')

subplot 212
plot(buf(:,1), buf(:,3), 'k', 'LineWidth', 2)  % us(t) 그래프
axis([0 15 0 1.5])
xlabel('t(sec)')
ylabel('u_s(t)')

% 제어대상
function xdot= fun(t, x, u)
xdot= -2*x+2*u;
```

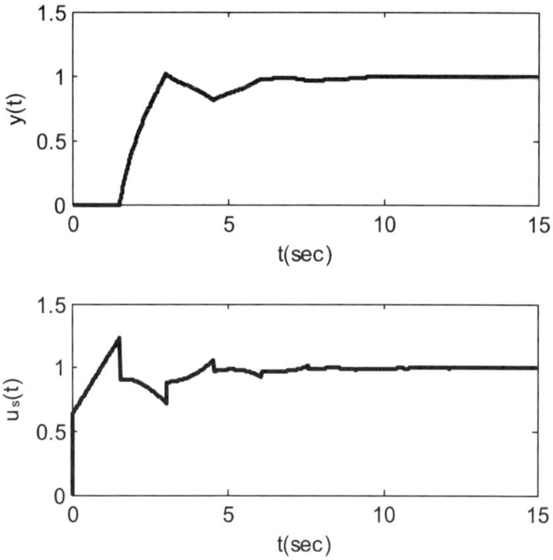

그림 6.17 PID 제어시스템의 응답

Chapter 07

애니메이션 시작하기

MATLAB AND ANIMATION

7.1 기본 명령어

7.2 간단한 애니메이션 예

만약 형제나 자매가
헐벗고 일용할 양식이 없는데
너희 중에 누구든지 그에게 이르되
평안히 가라,
덥게 하라,
배부르게 하라 하며
그 몸에 쓸 것을 주지 아니하면
무슨 이익이 있으리요
이와 같이 행함이 없는 믿음은
그 자체가 죽은 것이라.

〈 야고보서 2:15–17 〉

Matlab & Animation

앞 장에서 우리는 시스템의 모델로부터 시간 응답을 얻어 그리는 문제를 살펴보았다. 시간 응답은 시스템을 해석하고 또 제어기를 설계하는 데 있어서 대단히 중요한 역할을 해준다. 하지만 시스템이 직접 움직이는 것과 같은 생동감과 현실감을 표현해주지 못하므로 이로부터 시스템을 이해하는 데는 한계가 있을 수 밖에 없다. 따라서 8장에서 실질적인 문제들을 애니메이션해 보기 전에 그 전 단계로 애니메이션 구현에 필요한 몇 가지 명령어와 간단한 예를 살펴본다.

MATLAB에서 애니메이션을 구현하는 방법으로는 3가지가 있다. 하나는 comet 또는 comet3 명령어를 이용하는 것이고, 다른 하나는 getframe과 movie 명령어를 이용하는 것이고, 마지막 방법은 MATLAB 핸들 그래픽스(Handle graphicS)를 이용하는 것이다. 첫 번째 방법은 혜성 모양의 도형을 그릴 때 유용한 방법이며, 두 번째 방법은 getframe으로 일련의 그림들을 프레임 단위로 저장해 두었다가 movie 명령어로 영화처럼 재생시키는 방법이고 이미지를 다룰 때 효과적이다. 자세한 것은 도움말창을 참조 바란다. 세 번째 방법은 가장 보편적인 방법이며, 객체의 핸들을 얻고 속성 제어를 통해 구현한다. 이후의 장에서도 이 방법을 사용한다.

7.1 기본 명령어

7.1.1 객체 핸들 얻기와 속성 제어하기

앞서 우리는 여러 고급 그래픽 명령어들을 익히면서 주로 정적인 그래프를 그리고 또 객체의 속성을 제어하는 방법에 대하여 살펴보았다. 여기서는 그래픽 객체들의 핸들과 set 명령어로 동적인 도형을 그리는 방법에 대해 살펴보자. 여러 그래픽 명령어들 중에서도 이후의 장에서 주로 사용될 plot, fill, rectangle, text 명령어를 중심으로 살펴본다.

7.1.1.1 Plot 명령어

plot 명령어로 생기는 Line 객체는 선색, 선폭 등을 포함한 많은 속성을 가지고 있지만, 애니메이션을 구현하려면 Line 객체가 화면에서 움직일 때 이전의 자리를 지우고 메워줘야 하는데, 이런 기능을 제어할 수 있는 속성이 EraseMode이다. EraseMode 속성을 제어하는 객체의 핸들과 갱신될 x, y 데이터만 준비되면 set와 drawnow 명령어로 애니메이션을 구현할 수 있다.

plot 명령어로부터 핸들을 받고 set 명령어로 속성을 제어하는 형식은 다음과 같다.

- h= plot(x,y,'EraseMode','erasemode') % erasemode로 첫 번째 x, y 데이터를 화면에 찍고 다음 번 그래프의 속성을 제어하기 위해 핸들 h를 되돌려준다.
- set(h,'XData',x,'YData',y) % 객체 h의 x,y 데이터를 갱신한다. 이때 데이터만 바꾸고 화면에는 그리지는 않는다.

이때 어떤 Erasemode를 사용하느냐에 따라 화면에 나타나는 결과가 달라진다. MATLAB은 4가지 모드를 제공하고 있다.

- normal: 객체가 움직이면 이전의 자리가 정확히 복원되도록 3차원 분석을 통해서 다시 채운다. 가장 정확하지만 다른 것에 비해 속도가 약간 느리다.
- XOR: 객체가 움직이면 그 아래 객체의 각 픽셀과 배타적 OR(XOR)을 수행해서 그려주고 이전 자리는 정확히 복원된다.
- background: 객체가 움직이면 이전의 자리와 아래에 있는 모든 객체 자리에 배경색으로 채운다.
- none: 객체가 움직이면 이전의 자리를 지우지 않는다.

스크립트 prog7_1은 흰 배경 바탕 위에 청록색의 사각형과 검정 선을 그린 다음 중심의 좌표가 (5,5)이고 반경이 2인 빨강 공을 우측 상단의 대각선 방향으로 2단계 움직이도록 프로그래밍한 것이다.

Script file: prog7_1.m

```
clf
r= 2;
hold on
fill([0 20 20 0 0],[0 0 20 20 0],'c') % 청록색의 사각형을 그려줌
plot([0 15 2],[2 15 0],'k','linewidth',3)% 검정색의 선을 그려줌
[xx,yy]= Circle(5,5,r);
gh= fill(xx,yy,'r','EraseMode','normal');  % 그림 7.1(a)
%gh= fill(xx,yy,'r','EraseMode','xor');  % 그림 7.1(b)
%gh= fill(xx,yy,'r','EraseMode','background');  % 그림 7.1(c)
%gh= fill(xx,yy,'r','EraseMode','none');  % 그림 7.1(d)
axis equal
axis([0 20 0 20])
```

```
for i= 5:5:10
    [xx,yy]= Circle(5+i,5+i,r);
    set(gh,'XData',xx,'YData',yy)
    drawnow
    pause(1)
end
```

이 프로그램을 실행하면 Erasemode에 따라 도형 모양이 달라지는 것을 확인할 수 있다. Normal 모드를 사용한 그림 7.1(a)에서는 빨강 공이 2단계로 움직인 다음 (15,15) 위치에 정지해 있고, XOR 모드를 사용한 그림 7.1(b)에서는 빨강 공이 아래쪽의 청록색 사각형 객체와 배타적 OR이 수행되어 검정색으로 바뀌어 나타나고, Background 모드를 사용한 그림 7.1(c)에서는 공이 지나간 자리에는 흰 배경색이 채워지고, 마지막으로 None 모드를 사용한 그림 7.1(d)에서는 이전의 자리가 지워지지 않고 있는 것을 볼 수 있다.

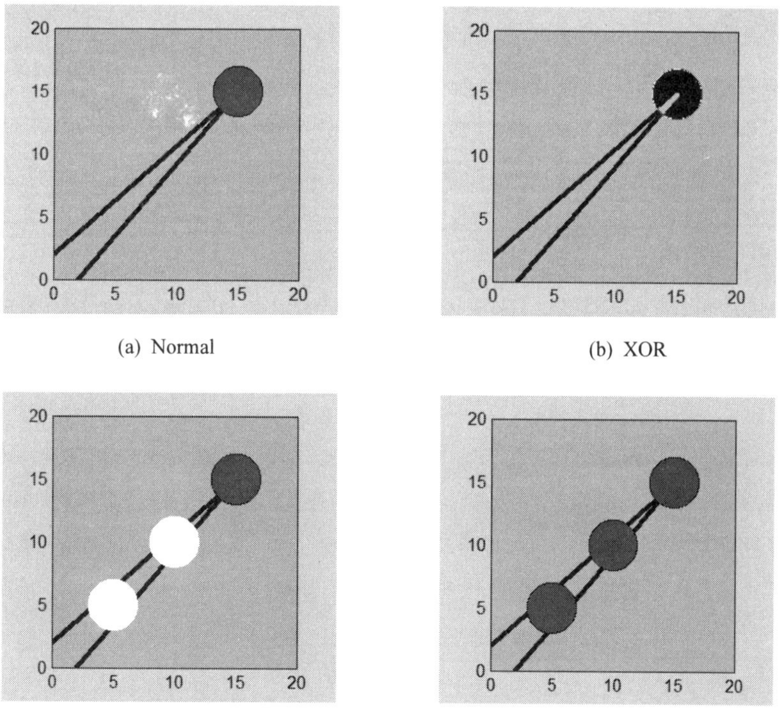

(a) Normal (b) XOR

(c) Background (d) None

그림 7.1 Erase 모드에 따른 그래프

7.1.1.2 Fill 명령어

Fill 명령어로부터 핸들을 받고 set 명령어로 EraseMode 속성을 제어하는 방법은 plot 명령어와 유사하며 그 형식은 다음과 같다.

- h= fill(x,y,'c','EraseMode','erasemode') % erasemode와 칼라 c로 x, y 데이터의 닫힌 다각형을 그리고 또 핸들 h를 되돌려준다.
- set(h,'XData',x,'YData',y) % 객체 h의 x,y 데이터를 갱신한다.

7.1.1.3 Rectangle 명령어

rectangle 명령어로부터 핸들을 받고 set 명령어로 EraseMode의 속성을 제어하는 형식은 다음과 같다.

- h= rectangle('Position',[x,y,wh,ht],'FaceColor','c','EraseMode','erasemode ') % erasemode와 칼라 c로 (x,y) 위치로부터 넓이가 wh, 높이가 ht인 사각형을 그리고 또 핸들 h를 되돌려준다.
- set(h,'Position',[x,y,wh,ht]) % 객체 h의 (x,y,wh,ht) 데이터를 갱신한다.

7.1.1.4 Text 명령어

text 명령어는 좌표 (x,y)에 문자열의 첫 글자가 놓이도록 위치를 정해 문자열을 그려준다. text로부터 핸들을 받아 set 명령어로 움직이는 문자열을 그릴 수 있으며 그 형식은 다음과 같다.

- h= text(x,y,'string') % (x,y) 위치에 문자열을 그리고 또 핸들 h를 되돌려준다.
- set(h, 'Position',[x,y], 'String', 'string') % 객체 h의 위치 (x,y)과 string을 갱신한다.

7.1.2 기타 명령어

7.1.2.1 Drawnow와 Pause 명령어

set 명령어로 갱신될 그래프의 데이터가 컴퓨터 메모리의 대기열(Queue)에 저장된다면 drawnow 명령어는 대기열에 있는 데이터를 화면에 나타내주는 역할을 해준다. 한편 pause는 프로그램 수행을 일시적으로 멈추게 해주는 명령어로서, 애니메이션 동작이 너무 빨라 의도적으로 늦추고 싶을 때 사용할 수 있다. 특히 pause로도 간단한 애니메이션 동작을 만들 수 있지만(prog7_2.m 참조) 제한적이다.

- drawnow % 대기열에 있는 데이터를 화면에 나타내주는 역할을 해준다.
- pause % 프로그램 수행을 멈추고 사용자가 어떤 키를 누를 때까지 기다린다.
- pause(n) % n초 동안 기다린 후 다음 프로그램을 진행한다.

7.1.2.2 Cla 명령어

cla는 활성화되어 있는 Axes 객체에 속한 모든 자식 객체들을 지울 때 사용되는 명령어이며 그 형식은 다음과 같다. 특히 9장에서 다룰 GUI 화면에서는 clf 대신 cla를 사용하게 된다. 그 이유는 사용자가 그리는 도형은 Axes 객체 내에 그려지고, cla를 사용하면 Axes 객체에 속한 모든 도형을 지울 수 있기 때문이다.

그러나 타이틀, 라벨 등은 Axes 객체에 속하지 않기 때문에 cla로 지워지지 않는다.

- cla % 현재 좌표축에 그려진 모든 객체들을 지운다.

7.1.2.3 Axes 명령어

Axes 명령어는 그림창에 그려진 여러 좌표축 중에서 핸들 h의 좌표축을 현재 좌표축으로 지정할 때 사용하며 그 형식은 다음과 같다.

- axes(h) % 핸들 h의 좌표축을 현재 좌표축으로 한다.

7.2 간단한 애니메이션 예

이 절에서는 간단한 예제를 통해 애니메이션에 대한 기초를 알도록 한다.

7.2.1 Pause 명령어 이용

pause 명령어를 이용해도 간단하게 애니메이션 효과를 내게할 수 있으나 제한적으로 사용이 가능하고, 많은 양의 데이터를 다루는 곳에 사용하면 속도가 느리게 되는 단점이 있다. 다음 두 함수가 주어질 때 pause 명령어로 애니메이션 효과를 내는 프로그램을 작성해보자.

$y1 = \sin(x),\ y2 = \cos(x)\ (0 \le x \le 4\pi)$

Script file: prog7_2.m

```
buf= [];
for x= 0:0.1:4*pi;
    buf= [buf;x sin(x) cos(x)];
    plot(buf(:,1),buf(:,2),'r.',buf(:,1),buf(:,3),'b.')
    axis([0 4*pi -2 2])
    grid on
    pause(0.02)
end
```

이 방법은 매 루프마다 변수 buf에 한 행씩 [x, sin(x), cos(x)]를 추가하고 처음부터 현재까지의 데이터로 그래프를 그려주고 잠시 기다린 다음, 다시 한 행의 데이터를 추가하고 그래프를 그려주는 방식으로 애니메이션 효과를 낸다.

더 구체적으로는 시작과 동시에 빈 buf가 설정되고 x= 0이면 [0 0 1]이 계산되어 buf에 저장되고 plot는 첫 열과 둘째 열의 데이터로 그래프를 그린다. 축 스케일이 설정되고 0.02초 동안 기다린다. x= 0.1이면 [0.1 0.0998 0.9950]이 계산되어 buf에 추가하고 그래프를 그리고 0.02초를 기다린 후 다시 루프를 반복하게 된다. 이러한 과정을 거치는 동안 buf에는 행들이 쌓이고 plot는 처음부터 현재까지의 데이터로 그래프를 갱신하는 작업을 수행하게 된다. 다음은 매 루프마다 buf 내에 저장되는 데이터를 보여준다.

$$\begin{array}{ll} & \quad\quad\quad\ \ x \quad \sin(x) \quad \cos(x) \\ x = 0\text{일 때} & buf = \begin{bmatrix} 0 & 0 & 1 \end{bmatrix} \end{array}$$

$$x = 0.1\text{일 때} \quad buf = \begin{bmatrix} 0 & 0 & 1 \\ 0.1 & 0.0998 & 0.9950 \end{bmatrix}$$

$$x = 0.2\text{일 때} \quad buf = \begin{bmatrix} 0 & 0 & 1 \\ 0.1 & 0.0998 & 0.9950 \\ 0.2 & 0.1987 & 0.9801 \end{bmatrix}$$

$$x = 0.3\text{일 때} \quad buf = \begin{bmatrix} 0 & 0 & 1 \\ 0.1 & 0.0998 & 0.9950 \\ 0.2 & 0.1987 & 0.9801 \\ 0.3 & 0.2955 & 0.9553 \end{bmatrix}$$

$$\cdots \qquad\qquad\qquad \cdots$$

7.2.2 핸들과 Set, Drawnow 명령어 이용

이 방법은 매 루프마다 새로 그려줘야 하는 동적 도형과, 그렇지 않아도 되는 정적 도형으로 구분는데 동적 도형에만 적용하게 된다. 동적 도형은 계속적으로 움직이거나 비록 움직이지는 않더라도 다른 도형에 의해 이전 모양이 변경됨으로 인해 다시 그려줘야 하는 도형을 말한다. 동적 도형은 루프 이전에 객체의 핸들을 받아두었다가 루프가 반복될 때마다 set 명령어와 핸들과 새로운 데이터로 갱신된다. 한편 정적 도형은 움직이지 않고 한 번만 그려주면 되는 도형을 말하며 주로 루프 이전에 그려진다. 애니메이션 구현을 위한 전체적인 프로그램의 흐름은 그림 7.2와 같다.

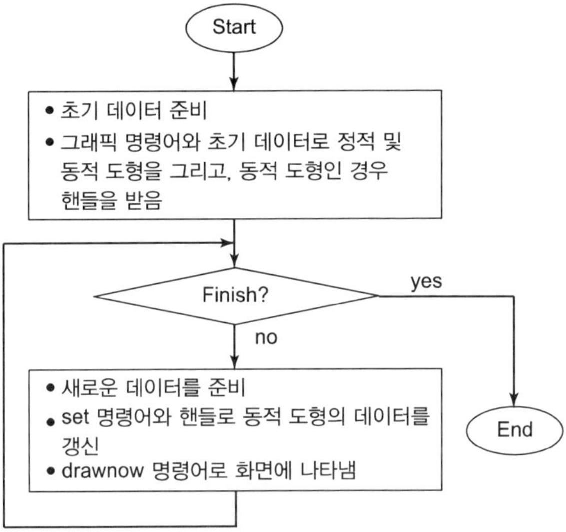

그림 7.2 애니메이션 구현을 위한 프로그램 흐름

7.2.2.1 Sin(x)와 Cos(x)의 궤적 그리기

앞서 다루었던 예제를 다시 사용하여 set와 drawnow 명령어로 그림 7.3과 같은 애니메이션을 만들어 보자. x는 0에서 4π까지 0.1씩 증분된다.

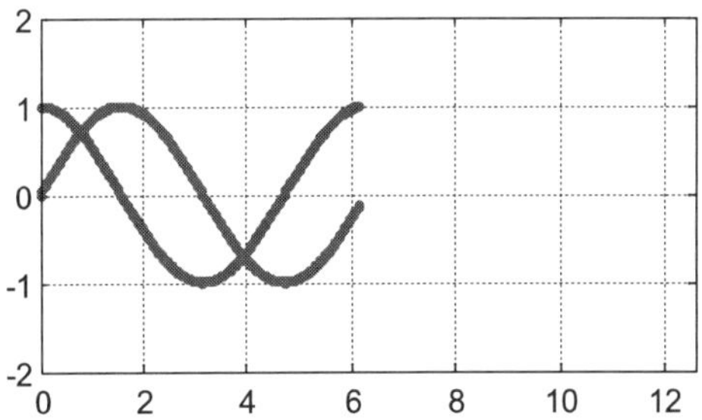

그림 7.3 sin(x)와 cos(x) 궤적의 애니메이션

작성한 스크립트는 다음과 같고 실행하면 그림 7.3을 얻는다.

Script file: prog7_3.m

```
x= 0;
hold on
gh1= plot(x, sin(x),'r.','EraseMode','normal'); % sine 그래프를 그리고 핸들을
                                                  받음
gh2= plot(x, cos(x),'b.','EraseMode','normal'); % cosine 그래프를 그리고
                                                  핸들을 받음
axis([0 4*pi -2 2])
grid on
hold off

buf= [];
for x= 0.1:0.1:4*pi;
   buf= [buf;x sin(x) cos(x)];
   set(gh1,'xdata',buf(:,1),'ydata',buf(:,2)) % 객체 gh1의 x,y 데이터를 갱신
   set(gh2,'xdata',buf(:,1),'ydata',buf(:,3)) % 객체 gh2의 x,y 데이터를 갱신
   drawnow
   pause(0.01)
end
```

for 루프 전에 (0, 0)과 (0,1) 데이터로 점을 찍고 두 그래픽 핸들 gh1, gh2를 얻는다. 이때 두 궤적이 같이 그려지므로 두 번째 plot 명령어를 사용하기 전에 hold on이 선언되고, 이후에 hold off 된다. 루프가 반복될 때마다 한 세트의 데이터가 buf에 추가되므로 핸들과 set 명령어로 x, y 데이터를 갱신하고 drawnow 명령어로 화면에 나타내준다. axis, grid, hold off 명령어가 루프 시작 전에 사용되었음에 유의하라.

7.2.2.2 탱크 수위 그리기

밑 면적이 S인 탱크에 유량 q(t)가 유입될 때 수위 h(t)와 유량과의 관계식은 다음과 같이 표시된다.

$$h(t) = \frac{1}{S}\int q(t)dt$$

rectangle 명령어를 써서 아래 그림과 같이 시간에 따른 수위 변화를 애니메이션 해보자.

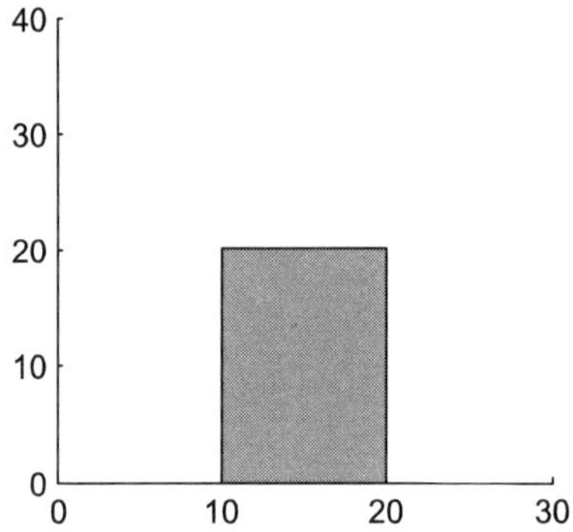

그림 7.4 탱크 수위 그래프

여기서 유량 q= 600[cm^3/sec]로 일정하고, S= 300[cm^2]인 것으로 간주하며, 탱크의 수위는 그림 7.4와 같이 폭이 10인 사각형의 높이로 나타낸다. 루프 시작 전에는 수위가 0이므로 rectangle 명령어의 핸들을 얻기 위해 Position의 속성값으로 [10 0 10 0]을 입력하면 오류가 일어난다(폭 wh와 높이 ht는 항상 0보다 큰 양수라야 함). 이때는 0 대신 eps를 사용하면 된다.

루프 내에서는 체적 V를 구한 다음 수위 ht를 계산하고, 핸들과 새로운 값으로 Position 속성값을 설정하면 된다. 작성한 스크립트는 다음과 같다.

Script file: prog7_4.m

```
q= 600; S= 300; V= 0; dt= 0.1;
x= 10; y= 0; wh= 10; ht= eps;
gh= rectangle('Position',[x y wh ht],'FaceColor','g','EraseMode',
              'normal');
axis([0 30 0 40])

for t= 0:dt:10
    V= V+q*dt; % 체적 계산
    ht= V/S; % 수위 계산
    set(gh,'Position',[x y wh ht]) % 객체 gh의 ht를 갱신
    drawnow
    %pause(0.01)
end
```

7.2.2.3 상하로 움직이는 표식 그리기

녹색의 삼각형 표식(Maker)이 −1과 1 사이에서 상하로 움직이는 프로그램을 작성해보자. plot 명령어로 −1, 0, 1 위치에 티크를 그릴 때 3.1.2.6절에 언급한 inf를 사용하였음을 기억하라. text 명령어로 '−1', '0', '1'의 문자열을 티크 위치에 그리고 fill 명령어의 핸들과 표식의 새 y 위치를 가지고 YData의 속성값을 갱신하게 된다. 이때 표식의 x 위치는 항상 같기 때문에 갱신해줄 필요가 없다.

y에 sin(t)를 더한 것은 표식의 상하 움직임을 유도해내기 위해서다.

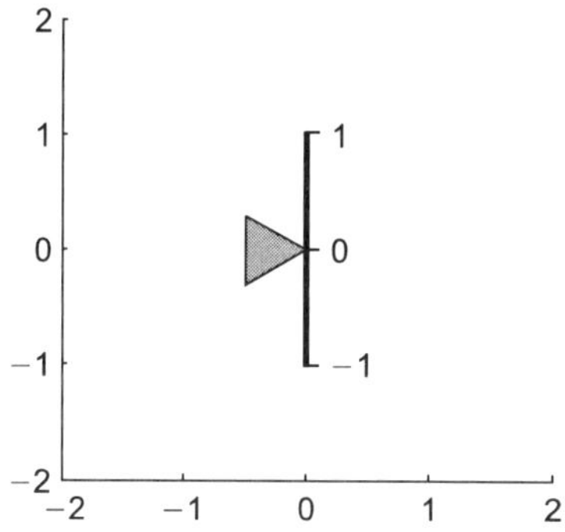

그림 7.5 상하로 움직이는 표식 그래프

Script file: prog7_5.m

```
hold on
plot([0 0],[-1 1],'k','LineWidth',2) % 수직 막대를 그려줌
plot([0 0.1 0 0 0.1 0 0 0.1],[1 1 inf 0 0 inf -1 -1],'k','LineWidth',1)
                                                    % 티크를 그려줌
text(0.2,-1,num2str(-1,'%2d'))  % 문자열 '-1'을 그려줌
text(0.2,0,num2str(0,'%2d'))  % 문자열 '0'을 그려줌
text(0.2,1,num2str(1,'%2d'))  % 문자열 '1'을 그려줌
gh=fill([0 -0.5 -0.5 0],[0 0.3 -0.3 0],'g','EraseMode','normal'); % 표식
                                                    그리고 핸들 받음
axis([-2 2 -2 2])
hold off
```

```
for t= 0:0.02:4*pi;
    y= [0 0.3 -0.3 0]+sin(t);
    set(gh,'YData',y) % 객체 gh의 y 데이터를 경신함
    drawnow
    %pause(0.01)
end
```

7.2.2.4 회전하는 문자열 그리기

원점을 중심으로 반경이 20인 점선 모양의 원 주위를 점 P(x,y)를 뜻하는 문자열이 회전하도록 프로그래밍해보자. 위치가 바뀔 때마다 문자열 내의 x, y 값도 바뀌도록 한다. xstr과 ystr은 각각 x, y 위치를 문자열로 변환한 값이고 결합된 문자열 'P(', xstr, ',', ystr, ')'이 String의 속성값으로 설정된다.

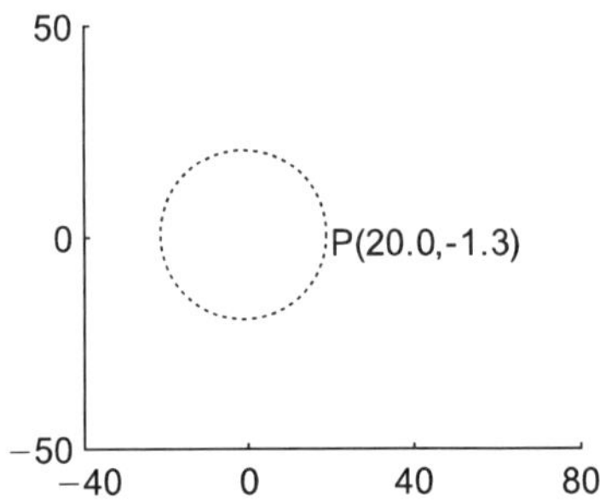

그림 7.6 회전하는 문자열 그래프

Script file: prog7_6.m

```
r= 20;
[xx,yy]= Circle(0,0,r); % 원점을 중심으로 반경이 r인 원 좌표 계산
hold on
plot(xx,yy,'k:'); % 점선 원을 그려줌
gh= text(20,0,'P','EraseMode','normal'); % 'P'만 찍고 text의 핸들을 얻음
axis equal
axis([-40 80 -50 50])
hold off
```

```
for t= 0:0.1:4*pi;
    x= r*cos(t); y= r*sin(t);  % 새 위치를 계산
    xstr= num2str(x,'%5.1f');  % 소수점 이하 1 자리수의 문자열로 변환
    ystr= num2str(y,'%5.1f');  % 소수점 이하 1 자리수의 문자열로 변환
    set(gh,'Position',[x y],'String',['P(',xstr,',',ystr,')'])
                                                      % (x,y) 위치에 문자열 갱신
    drawnow
    %pause(0.05)
end
```


7.2.2.5 회전 원판 그리기

반경이 1인 원판이 원점을 중심으로 회전하는 애니메이션을 만들어보자. 같은 색깔의 원판을 회전시키면 회전 효과를 낼 수 없기 때문에 두 개의 작은 표식(흰 원)을 원둘레 가까이에 그려 이들을 원점을 중심으로 회전시킨다. 물론 여러 개의 표식을 두어도 되지만 프로그램이 복잡해질 것이다.

움직이는 도형은 흰 표식 두 개뿐이므로, fill 명령어로부터 이들 객체의 핸들을 받아서 갱신한다. 만약 표식의 중심이 원점으로부터의 (D−d) 거리만큼 떨어져 있고 우측 표식이 반시계 방향으로 θ만큼 회전한 곳에 있다면 그 중심의 x, y 좌표는 각각 xp= (D−d) cos(θ), yp= (D−d)sin(θ)가 되므로 이 값으로 Circle 함수를 호출하면 표식을 그릴 수 있는 데이터를 얻게 된다(예제 2.15 참조). 한편 좌측 표식은 π+θ만큼 회전한 곳에 있게 되므로, 이를 이용하면 데이터를 얻을 수 있다.

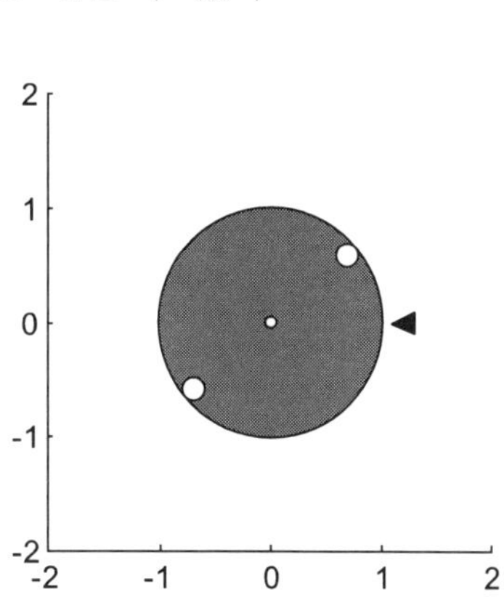

그림 7.7 회전 원판 그래프

Script file: prog7_7.m

```
D= 1; d= 0.1;
fill([1.1 1.3 1.3 1.1],[0 -0.1 0.1 0],'k');% 삼각 표식을 그려줌
hold on
[xx,yy]= Circle(0,0,D);
fill(xx,yy,'b','EraseMode','normal'); % 반경 D의 원판을 그려줌
[xx,yy]= Circle(0,0,d/2);
fill(xx,yy,'w','EraseMode','normal'); % 반경 d/2의 중앙 핀을 그려줌
[xx,yy]= Circle(r,0,d);
gh1= fill(xx,yy,'w','EraseMode','normal'); % 오른쪽 원 표식을 그리고 핸들을 받음
[xx,yy]= Circle(-r,0,d);
gh2= fill(xx,yy,'w','EraseMode','normal'); % 왼쪽 원 표식을 그리고 핸들을 받음
axis square
axis([-2 2 -2 2])
hold off

for th= 0:pi/20:8*pi
    xp= (D-d)*cos(th); yp= (D-d)*sin(th); [xx,yy]= Circle(xp,yp,d);
    set(gh1,'XData',xx,'YData',yy) % 오른쪽 원 표식의 x,y 데이터를 갱신
    xp= (D-d)*cos(th+pi); yp= (D-d)*sin(th+pi); [xx,yy]= Circle(xp,yp,d);
    set(gh2,'XData',xx,'YData',yy) % 왼쪽 원 표식의 x,y 데이터를 갱신
    drawnow
    pause(0.05)
end
```

7.2.2.6 회전 진자 그리기

길이가 L인 진자가 원점에 매달려 좌우로 움직이는 애니메이션 프로그램을 작성해보자. 움직이는 도형은 진자 하나뿐이며, 이를 그려주는 plot 명령어로부터 객체의 핸들을 받게 된다. 진자가 수직선을 기준으로 반시계 방향으로 θ만큼 회전한 곳에 있다면 아래쪽 끝단의 x, y 좌표는 xp= Lsin(θ), yp= −Lcos(θ)가 되므로 set 명령어로 (0,0)에서 (xp,yp)까지 새로운 선을 그려주면 된다. 이때 yp= −Lcos(θ)를 사용한 것은 진자 끝단의 y 위치가 항상 음이기 때문이다.

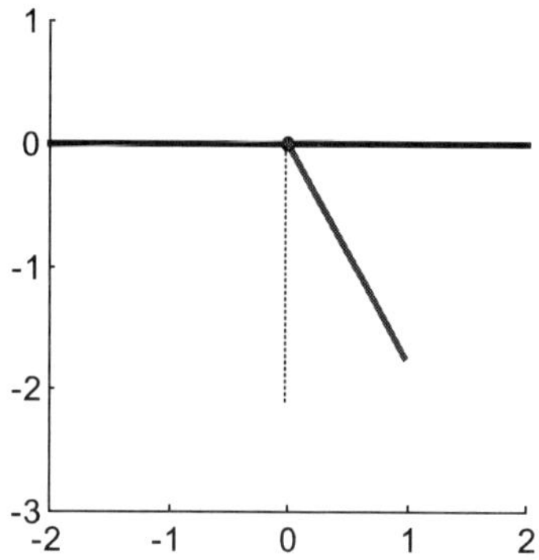

그림 7.8 회전 진자 그래프

Script file: prog7_8.m

```
d= 0.05; L=2;
hold on
plot([-2 2],[0 0],'k');% 상단의 선을 그려줌
[xx,yy]= Circle(0,0,d);
fill(xx,yy,'r','EraseMode','normal'); % 반경 d의 작은 연결 핀을 그려줌
gh1= plot([0 0],[0 -L],'b','LineWidth',2,'EraseMode','normal'); % 진자를 그리고 핸들을 받음
axis square
axis([-2 2 -3 1])
hold off

for t= 0:0.1:8*pi
    th= pi/4*sin(t);
    xp= L*sin(th); yp= -L*cos(th);  % 진자의 끝단 위치를 계산
    set(gh1,'XData',[0 xp],'YData',[0 yp]) % 진자의 x,y 데이터를 갱신함
    drawnow
    %pause(0.05)
end
```

7.2.2.7 상하로 움직이는 스프링 그리기

예제 3.8에서 살펴본 VCoil 함수를 써서 상하로 늘어났다 줄었다 하는 스프링의 움직임을 애니메이션해보자. VCoil 함수는 [xp,yp]= VCoil(x0,ymin,ymax,r)의 형식을 가지며, x0는 스프링 중심 축의 x 위치, ymin과 ymax는 y축의 최소, 최대 위치, r은 반지름을 뜻한다. 그림과 같이 x0= 0, ymin= 0으로 고정하고 ymax만 연속적으로 0.5~2.5 사이에서 움직이도록 변경해보자.

움직이는 도형은 스프링뿐이므로 이를 그려주는 plot 명령어의 핸들을 받으면 된다. ymax= 0.5~2.5 사이에서 변할 때 x,y 데이터를 얻어 set 명령어와 핸들로 도형을 그리면 된다.

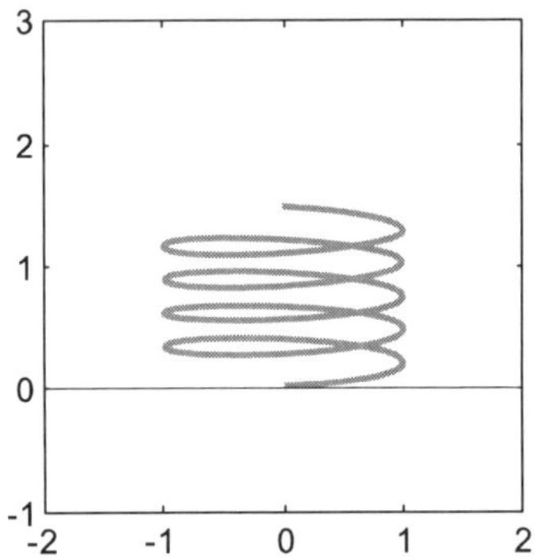

그림 7.9 상하로 움직이는 스프링 그래프

Script file: prog7_9.m

```
x0= 0; ymin= 0; ymax= 1.5; r= 1;
hold on
plot([-2 2],[0 0],'k'); % 하단의 선을 그려줌
[xp,yp]= VCoil(x0,ymin,ymax,r); % 스프링의 x,y 데이터 계산
gh1= plot(xp,yp,'b','LineWidth',2,'EraseMode','normal'); % 스프링을 그리고
                                                           핸들 받음
axis square
axis([-2 2 -1 3])
hold off
box on
```

```
for t= 0:0.1:8*pi
    ymax= sin(t)+1.5;  % 스프링 높이가 0.5~2.5 사이에서 변함
    [xp,yp]= VCoil(x0,ymin,ymax,r);
    set(gh1,'XData',xp,'YData',yp) % 스프링의 x,y 데이터를 갱신함
    drawnow
    %pause(0.05)
end
```

Chapter 08

애니메이션 만들기

MATLAB AND ANIMATION

8.1 발사체의 운동

8.2 싸이클로이드 곡선

8.3 진자 시스템

8.4 도립진자 시스템

8.5 탱크 수위 제어시스템

8.6 모델카의 퍼지제어

8.7 공의 균형 제어

8.8 DC 모터의 회전각 제어

8.9 RLC 회로

계절이 지나가는 하늘에는
가을로 가득 차 있습니다.
나는 아무 걱정도 없이
가을 속의 별들을 다 헤일 듯합니다.

가슴 속에 하나 둘 새겨지는 별을
이제 다 못 헤는 것은
쉬이 아침이 오는 까닭이요,
내일 밤이 남은 까닭이요,
아직 나의 청춘이 다하지 않은 까닭입니다.

별 하나에 추억과
별 하나에 사랑과
별 하나에 쓸쓸함과
별 하나에 동경과
별 하나에 시와
별 하나에 어머니, 어머니.
어머님, 나는 별 하나에 아름다운 말 한마디씩 불러 봅니다. 소학교 때
책상을 같이했던 아이들의 이름과, 패, 경, 옥 이런 이국 소녀들의
이름과, 벌써 애기 어머니 된 계집애들의 이름과, 가난한 이웃
사람들의 이름과, 비둘기, 강아지, 토끼, 노새, 노루, '프랑시스 잠',
'라이너 마리아 릴케', 이런 시인의 이름을 불러 봅니다.

이네들은 너무나 멀리 있습니다,
별이 아스라이 멀듯이.
……

〈운동주, 별 헤는 밤〉

Matlab & Animation

이 장에서는 그래픽 애니메이션 기능을 부여하여 시스템이 마치 직접 움직이는 것처럼 생동감 있게 표현하는 방법을 실질적인 예제 중심으로 살펴보자. 모든 프로그램은 주함수와 부함수로 구분해서 작성하고, 특히 부함수는 9장과 10장에서 다룰 GUI 프로그래밍의 근간이 되고 또 쉽게 이식이 가능하도록 InitializeFcn 함수와 ExecuteFcn 함수로 구분하여 작성한다.

주함수는 단순히 InitializeFcn 함수와 ExecuteFcn 함수를 불러 실행만 해주기 때문에 GUI 프로그래밍에서는 삭제해도 된다. InitializeFcn 함수는 초기 도형을 그리거나 특정 변수들을 초기화하고 공유해주는 코드들로 구성되므로, GUI 프로그래밍 시에는 OpeningFcn 함수(9.4절 참조)에 넣어 주면 된다. 한편 ExecuteFcn 함수는 루프가 반복되는 동안 계속적으로 데이터를 갱신해서 애니메이션 동작을 일으키는 코드들로 구성되므로, GUI 프로그래밍 시에는 푸시 버튼이나 토글 버튼과 같은 실행 버튼의 Callback 함수에 넣어 주면 된다.

피드백 제어를 하는 경우에 제어기는 최적의 상태로 동조되었다기 보다는 오히려 약간의 시각적인 변화가 일어나도록 경험적으로 동조되었음을 유의 바란다.

8.1 발사체의 운동

먼저 공기저항이 없다는 가정 하에 발사체 문제(Projectile problem)를 고려해 보자. 주어진 발사각과 발사속도로 발사체를 발사할 때 t 시각에서 궤적의 x,y 좌표는 다음과 같이 표시된다.

$$x = vt\cos(\theta) \tag{8.1a}$$

$$y = vt\sin(\theta) - \frac{g}{2}t^2 \tag{8.1b}$$

두 식으로부터 t를 소거하면 다음 식을 얻는다.

$$y = \tan(\theta) - \frac{g}{2v^2\cos^2(\theta)}x^2 \tag{8.2}$$

여기서 x는 수평방향의 거리, y는 수직방향의 높이, v는 발사속도, θ는 발사각 그리고 g는 중력 가속도이다. 발사체가 최종적으로 이동한 수평거리는 식 (8.2)에 y= 0를 대입하고 정리하면 얻을 수 있다.

$$x_{last} = \frac{v^2}{g}\sin(2\theta) \tag{8.3}$$

이 예제에서는 발사체가 처음 x= y= 0 위치에 있다가 수평선과 θ= p/4[rad]의 각도로 하여 v= 60[m/sec]의 속도로 날아갈 때 발사체와 비행궤적과 높이 y를 애니메이션 해보자. 발사체의 반경은 d= 5이고(시각적 효과를 위해 차원을 고려하지 않았음), g= 9.8[m/sec^2]이다.

풀이 매 루프마다 다시 그려야 할 도형은 발사체와 궤적과 높이 y의 문자열이므로 InitializeFcn 함수는 이들의 핸들 gh1, gh2, gh3를 받아 ExecuteFcn 함수와 공유하게 해준다. 이때 하나의 축에 3개의 객체가 같이 그려지므로 hold on이 미리 선언되고, 마지막에 hold off 되었다. ExecuteFcn 함수는 루프 내에서 set 명령어로 plot와 fill 명령어의 XData와 YData 속성값을 text 명령어의 String 속성값을 반복해서 경신해주게 된다. 이 두 함수가 필요로 하는 Mynum2str은 숫자를 문자열로 변환해주는 함수이고, Circle은 원을 그리는데 필요한 x,y 데이터를 만들어 주는 함수로서 2.9절을 참조 바란다.

Function m-file: prog8_1.m

```
function prog8_1
InitializeFcn;
ExecuteFcn;

function InitializeFcn
global gh1 gh2 gh3 r
cla
x= 0; y= 0; % 초기위치
r= 5; % 발사체의 반경
hold on
gh1= plot(x,y,'-','EraseMode','normal'); % 발사체의 궤적을 그리고 핸들을 받음
[xx,yy]= Circle(x,y,r);
gh2= fill(xx,yy,'r','EraseMode','normal'); % 발사체를 그리고 핸들을 받음
gh3= text(30,170,'y= 0','EraseMode','normal'); % y 좌표를 나타내고 핸들을 받음
axis equal
axis([0 400 0 200])
xlabel('x'); ylabel('y');title('Motion Trajectory of a Projectile');
hold off

function ExecuteFcn
global gh1 gh2 gh3 r
th= pi/4; v0= 60; % 발사각과 발사속도
```

```
g= 9.8; % 중력 가속도
lastdistance= round(v0^2*sin(2*th)/g); % 최종 도달거리 계산
buf= [];
for x= 0:lastdistance
    y= tan(th)*x-g/(2*v0^2*cos(th)^2)*x^2; % y 좌표 계산
    buf= [buf;x y];
    set(gh1,'XData',buf(:,1),'YData',buf(:,2)) % 객체 gh1의 x, y 데이터를 갱신
    [xx,yy]= Circle(x,y,r);
    set(gh2,'XData',xx,'YData',yy) % 객체 gh2의 x, y 데이터를 갱신
    set(gh3,'String',['y= ',Mynum2str(y)]) % 객체 gh3의 문자열을 갱신
    drawnow
    %pause(0.01)
end
```

Function m-file: Mynum2str.m

```
% 숫자를 반올림한 다음 문자열로 변환
function str= Mynum2str(num)
numr= round(num*100)/100;
str= num2str(numr);
```

발사체의 움직임을 약간 느리게 하고 싶을 때에는 주석 처리된 pause(0.01)을 풀어 사용하면 된다. 괄호 내의 0.01은 초를 의미한다.

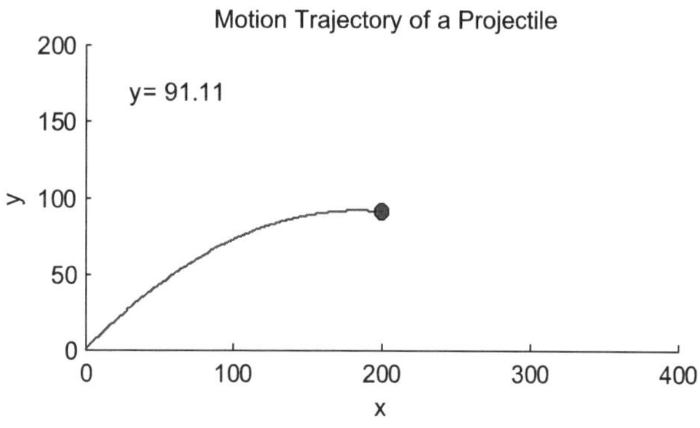

그림 8.1 발사체의 운동 애니메이션

8.2 싸이클로이드 곡선

싸이클로이드(Cycloid) 곡선은 반경이 r인 원 위에 한 점 P를 찍고 원을 직선 상으로 굴렸을 때 그 점이 이동하는 궤적을 말한다. 점 P가 (x, y)= (0,0)에서 출발하여 다음 식을 따라 움직일 때 그 궤적을 애니메이션해주는 프로그램을 작성해보자.

$$x = r\theta - r\sin(\theta) \tag{8.4a}$$

$$y = r - r\cos(\theta) \quad (0 \le \theta \le 4\pi) \tag{8.4b}$$

단, 원의 반경 r = 1이다.

풀이 이 예제에서 동적 도형은 원과 원주 상의 점, 원의 중심을 나타내는 작은 원과 싸이클로이드 곡선이므로 이들을 그려주는 핸들을 받아 루프 내에서 속성값을 계속적으로 갱신해주면 된다. 원의 중심은 (rθ, r)이고 반경은 r이며, 점 P의 중심은 (x,y)이고 반경을 0.2로, 작은 원의 중심은 (rθ, r)이고 반경을 0.1로 하여 도형을 그리고, 싸이클로이드 궤적은 (x,y) 데이터를 buf에 계속 적으로 저장해서 그리면 된다.

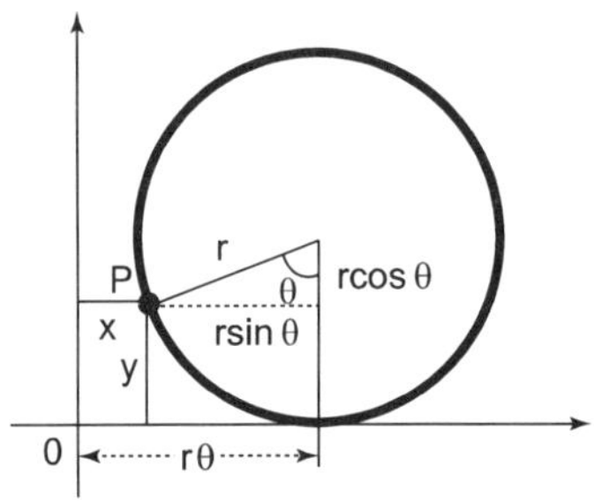

그림 8.2 싸이클로이드 운동

Function m-file: prog8_2.m

```
function prog8_2
InitializeFcn;
ExecuteFcn;

function InitializeFcn
global gh1 gh2 gh3 gh4 r
cla
```

```
t= 0; r= 1; % 초기 시각과 원의 반경
x= r*(t-sin(t)); y= r*(1-cos(t)); % 점 P의 초기 위치
hold on
plot([-3 15],[0 0],'k','LineWidth',2) % 하단의 직선을 그려줌
[xx,yy]= Circle(r*t,r,r);
gh1= fill(xx,yy,'r','EraseMode','normal'); % 큰 원을 그리고 핸들 받음
[xx,yy]= Circle(x,y,0.2);
gh2= fill(xx,yy,'b','EraseMode','normal'); % 원주점을 그리고 핸들 받음
[xx,yy]= Circle(r*t,r,0.1);
gh3= fill(xx,yy,'w','EraseMode','normal'); % 중심원을 그리고 핸들 받음
gh4= plot(x,y,'-.b','EraseMode','normal'); % P의 궤적을 그리고 핸들을 받음
axis equal
axis([-2 14 -2 4])
xlabel('x'), ylabel('y'), title('Cycloid curve')
hold off

function ExecuteFcn
global gh1 gh2 gh3 gh4 r
buf= [];
for t= 0:0.1:4*pi
    x= r*(t-sin(t)); y= r*(1-cos(t)); % P의 위치 계산
    [xx,yy]= Circle(r*t,r,r);
    set(gh1,'XData',xx,'YData',yy) % 객체 gh1의 x, y 데이터를 갱신
    [xx,yy]= Circle(x,y,0.2);
    set(gh2,'XData',xx,'YData',yy) % 객체 gh2의 x, y 데이터를 갱신
    [xx,yy]= Circle(r*t,r,0.1);
    set(gh3,'XData',xx,'YData',yy) % 객체 gh3의 x, y 데이터를 갱신
    buf= [buf;x y];
    set(gh4,'XData',buf(:,1),'YData',buf(:,2)) % 객체 gh4의 x, y 데이터를 갱신
    drawnow
    pause(0.03)
end
```

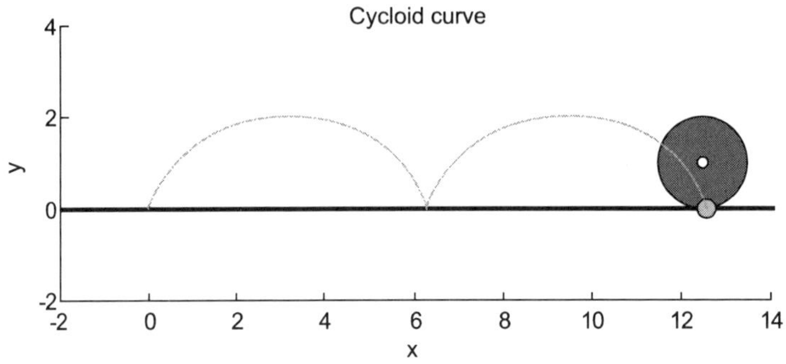

그림 8.3 싸이클로이드 궤적

8.3 진자 시스템

6장에서 살펴보았던 진자 시스템의 회전각을 PI 제어하는 거동을 애니메이션해보자. 모델식은 다음과 같다.

$$\ddot{\theta}(t) + \frac{\mu}{ML^2}\dot{\theta}(t) + \frac{g}{L}\sin\theta(t) = \frac{1}{ML^2}u(t) \tag{8.5}$$

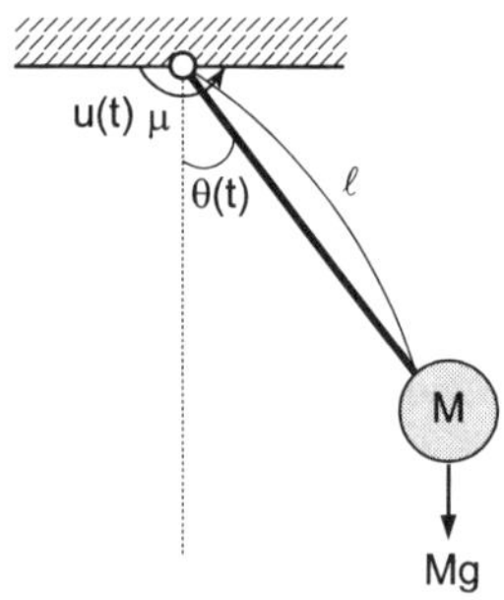

그림 8.4 진자 시스템

상태벡터 $x= [q \quad \dot{\theta}]^T$이고, M= 1[kg], L= 1[m], m= 1[N.m.sec/rad], g = 9.8[m/sec^2], 초기벡터 $x(0) = [0 \quad 0]^T$이다.

이 시스템의 회전각을 제어하는 PI 제어 알고리즘은 다음 식으로 주어진다.

$$u(t) = K_p e(t) + K_i \int e(t)dt \tag{8.6}$$

여기서 $e(t) = r(t) - \theta(t)$, 설정치 r(t)= p/4, 제어기의 두 이득은 K_p= 3, K_i= 2이다.

풀이 이 예제에서 동적 도형은 t= 0~15[sec] 동안 진자의 회전각을 PI 제어하는 프로그램은 다음과 같다. 식 (8.5)의 수치적분에 RK4 함수를 사용하였고, 함수 fun이 필요로 하는 파라미터 L 값은 전역변수를 통해 전달받고, 사용 전에 InitializeFcn 함수에서 설정된다.

Function m-file: prog8_3.m

```
function prog8_3
```

```
InitializeFcn;
ExecuteFcn;

function InitializeFcn
global gh1 gh2 gh3 gh4 x L
cla
x= [0;0]; % 초기벡터
L= 1.5; % 진자의 길이
hold on
plot([-1 1],[0 0],'LineWidth',3) % 상단의 지지대를 그려줌
[xx,yy]= Circle(0,0,0.05); % 힌지의 x,y 데이터 생성
fill(xx,yy,'r'); % 힌지를 그려줌
xp= L*sin(x(1)); yp= -L*cos(x(1)); % 진자 끝점의 x,y 좌표 계산
gh1= plot([0 xp],[0 yp],'EraseMode','normal'); % 진자를 그리고 핸들을 받음
[xx,yy]= Circle(xp,yp,0.15);
gh2= fill(xx,yy,'r','EraseMode','normal'); % 질량을 그리고 핸들을 받음
gh3= text(-1.5,1.5,'x_1= 0','EraseMode','normal'); % 문자열을 나타내고 핸들을
                                                     받음
gh4= text(-1.5,1.2,'x_2= 0','EraseMode','normal'); % 문자열을 나타내고 핸들을
                                                     받음
axis equal
axis([-2 2 -2 2])
title('Position control of a pendulum')
hold off

function ExecuteFcn
global gh1 gh2 gh3 gh4 x L
r= pi/4; % 설정치
t= 0; h= 0.02; z= 0; loop= 750;
for i= 2:loop
    e= r-x(1); % 오차 e의 계산
    z= z+e*h;  % 직사각형 적분법으로 e를 적분
    u= 3*e+2*z; % PI 제어
    x= RK4(@fun,t,x,u,h); % R-K법으로 진자 시스템을 적분
    t= t+h;
```

```
    xp= L*sin(x(1)); yp= -L*cos(x(1)); % 진자 끝점의 좌표 계산
    set(gh1,'XData',[0 xp],'YData',[0 yp]) % 객체 gh1의 x, y 데이터를 갱신
    [xx,yy]= Circle(xp,yp,0.15); % 질량의 x,y 데이터 생성
    set(gh2,'XData',xx,'YData',yy) % 객체 gh2의 x, y 데이터를 갱신
    set(gh3,'String',['x_1= ',Mynum2str(x(1))]); % 객체 gh3의 문자열을 갱신
    set(gh4,'String',['x_2= ',Mynum2str(x(2))]); % 객체 gh4의 문자열을 갱신
    drawnow
    pause(0.01)
end

% 진자 시스템의 모델
function xdot= fun(t,x,u)
global L
M= 0.5; B= 0.9; g= 9.8; % 진자 시스템의 파라미터
xdot= zeros(2,1);
xdot(1)= x(2);
xdot(2)= -g*sin(x(1))/L-B*x(2)/(M*L*L)+u/(M*L*L);
```

이 프로그램에는 4개의 핸들이 사용된다. 하나는 진자를, 다른 하나는 질량을, 나머지 두 개는 회전각과 각속도를 문자열로 변환해 화면에 나타내기 위해서다. 이들은 계속적으로 경신된다.

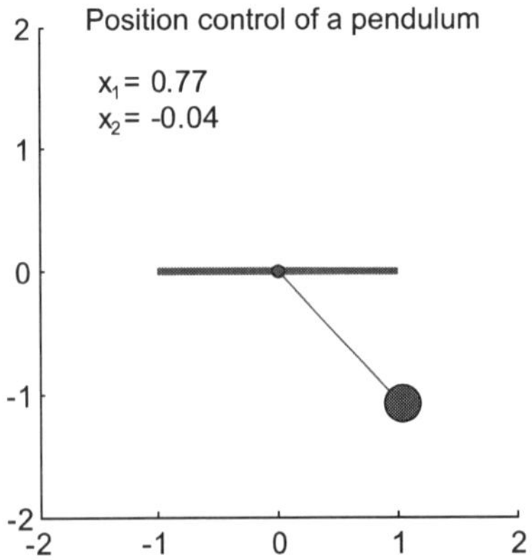

그림 8.5 진자 시스템의 위치제어 애니메이션

8.4 도립진자 시스템

5장에서 다루었던 도립진자 시스템을 상태 피드백 제어하는 애니메이션을 만들어 보자. $x_1(t)= y(t)$, $x_2(t)=\dot{y}(t)$, $x_3(t)= q(t)$, $x_4(t)=\dot{\theta}(t)$를 상태변수, $u(t)$를 입력, $y(t)$를 출력으로 하는 상태공간식은 다음과 같다.

$$\begin{bmatrix}\dot{x}_1(t)\\ \dot{x}_2(t)\\ \dot{x}_3(t)\\ \dot{x}_4(t)\end{bmatrix}=\begin{bmatrix}0 & 1 & 0 & 0\\ 0 & 0 & -\dfrac{mg}{M} & 0\\ 0 & 0 & 0 & 1\\ 0 & 0 & \dfrac{(M+m)g}{M\ell} & 0\end{bmatrix}\begin{bmatrix}x_1(t)\\ x_2(t)\\ x_3(t)\\ x_4(t)\end{bmatrix}+\begin{bmatrix}0\\ \dfrac{1}{M}\\ 0\\ -\dfrac{1}{M\ell}\end{bmatrix}u(t) \tag{8.7a}$$

$$y(t)=\begin{bmatrix}1 & 0 & 0 & 0\end{bmatrix}\begin{bmatrix}x_1(t)\\ x_2(t)\\ x_3(t)\\ x_4(t)\end{bmatrix} \tag{8.7b}$$

여기서 $M = 3[kg]$, $m = 0.01[kg]$, $\ell = 1[m]$, $g = 9.8[m/sec^2]$이고 $x(0) = [1,\ 0,\ \pi/4,\ 0]^T$이다.

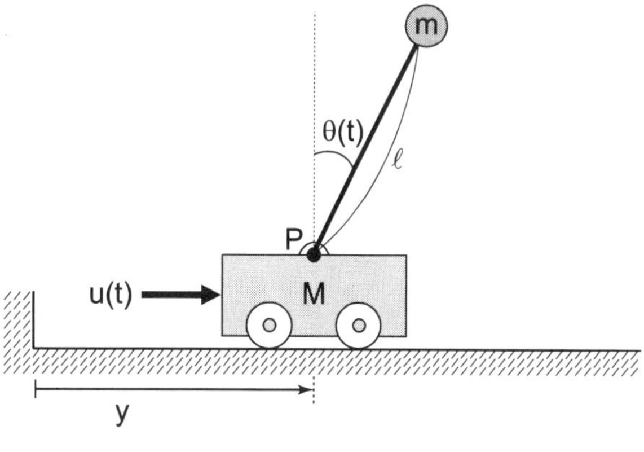

그림 8.6 도립진자 시스템

카트를 원하는 지점에 위치시키면서 진자를 안정화하는 상태 피드백 제어는 다음과 같다. 여기서 r은 설정치이고, $r = -1$로 하였다.

$$u = -18.3673(r - x_1) + 18.9796x_2 + 98.2653x_3 + 31.9796x_4 \tag{8.8}$$

풀이 구현한 프로그램은 다음과 같다. InitializeFcn 함수에서 6개의 동적 도형과 2개의 문자열 핸들이 얻어지고, ExecuteFcn 함수에서는 매 루프마다 객체들이 갱신된다.

Function m-file: prog8_4.m

```
function prog8_4
InitializeFcn;
ExecuteFcn;

function InitializeFcn
global gh1 gh2 gh3 gh4 gh5 gh6 gh7 gh8 L wd ht y0 x
L= 1; wd= 1.5; ht= 0.5; % 진자의 길이 및 카트의 차원
y0= 0; % 힌지의 y 좌표
x= [1;0;pi/4;0]; % 초기벡터

cla
plot([-3 3],[-0.7 -0.7],'LineWidth',3) % 하단의 지지대를 그려줌
hold on
[xx,yy]= DrawCart(x(1),y0,wd,ht);
gh1= fill(xx,yy,'g'); % 카트 몸체를 그리고 핸들 받음
[xx,yy]= Circle(x(1)-wd/3,y0-ht,0.15);
gh2= fill(xx,yy,'r','EraseMode','normal'); % 앞바퀴를 그리고 핸들 받음
[xx,yy]= Circle(x(1)+wd/3,y0-ht,0.15);
gh3= fill(xx,yy,'r','EraseMode','normal'); % 뒷바퀴를 그리고 핸들 받음
[xx,yy]= Circle(x(1),y0,0.05);
gh4= fill(xx,yy,'r','EraseMode','normal'); % 힌지를 그리고 핸들 받음
xp= x(1)+L*sin(x(3)); yp= L*cos(x(3));
gh5= plot([x(1);xp],[y0;yp],'EraseMode','normal');% 진자를 그리고 핸들 받음
[xx,yy]= Circle(xp,yp,0.25);
gh6= fill(xx,yy,'r','EraseMode','normal');% 질량을 그리고 핸들 받음
gh7= text(-2,2.5,'x_1= ','EraseMode','normal'); % 문자열 핸들 받음
gh8= text(-2,2.0,'x_3= ','EraseMode','normal'); % 문자열 핸들 받음
axis equal
axis([-3 3 -3 3])
title('Stabilization of a cart and pendulum')
```

```
hold off

function ExecuteFcn
global gh1 gh2 gh3 gh4 gh5 gh6 gh7 gh8 L wd ht y0 x
t= 0; h= 0.02; loop= 200;
r= -1; % 위치 설정치
for i= 1:loop
    u= -18.3673*(r-x(1))+18.9796*x(2)+98.2653*x(3)+31.9796*x(4);
    x= RK4(@fun,t,x,u,h); % R-K법으로 도립진자 시스템 적분
    t= t+h;
    [xx,yy]= DrawCart(x(1),y0,wd,ht);
    set(gh1,'XData',xx,'YData',yy)  % 객체 gh1의 x,y 데이터를 갱신
    [xx,yy]= Circle(x(1)-wd/3,y0-ht,0.15);
    set(gh2,'XData',xx,'YData',yy) % 객체 gh2의 x,y 데이터를 갱신
    [xx,yy]= Circle(x(1)+wd/3,y0-ht,0.15);
    set(gh3,'XData',xx,'YData',yy) % 객체 gh3의 x,y 데이터를 갱신
    [xx,yy]= Circle(x(1),y0,0.05);
    set(gh4,'XData',xx,'YData',yy) % 객체 gh4의 x,y 데이터를 갱신
    xp= x(1)+L*sin(x(3)); yp= L*cos(x(3));
    set(gh5,'XData',[x(1);xp],'YData',[y0;yp]) % 객체 gh5의 x,y 데이터를 갱신
    [xx,yy]= Circle(xp,yp,0.25);
    set(gh6,'XData',xx,'YData',yy) % 객체 gh6의 x,y 데이터를 갱신
    set(gh7,'String',['x_1= ',Mynum2str(x(1))]); % 객체 gh7의 문자열을 갱신
    set(gh8,'String',['x_3= ',Mynum2str(x(3))]); % 객체 gh8의 문자열을 갱신
    drawnow
    pause(0.01)
end

% 도립진자 시스템의 모델
function xdot= fun(t,x,u)
global L
M= 1; m= 0.01; g= 9.8; % 도립진자의 파라미터 및 중력 가속도
xdot= zeros(4,1);
xdot(1)= x(2);
xdot(2)= -m*g*x(3)/M+u/M;
xdot(3)= x(4);
```

```
xdot(4)= g*(M+m)*x(3)/(M*L)-u/(M*L);

% 카트 도형의 x,y 데이터 생성
function [xx,yy]= DrawCart(x,y,wd,ht)
wd2= wd/2;
xx= [x-wd2;x-wd2;x+wd2;x+wd2;x-wd2];
yy= [y;y-ht;y-ht;y;y];
```

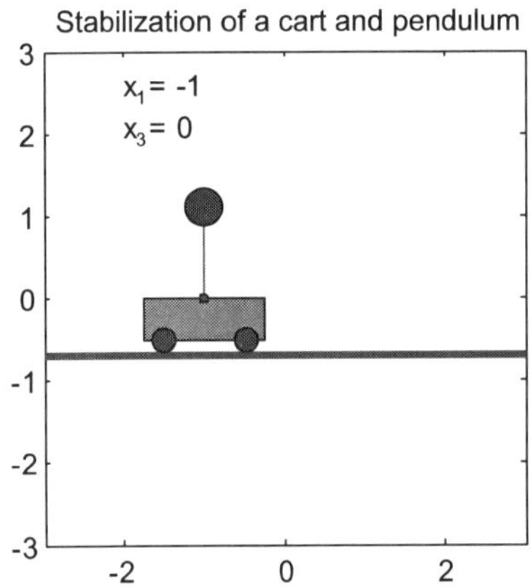

그림 8.7 도립진자 시스템의 안정화 애니메이션

8.5 탱크 수위 제어시스템

그림과 같은 1 탱크 시스템의 수위를 PI 제어하는 애니메이션 프로그램을 작성해보자. 평형상태에서 입력유량 $q_i(t)$가 변경되면 수위 h(t)와 출력유량 $q_o(t)$도 달라지게 된다.

유체의 평형방정식을 적용하면 다음 식을 얻는다.

$$S\frac{dh(t)}{dt} = q_i(t) - q_o(t) \tag{8.9a}$$

$$q_0(t) = A\sqrt{2gh(t)} \tag{8.9b}$$

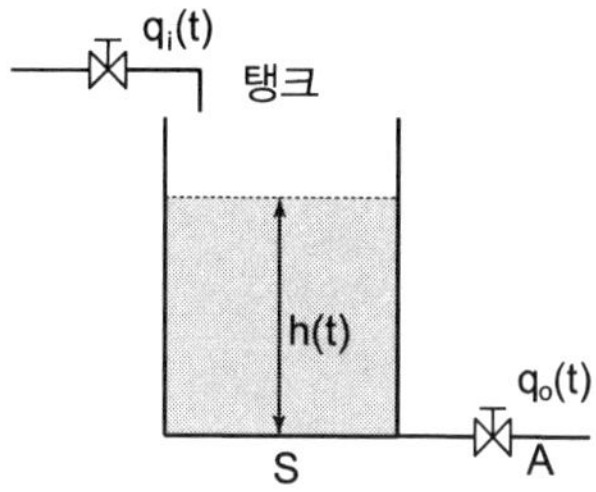

그림 8.8 1 탱크 시스템

여기서 S는 탱크의 밑면적, A는 파이프의 단면적, h(t)는 탱크의 수위이고, S= 0.3[m^2], A= 0.003[m^2], g= 9.8[m/sec], 초기값 h(0)= 0.5[m]이다.

한편 PI 제어기는 다음 식으로 주어진다.

$$u(t) = q_i(t) = K_p e(t) + K_i \int e(t)dt \tag{8.10}$$

여기서 $e(t) = r(t) - h(t)$, 설정치는 r= 0.8[m], PI 제어기의 파라미터는 K_p= 5, K_i= 3이다.

풀이 다음은 탱크의 수위를 PI 제어할 때 그 거동을 애니메이션해주는 프로그램이다. 여기서는 수위와 제어입력 값만 계속적으로 갱신해주면 되므로 이들의 핸들을 받아 사용한다. 여기서는 채운 사각형의 수위를 나타내기 위해 fill 명령어를 사용하고 있지만 rectangle 명령어를 사용해도 된다.

Function m-file: prog8_5.m

```
function prog8_5
InitializeFcn;
ExecuteFcn;

function InitializeFcn
global gh1 gh2 x r
cla
x= 0.2; r= 0.8;% 초기값과 설정치
hold on
plot([0.5 1.2 1.2],[1.6 1.6 1.4],'LineWidth',2);% 입구측 파이프를 그려줌
plot([1.1 1.2 1.2 1.2 1.3],[1.3 1.4 1.3 1.4 1.3],'g');% 유입수를 그려줌
plot([1 1 2 2],[1.5 0 0 1.5],'LineWidth',2);% 탱크를 그려줌
plot([2 2.3],[0 0],'LineWidth',2);% 출구측 파이프를 그려줌
```

```
plot([2.4 2.3 2.4 2.3 2.4],[-0.1 0 0 0 0.1],'g');% 유출수를 그려줌
plot([0.7 1 2 2.3],[-0.5 -0.03 -0.03 -0.5],'k','LineWidth',2);% 받침대를
                                                             그려줌
fill([2 2.2 2.2 2],[r r-0.07 r+0.07 r],'r');% 기준 표식을 그려줌
text(2.4, r, ['r= ',Mynum2str(r)]); % 설정치 r을 표시해줌
gh1= fill([1 1 2 2 1],[x 0 0 x x],'g','EraseMode','normal'); % 수위를 그리고
                                                          핸들 받음
gh2= text(0.5,1.7,'u= 0','EraseMode','normal'); % 제어입력을 나타내고 핸들
                                               받음
axis([0 3 -0.5 2])
title('Level control of a water tank')
hold off

function ExecuteFcn
global gh1 gh2 x r
t= 0;h= 0.02;z= 0;loop= 200; Kp= 0.2; Ki= 1;
for i= 1:loop
    e= r-x;
    z= z+e*h; % 오차 e의 직사각형 적분
    if e >= 0
       u= Kp*e+Ki*z;  % PI 제어
    else
      u= 0;  % 수위가 설정치보다 높을 때 급수 중지
    end
    x= RK4(@fun,t,x,u,h); % R-K법으로 1 탱크 시스템을 적분
    t= t+h;
    set(gh1,'YData',[x 0 0 x x]) % 객체 gh1의 y 데이터를 갱신
    set(gh2,'String',['u= ',Mynum2str(u)]); % 객체 gh2의 문자열을 갱신
    drawnow
    pause(0.1);
end

% 1 탱크 시스템의 모델
function xdot= fun(t,x,qi)
S= 0.3; A= 0.003; g= 9.8;
xdot= (qi-A*sqrt(2*g*x))/S;
```

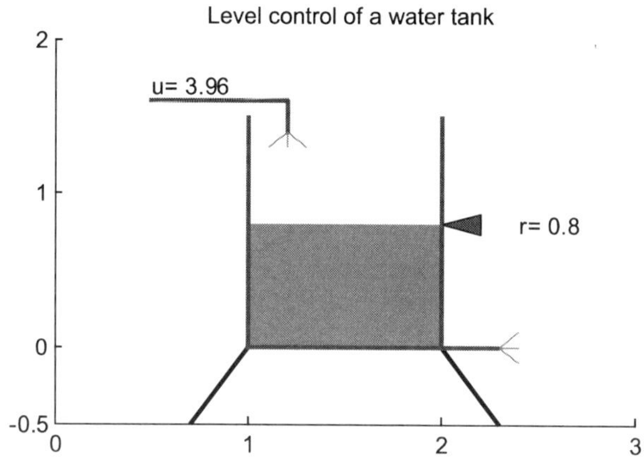

그림 8.9 1 탱크 수위제어 애니메이션

8.6 모델카의 퍼지제어

다음은 모델카(Model car)의 궤적을 퍼지제어하는 애니메이션을 구현해보자. 모델카는 다음 수식으로 표시된다[12].

$$\begin{aligned} x_1(k+1) &= x_1(k) + vh\cos(x_3(k)) \\ x_2(k+1) &= x_2(k) + vh\sin(x_3(k)) \\ x_3(k+1) &= x_3(k) + \frac{vh}{\ell}\tan(u(k)) \end{aligned} \tag{8.11}$$

여기서 $x_1(k)$와 $x_2(k)$는 각각 모델카 후면의 수평과 수직 위치, $x_3(k)$는 수평축을 기준으로 한 모델카의 각, $u(k)$는 조향각, v는 진행속도, ℓ은 모델카의 길이, h는 샘플링 시간을 의미하고 $v = 1$[m/sec], $\ell = 4$[m], $h = 1$[sec]이다. 또한 초기 상태벡터 $x(0) = [30\ \ 40\ \ -\pi/6]^T$이다.

궤적 제어를 위한 Sugeno형의 퍼지제어 규칙과 이때 사용된 퍼지집합의 소속함수는 다음과 같다.

$$R_1\text{: If } x_3(k) \text{ is 'about 0', then } u(k)= f_{11}x_2(k)+f_{12}x_3(k) \tag{8.12a}$$

$$R_2\text{: If } x_3(k) \text{ is 'about } \pi\text{', then } u(k)= f_{21}x_2(k)+f_{22}x_3(k) \tag{8.12b}$$

$$R_3\text{: If } x_3(k) \text{ is 'about } -\pi\text{', then } u(k)= f_{21}x_2(k)+f_{22}x_3(k) \tag{8.12c}$$

단, $f_{11}= -0.4212$, $f_{12}= -0.02933$, $f_{21}= -0.0991$, $f_{22}= -0.00967$

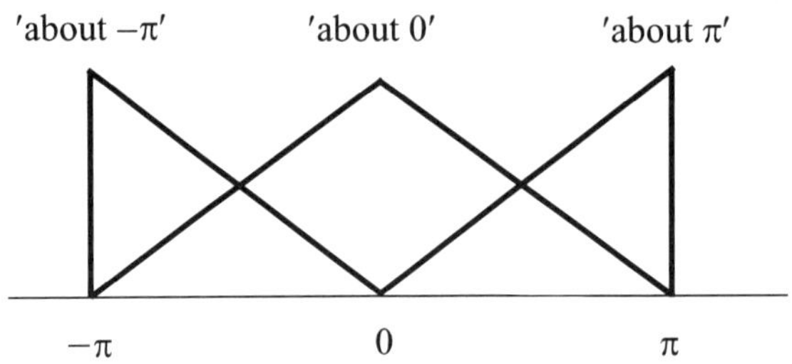

그림 8.10 퍼지집합의 소속함수

풀이 여기서는 주함수 외에 3개의 함수가 더 사용되었다. 함수 ModelCar는 식 (8.11)을 계산해주고, DrawCar 함수는 모델카 도형을 그리는데 필요한 x,y 데이터를 생성해주고, 함수 RotationMatrix는 데이터의 좌표변환을 해준다. 계속적으로 그려줘야 하는 도형은 모델카와 궤적이므로 두 객체의 핸들을 받아 계속적으로 갱신하게 된다. Sugeno형의 퍼지제어 규칙의 추론은 프로그램을 참조바란다.

Function m-file: prog8_6.m

```
function prog8_6
InitializeFcn;
ExecuteFcn;

function InitializeFcn
global gh1 gh2 x wt ht
cla
x= [30; 40; -20*pi/180]; % 초기 상태벡터
wt= 10; ht= 10; %모델카의 파라미터
hold on
plot(x(1), x(2),'bo') % 출발점의 위치를 그려줌
gh1= plot(x(1), x(2),'r','EraseMode', 'normal'); % 궤적 그리고 핸들 받음
[xx,yy]= DrawCar([x(1) x(2) wt ht],x(3)); % 모델카 도형 데이터 생성
gh2= fill(xx,yy,'g','EraseMode', 'normal'); % 모델카를 그리고 핸들 받음
axis equal
axis([0 300 -150 150]);
xlabel('x'); ylabel('y'); title('Fuzzy Control Trajectory of a Model Car');
grid on
```

```
hold off

function ExecuteFcn
global gh1 gh2 x wt ht
b= [];
for k= 1:300
    a1= trimf(x(3), [-pi -pi 0]); % 'about -pi'의 소속정도 계산
    a2= trimf(x(3), [-pi 0 pi]); % 'about 0'의 소속정도 계산
    a3= trimf(x(3), [0 pi pi]); % 'about pi'의 소속정도 계산
    u1= [-0.4212 -0.02933]*[x(3) x(2)]'; % 1번 규칙의 제어입력
    u2= [-0.0991 -0.00967]*[x(3) x(2)]'; % 2번 규칙의 제어입력
    u3= [-0.0991 -0.00967]*[x(3) x(2)]'; % 3번 규칙의 제어입력
    u= (a1*u1+a2*u2+a3*u3)/(a1+a2+a3); % 퍼지규칙의 추론 결과

    x= ModelCar(x,u); % 새로운 상태벡터 계산
    b= [b; x(1) x(2)];
    set(gh1,'XData',b(:,1),'YData',b(:,2)) % 객체 gh1의 x,y 데이터를 갱신
    [xx,yy]= DrawCar([x(1) x(2) wt ht],x(3));
    set(gh2,'XData',xx,'YData',yy) % 객체 gh2의 x,y 데이터를 갱신
    drawnow;
    pause(0.03);
end

% 모델카의 모델
function newx= ModelCar(x,u)
v= 1; h= 1; L= 4;
newx= zeros(3,1);
newx(1)= x(1)+v*h*cos(x(3));
newx(2)= x(2)+v*h*sin(x(3));
newx(3)= x(3)+v*h*tan(u)/L;

% 모델카 도형의 x,y 데이터 생성
function [xx,yy]= DrawCar(para,ang)
x0= para(1); y0= para(2); w= para(3); h= para(4);
xx = [w/2 w/2 w w/2 -w/2 -w/2 w/2];
```

```
yy = [-h/2 h/2 0 -h/2 -h/2 h/2 h/2];
[xx yy]= RotationMatrix(xx,yy,ang);
xx= xx+x0;
yy= yy+y0;
```

Function m-file: RotationMatrix.m

```
% (x,y)점의 반시계 방향 회전
function [x,y]= RotationMatrix(x0,y0,ang)
x= x0*cos(ang)-y0*sin(ang);
y= x0*sin(ang)+y0*cos(ang);
```

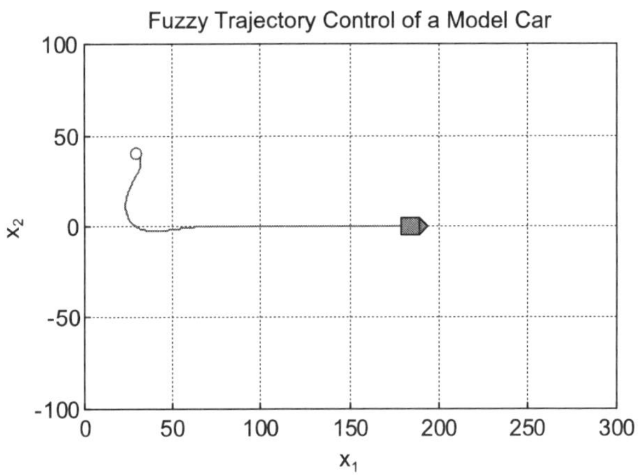

그림 8.11 모델카의 퍼지제어 애니메이션

8.7 공의 균형 제어

직선 상으로 움직이는 공의 균형을 제어하는 공-막대 시스템은 다음과 같이 모델링된다 [13]. 이를 상태 피드백하여 균형제어하는 애니메이션을 구현해보자.

$$\dot{\mathbf{x}} = \mathbf{f}(t, \mathbf{x}, u) \tag{8.13a}$$

$$\mathbf{y} = \begin{bmatrix} 1 & 0 & 0 & 0 \\ 0 & 0 & 1 & 0 \end{bmatrix} \mathbf{x} \tag{8.13b}$$

$$\text{단,}\ \ \mathbf{x} = \begin{bmatrix} p \\ \dot{p} \\ \theta \\ \dot{\theta} \end{bmatrix},\ \ \mathbf{f}(t, \mathbf{x}, u) = \begin{bmatrix} x_2 \\ B(x_1 x_4^2 - g\sin(x_3)) \\ x_4 \\ u \end{bmatrix} \tag{8.13c}$$

여기서 u와 y는 각각 입력과 출력, q와 $\dot{\theta}$는 막대의 기울어진 각과 각속도, p와 $\dot{p}$는 중심으로부터의 공이 위치한 거리와 속도를, B는 점성마찰계수, g는 중력가속도이다. 중심으로부터의 막대기 한쪽 끝까지의 길이는 $L = 1.5$[m]이고 $B = 0.7143$[N.m.sec/rad], $g = 9.81$[m/sec^2]이다.

상태 피드백 제어 법칙은 다음과 같다.

$$u = [0.09 \quad 0.1 \quad -2 \quad -0.6]\mathbf{x} \tag{8.14}$$

풀이 애니메이션 프로그램은 다음과 같다. 공과 막대의 움직임과 p와 θ 값의 문자열이 연속적으로 갱신되도록 핸들을 받아 set 명령어로 설정한다. 앞의 프로그램을 참조하면 이해할 수 있으리라 생각한다.

Function m-file: prog8_7.m

```
function prog8_7
InitializeFcn;
ExecuteFcn;

function InitializeFcn
global gh1 gh2 gh3 gh4 x L
cla
x= [1;0;0.1;0]; % 초기 상태벡터
L= 1.5; % 막대의 길이

fill([0 -0.1 0.1 0],[0 -0.2 -0.2 0],'b');% 삼각형 받침대를 그려줌
hold on
xp= [-L*cos(x(3)) L*cos(x(3))]; yp= [-L*sin(x(3)) L*sin(x(3))];
gh1= plot(xp,yp,'LineWidth',2,'EraseMode','normal');% 막대를 그리고 핸들 받음
[xx,yy]= Circle(x(1)*cos(x(3)),x(1)*sin(x(3))+0.2,0.2);
```

```
gh2= fill(xx,yy,'r','EraseMode','normal'); % 공을 그리고 핸들 받음
gh3= text(-1.5,2.6,'x_1= ','EraseMode','normal'); % 문자열을 나타내고 핸들 받음
gh4= text(-1.5,2.2,'x_3= ','EraseMode','normal'); % 문자열을 나타내고 핸들 받음
axis square
axis([-2 2 -1 3]);
hold off

function ExecuteFcn
global gh1 gh2 gh3 gh4 x L
t= 0;h= 0.03;loop= 600;
for i= 1:loop
    u= [0.09 0.1 -2 -0.6]*x; % 상태 피드백 제어
    x= RK4(@fun,t,x,u,h);
    t= t+h;
    xp= [-L*cos(x(3)) L*cos(x(3))]; yp= [-L*sin(x(3)) L*sin(x(3))];
    set(gh1,'XData',xp,'YData',yp) % 객체 gh1의 x,y 데이터를 갱신
    [xx,yy]= Circle(x(1)*cos(x(3)),x(1)*sin(x(3))+0.2,0.2);
    set(gh2,'XData',xx,'YData',yy) % 객체 gh2의 x,y 데이터를 갱신
    set(gh3,'String',['x_1= ',Mynum2str(x(1))]); % 객체 gh3의 문자열을 갱신
    set(gh4,'String',['x_3= ',Mynum2str(x(3))]); % 객체 gh4의 문자열을 갱신
    drawnow
    pause(0.01)
end

% 공-막대 시스템의 모델
function xdot= fun(t,x,u)
B= 0.7143; g= 9.81; % 공-막대 시스템의 파라미터
xdot= zeros(4,1);
xdot(1)= x(2);
xdot(2)= B*(x(1)*x(4)^2-g*sin(x(3)));
xdot(3)= x(4);
xdot(4)= u;
```

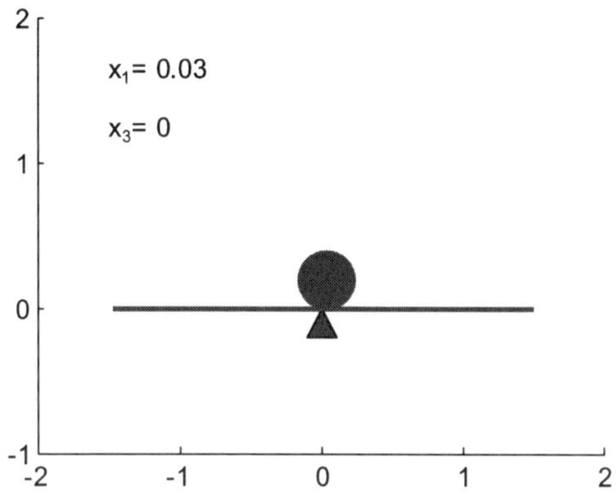

그림 8.12 공의 균형 제어 애니메이션

8.8 DC 모터의 회전각 제어

그림 8.13의 전기자제어식 DC 모터의 회전각을 PID 제어하는 애니메이션을 구현해보자. u(t)는 입력으로서 외부에서 전기자에 가해지는 전압이고, θ(t)는 출력으로서 회전각이다.

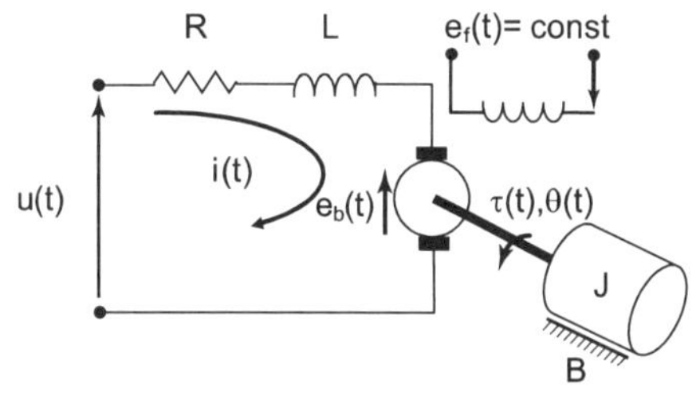

그림 8.13 전기자제어식 DC 모터

상태변수를 $x_1(t)= \theta(t)$, $x_2(t)= \dot{\theta}(t)$, $x_2(t)= i(t)$로 정의하면 다음 상태공간식을 얻는다.

$$\begin{bmatrix} \dot{x}_1(t) \\ \dot{x}_2(t) \\ \dot{x}_3(t) \end{bmatrix} = \begin{bmatrix} 0 & 1 & 0 \\ 0 & -\frac{B}{J} & \frac{K_t}{J} \\ 0 & -\frac{K_b}{L} & -\frac{R}{L} \end{bmatrix} \begin{bmatrix} x_1(t) \\ x_2(t) \\ x_3(t) \end{bmatrix} + \begin{bmatrix} 0 \\ 0 \\ \frac{1}{L} \end{bmatrix} u(t) \tag{8.15a}$$

$$y(t) = [1 \quad 0 \quad 0]\begin{bmatrix} x_1(t) \\ x_2(t) \\ x_3(t) \end{bmatrix} \tag{8.15b}$$

여기서 R, L은 각각 전기자 회로의 등가저항과 인덕턴스, J는 회전부의 등가 관성모멘트, B는 점성마찰계수, Kt는 모터 토크 상수, Ke는 역기전력 상수이다. 이들의 값은 J= 0.01[kg.m^2], B= 0.1[N.m.sec/rad], Ke= 0.01[V.sec/rad], Kt= 0.01[N.m/Amp], R= 1[W], L= 0.5[H]이다.

한편 PID 제어기는 다음 식으로 주어진다.

$$u(t) = K_p e(t) + K_i \int e(t)dt + K_d \frac{de(t)}{dt} \tag{8.16}$$

단, $e(t) = r(t) - \theta(t)$, r= π/4[rad], K_p= 18, K_i= 7, K_d= 8이다.

풀이 여기서는 4개의 표식(작은 원)과 각을 나타내는 문자열의 핸들이 얻어지고 루프 안에서 계속 갱신된다.

Function m-file: prog8_8.m

```
function prog8_8
InitializeFcn;
ExecuteFcn;

function InitializeFcn
global gh1 gh2 gh3 gh4 gh5 x r D d
cla
x= [0;0;0]; % 초기 상태벡터
r= pi/4; % 설정치
D= 1; d= 0.1; % 원판과 원 표식의 반경

hold on
fill([1.1 1.3 1.3 1.1],[0 -0.1 0.1 0],'r');% 삼각 표식을 그려줌
[xx,yy]= Circle(0,0,D);
fill(xx,yy,'b'); % 회전 원판을 그려줌
[xx,yy]= Circle(0,0,d/2);
fill(xx,yy,'w'); % 회전 원판의 중심을 그려줌
[xx,yy]= Circle(0.9,0,d);
```

```
gh1= fill(xx,yy,'w','EraseMode','normal'); % 흰색 원 표식 그리고 핸들을 받음
[xx,yy]= Circle(-0.9,0,d);
gh2= fill(xx,yy,'g','EraseMode','normal'); % 녹색 원 표식을 그리고 핸들을 받음
[xx,yy]= Circle(0,0.9,d);
gh3= fill(xx,yy,'g','EraseMode','normal'); % 녹색 원 표식을 그리고 핸들을 받음
[xx,yy]= Circle(0,-0.9,d);
gh4= fill(xx,yy,'g','EraseMode','normal'); % 녹색 원표 식을 그리고 핸들을 받음
gh5= text(-1.5,1.5,'x(1)= 0','EraseMode','normal'); % x1[deg]을 문자열로
                                                    나타내고 핸들을 받음
axis equal
axis([-2 2 -2 2]);
hold off

function ExecuteFcn
global gh1 gh2 gh3 gh4 gh5 x r D d
t= 0;h= 0.03;loop= 600; z= 0;
ee= r-x(1);
for i= 1:loop
   e= r-x(1);
   z= z+0.5*h*(e+ee);  % 사다리꼴 적분법으로 적분 계산
   ce= (e-ee)/h; % 근사미분 계산
   ee= e; % 오차의 갱신
   u= 18*e+7*z+8*ce; % PID 제어
   x= RK4(@fun,t,x,u,h);
   t= t+h;
   xp= (D-d)*cos(x(1)); yp= (D-d)*sin(x(1));[xx,yy]= Circle(xp,yp,d);
   set(gh1,'XData',xx,'YData',yy) % 객체 gh1의 x,y 데이터를 갱신
   xp= (D-d)*cos(pi+x(1)); yp= (D-d)*sin(pi+x(1));[xx,yy]=
                                    Circle(xp,yp,d);
   set(gh2,'XData',xx,'YData',yy) % 객체 gh2의 x,y 데이터를 갱신
   xp= (D-d)*cos(1.5*pi+x(1)); yp= (D-d)*sin(1.5*pi+x(1));
   [xx,yy]= Circle(xp,yp,d);
   set(gh3,'XData',xx,'YData',yy) % 객체 gh3의 x,y 데이터를 갱신
   xp= (D-d)*cos(0.5*pi+x(1)); yp= (D-d)*sin(0.5*pi+x(1));
   [xx,yy]= Circle(xp,yp,d);
   set(gh4,'XData',xx,'YData',yy) % 객체 gh4의 x,y 데이터를 갱신
```

```
  set(gh5,'String',['x_1= ',Mynum2str(x(1)*180/pi)]); % 객체 gh5의 문자열을
                                                                  갱신
   drawnow
   pause(0.01)
end

% DC 모터의 모델
function xdot= fun(t,x,u)
J= 0.01; B= 0.1; Kb= 0.01; Kt= 0.01; R= 1; L= 0.5;
xdot= zeros(3,1);
xdot(1)= x(2);
xdot(2)= -B*x(2)/J+Kt*x(3)/J;
xdot(3)= -Kb*x(2)/L-R*x(3)/L+u/L;
```

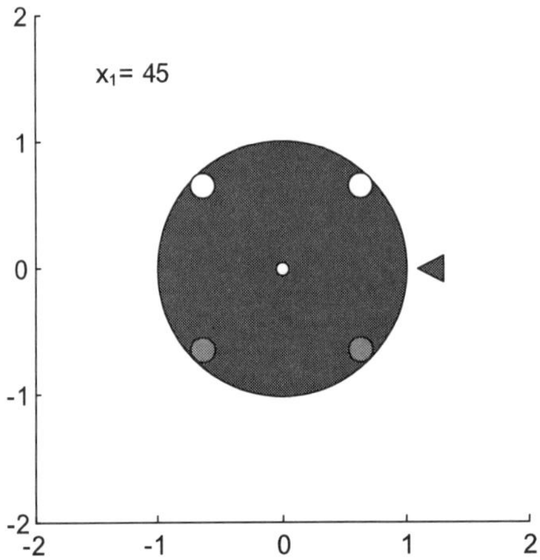

그림 8.14 DC 모터의 회전각 제어 애니메이션

8.9 RLC 회로

다음 RLC 회로에 입력 전압이 가해질 때 출력 전압의 변화를 애니메이션 해보자. 입력을 u(t), 출력을 y(t)로 하는 모델식은 다음과 같다.

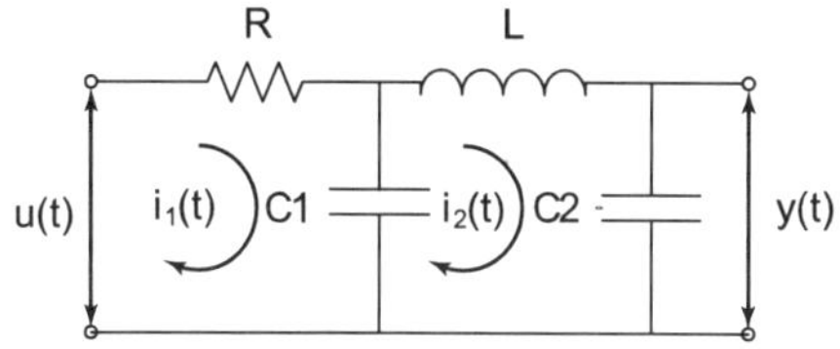

그림 8.15 RLC 회로

$$u(t)= Ri_1(t) + \frac{1}{C_1}\int[i_1(t) - i_2(t)]dt \quad (8.17a)$$

$$\frac{1}{C_1}\int[i_2(t) - i_1(t)]dt + L\frac{di_2(t)}{dt} + \frac{1}{C_2}\int i_2(t)dt = 0 \quad (8.17b)$$

$$y(t)= \frac{1}{C_2}\int i_2(t)dt \quad (8.17c)$$

여기서 R은 저항, L은 인덕턴스, C_1과 C_2는 커패시턴스이다.

상태변수를 $x_1(t)= \int i_1(t)dt$, $x_2(t)= \int i_2(t)dt$, $x_3(t)= i_2(t)$로 정의하면 다음 방정식을 얻는다.

$$\dot{\mathbf{x}}(t) = \begin{bmatrix} -\frac{1}{RC_1} & \frac{1}{RC_1} & 0 \\ 0 & 0 & 1 \\ \frac{1}{LC_1} & -(\frac{1}{LC_1}+\frac{1}{LC_2}) & 0 \end{bmatrix}\mathbf{x}(t) + \begin{bmatrix} \frac{1}{R} \\ 0 \\ 0 \end{bmatrix}u(t) \quad (8.18a)$$

$$y(t) = [0 \quad \frac{1}{C_2} \quad 0]\mathbf{x}(t) \quad (8.18b)$$

u(t)= 0.76[V]이고, R= 1[W], L= 1[H], C1= 1[F], C2= 1[F]이고, 모든 초기값은 0이다.

풀이 이 프로그램에서 회로를 그리기 위해 몇 가지의 함수들이 사용되었다. 함수 HResistor는 수평 저항을, HCoil은 수평 인덕터를, VCapacitor는 수직 커패시터를 그리기 위한 데이터를 생성해준다. 움직이는 도형은 출력

측의 전압 레벨을 나타내는 사각기둥과 전압레벨 값을 표시해주는 문자열이기 때문에 두 개의 핸들만 얻으면 된다. 전압레벨은 rectangle 명령어를 사용하여 나타낸다.

Function m-file: prog8_9.m

```
function prog8_9
scrsz = get(0 ,'ScreenSize'); % 화면의 크기를 얻음
set(gcf, 'Position',[scrsz(3)/4 scrsz(4)/2 scrsz(3)/3 scrsz(4)/3])
                                                    % 그림창 위치,크기 지정
InitializeFcn;
ExecuteFcn;

function InitializeFcn
global gh1 gh2 x Vin
cla
x= [0;0;0]; % 초기 상태벡터
Vin= 0.76; % 입력전압

hold on
% Main circuit line
plot([-1.3 -0.8 inf -0.2 0.1 inf 0.9 1.5],[1.5 1.5 1.5 1.5 1.5 1.5 1.5
                                            1.5],...
  'LineWidth',2) % 상부 도선을 그려줌
plot([-1.3 1.5],[0 0],'LineWidth',2) % 하부 도선을 그려줌

% R
[xs,ys]= HResistor(-0.8,-0.2,1.5,0.1);
plot(xs,ys,'LineWidth',2) % 저항 R을 그려줌
text(-0.7,1.8,'R')  % 문자열(R)을 나타냄

% L
[xs,ys]= HCoil(0.1,0.9,1.5,0.1);
plot(xs,ys,'LineWidth',2) % 인덕터 L를 그려줌
text(0.45,1.8,'L')  % 문자열(L)을 나타냄

% C1 and line
```

```
plot([0 0 0 0 0],[1.5 0.8 inf 0.6 0],'LineWidth',2) % 가운데 도선을 그려줌
[xs,ys]= VCapacitor(0,0.6,0.8,0.2);
plot(xs,ys,'LineWidth',2) % 커패시터 C1을 그려줌
text(-0.6,0.7,'C_1')  % 문자열(C1)을 나타냄

% C2 and line
plot([1 1 1 1 1],[1.5 0.8 inf 0.6 0],'LineWidth',2) % 가운데 도선을 그려줌
[xs,ys]= VCapacitor(1,0.6,0.8,0.2);
plot(xs,ys,'LineWidth',2) %  커패시터 C2를 그려줌
text(0.45,0.7,'C_2')  % 문자열(C2)을 나타냄

% Input voltage
rectangle('Position',[-2 0 0.4 1.5]) % 사각 박스를 그려줌
rectangle('Position',[-2 0 0.4 Vin],'FaceColor','g') % 입력 레벨을 그려줌
text(-3.3,0.7,['Vin= ',Mynum2str(Vin)]) % 입력 레벨을 나타냄

% Output voltage
rectangle('Position',[2 0 0.4 1.5]) %  사각 박스를 그려줌
gh1= rectangle('Position',[2 0 0.4 eps],'FaceColor','g','EraseMode',
                                    'normal'); % 출력 레벨을 그리고 핸들 받음
gh2= text(2.6,0.7,'Vout= ','EraseMode','normal'); % 출력 레벨을 나타냄

set(gca,'XLim',[-3.5 4],'XTick',[-3.5 -2 0 2 4],'XTickLabel',[-3.5 -2 0 2 4])
set(gca,'ylim',[-1 3],'YTick',[-1 0 1 2 3],'YTickLabel',[-1 0 1 2 3])
title('RLC Circuit')
hold off

function ExecuteFcn
global gh1 gh2 x Vin C2
t= 0; h= 0.02; loop= 900;
C2= 1; % 커패시턴스 C2
for i= 1:loop
   x= RK4(@fun,t,x,Vin,h);
   t= t+h;
   Vout= x(2)/C2;
   set(gh1,'Position',[2 0 0.4 Vout]) % 객체 gh1의 ht 데이터를 갱신
   set(gh2,'String',['Vout= ',Mynum2str(Vout)]) % 객체 gh2의 문자열을 갱신
```

```
    drawnow
    pause(0.01)
end

% RLC 회로의 모델
function xdot= fun(t,x,u)
global C2
R= 1; L= 1; C1= 1;
xdot= zeros(3,1);
xdot(1)= -x(1)/R/C1+x(2)/R/C1+u/R;
xdot(2)= x(3);
xdot(3)= x(1)/L/C1-(1/C1+1/C2)*x(2)/L;
```

Function m-file: HCoil.m

```
% 수평 코일의 x,y 데이터 생성
function [xx,yy]= HCoil(xmin,xmax,y0,r)
t= [0:pi/20:9*pi]+3*pi/2;
x= linspace(0,1,numel(t));
xx= x+0.1*(sin(t)+1);
xx= (xmax-xmin)*xx/max(xx)+xmin;
yy= y0+r*cos(t);
```

Function m-file: HResistor.m

```
% 수평 저항의 x,y 데이터 생성
function [xx,yy]= HResistor(xmin,xmax,y0,r)
xx= linspace(0,1,13);
yy= y0+r*sin(6*pi*xx);
xx= (xmax-xmin)*xx+xmin;
```

Function m-file: VCapacitor.m

```
% 수직 커패시터의 x,y 데이터 생성
function [xx,yy]= VCapacitor(x0,ymin,ymax,r)
```

```
q= 0.1;
R= (r^2+q^2)/(2*q);
theta= atan(r/(R-q));
t= linspace(pi-theta,pi+theta,20);
yy= R*cos(t)+R+1;
xx= R*sin(t);
yy= [yy 0 0 0];
yy= (ymin-ymax)*yy+ymax;
xx= [xx inf r -r]+x0;
```

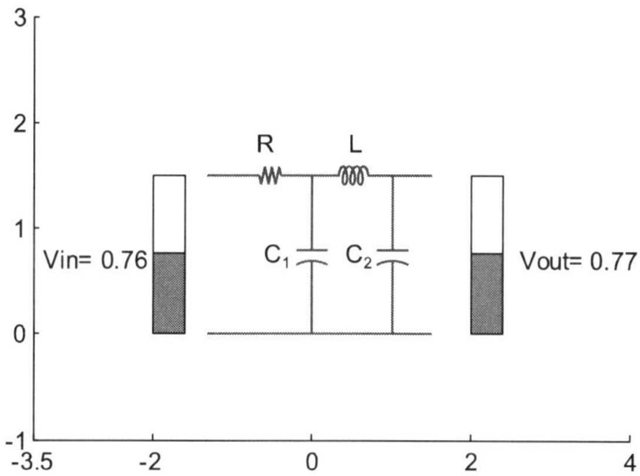

그림 8.16 RLC 회로 애니메이션

Chapter 09

GUI 시작하기

MATLAB AND ANIMATION

9.1 GUI 시작하기

9.2 컴포넌트의 배치와 속성 변경

9.3 GUI 저장하고 실행하기

9.4 GUI 프로그래밍

사랑은 오래 참고
사랑은 온유하며
시기하지 아니하며
사랑은 자랑하지 아니하며
교만하지 아니하며
무례히 행하지 아니하며
자기의 유익을 구하지 아니하며
성내지 아니하며
악한 것을 생각하지 아니하며
불의를 기뻐하지 아니하며
진리와 함께 기뻐하고
모든 것을 참으며
모든 것을 믿으며
모든 것을 바라며
모든 것을 견디느니라

〈 고린도전서 13:4–7 〉

Matlab & Animation

앞 장에서는 동적시스템의 거동을 애니메이션하는 방법에 초점을 맞추어 살펴보았지만, 여기서는 MATLAB의 GUI기능을 부가하여 사용자와 대화형 작업이 가능한, 즉 컨트롤이 가능한 애니메이션 화면을 만들어 보자.

9.1 GUI 시작하기

9.1.1 GUI와 GUIDE

9.1.1.1 GUI란?

그래픽 사용자 인터페이스(GUI)란 사용자가 윈도우 안에서 대화형 작업을 수행할 수 있도록 컴포넌트(Component)라고 부르는 사용자 인터페이스 컨트롤(Uicontrol)들을 하나 이상 내포하는 그래픽 표시를 말한다. 컴포넌트로는 푸시 버튼, 라디오 버튼, 목록 상자, 슬라이더, 라디오 버튼 등이 있다. GUI는 또한 여러 가지 연산을 수행하고, 데이터 파일을 읽고 쓰며, 다른 GUI와 데이터를 주고 받고, 테이블이나 그래프로 데이터를 표시할 수 있다. GUI를 사용하면 기본적인 프레임은 MATLAB 도구가 생성해주므로 사용자가 전체 스크립트를 작성할 필요가 없고 또 작업이 어떻게 수행되는지 상세히 알 필요도 없다. 대신 원하는 작업을 수행하기 위해 핵심적인 프로그램만 추가해주면 된다.

9.1.1.2 GUIDE란?

MATLAB GUI는 두 가지 방법으로 만들 수 있다. 하나는 GUIDE를 사용하는 방법(GUIDE GUI)이고, 다른 하나는 GUI를 만들어 주는 코드를 직접 프로그래밍하는 방법(Programmatic GUI)이다. 일반적으로 전자가 후자보다 개발이 쉽고 또 코드 길이도 짧아지는 장점이 있어 이 책에서도 이를 다룬다. GUIDE 란 MATLAB에서 제공하는 GUI 개발 환경(GUI design environment)을 말한다. 실행되면 그래픽 레이아웃 편집기(Graphic layout editor)를 불러와 여기에 원하는 컴포넌트를 선택해서 배치하고 그 크기와 위치들을 조절하게 된다. 또한 GUIDE는 GUI와 컴포넌트의 Callback(콜백)을 내포하는 코드 파일을 자동적으로 만들어 주므로 사용자가 마우스를 클릭하거나 키보드를 조작할 때 원하는 작업이 수행되도록 수정할 수도 있다.

9.1.1.3 GUI 개발 단계

GUI를 개발하는 단계는 일반적으로 다음과 같이 구분할 수 있다:

- GUI 개념설계: GUI를 개발할 때 어떤 컴포넌트를 쓸지 또 이들간의 상호작용을 어떻게 정의할지 등을 미리 정한다.
- GUI배치와 속성변경: 레이아웃 편집기의 레이아웃 영역에 컴포넌트를 끌어와 크기를 조절해 정렬하고 또 이들의 속성을 변경한다.
- GUI 저장: 레이아웃 편집기에서 작업이 완료되면 그 내용을 저장한다. 이때 fig-파일과 m-파일 두 개가 생성된다. 레이아웃 편집기에서 편집한 내용은 fig-파일에, 자동적으로 생성되는 Callback 함수들은 m-파일에 저장된다. 이후로도 레이아웃 편집기에서 작업 중인 내용이 변경될 때마다 m-파일에 반영되도록 저장해줘야 한다.
- GUI 프로그래밍: m-파일 편집기를 열어 Callback 함수들을 작성하고 저장한다.
- 실행: GUI를 실행한다.

9.1.2 GUI 호출하기

guide는 GUI 개발 환경인 레이아웃 편집기를 불러주는 명령어이다. 이 명령어가 실행되면 레이아웃 편집기의 레이아웃 영역(Layout area)에 여러 컴포넌트를 배치하고 그 크기와 위치들을 조절할 수 있게 해준다. GUI는 데스크탑창에서 <새로 만들기>→<그래픽 사용자 인터페이스(GUI)>를 클릭하든지, 아니면 명령줄에서 다음과 같이 guide를 실행하면 호출된다.

```
>> guide  % 레이아웃 편집기를 불러옴
>> guide filename  % 레이아웃 편집기에서 filename.fig 파일을 불러옴
```

GUI를 호출하면 그림 9.1과 같은 빠른 시작창(Quick start window)이 나타난다. 새로운 GUI를 만들 경우에는 <확인> 버튼을 누르면 레이아웃 편집기가 나타난다. 그러나 기존에 만들어져 있는 GUI 파일을 불러올 때에는 <기존 GUI 열기>를 클릭하고 원하는 fig-파일을 선택하면 된다.

9.1.3 GUI 컴포넌트

레이아웃 편집기가 열리면 그림 9.2와 같은 모양을 갖는다. MATLAB은 사용자의 편의를 위해 좌측 팔레트(Palette)에 미리 여러 개의 컴포넌트들을 만들어 정렬해 놓고 있다. 아이콘으로 정렬되어 있는 컴포넌트들을 이름으로 정렬하고 싶으면 데스크탑창에서 <기본설정> → <GUIDE> → <구성 요소 팔레트에 이름 표시>를 선택하면 되고, 그러면 그림 9.3과 같이 표시된다. 다시 아이콘으로 나타내고 싶으면 선택을 해제하면 된다. 레이아웃 영역의 크기를 조절할 때에는 우측하단의 검은 점(원 내부)을 마우스로 끌거나 밀면 된다.

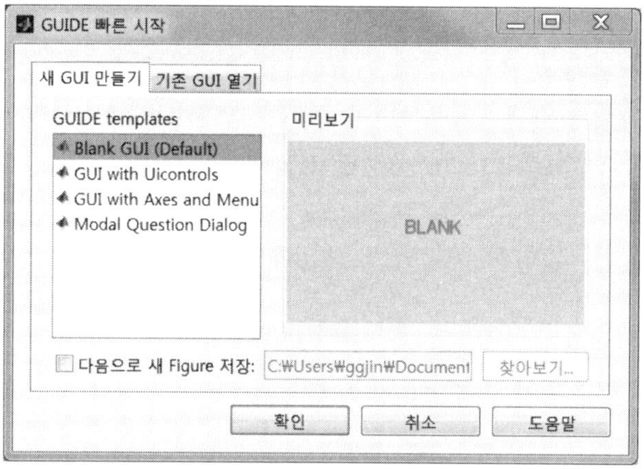

그림 9.1 GUIDE 빠른 시작창

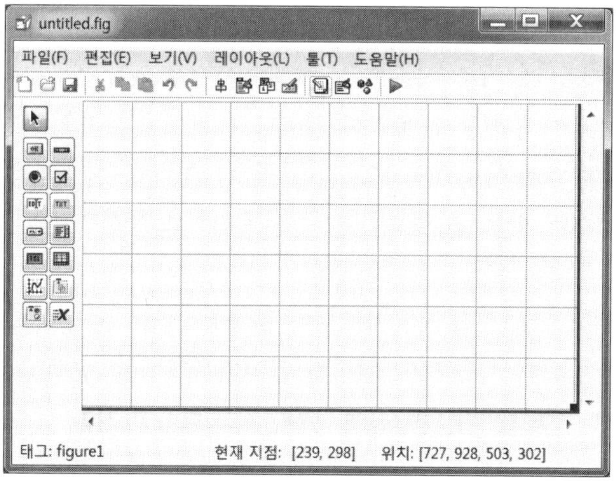

그림 9.2 GUI 레이아웃 편집기

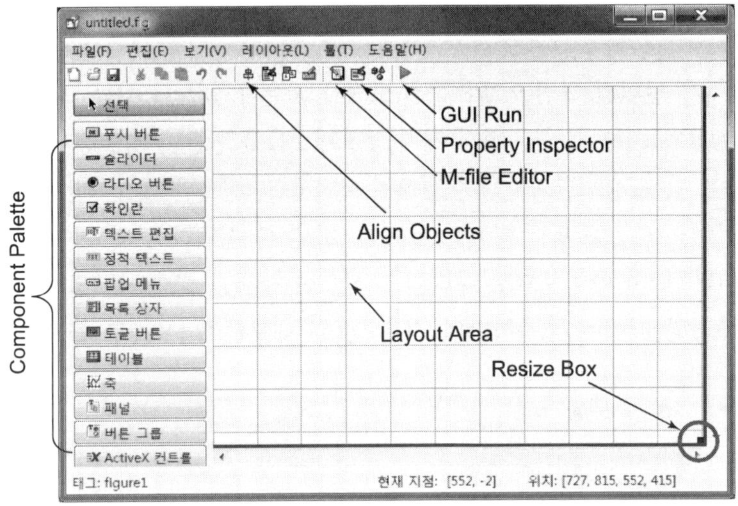

그림 9.3 GUI 레이아웃 편집기와 주요 메뉴

각 컴포넌트의 역할을 간단히 기술하면 다음과 같다.

- 푸시 버튼(Push Button): 클릭할 때 연관된 Callback 함수를 불러 실행해준다. 주로 GUI의 시작과 정지, 대화상자(Dialog box)를 닫거나, 속성값 반영 등을 해주기 위해 사용되는 버튼이다.
- 슬라이더(Slider): 바(Bar) 또는 노브(Knob)를 움직일 때 특정 범위 내의 수치 값을 읽어주며, 바의 위치가 값을 나타낸다.
- 라디오 버튼(Radio Button): 확인란과 유사하지만, 어떤 범주로 묶여진 몇 가지 옵션 중에 하나를 선택할 때 자주 사용된다. 이때 버튼 그룹을 같이 사용하게 된다.
- 확인란(Check Box): 체크될 때 동작이 일어나고 체크 유무가 나타난다. 참(True)/거짓(False) 또는 예(Yes)/아니오(No)와 같이 둘 중 하나를 선택해서 입력을 받을 때 사용할 수 있고, 여러 항목 중 필요한 항목을 독립적으로 선택할 때에도 유용하게 사용된다.
- 텍스트 편집(Edit Text): 직접 사용자로부터 문자열을 입력받거나 프로그램에서 화면에 값을 나타내기 위해 사용되며, 입력한 문자열은 String 속성에 저장된다.
- 정적 텍스트(Static Text): 화면에 제목, 다른 컨트롤의 라벨을 달 때 주로 사용되고, 가끔 프로그램에서 화면에 값을 나타낼 때에도 사용된다.

- 팝업 메뉴(Pop-up Menu): 박스에 포함되어 있는 문자열 중 하나를 선택하게 한다.
- 목록 상자(List box): 목록 상자의 목록에서 한 항목을 선택할 때 사용한다.
- 토글 버튼(Toggle Button): 푸시 버튼과 유사하지만 ON/OFF 두 가지 상태를 가지는 것이 다르다. 즉 토글식으로 한 번 누르면 ON되고, 다시 누르면 OFF된다.
- 테이블(Table): 테이블 객체를 그려준다.
- 축(Axes): 축 객체 내에 사용자의 도형을 그려준다.
- 패널(Panel): 관련된 컴포넌트들을 범주로 묶어 보기 좋게 해준다.
- 버튼 그룹(Button Group): 패널과 유사하지만 라디오 버튼, 토글 버튼 등을 하나의 범주로 묶어 하나의 버튼만 선택되도록 제어해준다. 하나를 선택하면 나머지는 모두 해제된다.
- ActiveX 컨트롤: ActiveX 객체를 그려준다.

9.2 컴포넌트의 배치와 속성 변경

9.2.1 컴포넌트의 배치

GUI 화면을 설계할 때에는 그림 9.4와 같이 마우스로 좌측 팔레트에서 원하는 컴포넌트들을 우측 레이아웃 영역으로 끌어와 정렬하고 그 크기를 적절히 조절하면 된다. 그림 9.4는 자주 사용되는 몇 가지 컴포넌트들을 임의로 정렬해 놓은 것이다. ⓪은 정적 텍스트를, ①은 축을, ②는 슬라이더를, ③은 푸시 버튼을, ④는 토글 버튼을, ⑤는 목록 상자를, ⑥ 텍스트 편집을, ⑦은 확인란을, ⑧은 패널을, ⑨는 라디오 버튼을, ⑩은 버튼 그룹을 의미한다.

이들은 레이아웃 편집기에서 작업할 동안에는 비활성 상태가 되며 마우스를 클릭해도 속성 인스펙터(Property inspector)만 나타날 뿐, 실행할 때까지 응답이 일어나지 않는다.

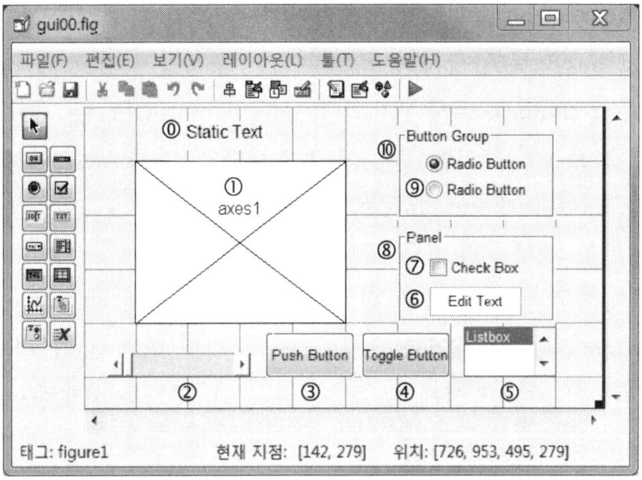

그림 9.4 GUI 레이아웃 편집기와 컴포넌트 배치 예

9.2.2 컴포넌트의 속성 변경

레이아웃 영역에 컴포넌트들을 배치하면 이들 객체에는 자동적으로 기본 속성값(Property value)이 부여된다. 대부분의 경우 기본 설정 그대로 사용해도 되지만, 사용자의 필요에 따라 변경이 불가피한 속성도 있다. 속성값은 두 가지 방법으로 변경할 수 있다.

- **속성 인스펙터 이용:** 컴포넌트를 더블 클릭하거나 레이아웃 편집기 도구모음에서 을 클릭할 때 나타나는 창에서 변경하는 방법이다. GUI 프로그래밍 전 초기 설정에 주로 쓰이는 방법이다.
- **GUI 프로그래밍:** Callback 함수에 필요한 코드를 넣어서 변경하는 방법이며, 실행 조건에 따라 속성값을 변경해야 할 때 주로 쓰인다. 이 방법은 다음 절에서 다룬다.

컴포넌트들은 여러 가지 속성들을 가지고 있지만 그중에서 가장 기본이 되는 것이 Tag(태그)이다. Tag는 프로그램상에서 객체에 접근하여 속성값을 변경하거나, 얻어오는 작업을 수행할 때 객체들을 식별해주는 중요한 역할을 해준다. 이후로 객체들의 속성명(Property name)은 가급적 그림 상의 명칭과 일치시켜 혼동을 피하도록 영문명을 쓰기로 한다.

9.2.2.1 푸시 버튼(Push Button)

푸시 버튼은 마우스로 누르면 눌러진 모양이 나타나고, 놓으면 원래 모양이 된다. 이 버튼의 Callback은 버튼업 이벤트(Button up event)에서 실행되고 여러 속성들을 가지고 있다(그림 9.5참조). 속성 인스펙터에서는 주로 BackgroundColor, FontSize, Position, String, Tag 등의 속성값(간단히 '값'으로도 표기함)이 변경된다. Position의 오른쪽 두 값은 버튼의 넓이와 높이를 의미하고, String 은 버튼의 명칭을 표시할 때 사용된다. 그림 9.5는 BackgroundColor, FontSize, String 값을 각각 녹색, 10, Plot로 변경한 예를 보여준다.

만약 푸시 버튼의 Tag가 기본 설정과 같이 pushbutton1이라면 m-파일이 생성될 때 다음 Callback 함수가 만들어진다. 뼈대만 갖춰진 이 함수에는 버튼업 이벤트에서 실행될 프로그램을 추가해주면 된다. GUI 프로그래밍은 9.4절에서 다룬다.

```
function pushbutton1_Callback(hObject, eventdata, handles)
```

9.2.2.2 토글 버튼(Toggle button)

토글 버튼은 푸시 버튼과 비슷하지만 ON/OFF 상태를 가지는 것이 다르다. 이 때문에 Callback 함수에서는 버튼이 어떤 상태인지를 체크하고 사용할 필요가 있다. Max와 Min의 기본 설정값은 각각 1과 0으로 되어 있으므로, 만약 이 값들을 바꾸지 않는다면, Value 값이 1(Max값)이면 ON이고, 0(Min 값)이면 OFF 상태가 된다. 이 역시 버튼을 누르면 눌러진 모양이 나타나고, 다시 누르면 원래 모양대로 된다.

주로 BackgroundColor, FontSize, Position, String, Tag 값이 속성 인스펙터에서 변경되고, 그림 9.6은 FontSize 값을 10, String 값을 Start로 변경한 예이다. Tag가 togglebutton1이라면 다음과 같은 Callback 함수가 m-파일에 만들어진다. 여기에 토글 버튼의 눌러진 상태를 인지하고, 그에 따라 실행될 프로그램을 넣어두면 된다.

```
function togglebutton1_Callback(hObject, eventdata, handles)
```

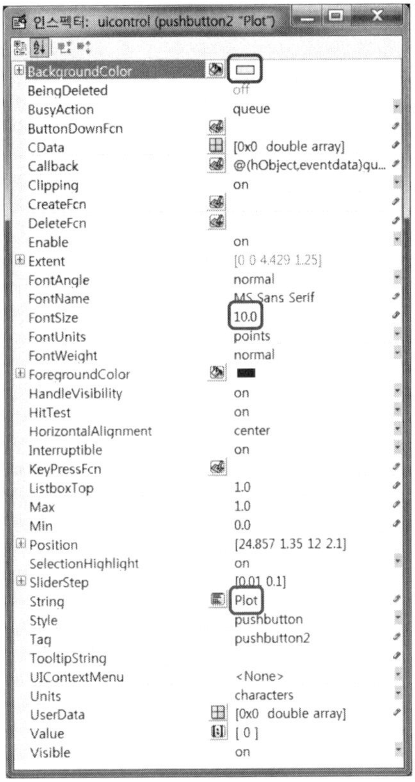

그림 9.5 푸시 버튼의 속성

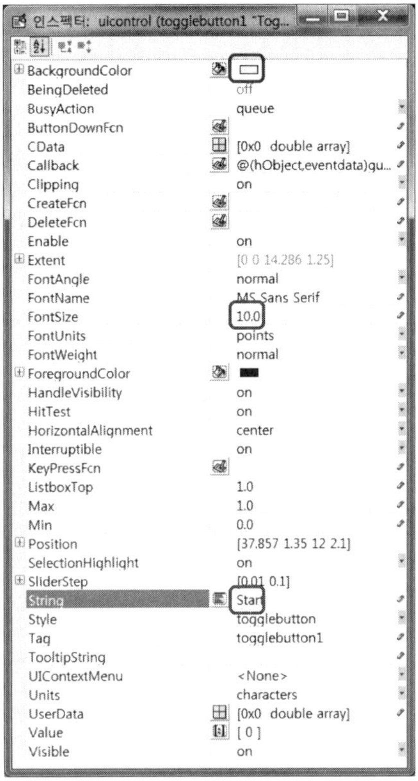

그림 9.6 토글 버튼의 속성

9.2.2.3 확인란(Check box)

클릭할 때 동작이 일어나며 체크된 상태가 나타난다. 다시 클릭하면 해제된다. 체크되면 Value값이 1, 해제되면 0이 된다. 만약 초기화면을 띄울 때 체크된 상태로 표시하고 싶으면 Value값을 1로 변경하면 된다. 속성 인스펙터에서는 주로 FontSize, String, Tag, Value 값이 변경된다.

만약 Tag가 checkbox1이라면 다음 Callback 함수가 생성되고, 여기에는 Value값을 읽고1과 비교해 체크 유무를 확인하는 프로그램을 두면 된다.

```
function checkbox1_Callback(hObject, eventdata, handles)
```

9.2.2.4 라디오 버튼(Radio button)

확인란과 모양이 약간 다를 뿐 기능은 같고 이 또한 체크/해제 상태를 감지해 실행한다. 버튼의 체크 유무에 따라 Value에는 Max/Min값 또는 1/0 둘 중 하나가 저장된다. 만약 초기화면을 띄울 때 체크된 상태로 표시하고 싶으면 Value값을 1로 변경하면 된다. 여기에도 여러 속성들이 있지만 FontSize, String, Tag, Value 외에는 그냥 기본 설정 그대로 사용하면 된다.

Tag가 radiobutton1인 경우 다음 함수가 생성되므로, 여기에 Value값과 1을 비교해 체크/해제 상태를 알아내는 프로그램을 두면 된다.

```
function radiobutton1_Callback(hObject, eventdata, handles)
```

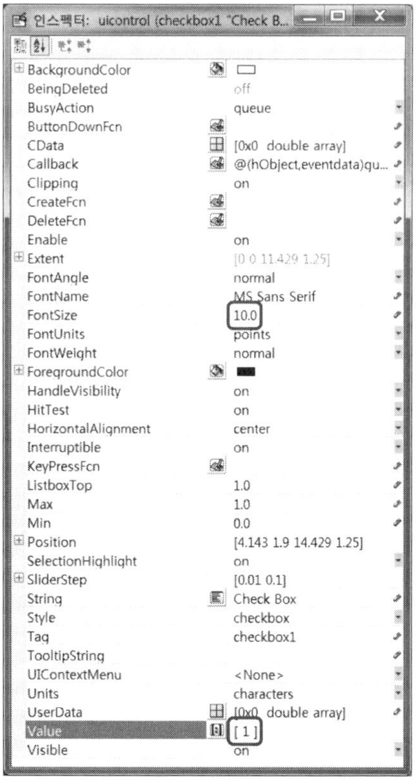

그림 9.7 확인란의 속성

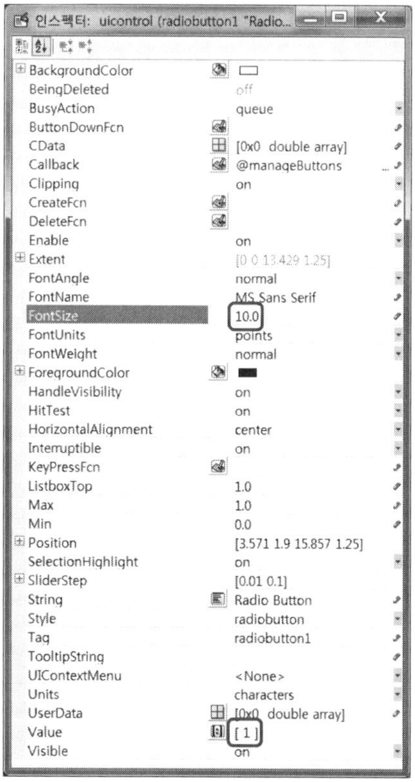

그림 9.8 라디오 버튼의 속성

9.2.2.5 패널(Panel)

관련 컴포넌트들을 범주로 묶어 보기 좋게 해주는 것 외에 딱히 하는 역할은 없다. FontSize, Fontweight, ForegroundColor, Title 외에는 그냥 기본 설정값을 사용하면 된다. 이와 관련한 Callback 함수는 만들어지지 않는다.

9.2.2.6 버튼 그룹(Button group)

패널과 유사하지만 버튼 그룹 안에 라디오 버튼, 토글 버튼 등의 객체들을 끌어와 하나의 범주로 묶어 놓으면 항상 하나만 선택되도록 제어해주는 것이 다르다. FontSize, Fontweight, ForegroundColor, Title 외에는 그냥 기본 값들을 사용하면 된다. 그림 9.10에는 Tag의 기본 설정이 uipanel1로 되어 있다.

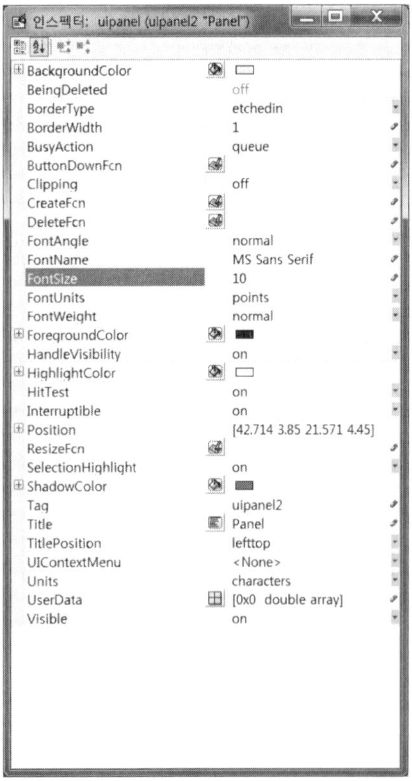

그림 9.9 패널의 속성

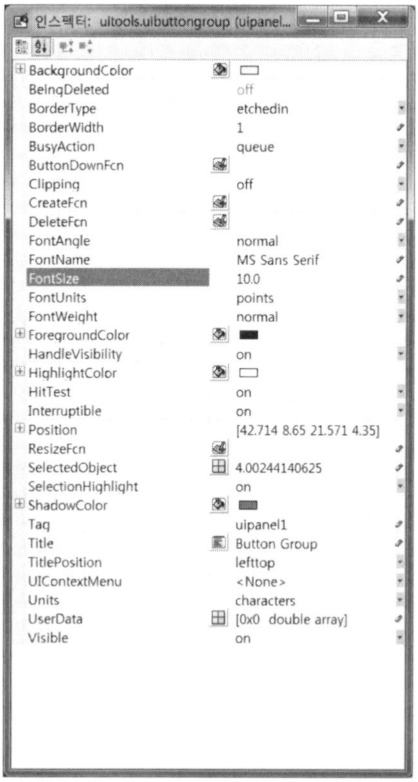

그림 9.10 버튼 그룹의 속성

라디오 버튼, 토글 버튼 등이 버튼 그룹으로 묶이면 개별적인 Callback 함수가 생성되지 않는다. 대신 사용자는 버튼 그룹을 먼저 선택한 다음 레이아웃 편집기 도구모음에서 <보기> → <콜백 보기> → <SelectionChangeFcn>을 선택해서 다음 함수를 만들어 주어야 한다(그림 9.31 참조). 여기에 어느 버튼이 체크되었는지를 알아내는 프로그램을 넣어주면 된다.

```
function uipanel1_SelectionChangeFcn(hObject, eventdata, handles)
```

9.2.2.7 텍스트 편집(Edit Text)

텍스트 편집은 사용자가 문자열을 입력 또는 수정하거나 프로그램에서 계산된 값을 나타낼 때 자주 사용되며, String 속성값을 읽거나 변경함으로써 구현된다. 사용자가 텍스트 편집 박스에 수치값을 입력하더라도 내부적으로는 문자열로 인식된다. 주로 BackgroundColor, FontSize, Position, String, Tag가 속성 인스펙터에서 변경되고, 초기값 설정은 String 값을 변경하면 된다. 그림 9.11은 FontSize값을 10, FontWeight를 bold, Position의 Width와 Height값을 각각 10, 1.5로, String값을 0으로 변경한 예를 보여준다.

텍스트 편집과 관련해서는 CreateFcn과 Callback 함수 두 개가 생성된다(예로, Tag가 edit1임). 자세한 프로그래밍은 9.4절을 참조 바란다.

```
function edit1_CreateFcn(hObject, eventdata, handles)
function edit1_Callback(hObject, eventdata, handles)
```

9.2.2.8 정적 텍스트(Static text)

화면에 문자를 나타내 주거나 프로그램에서 계산된 값을 나타낼 때 자주 사용된다. 이와 관련한 Callback 함수는 만들어지지 않지만 다른 Callback 함수에서 정적 텍스트의 String 속성을 변경해 값을 나타낼 수 있다. FontSize, ForegroundColor, FontWeight, String 속성이 자주 변경된다. 그림 9.12는 FontSize값을 15로, FontWeight값을 bold, String값을 My Graph로 변경한 경우이다.

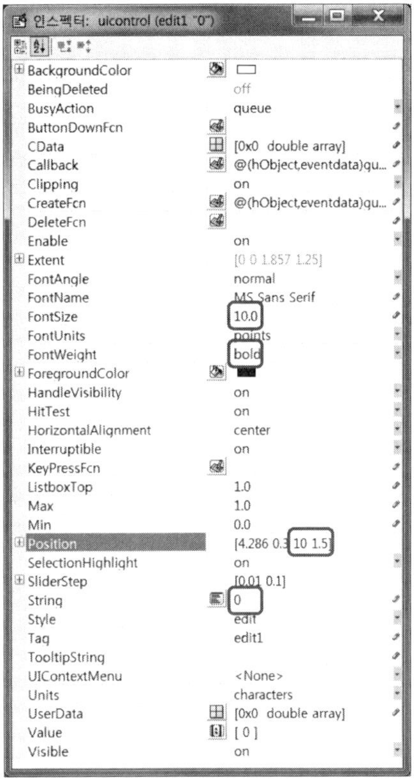

그림 9.11 텍스트 편집의 속성

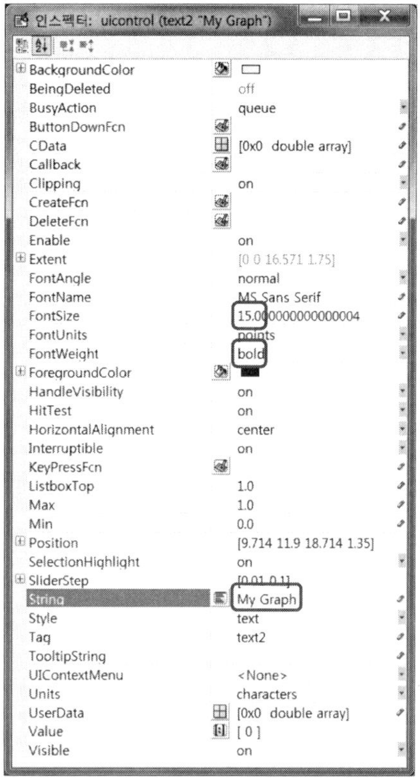

그림 9.12 정적 텍스트의 속성

9.2.2.9 목록 상자(List box)

목록 상자는 여러 항목으로 구성된 목록 중에서 한 항목을 선택할 때 쓰인다. String옆에 있는 아이콘을 눌러 목록을 등록하면 되고, 내부적으로는 셀배열로 저장된다. Value에는 목록 중에서 선택된 항목의 색인이 저장되며, 기본 설정은 1로 되어 있다. 이는 첫째 항목이 선택되었음을 의미하며 선택된 항목은 약간 진하게 표시된다. BackgroundColor, FontSize, String, Tag 속성이 자주 변경되고, 그림 9.13은 설정한 예를 보여준다. FontSize값으로 10, String값으로 Mesh, Surf, Surfl를 등록하였지만 첫째 값 Mesh만 보인다. 목록 상자의 경우도 Callback 함수와 CreateFcn 함수 두 개가 생성된다.

```
function listbox1_CreateFcn(hObject, eventdata, handles)
function listbox1_Callback(hObject, eventdata, handles)
```

9.2.2.10 슬라이더(Slider)

슬라이더는 어떤 범위 내의 값을 유연하게 변경할 때 자주 쓰인다. Max와 Min에는 각각 슬라이더가 가질 수 있는 최소값과 최대값이, Sliderstep과 Value에는 각각 스텝 크기와 현재 값이 저장된다. Max와 Min값을 변경할 때 Value 값(기본 설정이 0임)도 Min과 Max 사이의 값이 되도록 변경해줘야 한다. 초기화면이 그려질 때 슬라이더 바의 위치는Value 값에 따라 달라진다. 여러 가지 속성 중에 Max, Min, Sliderstep, Tag, Value 등이 자주 변경된다. 그림 9.14는 Max와 Min을 각각 10과 0으로, Value를 5로 설정한 예이다.

슬라이더의 경우도 함수 두 개가 생성된다.

```
function slider1_CreateFcn(hObject, eventdata, handles)
function slider1_Callback(hObject, eventdata, handles)
```

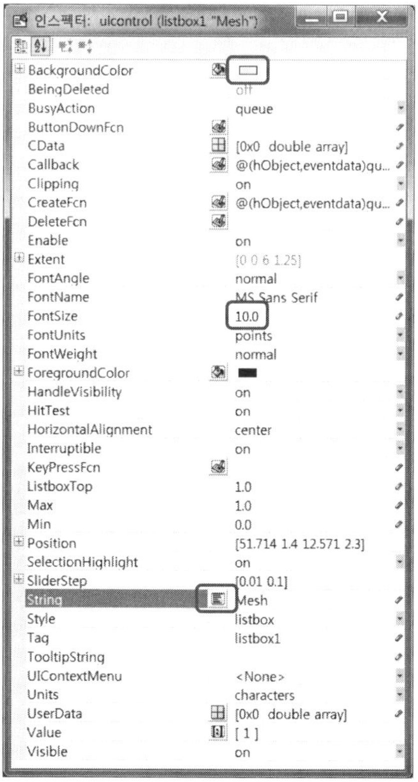

그림 9.13 목록 상자의 속성

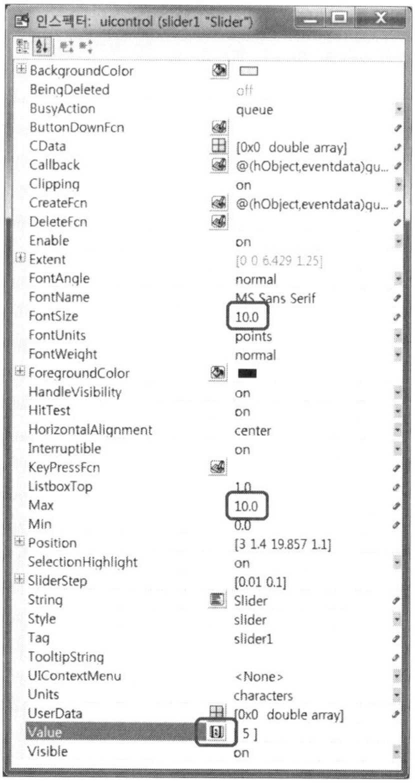

그림 9.14 슬라이더의 속성

9.2.2.11 축(Axes)

축은 프로그래밍을 통해 사용자의 도형을 그려주는 곳이다. 이 또한 여러 가지 속성들을 가지지만 막상 사용자가 변경할 것은 별로 없다. 지정된 값들을 그냥 사용하면 된다. 한 가지 명심할 것은 축에 그려진 모든 도형들을 지울 때에는 clf가 아닌 cla 명령어를 사용해야 한다는 것이다.

9.2.3 컴포넌트의 크기 조절

컴포넌트의 크기는 마우스로 대충 맞출 수 있지만 더 정교하게 맞추고 싶으면 속성 인스펙터에서 Position 속성값을 변경하면 된다. Position은 [x y wh ht]를 속성값으로 가지고 있는데 그 중에서 폭wh와 높이 ht를 원하는 값으로 변경하면 된다.

특히 크기가 같은 동일한 컴포넌트를 여러 개를 만들고 싶으면 먼저 컴포넌트 하나를 원하는 크기로 만든 다음 마우스로 선택하고 <편집> → <복사>해서 <붙여넣기>를 반복하든지 아니면 같은 컴포넌트를 여러 개 끌어와 전체를 선택한 다음 속성 인스펙터에서 Position 속성값을 일괄적으로 변경하면 된다.

9.2.4 컴포넌트의 정렬

컴포넌트 정렬도 마우스를 써서 할 수 있지만, 더 정교하게 맞출 때에는 객체 배치(Align Objects)를 써야 한다. 이를 쓰면 컴포넌트들을 어떤 기준 위치에 정렬시키거나 이들간의 간격을 조절할 수 있다. 레이아웃 편집기창에서 <툴> → <객체 배치>를 클릭하든지 아니면 아이콘 을 클릭하면 그림 9.15와 같은 창이 나타난다. 이때 다음과 같은 절차로 정렬하면 된다:

- 정렬을 원하는 컴포넌트들을 마우스로 선택한다. 여러 개를 선택할 경우에는 마우스 왼쪽 버튼을 누른 채로 드래그해서 전체를 감싸주거나, <Ctrl> 키를 누른 상태에서 마우스로 클릭하면 된다.
- 객체 배치에서 원하는 정렬 형태를 선택한 후 <확인>을 누른다.

그림 9.15는 네 개의 컴포넌트들을 좌측 정렬하면서 사이 간격을 일정하게 정렬한 예를 보여주고 있다. 왼쪽 네 개의 컴포넌트들은 정렬 이전의 상태이고, 우측 네 개는 복사 후 정렬된 상태이다. 이때 원 부분의 아이콘이 선택되었다.

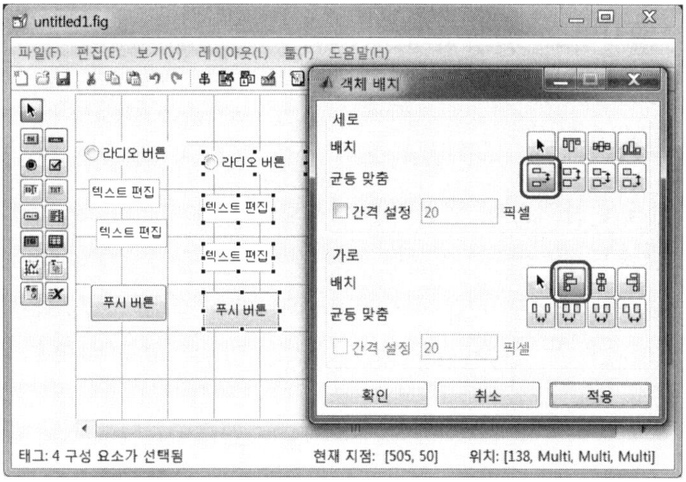

그림 9.15 컴포넌트들의 좌측 및 간격 정렬

그림 9.16은 컴포넌트 세 개를 하단 정렬한 예를 보여준다. 이때 원 부분이 선택되었다. 위쪽은 정렬 이전, 아래쪽은 정렬 후의 모습을 보여준다. 한 가지 염두에 둘 것은 한 가지 형태로 정렬할 경우에는 반드시 다른 하나는 에 선택되어 있어야 한다.

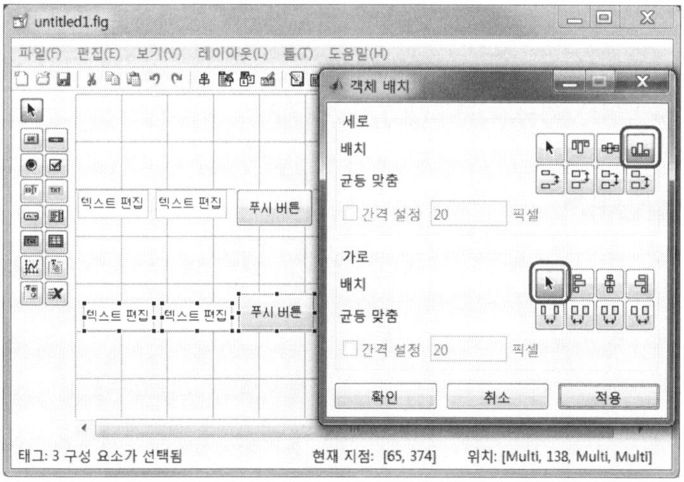

그림 9.16 컴포넌트들의 하단 정렬

9.3 GUI 저장하고 실행하기

9.3.1 GUI 저장하기

레이아웃 편집기에서 편집 작업이 완료되면 저장하게 된다. 새 파일인 경우에는 <파일> →<다른 이름으로 저장>를 하든지 아니면 저장 아이콘을 클릭하면 된다. 파일명을 입력하라는 창이 나타날 때 입력하면 같은 이름의 fig-파일과 m-파일이 생성되고, 이들은 항상 짝으로 존재한다. 일례로, 파일명이 gui일 경우에 gui.fig와 gui.m 파일이 생성된다.

- **fig-파일:** 레이아웃 편집기에서 작업한 컴포넌트들과 속성들이 저장되는 파일이며, 확장자 '.fig'를 갖는다. 이 파일은 레이아웃 편집기에서만 편집이 가능하다. 새로운 컴포넌트를 추가하거나 속성 등을 변경하였다면 반드시 저장해야 m-파일에 반영된다.
- **m-파일:** fig-파일이 처음 저장될 때 자동적으로 만들어지고 GUI를 제어해주는 프로그램들이 저장되는 파일이다. 확장자 '.m'를 갖는다. 여기에는 몇 가지 기본 함수와 사용자가 선택한 컴포넌트 관련 Callback 함수가 들어있다. 이 파일은 m-파일 편집기에서만 편집이 가능하다.

이 두 파일의 이름(File name)을 변경할 때에는 윈도우 탐색기로 하면 안 되고, 레이아웃 편집기에서 fig-파일을 불러와 <파일>→<다른 이름으로 저장> 하고 다른 이름으로 변경하면 된다. m-파일은 자동적으로 변경된 이름으로 만들어진다.

9.3.2 GUI 실행하기

작성이 완료된 GUI는 그래픽 레이아웃 편집기나, m-파일 편집기나 명령줄에서 실행이 가능하다.

- **레이아웃 편집기:** 도구모음에서 <툴>→<실행> 또는 아이콘 ▶을 클릭하면 실행된다. 변경 내용이 있을 경우에는 실행 전에 반드시 저장해야 한다.
- **m-파일 편집기:** 아이콘 ▶을 클릭하면 실행된다.
- **명령창:** 명령줄에서 m-파일명을 실행하거나 아래와 같이 run 다음에 m-파일명을 입력하고 실행해도 된다.

```
>> run  m-파일명
```

이때 fig-파일과 m-파일은 항상 짝으로 같은 방에 존재해야 한다.

실행할 때 나타나는 그림창은 기본적으로 <크기 조정할 수 없음>로 설정되어 있어 그 크기를 늘리거나 줄일 수 없지만, 레이아웃 편집기의 도구모음에서 <툴>→<GUI 옵션>을 선택하고 그림 9.17과 같이 <크기 조정 동작>에서 <비례>로 변경하면 가능하다. GUI는 창의 크기에 비례해서 조절된다.

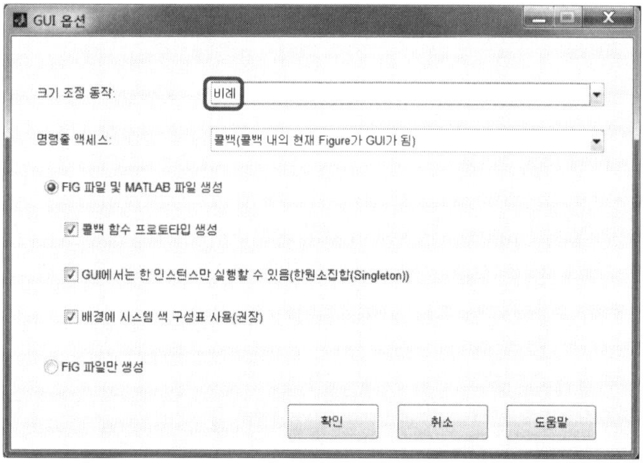

그림 9.17 그림창의 크기 조절을 위한 옵션 변경

9.4 GUI 프로그래밍

MATLAB은 레이아웃 편집기에서 작업한 컴포넌트들에 대한 필요한 기능들을 미리 구현해 놓았기 때문에 실행하기만 하면 새 GUI 출력창이 나타난다. 이것은 기본적인 기능이 구현되었음을 뜻하지만 마우스나 키보드로 컨트롤을 눌러보아도 어떤 응답도 일어나지 않을 것이다. 컴포넌트들이 서로 유기적인 연결성을 가지고 의도된 동작을 수행하기 위해서는 뼈대(Framework), 즉 함수의 형식만 갖춰진 m-파일의 Callback 함수에 사용자 코드를 추가해줘야 한다.

9.4.1 m-파일의 구조

레이아웃 편집기에서 GUI를 배치하고 저장하면 GUIDE는 세 기본 함수(주함수, Output Fcn 함수, OpeningFcn 함수)와 배치한 컴포넌트에 따라 가장 빈번히 사용되는 Callback 함수들의 뼈대를 자동적으로 만들어 준다.

9.4.1.1 주함수(Primary function)

주함수는 나머지 함수들을 호출하고, 몇 가지 초기화 코드를 수행해주는 역할을 담당한다. 주함수명은 m-파일명과 일치하며, 예로 파일명이 gui라면 이 함수는 다음 형식을 갖는다.

```
function varargout = gui(varargin)
```

여기서 varargin는 명령창에서 gui 함수로, varargout는 gui 함수에서 명령창으로 데이터를 전달해주는 가변 입출력인수이다. 예로 명령줄에 다음과 같이 입력하고 실행하면 화면의 (20,30) 위치에 70×20 크기의 GUI 출력창을 열게 된다.

```
>> gui('Position',[20 30 70 20])
```

이 함수에는 미리 만들어진 코드들이 들어 있다(10장의 gui22.m 참조). 이 부분을 손대면 안 돌아갈 수도 있으니 주의가 요한다.

9.4.1.2 OutputFcn 함수(Output function)

프로그램 실행 중에 만들어진 값을 명령창으로 내보낼 때 사용하는 함수이다. 자세한 사용법은 도움말을 참조 바란다. 세 입력인수 hObject, eventdata, handles은 다음 함수에서 다룬다.

```
function varargout = gui_OutputFcn(hObject, eventdata, handles)
```

9.4.1.3 OpeningFcn 함수(Opening function)

모든 컴포넌트들의 CreateFcn 함수가 실행되고 난 다음 GUI가 사용자에게 막 보이기 직전에 실행되는 함수이다. 사용자가 GUI에 접근하기 전(마우스나 키보드를 누르기 전)에 필요한 초기 작업, 즉 초기 도형을 그린다거나, 데이터를 만든다거나 외부 저장매체로부터 데이터를 읽을 때 사용된다. 이 함수의 형식은 다음과 같고, 네 개의 입력인수 hObject, eventdata, handles, varargin를 가지고 있다.

```
function gui_OpeningFcn(hObject, eventdata, handles, varargin)
```

이들의 의미는 다음과 같다. 특히 앞쪽의 세 입력인수들은 대부분의 Callback 함수들이 공통적으로 가지는 입력인수들이다.

- **hObject:** 해당 Callback 함수를 트리거하는 컴포넌트의 핸들
- **eventdata:** 마우스 또는 키보드 동작에 관한 상태 정보를 담고 있는 구조체
- **handles:** GUI 내에 사용되는 모든 객체들의 핸들을 저장하고 있는 구조체
- **varargin:** 명령창에서 이 함수로 데이터를 전달할 때 사용되는 가변 입력인수

앞서 살펴본 주함수와 OutputFcn함수는 변경할 필요성이 없는 한 그대로 사용하면 되고, 사용자는 다음 절에서 다룰 Callback 함수와 더불어 OpeningFcn함수를 변경하게 된다.

9.4.1.4 Callback 함수

Callback 함수란 특별한 이벤트(Event)가 그래픽 객체에 일어나게 될 때 실행되는 모든 함수들을 일컫는 용어로 사용되며, 특정 Callback 함수를 부를 때도 사용된다. MATLAB GUI에는 ButtonDownFcn, Callback, CreateFcn, KeyPressFcn, OnCallback, OffCallback, ResizeFcn 등을 포함한 많은 Callback 함수들이 있고 컴포넌트에 따라 이용 가능한 Callback 함수도 다르다. GUIDE는 가장 빈번히 사용되는 Callback 함수들을 자동으로 만들어 주며, Callback과 CreateFcn 함수가 여기에 해당된다. 이 외에 특정 컴포넌트에 대한 추가적인 이벤트를 원할 때에는 그림 9.18과 같이 레이아웃 편집기에서 컴포넌트를 선택(예로 푸시 버튼이 선택됨)한 다음 <보기> → <콜백 보기>에서 원하는 항목을 고르면 해당 함수의 뼈대가 추가로 만들어 진다.

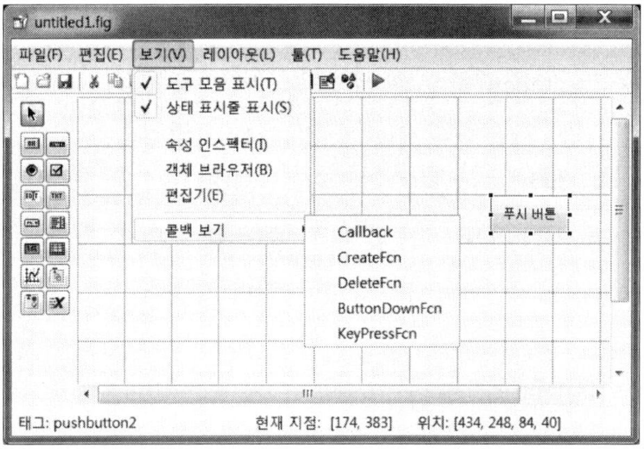

그림 9.18 allback 함수의 추가

Callback 함수에는 GUI 출력창에서 사용자 컨트롤을 마우스로 클릭하거나 키보드로 값을 변경할 때 실행되어야 하는 코드들을 작성해주면 된다.

그러면 어떻게 컴포넌트들을 사용하고 또 어떻게 GUI 프로그래밍을 하는지 간단한 예제를 중심으로 알아보자. 전체 프로그램은 홈페이지에 담아 두었으니 참고 바란다.

9.4.1.4 함수간 데이터 공유

Callback 함수 간에 데이터를 공유하려면 관련 변수들을 전역변수로 선언해서 사용하거나 아니면 미리 준비해둔 구조체 handles를 사용하면 된다. 전자의 방법은 이미 2.9.1.4 절에서 다루었기 때문에 후자의 방법에 대해서만 간단히 살펴보자.

대부분의 GUI Callback 함수들은 handles를 입력인수로 가지며, handles에는 사용 중인 모든 핸들 정보가 구조체 형태로 저장되어 있다. 이뿐만 아니라 사용자 데이터도 저장할 수 있게 해놓았기 때문에 이를 활용하면 된다. 구조체 데이터를 저장하는 형식은 다음과 같다. 저장하고 난 다음에는handles 구조체를 갱신해주기 위해 반드시 guidata 문장이 뒤따라야 한다.

```
handles.fieldname= var; % 변수 var 값을 필드명 fieldname에 저장
guidata(hObject, handles); % 구조체 handles을 갱신함
```

전역변수를 쓰는 것이 어떻게 보면 더 간결해 이 책에서는 주로 이 방법을 채용하지만 변수가 많을 때에는 단점도 있음을 유의 바란다.

9.4.2 예제 1: 푸시 버튼과 축의 사용

9.4.2.1 GUI 개념 설계

예제 1은 Start 버튼을 누를 때 sine 그래프를 그려주는 그림 9.19와 같은 GUI를 만드는 것이 목적이다. GUI를 만들 때 개념설계 단계는 대단히 중요하며, 여기서는 다음과 같이 동작하도록 설계하자.

- 초기화면에서는 sine 커브를 제외한 제목과 축과 <Start> 버튼이 나타나게 한다.
- <Start> 버튼을 누르면 sine 커브가 축 영역에 그려지게 한다.

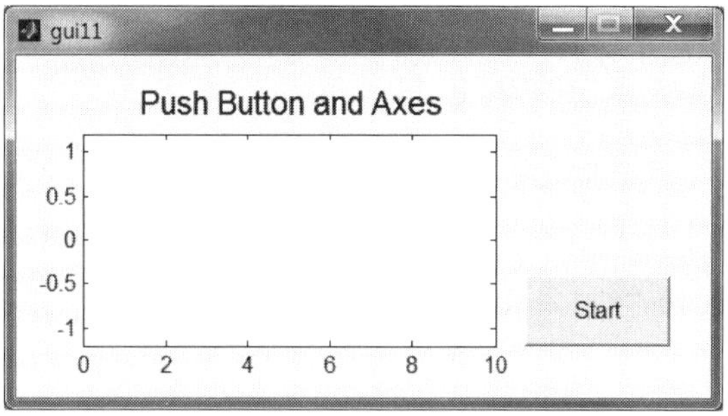

그림 9.19 예제 1의 출력창

9.4.2.2 컴포넌트의 배치 및 속성 변경

GUIDE를 불러와 빈 레이아웃 영역에 축 한 개, 푸시 버튼 한 개, 정적 텍스트 한 개를 끌어와 크기와 위치를 조절하고 그림 9.20과 같이 배치하였다.

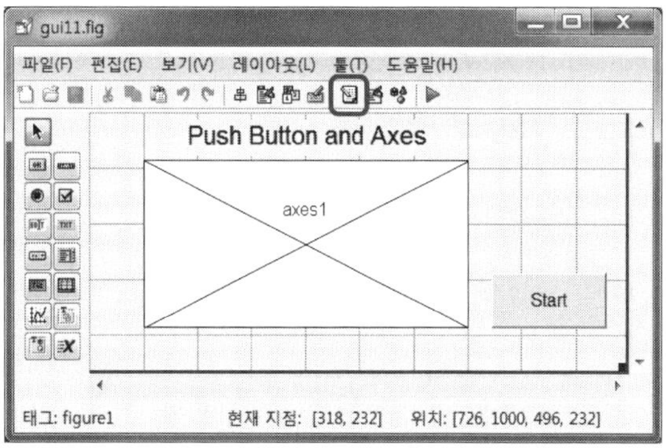

그림 9.20 예제 1의 컴포넌트 배치

각 컴포넌트를 더블 클릭해서 필요한 속성값을 변경하였다. Tag는 컴포넌트를 인식하는 고유명이므로 변경할 경우에는 잘 기억해두어야 한다. 편의상 이 장의 모든 예제에서 다루는 Tag들은 기본 설정 그대로 사용하기로 한다. 주요 컴포넌트들의 Tag와 String을 요약한 것은 표 9.1과 같다.

표 9.1 주요 컴포넌트들의 Tag와 String

Component	Tag	String	Remarks
푸시 버튼	pushbutton1	Start	애니메이션 시작
축	axes1	-	sine 커브를 나타냄

9.4.2.3 Callback 함수 프로그래밍

레이아웃 편집기에서 작업한 내용을 gui11이름으로 저장하면 자동적으로 gui11.m 파일이 편집기에 뜨게 된다. 만약 뜨지 않으면 도구 모음에서 아이콘(그림 9.20의 원 부분)을 클릭하면 열린다. 이 예제에서는 두 개의 함수 프로그램만 작성해주면 된다.

gui11_OpeningFcn 함수

초기화면을 띄울 때(<Start> 버튼을 누르기 전) 실행되는 함수로서, plot의 핸들을 받아 pushbutton1_Callback 함수와 공유하도록 해주면 된다. 함수간에 필요한 데이터는 전역변수를 선언해서 공유한다.

cla 명령어로 출력창의 축을 깨끗하게 지운 다음 t= 0에서 sin(t) 값을 계산해서 점 하나를 그리고 plot의 핸들을 받고 또 축의 범위를 정하였다. 이때 EraseMode로 normal을 사용하였다. gh가 전역변수로 선언되었음에 유의하라.

아래쪽 굵게 표시된 부분이 추가된 코드이고 나머지는 자동적으로 만들어진 것이다. 여기서는 함수의 입력인수들은 사용되지 않는다.

```
function gui11_OpeningFcn(hObject, eventdata, handles, varargin)
% Choose default command line output for gui11
handles.output = hObject;
% Update handles structure
guidata(hObject, handles);
% UIWAIT makes gui11 wait for user response (see UIRESUME)
```

```
% uiwait(handles.figure1);

global gh % 전역변수 gh 선언
cla % 축 내의 모든 객체들을 지움
t= 0;
gh= plot(t, sin(t),'k', 'EraseMode', 'normal'); % 점 하나를 그리고 핸들을 받음
axis([0 10 -1.2 1.2])
```

pushbutton1_Callback 함수

gui11_OpeningFcn함수에 의해 축의 골격이 완성되었으므로 다음은 <Start> 버튼을 누를 때 axes1 축 상에 sine 커브를 그리기만 하면 된다. 먼저 buf가 초기화 되고, for 루프가 반복되는 동안 한 쌍의 데이터 [t sin(t)]가 buf에 추가될 때마다 set명령어로 객체 gh의 XData와 YData의 속성값(간단히 'x,y값'으로 표기)을 갱신하게 된다. pause(0.05)는 애니메이션 동작을 늦출 목적으로 사용되었다. 이 Callback 함수에도 입력인수들이 사용되지 않는다.

```
function pushbutton1_Callback(hObject, eventdata, handles)
% hObject    handle to pushbutton1 (see GCBO)
% eventdata  reserved - to be defined in a future version of MATLAB
% handles    structure with handles and user data (see GUIDATA)

global gh
buf= []; % buf의 초기화
for t= 0:0.1:3*pi
   buf= [buf; t sin(t)]; % buf에 데이터 한 쌍 추가
   set(gh,'XData',buf(:,1),'YData',buf(:,2)) % 객체 gh의 x,y 값을 갱신
   drawnow
   pause(0.05); % 0.05초동안 기다림
end
```

9.4.3 예제 2: 토글 버튼과 축의 사용

9.4.3.1 GUI개념 설계

여기서도 그림 9.19와 같은 sine 커브를 그리는 GUI를 만들되, 푸시 버튼 대신 Start/Stop 동작을 하는 토글 버튼을 사용한다. 그림 9.21은 이를 보여준다. GUI는 아래와 같이 동작하도록 설계된다.

- 초기화면에서는 sine 커브를 제외한 제목과 축과 시작 버튼이 나타나게 한다.
- <Start> 버튼을 누르면 $t \le 10$일 동안 축 영역에 sine 커브가 그려지고, 토글 버튼의 String 값을 Stop으로 변경해 <Stop> 버튼으로 전환한다.
- <Stop> 버튼을 sine 커브 작성 도중에 누르면 중단되고, 토글 버튼의 String 값을 Start로 변경해 <Start> 버튼으로 전환한다.

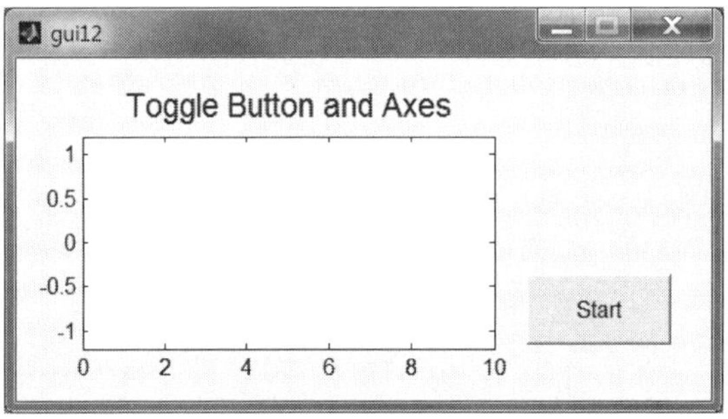

그림 9.21 예제 2의 출력창

9.4.3.2 컴포넌트의 배치 및 속성 변경

GUIDE를 불러와 빈 레이아웃 영역에 축 한 개, 토글 버튼 한 개, 정적 텍스트 한 개를 끌어와 크기와 위치를 조절하고 그림 9.22와 같이 배치하였다.

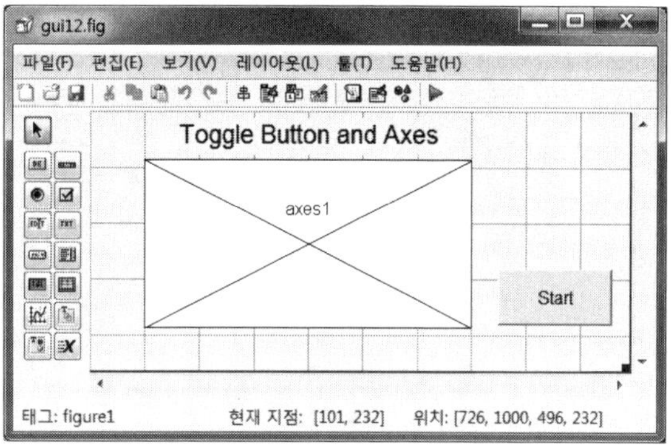

그림 9.22 예제 2의 컴포넌트 배치

각 컴포넌트를 더블 클릭하여 필요한 속성값을 변경하였고, 표 9.2는 주요 컴포넌트들의 Tag와 String을 요약한 것이다.

표 9.2 주요 컴포넌트들의 Tag와 String

Component	Tag	String	Remarks
토글 버튼	togglebutton1	Start	애니메이션 시작
축	axes1	–	sine 커브를 나타냄

9.4.3.3 Callback 함수 프로그래밍

레이아웃 편집기의 작업 내용을 gui12이름으로 저장하면 gui12.m 파일이 편집기에 뜨고 자동적으로 생성된 두 함수에 프로그램을 추가해주면 된다.

gui12_OpeningFcn 함수

예제1의 gui11_OpeningFcn함수와 비슷하게 코딩하면 되지만 여기서는 구조체 handles를 써서 데이터를 공유해보자. 아래쪽 굵게 표시된 부분이 새롭게 추가된 코드이다. 추가된 코드들은 guidata 문장 전에 왔음을 유의하라.

```
function gui12_OpeningFcn(hObject, eventdata, handles, varargin)
% Choose default command line output for gui12
handles.output = hObject;
```

```
cla % 축 내의 모든 객체들을 지움
t= 0;
gh= plot(t, sin(t),'k', 'EraseMode', 'normal'); % 점을 하나 그리고 핸들 gh를 받음
axis([0 10 -1.2 1.2])
handles.gh= gh; % 필드 gh에 핸들을 저장

% Update handles structure
guidata(hObject, handles); % 구조체 handles를 갱신함
% UIWAIT makes gui12 wait for user response (see UIRESUME)
% uiwait(handles.figure1);
```

togglebutton1_Callback 함수

토글 버튼의 눌러진 상태 값을 읽는 명령어가 get(hObject,'Value')이다. 만약 이 값이 1이면 ON, 0이면 OFF를 의미한다. 토글 버튼이 ON 상태이고 $t \le 10$인 동안 앞의 예제와 같이 커브를 나타내고 또 String 값을 Stop으로 설정한다. 한편 OFF이거나 $t > 10$이면 커브 작성을 끝내고 String 값을 Start 로 설정한다.

togglebutton1_Callback 함수를 트리거하는 객체의 핸들은 hObject이므로 토글 버튼의 Value 값을 읽고 String 값을 변경하는 데 사용되었다. 물론 hObject 대신 gcbo나 handles.togglebutton1를 쓸 수도 있다. 또 handles.gh에는 gui12_OpeningFcn함수에서 저장해 두었던 핸들 gh가 들어 있으므로 set 명령어는 이를 사용하고 있다.

```
function togglebutton1_Callback(hObject, eventdata, handles)
% hObject    handle to pushbutton1 (see GCBO)
% eventdata  reserved - to be defined in a future version of MATLAB
% handles    structure with handles and user data (see GUIDATA)

t= 0; h= 0.1;
buf= []; % 빈 배열이 선언
while get(hObject,'Value') && t <= 10 % 버튼이 ON이고 t ≤ 10인 동안 반복 시행
    buf= [buf; t sin(t)];% buf에 데이터 추가
    set(handles.gh,'XData',buf(:,1),'YData',buf(:,2)) % gh의 x,y 값을 갱신함
    drawnow
```

```
    pause(0.05);
    t= t+h;
    set(hObject,'String', 'Stop') % String 값을 Stop으로 설정
end
set(hObject,'String', 'Start') % String 값을 Start 로 설정
```


9.4.4 예제 3: 텍스트 편집과 푸시 버튼의 사용

9.4.4.1 GUI개념 설계

다음 예제로 화씨(Fahrenheit) 온도를 섭씨(Centigrade)로 또 그 반대로 섭씨 온도를 화씨로 환산해주는 GUI를 만들어 보자. 두 온도 간의 관계식은 C = (F−32)*5/9 또는 F= C*9/5+32이다. 개념설계는 다음과 같다.

- 그림 9.23의 초기화면에는 두 개의 텍스트 편집과 한 개의 푸시 버튼을, 그리고 Fahrenheit 박스에는 32가, Centigrade 박스에는 0이 나타나게 한다.
- Fahrenheit 또는 Centigrade 박스에 값을 변경하고 <Converter> 버튼을 누르거나 화면을 마우스로 클릭하면 환산된 값이 상대편 박스에 나타나게 한다.
- 만약 두 박스에 유효하지 않은 입력(공백 또는 문자)을 넣게 되면 오류 메시지를 보여주는 다이얼로그 박스가 뜨도록 한다.

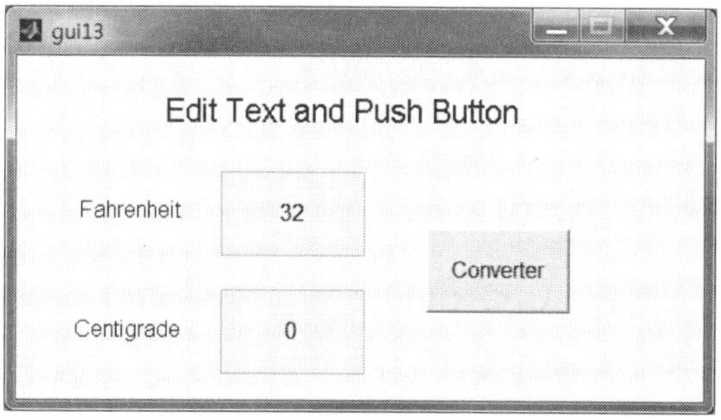

그림 9.23 예제 3의 출력창

9.4.4.2 컴포넌트의 배치 및 속성 변경

레이아웃 편집기에서 텍스트 편집 두 개, 푸시 버튼 한 개, 정적 텍스트 세 개를 끌어와 크기와 위치를 조절하고 그림 9.24와 같이 배치하였다.

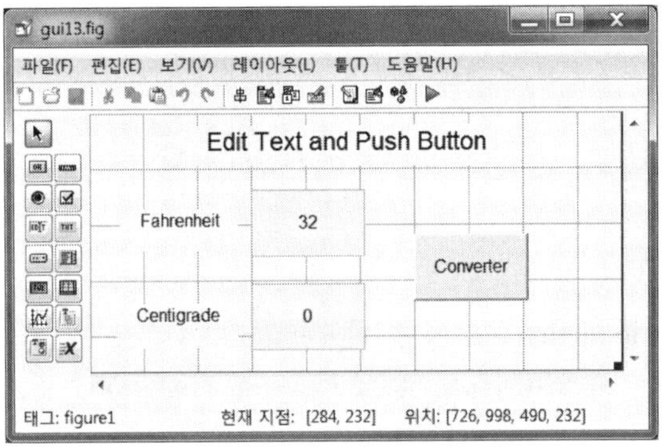

그림 9.24 예제 3의 컴포넌트 배치

속성 인스펙터에서 edit1과 edit2의 String 초기값을 각각 32, 0으로 변경하였고, 표 9.3은 Tag와 String을 요약한 것이다.

표 9.3 주요 컴포넌트들의 Tag와 String

Component	Tag	String	Remarks
텍스트 편집	edit1	32	화씨 온도를 입력하고 나타냄
텍스트 편집	edit2	0	섭씨 온도를 입력하고 나타냄
푸시 버튼	pushbutton1	Converter	환산 시작

9.4.4.3 Callback 함수 프로그래밍

레이아웃 편집기에서 작업한 GUI를 gui13로 저장하면 gui13.m 파일이 만들어진다. 이 예제에서는 속성 인스펙터에서 edit1과 edit2의 String 값을 초기화 해놓기 때문에 gui13_OpeningFcn 함수를 손댈 필요가 없다.

edit1_Callback 함수

이 함수는 Fahrenheit 박스에 온도를 입력하고 다른 컨트롤 동작을 하게 될 때 실행되는 함수로서, 값을 읽어 화씨 온도로 변환한 다음 Centigrade 박스에 나타내준다. 앞서 설명하였듯이 이벤트가 일어날 때 실행되는 함수 안에서 자신의 속성값을 읽을 때에는 핸들 hObject를 사용하면 되고 함수 밖에 정의된 edit2의 속성값에 접근할 때에는 핸들 handles.edit2를 사용해야 한다.

if문에 사용된 isnan는 텍스트 편집에서 읽은 값이 NaN(Not-a-Number)인지를 확인해주는 함수이다. 예로 문자나 공백을 넣게 되면 f는 NaN이 되므로 isnan(f)가 1이 되어 'Bad Input'이라는 제목의 모달 다이얼로그 박스에 'Enter a number value'가 나타나게 된다. 한편 round(c*10)/10는 c를 소수점 이하 둘째 자리에서 반올림해서 첫째 자리까지 표시해주는 문장이다.

```
function edit1_Callback(hObject, eventdata, handles)
% hObject    handle to edit1 (see GCBO)
% eventdata  reserved - to be defined in a future version of MATLAB
% handles    structure with handles and user data (see GUIDATA)
% Hints: get(hObject,'String') returns contents of edit1 as text
%        str2double(get(hObject,'String')) returns contents of edit1 as a
                                                 double

f= str2double(get(hObject,'String')); % String 값을 읽어 수치값으로 변환
if isnan(f)% f가 NaN인 경우
    errordlg('Enter a number value','Bad Input','modal'); % 모달 다이얼로그
                                                           박스를 나타냄
    uicontrol(hObject);
    return;
end
c= (f-32)*5/9; % 화씨 온도를 섭씨 온도로 환산
set(handles.edit2,'String',round(c*10)/10) % edit2의 String 값을 설정
```

edit2_Callback 함수

이 함수도 Centigrade 박스에 온도를 입력하고 다른 컨트롤 동작을 하게 될 때 실행되며, edit1_Callback 함수와 비슷하게 코딩해주면 된다.

```
function edit2_Callback(hObject, eventdata, handles)
% hObject    handle to edit2 (see GCBO)
% eventdata  reserved - to be defined in a future version of MATLAB
% handles    structure with handles and user data (see GUIDATA)
% Hints: get(hObject,'String') returns contents of edit2 as text
%        str2double(get(hObject,'String')) returns contents of edit2 as a
                double

c= str2double(get(hObject,'String')); % String 값을 읽어 수치값으로 변환
if isnan(c)% c가 NaN인 경우
    errordlg('Enter a number value','Bad Input','modal');
    uicontrol(hObject);
    return;
end
f= c*9/5+32; % 섭씨 온도를 화씨 온도로 환산
set(handles.edit1,'String',round(f*10)/10) % edit1의 String 값을 설정
```

pushbutton1_Callback 함수

텍스트 편집의 Callback 함수는 값을 입력한 다음 다른 컨트롤 동작(마우스 클릭 이나 <Enter> 키 입력)이 일어날 때 실행되므로, 푸시 버튼을 달아놓은 이유는 단순히 컨트롤 동작을 유도해내기 위해서이다. 하는 일이 없기 때문에 여기에는 별도로 프로그램을 넣을 필요가 없다. 한 쪽 박스에 값을 입력하고 화면의 어디를 클릭해도 환산이 된다.

9.4.5 예제 4: 목록 상자와 텍스트 편집의 사용

9.4.5.1 GUI개념 설계

다음 예제로 목록 상자에서 학점을 선택하면 왼쪽의 텍스트 편집에는 대응되는 성적 범위가 나타나는 GUI를 작성해보자. 개념설계는 다음과 같다.

- 초기화면에 한 개의 텍스트 편집과 한 개의 목록 상자를 그리고, 기본 설정으로 목록 상자에는 A가 선택되고, 텍스트 편집에는 A의 성적 범위가 나타나게 한다.

- 목록 상자에서 한 항목을 선택하면 텍스트 편집에는 대응되는 성적 범위가 나타나도록 한다.

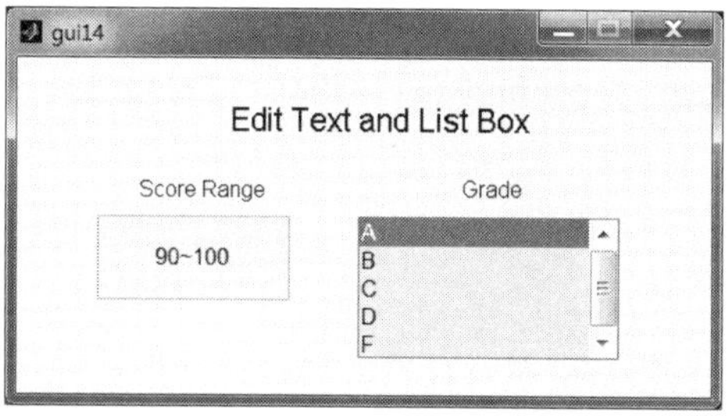

그림 9.25 예제 4의 출력창

9.4.5.2 컴포넌트의 배치 및 속성 변경

레이아웃 영역에 텍스트 편집 한 개, 목록 상자 한 개, 정적 텍스트 세 개를 끌어와 크기와 위치를 조절하고 그림 9.26과 같이 배치하였다.

속성창에서 edit1과 listbox1의 초기 설정으로 String 값을 변경하였고, 표 9.4는 Tag와 String을 요약한 것이다.

표 9.4 주요 컴포넌트들의 Tag와 String

Component	Tag	String	Remarks
텍스트 편집	edit1	90~100	성적 범위를 나타냄
목록 상자	listbox1	A	학점을 선택함

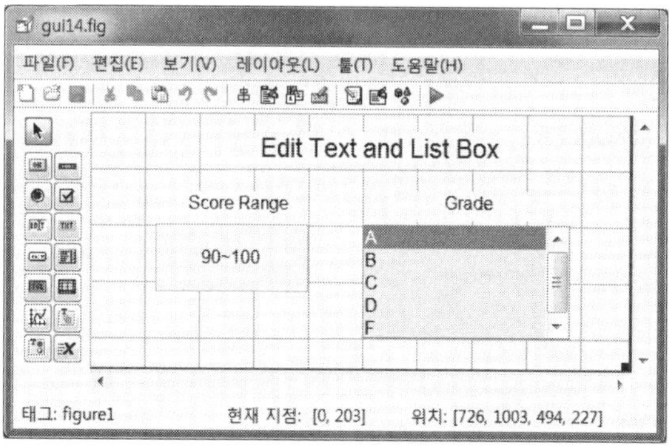

그림 9.26 예제 4의 컴포넌트 배치

9.4.5.3 Callback 함수 프로그래밍

레이아웃 편집기에서 작업한 파일을 gui14명으로 저장하고 gui14.m 파일에 필요한 코드를 추가한다. 이 예제에서도 초기값으로 edit1과 listbox1의 String 값을 그림 9.26과 같이 변경해두었기 때문에 gui14_OpeningFcn, listbox1_CreateFcn, edit1_CreateFcn 함수들은 딱히 할 일이 없다.

listbox1_Callback 함수

이 함수는 목록 상자에서 항목이 선택될 때 수행되며 먼저 String 속성으로부터 목록을 받고 또 Value 속성으로부터 선택된 항목의 색인을 받아 문자값 grade를 얻는다. 이때 list는 셀배열이므로 문자값을 얻기 위해 {}를 사용하게 된다. 그런 다음 최종적으로 Score Range 함수로부터 성적 범위를 얻어 edit1의 String 속성값을 변경해준다. 다시 한 번 언급하지만 함수 밖의 객체, 즉 edit1에 접근하기 위해서는 hObject가 아닌 handles.edit1을 써야 한다.

```
function listbox1_Callback(hObject, eventdata, handles)
% hObject    handle to listbox1 (see GCBO)
% eventdata  reserved - to be defined in a future version of MATLAB
% handles    structure with handles and user data (see GUIDATA)
% Hints: contents = cellstr(get(hObject,'String')) returns listbox1
contents as cell array
%  contents{get(hObject,'Value')} returns selected item from listbox1

list= get(hObject,'String'); % 셀배열의 목록을 받아 list에 저장
index= get(hObject,'Value'); % Value 값을 읽어 index에 저장
grade= list{index}; % 선택된 항목의 문자값을 grade에 저장
Score= ScoreRange(grade); % 대응되는 성적 범위를 구함
set(handles.edit1,'String',Score) % edit1의 String 값을 Score로 설정

% grade에 대응되는 성적 범위를 출력
function Score= ScoreRange(grade)
switch grade
   case 'A'
      Score= '90~100';
```

```
    case 'B'
        Score= '80~89';
    case 'C'
        Score= '70~79';
    case 'D'
        Score= '60~69';
    otherwise
        Score= '0~59';
end
```


9.4.6 예제 5: 라디오 버튼과 텍스트 편집의 사용

9.4.6.1 GUI개념 설계

다음은 패널 안에 정렬되어 있는 라디오 버튼을 체크하면 왼쪽의 텍스트 편집에는 체크된 숫자가 표시되는 GUI를 만들어 보자. 개념설계는 다음과 같다.

- 초기화면에는 한 개의 텍스트 편집과 세 개의 라디오 버튼과 패널을 그려주고, 어떤 라디오 버튼도 체크되지 않고 텍스트 편집에는 0이 나타나게 한다.
- 라디오 버튼을 체크하거나 해제하면 텍스트 편집에는 그림 9.27과 같이 현재 체크된 숫자가 나타나게 한다.

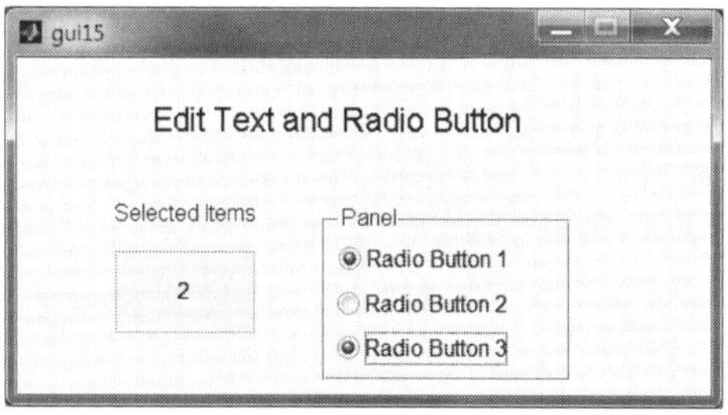

그림 9.27 예제 5의 출력창

9.4.6.2 컴포넌트의 배치 및 속성 변경

레이아웃 편집기에서 텍스트 편집 한 개, 라디오 버튼 세 개, 패널 한 개, 정적 텍스트 두 개를 끌어와 크기와 위치를 조절하고 그림 9.28과 같이 배치하였다.

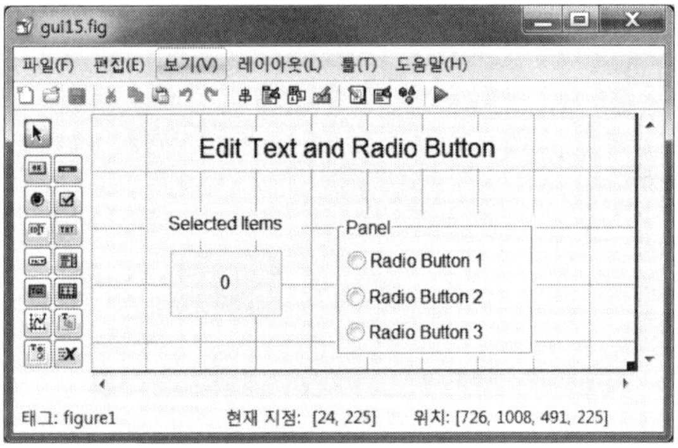

그림 9.28 예제 5의 컴포넌트 배치

속성창에서 필요한 컴포넌트들의 속성값을 변경하였고, edit1의 String 값을 0으로 하였다. Tag와 String을 요약한 것은 표 9.5와 같다.

표 9.5 주요 컴포넌트들의 Tag와 String

Component	Tag	String	Remarks
텍스트 편집	edit1	0	선택된 개수를 나타냄
라디오 버튼	radiobutton1	–	선택 유무를 결정함
라디오 버튼	radiobutton2	–	"
라디오 버튼	radiobutton3	–	"

9.4.6.3 Callback 함수 프로그래밍

레이아웃 편집기에서 작업한 파일을 gui15명으로 저장하고 생성된 gui15.m 파일에 필요한 프로그램을 작성해주면 된다. 이 예제에서도 edit1의 String 속성값을 0으로 초기화 해놓기 때문에 gui15_OpeningFcn 함수는 그대로 두면 된다.

radiobutton1_Callback 함수

이 함수는 라디오 버튼의 체크 유무를 판단해 합산하고 체크된 전체 숫자를 edit1에 나타내 준다. Value 값이 Max값과 일치하면 체크된 상태이므로 rbutton1= 1, 아니면 해제된 상태이므로 rbutton1= 0이 설정되고, 체크된 라디오 버튼 수가 합산되고 edit1의 String에 쓰여진다. rbutton1, rbutton2, rbutton3이 전역변수로 선언되었음을 상기하라. 라디오 버튼의 Max값이 1로 되어 있다면 get(hObject,'Max') 대신 1을 써도 된다.


```
function radiobutton1_Callback(hObject, eventdata, handles)
% hObject    handle to radiobutton1 (see GCBO)
% eventdata  reserved - to be defined in a future version of MATLAB
% handles    structure with handles and user data (see GUIDATA)
% Hint: get(hObject,'Value') returns toggle state of radiobutton1

global rbutton1 rbutton2 rbutton3 % 전역변수 선언
if get(hObject,'Value') == get(hObject,'Max')
    rbutton1= 1; % 버튼이 체크된 경우
else
    rbutton1= 0; % 버튼이 해제된 경우
end
total= rbutton1+rbutton2+rbutton3; % 체크된 라디오 버튼 수를 합산
set(handles.edit1,'String',total) % edit1의 String 값을 설정
```

radiobutton2_Callback 함수

radiobutton1_Callback 함수와 비슷하며, if-end 구문 내의 rbutton1 변수를 rbutton2로 바꾸어 주면 된다.

```
function radiobutton2_Callback(hObject, eventdata, handles)
% hObject    handle to radiobutton1 (see GCBO)
% eventdata  reserved - to be defined in a future version of MATLAB
% handles    structure with handles and user data (see GUIDATA)
% Hint: get(hObject,'Value') returns toggle state of radiobutton2

global rbutton1 rbutton2 rbutton3 % 전역변수 선언
if get(hObject,'Value') == get(hObject,'Max')
    rbutton2= 1; % 버튼이 체크된 경우
else
```

```
    rbutton2= 0; % 버튼이 해제된 경우
end
total= rbutton1+rbutton2+rbutton3; % 체크된 라디오 버튼 수를 합산
set(handles.edit1,'String',total) % edit1의 String 값을 설정
```

radiobutton3_Callback 함수

이 함수 또한 if-end문 내의 rbutton1 변수를 rbutton3으로 바꾸어 주면 된다.

```
function radiobutton3_Callback(hObject, eventdata, handles)
% hObject    handle to radiobutton1 (see GCBO)
% eventdata  reserved - to be defined in a future version of MATLAB
% handles    structure with handles and user data (see GUIDATA)
% Hint: get(hObject,'Value') returns toggle state of radiobutton3

global rbutton1 rbutton2 rbutton3 % 전역변수 선언
if get(hObject,'Value') == get(hObject,'Max')
    rbutton3= 1; % 버튼이 체크된 경우
else
    rbutton3= 0; % 버튼이 해제된 경우
end
total= rbutton1+rbutton2+rbutton3; % 체크된 라디오 버튼 수를 합산
set(handles.edit1,'String',total) % edit1의 String 값을 설정
```

edit1_CreateFcn 함수

edit1이 만들어질 때 수행되며, 여기서는 String 값과 전역변수 rbutton1, rbutton2, rbutton3의 값이 0으로 초기화된다.

```
function edit1_CreateFcn(hObject, eventdata, handles)
% hObject    handle to edit1 (see GCBO)
% eventdata  reserved - to be defined in a future version of MATLAB
% handles    empty - handles not created until after all CreateFcns called
% Hint: edit controls usually have a white background on Windows.
```

```
%       See ISPC and COMPUTER.
if ispc && isequal(get(hObject,'BackgroundColor'),
get(0,'defaultUicontrolBackgroundColor'))
    set(hObject,'BackgroundColor','white');
end

global rbutton1 rbutton2 rbutton3
set(hObject,'String',0)
rbutton1= 0; rbutton2= 0; rbutton3= 0;
```

이 예제에서는 edit1_Callback 함수를 따로 작성해줄 필요가 없는데, 그 이유는 라디오 버튼 Callback 함수가 역할을 대신 해주고 있기 때문이다.

9.4.7 예제 6: 버튼 그룹과 텍스트 편집의 사용

9.4.7.1 GUI개념 설계

버튼 그룹 내에 세 개의 라디오 버튼을 묶어두고 그 중 하나를 체크하면 왼쪽 텍스트 편집에도 체크된 버튼 번호가 나타나는 GUI를 만들어 보자. 개념설계는 다음과 같다.

- 초기화면에 한 개의 텍스트 편집, 한 개의 버튼 그룹과 세 개의 라디오 버튼을 그리고, 첫 번째 라디오 버튼이 체크되고 텍스트 편집에는 1번이 나타나게 한다.
- 버튼 그룹 내의 라디오 버튼 하나를 체크하면 나머지는 해제되고 텍스트 편집에는 체크된 번호가 나타나게 한다.

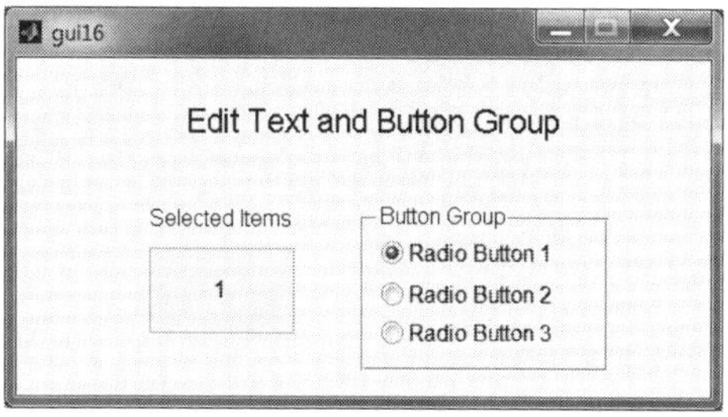

그림 9.29 예제 6의 출력창

9.4.7.2 컴포넌트의 배치 및 속성 변경

레이아웃 편집기에서 텍스트 편집 한 개, 라디오 버튼 세 개, 버튼 그룹 한 개, 정적 텍스트 두 개를 끌어와 크기와 위치를 조절하고 그림 9.30과 같이 배치하였다. 이때 버튼 그룹을 먼저 끌어온 다음 이 안에 라디오 버튼을 배치하면 된다. 버튼 그룹은 내부에 배치된 버튼이 항상 하나만 체크되게 제어해준다.

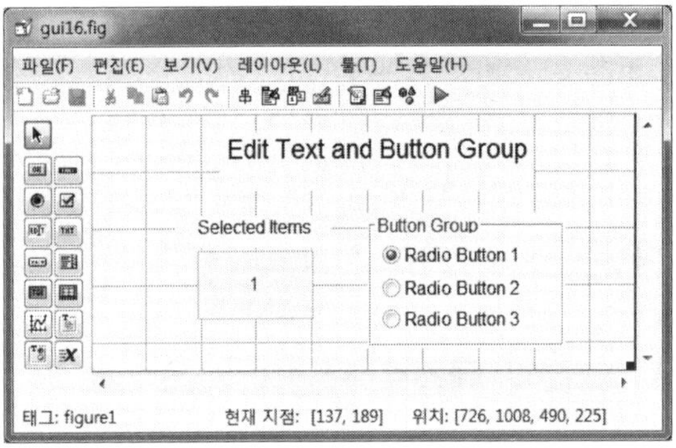

그림 9.30 예제 6의 컴포넌트 배치

초기값으로 edit1의 String 값을 1로, radiobutton1의 Value 값을 1로 하였고 나머지 속성값(폰트 크기, 색 등)도 변경하였다. Tag와 String을 요약한 것은 표 9.6과 같다.

■ 표 9.6 주요 컴포넌트들의 Tag와 String

Component	Tag	String	Remarks
텍스트 편집	edit1	1	선택된 번호를 나타냄
라디오 버튼	radiobutton1	–	Value값을 1로 설정
라디오 버튼	radiobutton2	–	
라디오 버튼	radiobutton3	–	
버튼 그룹	uipanel2	–	하나만 체크되게 제어

9.4.7.3 Callback 함수 프로그래밍

작업한 내용을 gui16명으로 저장하면 자동적으로 gui16.m 파일이 편집기에 나타난다. 버튼 그룹을 사용하면 예제 5와 같은 개별적인 라디오 버튼 Callback 함수들이 생기지 않기 때문에 버튼 그룹을 선택한 다음 도구 모음에서 <보기>→<콜백 보기>→<Selection ChangeFcn>을 눌러 uipanel2_SelectionChangeFcn 함수를 만들어 주어야 한다. 그림 9.31은 이를 보여준다.

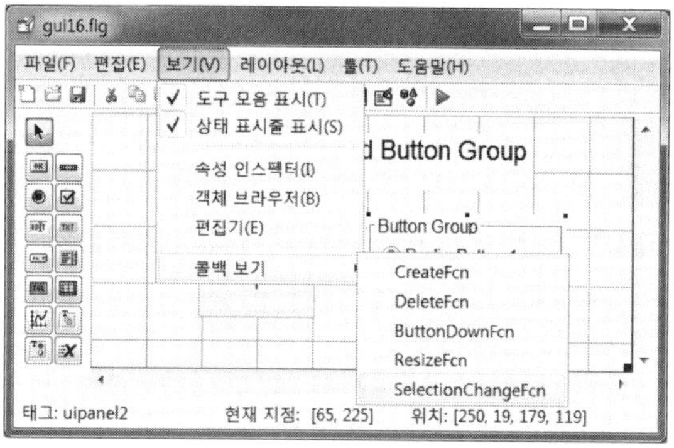

그림 9.31 SelectionChangeFcn 함수의 생성

uipanel2_SelectionChangeFcn 함수

이 예제에서는 다른 함수들은 손댈 필요가 없고 여기에만 코드를 추가해주면 된다. 두 가지 방법을 쓸 수 있다. 하나는 get(eventdata.NewValue,'Tag')로 방금 마우스를 눌러 선택한 라디오 버튼의 Tag를 읽어서 판단하는 방법이다. 만약 Tag가 radiobutton1이면 1번, radiobutton2이면 2번, radiobutton3이면 3번 버튼이 체크된 것으로 판단하면 된다. 이에 따라 set 명령어로 edit1의 String 값을 갱신해주면 된다.

```
function uipanel2_SelectionChangeFcn(hObject, eventdata, handles)
% hObject    handle to the selected object in uipanel2
% eventdata  structure with the following fields (see UIBUTTONGROUP)
%   EventName: string 'SelectionChanged' (read only)
%   OldValue: handle of the previously selected object or empty if none was
    selected
%   NewValue: handle of the currently selected object
% handles    structure with handles and user data (see GUIDATA)

switch get(eventdata.NewValue,'Tag') % 체크된 버튼의 Tag를 읽음
    case 'radiobutton1'
```

```
        set(handles.edit1,'String',1) % edit1의 String 값을 1로 설정
    case 'radiobutton2'
        set(handles.edit1,'String',2) % edit1의 String 값을 2로 설정
    case 'radiobutton3'
        set(handles.edit1,'String',3) % edit1의 String 값을 3으로 설정
end
```

다른 하나는 방금 마우스를 눌러 선택한 객체의 핸들을 읽어서 판단하는 방법이다. 만약 hObject가 radiobutton1의 핸들이면 1번 버튼이, radiobutton2의 핸들이면 2번 버튼이, radiobutton3의 핸들이면 3번 버튼이 체크된 것으로 판단하면 된다.

```
function uipanel2_SelectionChangeFcn(hObject, eventdata, handles)
% hObject    handle to the selected object in uipanel2
% eventdata  structure with the following fields (see UIBUTTONGROUP)
%   EventName: string 'SelectionChanged' (read only)
%   OldValue: handle of the previously selected object or empty if none was
              selected
%   NewValue: handle of the currently selected object
% handles    structure with handles and user data (see GUIDATA)

switch hObject
    case handles.radiobutton1
        set(handles.edit1,'String',1) % edit1의 String 값을 1로 설정
    case handles.radiobutton2
        set(handles.edit1,'String',2) % edit1의 String 값을 2로 설정
    case handles.radiobutton3
        set(handles.edit1,'String',3) % edit1의 String 값을 3으로 설정
end
```

9.4.8 예제 7: 슬라이더와 텍스트 편집의 사용

9.4.8.1 GUI개념 설계

다음 예제로 슬라이더 바(Bar)를 움직이면 그 값이 텍스트 편집에 반영되고 또 텍스트 편집에 값을 입력하거나 변경하면 바에 반영되는 GUI를 만들어보자. 개념설계는 다음과 같다.

- 초기화면에 한 개의 텍스트 편집과 한 개의 슬라이더를 그리고 슬라이더의 최소, 최대값은 각각 0, 5로 하며, 초기에 텍스트 편집에는 2.5가 나타나고, 슬라이더 바는 중간 위치에 있게 한다.
- 텍스트 편집에 0과 5사이의 값을 넣으면 슬라이더 바를 대응되는 위치로 움직이고, 범위 밖의 값을 넣거나, 문자나 공백을 넣으면 반대로 슬라이더의 값을 읽어 텍스트 편집에 나타나도록 한다.
- 슬라이더 바를 좌우로 움직이면 대응되는 값이 텍스트 편집에 나타나게 한다.

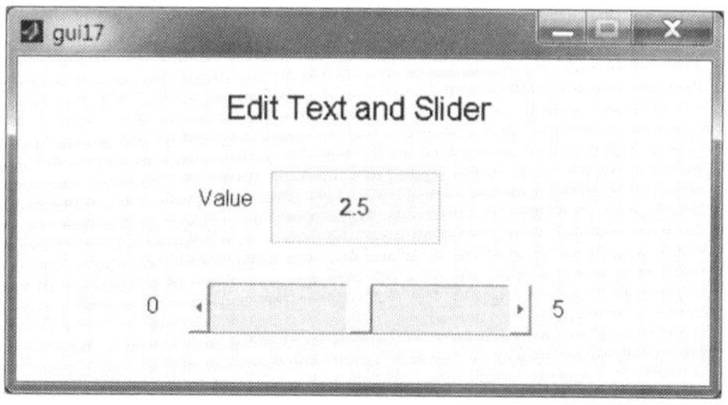

그림 9.32 예제 7의 출력창

9.4.8.2 컴포넌트의 배치 및 속성 변경

텍스트 편집 한 개, 슬라이더 한 개, 정적 텍스트 네 개를 끌어와 크기와 위치를 조절하고 그림 9.33과 같이 배치하였다.

slider1의Min과 Max의 속성값을 각각 0과 5로 설정하였고, 초기값으로 edit1의 String 값을 2.5로, slider1의 Value 값을 2.5로 하였다. 이렇게 해야 할 특별한 이유는 없지만 바를 중간에 정렬해 놓으면 다소 안정감이 있을 것 같아서다. 슬라이더 좌우에는 고정 텍스트를 하나씩 배치하고 여기에 최소값과 최대값을 적어 놓았다.

Tag와 String을 요약한 것은 표 9.7과 같다.

■ **표 9.7** 주요 컴포넌트들의 Tag와 String

Component	Tag	String	Remarks
텍스트 편집	edit1	2.5	값의 입출력
슬라이더	slider1	–	Value값을 2.5로 설정

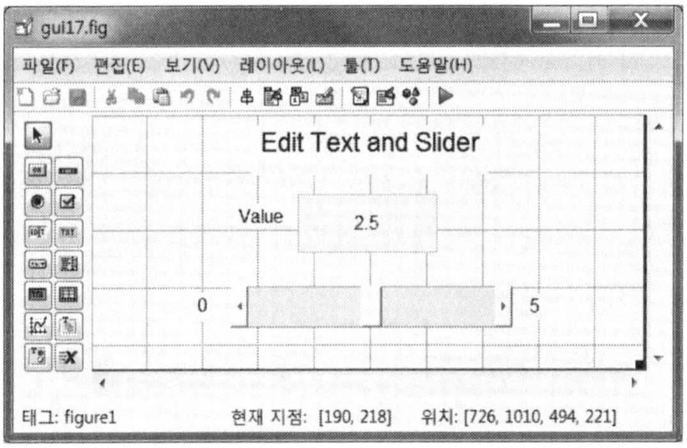

그림 9.33 예제 7의 컴포넌트 배치

9.4.8.3 Callback 함수 프로그래밍

레이아웃 편집기에서 작업한 GUI를 gui17명으로 저장하였다. 이 예제에서도 gui17_OpeningFcn 함수는 그래도 두면 된다.

slider1_Callback 함수

이 함수는 슬라이더의 바를 움직일 때 값을 읽어 텍스트 편집에 써주는 역할을 한다. get 명령어로 Value에 저장되어 있는 바의 위치 값을 읽어, set 명령어로 텍스트 편집의 String 값을 갱신한다.

```
function slider1_Callback(hObject, eventdata, handles)
% hObject    handle to slider1 (see GCBO)
% eventdata  reserved - to be defined in a future version of MATLAB
% handles    structure with handles and user data (see GUIDATA)
```

```
% Hints: get(hObject,'Value') returns position of slider
%       get(hObject,'Min') and get(hObject,'Max') to determine range of
            slider

w= get(hObject, 'Value'); % 슬라이더의 Value 값을 읽음
set(handles.edit1,'String',round(w*100)/100);% edit1의 String 값을 설정
```

edit1_Callback 함수

이 함수는 텍스트 편집에 값을 쓰면 그 유효성을 확인한 후 슬라이더 바를 대응되는 곳으로 위치시키는 역할을 해준다. 이를 위해 edit1의 String값을 읽어 w에, slider1의 Max와 Min 값을 읽어 각각 max, min에 저장하고, 만약 w가 NaN이거나 슬라이더의 범위를 벗어나면 슬라이더에서 값을 읽어 텍스트 편집에 써주고, 그렇지 않은 경우에는 슬라이더의 Value 값을 변경해준다. 앞에서도 잠시 설명했듯이 텍스트 편집에 숫자가 아닌 문자나 공백을 넣게 되면 str2double 함수는 NaN을 반환한다.

```
function edit1_Callback(hObject, eventdata, handles)
% hObject    handle to edit1 (see GCBO)
% eventdata  reserved - to be defined in a future version of MATLAB
% handles    structure with handles and user data (see GUIDATA)
% Hints: get(hObject,'String') returns contents of edit1 as text
%       str2double(get(hObject,'String')) returns contents of edit1 as a
                 double

w= str2double(get(hObject,'String')); % edit1 String 값을 읽음
max= get(handles.slider1,'Max'); % 슬라이더의 Max 값을 읽음
min= get(handles.slider1,'Min'); % 슬라이더의 Min 값을 읽음
if isnan(w) || w<min || w>max
  w= get(handles.slider1,'Value'); % 슬라이더의 Value 값을 읽음
  set(hObject,'String',round(w*100)/100) % edit1의 String 값을 갱신
else
  set(handles.slider1,'Value',w); % w 를 슬라이더에 반영
end
```

9.4.9 예제 8: 목록 상자, 푸시 버튼과 축의 사용

9.4.9.1 GUI개념 설계

마지막 예제로 아래의 sinc함수를 생각하자.

$$z = \frac{\sin(\sqrt{x^2+y^2})}{\sqrt{x^2+y^2}} \quad (-3\pi \le x,\ y \le 3\pi) \tag{9.1}$$

목록 상자에서 그래프 형식을 하나 선택하고 푸시 버튼을 누르면 3D 그래프가 축에 그려지도록 GUI를 만들어보자. 개념설계는 다음과 같다.

- 초기화면에는 한 개의 축, 한 개의 목록 상자와 한 개의 푸시 버튼을 그리고 목록 상자에는 'Mesh'가 선택되고, 축에는 mesh 그래프가 나타나게 한다.
- 목록 상자에는 문자열 'Mesh', 'Surf', 'Surfl', 'Surfl+Interp', 'Surfl+Flat'가 등록되고 선택된 항목이 강조되어 나타나게 한다.
- <Plot> 버튼을 누르면 목록 상자에서 선택된 항목의 3D그래프가 축에 그려지도록 한다.

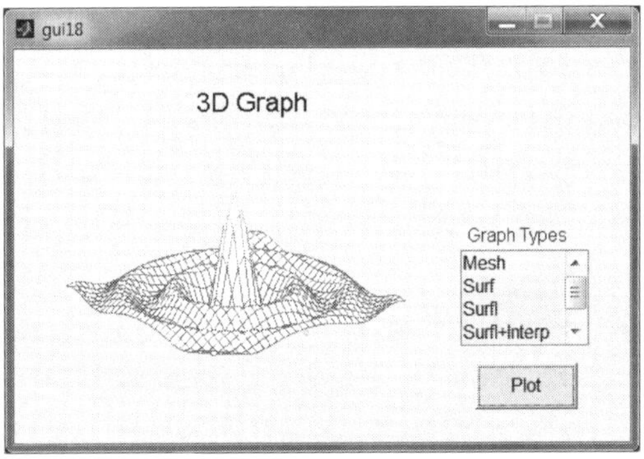

그림 9.34 예제7의 출력창

9.4.9.2 컴포넌트의 배치 및 속성 변경

축 한 개, 목록 상자 한 개, 푸시 버튼 한 개, 정적 텍스트 두 개를 끌어와 크기와 위치를 조절하고 그림 9.35와 같이 배치하였다.

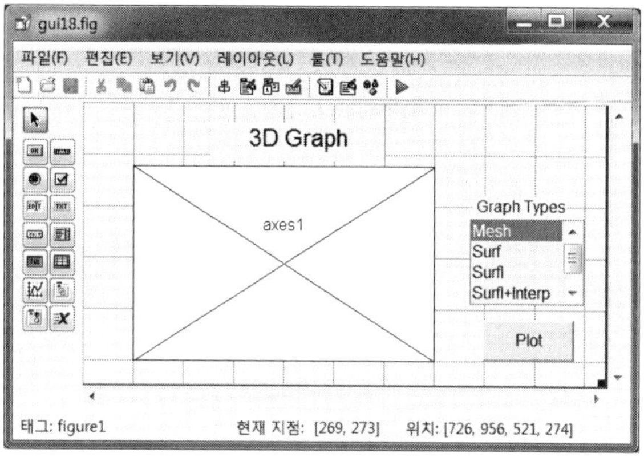

그림 9.35 예제7의 컴포넌트 배치

listbox1의 String속성에서 아이콘 (그림 9.13 참조)를 눌러 속성값으로 'Mesh', 'Surf', 'Surfl', 'Surfl+Interp', 'Surfl+Flat'를 등록하고, Value값을 1로 하였다. Tag와 String을 요약한 것은 표 9.8과 같다.

표 9.8 주요 컴포넌트들의 Tag와 String

Component	Tag	String	Remarks
푸시 버튼	pushbutton1	Plot	그래프를 그려줌
축	axes1	–	그래프를 나타냄
목록 상자	listbox1	–	그래프 종류를 등록하고 선택함, value= 1로 설정

9.4.9.3 Callback 함수 프로그래밍

레이아웃 편집기에서 작업한 GUI를 gui18명으로 저장하였다.

gui18_OpeningFcn 함수

이 함수에는 mesh 그래프를 그리고 그래픽 데이터를 handles에 저장해서 pushbutton1_Callback 함수와 공유해주는 코드를 넣으면 된다. 3D 그래프 데이터 X,Y,Z와 그래프 형식 graphtype이 handles에 저장되고 마지막으로 guidata 명령문으로 handles를 갱신하고 있는 것을 볼 수 있다.

```
function gui18_OpeningFcn(hObject, eventdata, handles)
% This function has no output args, see OutputFcn.
% hObject    handle to figure
% eventdata  reserved - to be defined in a future version of MATLAB
% handles    structure with handles and user data (see GUIDATA)
% varargin   command line arguments to gui18 (see VARARGIN)
% Choose default command line output for gui18
handles.output = hObject;

% Create the data for Example 8
cla
x= -15:15;
x(find(x==0))= eps;  % x=0 이면 x= eps로 설정함
[X,Y]= meshgrid(x); % X,Y 좌표 행렬 생성
R= sqrt(X.^2+Y.^2);
Z= sin(R)./R; % Z 값 계산
mesh(X,Y,Z); % mesh 그래프를 그려줌
colormap summer % 색지도를 summer로 설정함
axis([-15 15 -15 15 -0.5 1])
axis off
handles.X= X; handles.Y= Y; handles.Z= Z; % handles에 X,Y와 Z 값을 저장
handles.graphtype= 'Mesh'; % handles의 graphtype 필드명에 'Mesh'를 저장
set(handles.listbox1,'Value',1); % 목록 상자의 첫째 항목을 선택

% Update handles structure
guidata(hObject, handles); % handles 구조체를 갱신

% UIWAIT makes gui18 wait for user response (see UIRESUME)
% uiwait(handles.figure1);
```

pushbutton1_Callback 함수

<Plot> 버튼을 누를 때 handles에 저장되어 있는 graphtype과 X,Y,Z값으로 그래프를 그려주면 된다.

```
function pushbutton1_Callback(hObject, eventdata, handles)
% hObject    handle to pushbutton1 (see GCBO)
% eventdata  reserved - to be defined in a future version of MATLAB
% handles    structure with handles and user data (see GUIDATA)

cla
switch handles.graphtype
    case 'Mesh'
        mesh(handles.X,handles.Y,handles.Z) % mesh 그래프
    case 'Surf' 프
        surf(handles.X,handles.Y,handles.Z) % surf 그래프
    case 'Surfl'
        surfl(handles.X,handles.Y,handles.Z) % 빛이 조사되는 surfl 그래프
    case 'Surfl+Interp'
        surfl(handles.X,handles.Y,handles.Z) % interp로 색의 변화를 제어
        shading interp
    case 'Surfl+Flat'
        surfl(handles.X,handles.Y,handles.Z) % flat로 색의 변화를 제어
        shading flat
end
axis([-15 15 -15 15 -0.5 1])
axis off
```

listbox1_Callback 함수

목록 상자에서 그래프 형식이 선택되면 이를 handles에 저장해주기만 하면 된다. 전체 목록은 contents에 저장되고, 선택된 항목의 색인을 얻어 추출된 그래프 형식은 handles.graphtype에 저장된다. handles의 필드 값이 변경되었기 때문에 guidata문으로 갱신해줘야 한다.

```
function listbox1_Callback(hObject, eventdata, handles)
% hObject    handle to listbox1 (see GCBO)
% eventdata  reserved - to be defined in a future version of MATLAB
```

```
% handles    structure with handles and user data (see GUIDATA)
% Hints: contents = cellstr(get(hObject,'String')) returns listbox1
contents as cell array
% contents{get(hObject,'Value')} returns selected item from listbox1

contents= cellstr(get(hObject,'String')); % 전체 목록을 받음
index= get(hObject,'Value'); % Value 값을 읽어 index에 저장
handles.graphtype= contents{index}; % 선택된 항목의 그래프 형식을
                                        handles.graphtype에 저장

% Update handles structure
guidata(hObject, handles); % handles 구조체를 갱신함
```

Chapter **10**

GUI로 애니메이션 만들기

MATLAB AND ANIMATION

10.1 마찰을 고려한 발사체의 운동

10.2 피스톤 왕복운동

10.3 DC모터의 회전각 제어

10.4 도립진자 시스템의 안정화 제어

어디에 계시든지
사랑으로 흘러
우리에겐 고향의 강이 되는
푸른 어머니.

제 앞길만 가리며
바삐 사는 자식들에게
더러는 잊혀지면서도
보이지 않게 함께 있는 바람처럼
끝없는 용서로
우리를 감싸안은 어머니.

당신의 고통 속에 생명을 받아
이만큼 자라 온 날들을
깊이 감사할 줄 모르는
우리의 무례함을 용서하십시오.

기쁨보다는 근심이
만남보다는 이별이 더 많은
어머니의 언덕길에선
하얗게 머리 푼 억새풀처럼
흔들리는 슬픔도 모두 기도가 됩니다.

삶이 고단하고 괴로울 때
눈물 속에서 불러보는
가장 따뜻한 이름, 어머니
집은 있어도
사랑이 없어 울고 있는
이 시대의 방황하는 자식들에게
영원한 그리움으로 다시 오십시오. 어머니.
……

〈 이해인, 어머니께 드리는 노래 〉

앞 장에서 우리는 사용자와 대화형 작업이 가능하도록 간단한 GUI화면을 만들고, Callback 함수를 프로그래밍 하는 방법에 대해 살펴보았다. 이 장에서는 앞 장에서 다룬 기본 동작을 응용해서 몇 가지 예제를 중심으로 실제적인 GUI를 만들어 보자. 저자의 경험에 의하면 GUI를 개발하기에 앞서8장에서 살펴본 바와 같이 주함수와 부함수 InitializeFcn과 ExecuteFcn으로 구성되는 애니메이션용 m-파일을 미리 만들어 놓으면 전환도 쉽고 또 개발 시간도 단축할 수 있다. 여기서는 네 가지 예제만 다루지만, 더 많은 예제 프로그램은 홈페이지에서 찾아볼 수 있을 것이다.

10.1 마찰을 고려한 발사체의 운동

8장에서 발사체 문제를 다루면서 공기 저항을 고려하지 않았지만, 실제 대기 환경에서는 공기와의 마찰이 불가피하므로 발사체의 운동 방정식은 다음 식으로 수정해서 쓸 수 있다 [7].

$$\dot{\mathbf{x}}(t) = \mathbf{f}[t, \mathbf{x}(t)] \tag{10.1a}$$

$$\text{단, } \mathbf{x}(t) = \begin{bmatrix} x(t) \\ y(t) \\ \dot{x}(t) \\ \dot{y}(t) \end{bmatrix}, \quad \mathbf{f}[t, \mathbf{x}(t)] = \begin{bmatrix} x_3(t) \\ x_4(t) \\ -kx_3(t)\sqrt{x_3^2(t) + x_4^2(t)} \\ -kx_4(t)\sqrt{x_3^2(t) + x_4^2(t)} - g \end{bmatrix} \tag{10.1b}$$

여기서 $x(t)$와 $y(t)$는 각각 수평과 수직방향의 위치, $\dot{x}(t)$와 $\dot{y}(t)$는 각각 수평과 수직방향의 속도, k는 공기저항 상수, g는 중력 가속도를 의미한다. 한편 q는 발사각, v0는 초기 발사 속도, $\mathbf{x}(t) = [0 \quad 0 \quad v_0\cos\theta \quad v_0\sin\theta]^T$는 초기 상태 벡터이고 k= 0.01이다.

발사체의 운동을 애니메이션하는 GUI를 만들되, 텍스트 편집과 푸시 버튼과 축의 사용법을 중심으로 살펴보자.

10.1.1 GUI 작성

앞 장에서도 언급하였듯이 GUI를 만드는 주요 과정은 크게 개념설계, 컴포넌트 배치와 속성 변경과 m-파일에 코드 추가로 구분되므로 예제를 통해 살펴보자.

10.1.1.1 GUI개념설계

GUI작성 시 설계 목적에 부합되도록 컴포넌트를 선택하고 이들 간의 상호작용 등을 미리 정의해 놓아야 하는데 이 예제에서의 GUI 개념설계는 다음과 같다.

- **초기화면:** 그림 10.1과 같이 구성하고 여기에 점선의 x-y축과 원점에서 정지해 있는 빨간색의 발사체를 그리고, 발사각(θ)과 발사속도(v0) 값을 각각 45[deg]와 150 [m/sec]로 설정한다.
- **푸시 버튼(Start):** 클릭하면 애니메이션을 시작한다.
- **텍스트 편집(Angle):** 발사각을 입력하거나 변경하면 읽고, $0 < \theta < 90$ 사이의 수치값 인지를 체크하고 다른 함수와 공유한다.
- **텍스트 편집(Velocity):** 발사속도를 입력하거나 변경하면 읽고, $0 \le v0 \le 200$ 사이의 수치값인지를 체크하고 다른 함수와 공유한다.
- **축(Axes1):** 이 영역에 발사체와 궤적의 도형을 나타낸다.

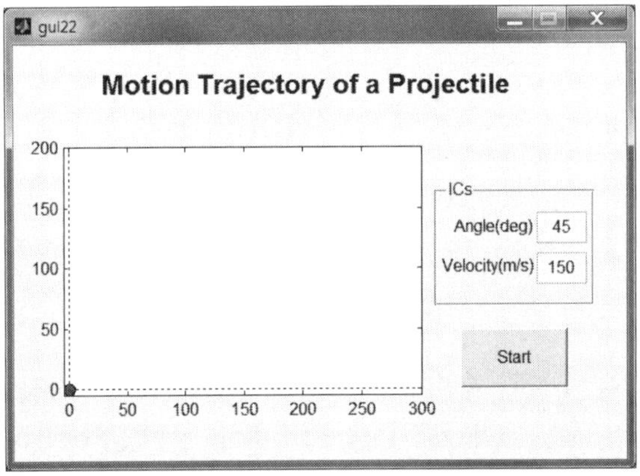

그림 10.1 예제 1의 출력창

10.1.1.2 컴포넌트의 배치와 속성 변경

레이아웃 영역에 푸시 버튼 한 개, 텍스트 편집 두 개, 패널 한 개, 정적 텍스트 두 개, 축 한 개를 끌어와 크기와 위치를 조절하고 그림 10.2와 같이 배치하였다.

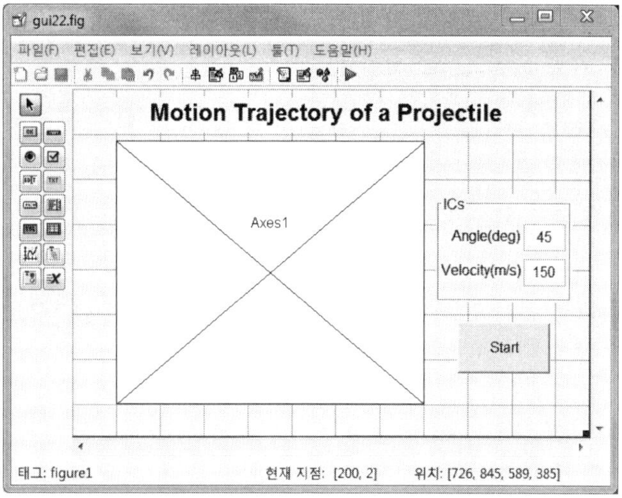

그림 10.2 예제 1의 컴포넌트 배치

표 10.1과 같이 Tag를 변경하였고, 초기 설정으로 Angle의 String 값을 45로, Velocity의 String 값을 150으로 또 폰트 크기, 색 등을 변경하였다. 표 10.1은 주요 컴포넌트들의 Tag와 String 값을 요약한 것이다.

표 10.1 주요 컴포넌트들의 Tag와 String

Component	Tag	String	Remarks
푸시 버튼	Start	Start	애니메이션 시작
텍스트 편집	Angle	45	발사각 θ 입력/변경
텍스트 편집	Velocity	150	발사속도 v_0입력/변경
축	Axes1	–	발사체와 궤적을 나타냄

10.1.2 Callback 함수 프로그래밍

10.1.2.1 gui22_OpeningFcn 함수

여기에는 사용자 컨트롤이 입력되기 전 초기화면에 x-y 축과 원점에서 정지해 있는 발사체를 그려주고 또 동적 객체들의 핸들과 필요한 변수들을 정의해 다른 함수와 공유해주는 코드를 넣어 주면 된다. Angle과 Velocity로부터 발사각과 발사속도를 읽을 때 함수

밖에서 정의된 객체들이므로 핸들로 각각 handles.Angle과 handles.Velocity를 사용하여야 하고, 읽은 값은 각각 th와 v0에 저장된다.

움직이는 도형은 궤적과 발사체이므로, 궤적을 그려주는 plot와 발사체를 그려주는 fill 명령어로부터 핸들 gh1와 gh2를 받아 Start_Callback 함수와 공유하도록 해주어야 한다. 따라서 발사체의 반경 d와 함께 gh1, gh2, th, v0를 전역변수로 선언하였다.

```
function gui22_OpeningFcn(hObject, eventdata, handles, varargin)
% 중략, 자세한 것은 전체 프로그램 참조

global gh1 gh2 d th v0
cla % 축 내의 모든 객체들을 지움
x= 0; y= 0; d= 5; % (0,0)은 초기 위치, d는 발사체의 반경
th= str2double(get(handles.Angle,'String')); % 발사각을 읽음
th= th*pi/180; % 각을 라디안 단위로 변환
v0= str2double(get(handles.Velocity,'String')); % 발사속도를 읽음
hold on
plot([-d 300],[0 0],':k'); % 점선의 x-축을 그려줌
plot([0 0],[-d 200],':k'); % 점선의 y-축을 그려줌
gh1= plot(x,y,'-','EraseMode','normal'); % 공 궤적을 그리고 핸들 받음
[xx,yy]= Circle(x,y,d); % 발사체의 x, y 좌표 계산
gh2= fill(xx,yy,'r','EraseMode','normal'); % 발사체를 그리고 핸들을 받음
axis equal
axis([-d 300 -d 200])
box on
hold off
```

10.1.2.2 Start_Callback 함수

Start버튼을 누를 때 초기 위치에서 발사되어 움직이는 발사체와 궤적을 그려주는 코드를 삽입하면 된다. 지면으로부터의 수직거리 x(2)가 0이상이고 t < 30인 동안 y좌표가 계산되어 buf가 갱신되고 핸들 gh1, gh2와 set 명령어와 함께 발사체와 궤적의 XData, YData값(간단히 x,y 값으로 표기)을 갱신한다. 이때 buf는 루프 밖에서 초기화됨에 유의하라.

```
function Start_Callback(hObject, eventdata, handles)
% 중략, 자세한 것은 전체 프로그램 참조

global gh1 gh2 d th v0
t= 0; x= [0;0;v0*cos(th); v0*sin(th)];
h= 0.01; u= 0;
buf= [x(1) x(2)];
while x(2) >= 0 && t < 30
    x= RK4(@Projectile,t,x,u,h);
    t= t+h;
    buf= [buf;x(1) x(2)]; % buf의 갱신
    set(gh1,'xdata',buf(:,1),'ydata',buf(:,2)) % 발사체 궤적의 x,y 데이터를
                                                 갱신
    [xx,yy]= Circle(x(1),x(2),d);
    set(gh2,'xdata',xx,'ydata',yy) % 발사체의 x,y 데이터를 갱신
    drawnow
end

function xdot= Projectile(t,x,u)
k= 0.01; g= 9.8;
xdot= zeros(4,1);
xdot(1)= x(3);
xdot(2)= x(4);
xdot(3)= -k*x(3)*sqrt(x(3)^2+x(4)^2);
xdot(4)= -k*x(4)*sqrt(x(3)^2+x(4)^2)-g;
```

10.1.2.3 Angle_Callback 함수

이 함수에는 발사각을 입력하거나 변경할 때 읽어주는 코드를 삽입하면 된다. 제대로 된 프로그램이라면 입력의 유효성을 확인하는 절차가 반드시 필요하다. 왜냐하면 실수나 고의로 범위 밖의 값을 넣거나 혹은 공백이나 문자를 넣게 되면 예측할 수 없는 결과를 맞게 될 수 있기 때문이다. 따라서 만약 theta가 NaN이거나 0이하 또는 90 이상이면 theta= 45로 설정하고, 또 잘못 입력한 내용을 지우고 45를 써주도록 Angle의 String 값을

theta로 설정한다. 최종적으로 라디안 단위로 환산되고 다른 함수들과 공유된다.

이때 Angle의 핸들로 hObject를 사용하고 있음에 유의하라.

```
function Angle_Callback(hObject, eventdata, handles)
% 중략, 자세한 것은 전체 프로그램 참조

global th
theta= str2double(get(hObject,'String')); % Angle에서 발사각을 읽음
if isnan(theta) || theta <= 0 || theta >= 90
    theta= 45; % 입력이 유효하지 않을 시 theta= 45로 설정
    set(hObject,'String', theta) % Angle에 theta를 반영
end
th= theta*pi/180; % 각을 라디안으로 환산
```

10.1.2.4 Velocity_Callback 함수

발사속도 값을 입력하거나 변경할 때 읽고 그 유효성을 체크해주는 코드를 삽입하면 된다. 코드는 Angle_Callback 함수와 유사하다. 입력이 유효하지 않을 시 v0= 150으로 설정된다.

```
function Velocity_Callback(hObject, eventdata, handles)
% 중략, 자세한 것은 전체 프로그램 참조

global v0
v0= str2double(get(hObject,'String')); % Velocity에서 발사속도를 읽음
if isnan(v0) || v0 <= 0 || v0 >=150
    v0= 150; % 입력이 유효하지 않을 시 v0= 150으로 설정
    set(hObject,'String', v0) % Velocity에 v0를 반영
end
```

두 텍스트 편집의 초기값은 gui22_OpeningFcn 함수에서 읽고 공유해주고 있으므로 Angle_CreateFcn 함수와 Velocity_CreateFcn 함수에 따로 코드를 추가해줄 필요가 없다.

10.1.2.5 전체 프로그램

다음은 앞서 살펴본 함수들을 결합한 전체 프로그램을 보여준다. function을 제외하고 추가된 코드들은 식별이 용이하도록 굵게 표시하였다.

Function file: gui22.m

```
function varargout = gui22(varargin)
% GUI22 M-file for gui22.fig
%   GUI22, by itself, creates a new GUI22 or raises the existing
%   singleton*.
%   H = GUI22 returns the handle to a new GUI22 or the handle to
%   the existing singleton*.
%   GUI22('CALLBACK',hObject,eventData,handles,...) calls the local
%   function named CALLBACK in GUI22.M with the given input arguments.
%   GUI22('Property','Value',...) creates a new GUI22 or raises the
%   existing singleton*.  Starting from the left, property value pairs are
%   applied to the GUI before gui22_OpeningFcn gets called.  An
%   unrecognized property name or invalid value makes property application
%   stop.  All inputs are passed to gui22_OpeningFcn via varargin.
% *See GUI Options on GUIDE's Tools menu.  Choose "GUI allows only one
%   instance to run (singleton)".
%
% See also: GUIDE, GUIDATA, GUIHANDLES
% Edit the above text to modify the response to help gui22
% Last Modified by GUIDE v2.5 16-Sep-2014 14:04:47

% Begin initialization code - DO NOT EDIT
gui_Singleton = 1;
gui_State = struct('gui_Name', mfilename, ...
                   'gui_Singleton',  gui_Singleton, ...
                   'gui_OpeningFcn', @gui22_OpeningFcn, ...
                   'gui_OutputFcn',  @gui22_OutputFcn, ...
                   'gui_LayoutFcn',  [] , ...
                   'gui_Callback',   []);
if nargin && ischar(varargin{1})
```

```
    gui_State.gui_Callback = str2func(varargin{1});
end

if nargout
    [varargout{1:nargout}] = gui_mainfcn(gui_State, varargin{:});
else
    gui_mainfcn(gui_State, varargin{:});
end
% End initialization code - DO NOT EDIT

% --- Executes just before gui22 is made visible.
function gui22_OpeningFcn(hObject, eventdata, handles, varargin)
% This function has no output args, see OutputFcn.
% hObject    handle to figure
% eventdata  reserved - to be defined in a future version of MATLAB
% handles    structure with handles and user data (see GUIDATA)
% varargin   command line arguments to gui22 (see VARARGIN)
% Choose default command line output for gui22
handles.output = hObject;
% Update handles structure
guidata(hObject, handles);
% UIWAIT makes gui22 wait for user response (see UIRESUME)
% uiwait(handles.figure1);

global gh1 gh2 d th v0
cla % 축 내의 모든 객체들을 지움
x= 0; y= 0; d= 5; % (0,0)은 초기 위치, d는 발사체의 반경
th= str2double(get(handles.Angle,'String')); % 발사각을 읽음
th= th*pi/180; % 각을 라디안 단위로 변환
v0= str2double(get(handles.Velocity,'String')); % 발사속도를 읽음
hold on
plot([-d 300],[0 0],':k'); % 점선의 x-축을 그려줌
plot([0 0],[-d 200],':k'); % 점선의 y-축을 그려줌
gh1= plot(x,y,'-','EraseMode','normal'); % 공 궤적을 그리고 핸들 받음
[xx,yy]= Circle(x,y,d); % 발사체의 x, y 좌표 계산
gh2= fill(xx,yy,'r','EraseMode','normal'); % 발사체를 그리고 핸들을 받음
```

```
axis equal
axis([-d 300 -d 200])
box on
hold off

% --- Outputs from this function are returned to the command line.
function varargout = gui22_OutputFcn(hObject, eventdata, handles)
% varargout  cell array for returning output args (see VARARGOUT);
% hObject    handle to figure
% eventdata  reserved - to be defined in a future version of MATLAB
% handles    structure with handles and user data (see GUIDATA)
% Get default command line output from handles structure
varargout{1} = handles.output;
% --- Executes on button press in Start.

function Start_Callback(hObject, eventdata, handles)
% hObject    handle to Start (see GCBO)
% eventdata  reserved - to be defined in a future version of MATLAB
% handles    structure with handles and user data (see GUIDATA)

global gh1 gh2 d th v0
t= 0; x= [0;0;v0*cos(th); v0*sin(th)];
h= 0.01; u= 0;
buf= [x(1) x(2)];
while x(2) >= 0 && t < 30
   x= RK4(@Projectile,t,x,u,h);
   t= t+h;
   buf= [buf;x(1) x(2)]; % buf의 갱신
   set(gh1,'xdata',buf(:,1),'ydata',buf(:,2)) % 발사체 궤적의 x,y 데이터를
                                                 갱신
   [xx,yy]= Circle(x(1),x(2),d);
   set(gh2,'xdata',xx,'ydata',yy) % 발사체의 x,y 데이터를 갱신
   drawnow
end

function xdot= Projectile(t,x,u)
```

```
k= 0.01; g= 9.8;
xdot= zeros(4,1);
xdot(1)= x(3);
xdot(2)= x(4);
xdot(3)= -k*x(3)*sqrt(x(3)^2+x(4)^2);
xdot(4)= -k*x(4)*sqrt(x(3)^2+x(4)^2)-g;

function  Angle_Callback(hObject, eventdata, handles)
% hObject    handle to Angle (see GCBO)
% eventdata  reserved - to be defined in a future version of MATLAB
% handles    structure with handles and user data (see GUIDATA)
% Hints: get(hObject,'String') returns contents of Angle as text
%    str2double(get(hObject,'String')) returns contents of Angle as a
                 double

global th
theta= str2double(get(hObject,'String')); % Angle에서 발사각을 읽음
if isnan(theta) || theta <= 0 || theta >= 90
    theta= 45; % 입력이 유효하지 않을 시 theta= 45로 설정
    set(hObject,'String', theta) % Angle에 theta를 반영
end
th= theta*pi/180; % 각을 라디안으로 환산

% --- Executes during object creation, after setting all properties.
function Angle_CreateFcn(hObject, eventdata, handles)
% hObject    handle to Angle (see GCBO)
% eventdata  reserved - to be defined in a future version of MATLAB
% handles    empty - handles not created until after all CreateFcns called
% Hint: edit controls usually have a white background on Windows.
%       See ISPC and COMPUTER.
if ispc && isequal(get(hObject,'BackgroundColor'),
                         get(0,'defaultUicontrolBackgroundColor'))
    set(hObject,'BackgroundColor','white');
end

function Velocity_Callback(hObject, eventdata, handles)
```

```
% hObject    handle to Velocity (see GCBO)
% eventdata  reserved - to be defined in a future version of MATLAB
% handles    structure with handles and user data (see GUIDATA)
% Hints: get(hObject,'String') returns contents of Velocity as text
%     str2double(get(hObject,'String')) returns contents of Velocity as a
                double

global v0
v0= str2double(get(hObject,'String')); % Velocity에서 발사속도를 읽음
if isnan(v0) || v0 <= 0 || v0 >= 150
   v0= 150; % 입력이 유효하지 않을 시 v0= 150으로 설정
   set(hObject,'String', v0) % Velocity에 v0를 반영
end

% --- Executes during object creation, after setting all properties.
function Velocity_CreateFcn(hObject, eventdata, handles)
% hObject    handle to Velocity (see GCBO)
% eventdata  reserved - to be defined in a future version of MATLAB
% handles    empty - handles not created until after all CreateFcns called
% Hint: edit controls usually have a white background on Windows.
%       See ISPC and COMPUTER.
if ispc && isequal(get(hObject,'BackgroundColor'),
                   get(0,'defaultUicontrolBackgroundColor'))
   set(hObject,'BackgroundColor','white');
end
```

10.2 피스톤 왕복운동

다음 예로 텍스트 편집, 슬라이더, 토글 버튼과 축을 사용해서 피스톤의 왕복운동을 애니메이션해주는 GUI를 만들어 보자. 그림 10.3은 간단한 피스톤과 크랭크 구조를 보여준다. 여기서 P는 피스톤 핀(Piston pin), N는 크랭크 핀(Crank pin), O는 크랭크 중심(Crank center) 을 뜻하며, r은 크랭크 반경(Crank radius), ℓ은 피스톤 로드(Piston rod)의 길이,

x는 크랭크 중심으로부터 피스톤 핀까지의 거리, θ는 TDC(Top dead center)로부터 잰 크랭크의 회전각을 나타낸다.

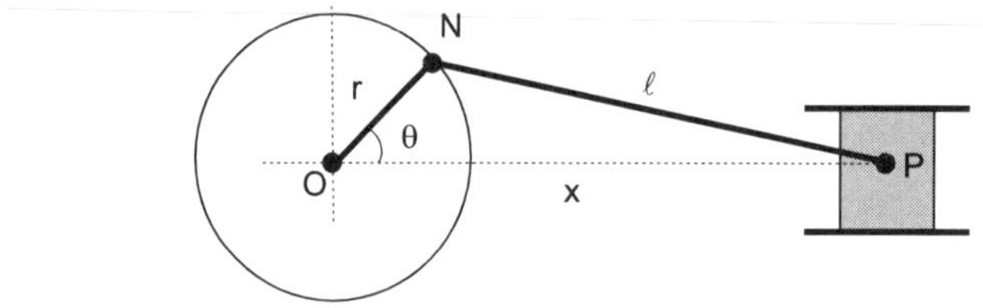

그림 10.3 피스톤과 크랭크의 구조

크랭크 중심 O를 원점으로 할 때 그림으로부터 피스톤 핀 P의 x좌표는 다음 식으로 주어진다[11].

$$x = r\cos(\theta) + \sqrt{\ell^2 - r^2\sin(\theta)^2} \tag{10.2}$$

10.2.1 GUI 작성

10.2.1.1 GUI개념설계

이 예제에서 GUI 개념설계는 다음과 같다.

- **초기화면:** 그림 10.4와 같이 구성하고 초기 회전수 N을 50[rpm], 크랭크 각 q를 45[deg]로 설정한다.
- **토글 버튼(togglebutton1):** <Start> 버튼을 누르면 t<100인 동안 애니메이션이 계속되고 버튼의 String 값을 Stop으로 설정하고 또 <Stop> 버튼을 누르거나 $t^3 \geq 100$이면 멈추고 String 값을 Start로 설정한다. 즉 동작 중에는 <Stop> 버튼으로, 정지 중에는 <Start> 버튼으로 사용한다.
- **슬라이더(slider1):** 슬라이더 바를 움직여 회전수 명령을 변경하면 크랭크 회전속도도 변하고, 텍스트 편집에도 반영되고 또 이 값을 다른 함수와 공유한다. 슬라이더의 최소값(Min)과 최대값(Max)을 각각 0과 150으로 설정한다.
- **텍스트 편집(edit1):** 회전수 명령을 입력하거나 변경하면 이를 읽어, 그 유효성을 체크하고 범위 내의 값이면 슬라이더 바를 옮기고, 아니면 슬라이더 값을 텍스트 편집에 나타내어 이 값을 다른 함수와 공유한다.

- **축(axes1):** 이 영역에는 피스톤과 크랭크가 움직이는 도형을 나타낸다.

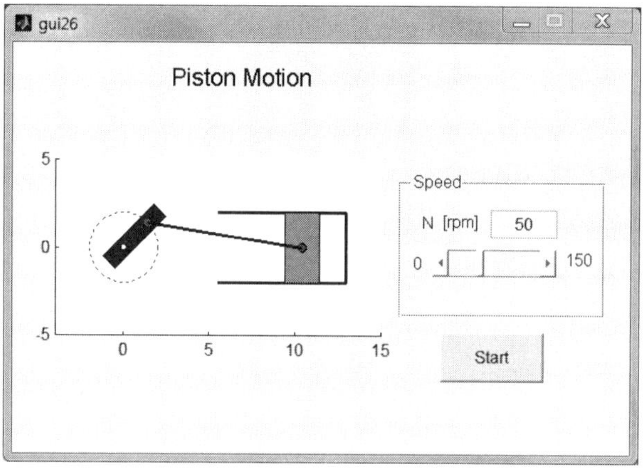

그림 10.4 예제 2의 출력창

10.2.1.2 컴포넌트의 배치와 속성 변경

레이아웃 영역에 토글 버튼 한 개, 슬라이더 한 개, 텍스트 편집 한 개, 축 한 개, 패널 한 개, 정적 텍스트 네 개를 끌어와 크기와 위치를 조절하고 그림 10.5와 같이 배치하였다.

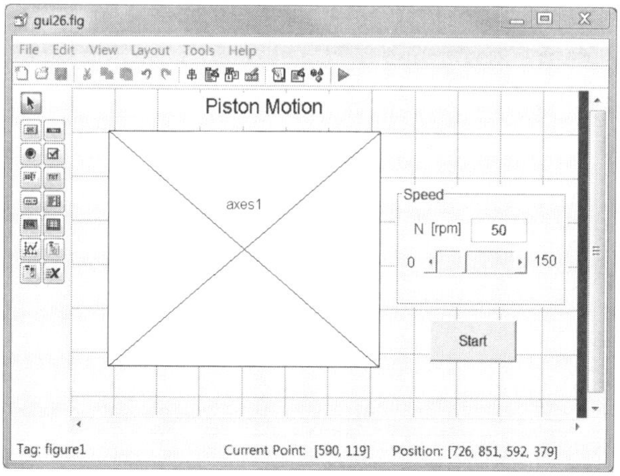

그림 10.5 예제 2의 컴포넌트 배치

초기 설정으로 edit1의 String 값을 50으로, slider1의 Min, Max, Value 값을 각각 0, 150, 50으로 또 폰트 크기, 색 등을 변경하였다. 슬라이더의 좌우에는 정적 텍스트를 배치하여 최소값 0과 최대값 150을 적어 놓았다. 표 10.2는 주요 컴포넌트들의 Tag와 String을 요약한 것이다.

표 10.2 주요 컴포넌트들의 Tag와 String

Component	Tag	String	Remarks
토글 버튼	togglebutton1	Start	애니메이션 시작/정지
슬라이더	slider1	–	회전수 N의 변경
텍스트 편집	edit1	50	회전수 N의 입력/변경
축	axes1	–	피스톤-크랭크 구조를 나타냄

10.2.2 Callback 함수 프로그래밍

10.2.2.1 gui26_OpeningFcn 함수

그림 10.4의 초기화면에 크랭크와 피스톤 구조를 그려주고 또 동적 도형들의 핸들과 필요한 변수들을 정의하고 다른 함수와 공유해주는 코드를 넣으면 된다.

계속적으로 갱신해줘야 하는 동적 객체는 모두 다섯 개(크랭크 암, 크랭크 핀, 피스톤, 피스톤 핀, 피스톤 로드)이므로, 이들을 그려주는 그래픽 핸들을 받아 set 명령어와 공유한다. 따라서 크랭크 반경(radius), 피스톤 로드 길이(L), 피스톤의 넓이(2×pw)와 높이(2×ph), 크랭크 암의 넓이(cw)와 높이(ch)와 함께 gh1, gh2, gh3, gh4, gh5 를 전역변수로 선언하였다.

도형을 그릴 때 그리는 순서가 중요한데, 위에 오는 도형일수록 나중에 그려줄 필요가 있다. 예로 피스톤을 그린 후 피스톤 핀과 피스톤 로드를 그려줘야 핀과 로드가 숨겨지지 않는다.

```
function gui26_OpeningFcn(hObject, eventdata, handles, varargin)
% 중략, 자세한 것은 전체 프로그램 참조

global gh1 gh2 gh3 gh4 gh5 radius L pw ph cw ch
cla % 축 내의 모든 객체들을 지움
```

```
radius= 2; L= 9.125; th= pi/4; % 크랭크 반경, 로드 길이, 초기 크랭크각
pw= 1; ph= 2; cw= 6; ch= 1; % 피스톤과 크랭크 암의 차원
hold on
[xx,yy]= Circle(0,0,radius); % 크랭크 회전 궤적의 x, y 데이터 계산
plot(xx,yy,':'); % 크랭크 회전 궤적을 점선으로 그림
[xx,yy]= DrawCrankArm([0 0 cw ch],th); % 크랭크 암의 x, y 데이터 계산
gh1= fill(xx,yy,'b','EraseMode','normal'); % 암을 그리고 핸들을 받음
[xx,yy]= Circle(radius*cos(th),radius*sin(th),radius/8); %크랭크 핀 데이터
gh2= fill(xx,yy,'r','EraseMode','normal'); % 핀을 그리고 핸들을 받음
[xx,yy]= Circle(0,0,radius/12); % 크랭크 중심원의 x, y 데이터 계산
fill(xx,yy,'w'); % 크랭크 중심원을 그림

plot([5.5 13 13 5.5],[-ph -ph ph ph],'LineWidth',2) % 실린더를 그림
x= radius*cos(th)+sqrt(L^2-radius^2*sin(th)^2); y= 0; % P점의 x 좌표 계산
gh3= rectangle('Position',[x-pw -ph 2*pw 2*ph],'Facecolor','g',
             'EraseMode', 'normal'); % 피스톤을 그리고 핸들을 받음
[xx,yy]= Circle(x,y,radius/8); % 피스톤 핀의 x, y 데이터 계산
gh4= fill(xx,yy,'r','EraseMode','normal'); % 피스톤 핀을 그리고 핸들을 받음
gh5= plot([radius*cos(th) x],[radius*sin(th)  0],'k',
           'LineWidth',2); % 피스톤 로드를 그리고 핸들 받음
axis equal
axis([-4 15 -5 5])
hold off

function [xx,yy]= DrawCrankArm(para,ang)
x0= para(1); y0= para(2); wt= para(3); ht= para(4);
xx = [-wt/5 wt/2 wt/2 -wt/5 -wt/5];
yy = [-ht/2 -ht/2 ht/2 ht/2 -ht/2];
[xx yy]= MatrixRotation(xx,yy,ang); % 회전 좌표 계산
xx= xx+x0;
yy= yy+y0;
```

10.2.2.2 togglebutton1_Callback 함수

여기에는 <Start> 버튼을 누를 때 초기상태로부터 시작하여 회전운동하는 크랭크와 왕복운동하는 피스톤을 그려주는 코드를 삽입하면 된다. <Start> 버튼을 누르면 $t < 100$인 동안 돌아가고 또 토글 버튼의 String 값을 Stop으로 설정하고, <Stop> 버튼을 누르거나 $t \geq 100$이 되면 멈추고 String 값을 Start로 설정한다.

get(hObject,'Value')는 토글 버튼의 Value 값을 읽어 주며 1이면 ON으로 인식된다.

```
function togglebutton1_Callback(hObject, eventdata, handles)
% 중략, 자세한 것은 전체 프로그램 참조

global gh1 gh2 gh3 gh4 gh5 radius L pw ph cw ch w
t= 0; h= 0.1; th= 0;
while get(hObject,'Value') && t < 100 % 토글 버튼이 ON이고 t<100일 때 실행
   t= t+h;
   th= th-w*h; % 회전각 계산, '-'는 시계방향의 회전을 의미
   [xx,yy]= DrawCrankArm([0 0 cw ch],th);
   set(gh1,'XData',xx,'YData',yy); % 크랭크 암의 x,y 데이터를 갱신
   [xx,yy]= Circle(radius*cos(th),radius*sin(th),radius/8);
   set(gh2,'XData',xx,'YData',yy) % 크랭크 핀의 x,y 데이터를 갱신

   x= radius*cos(th)+sqrt(L^2-radius^2*sin(th)^2); y= 0;
   set(gh3,'Position',[x-pw -ph 2*pw 2*ph]) % 피스톤의 x,y 데이터를 갱신
   [xx,yy]= Circle(x,y,radius/8);
   set(gh4,'XData',xx,'YData',yy) % 피스톤 핀의 x,y 데이터를 갱신
   set(gh5,'XData',[radius*cos(th) x],'YData',[radius*sin(th) 0])
                                          % 피스톤 로드의 x,y 데이터를 갱신
   drawnow
   pause(0.01)
   set(hObject,'String','Stop'); % String 값을 Stop으로 설정
end
set(hObject,'String','Start'); % String 값을 Start로 설정
```

10.2.2.3 slider1_Callback 함수

이 함수에는 슬라이더 바를 움직이면 Value값을 읽어 edit1에 반영해주고 또 각속도로 변환한 다음 공유해주는 코드를 삽입하면 된다. 따라서 w는 전역변수로 선언되었다. edit1의 속성에 접근할 때에 핸들로 handles. edit1을 사용하고 있음을 유의하라.

```
function slider1_Callback(hObject, eventdata, handles)
% 중략, 자세한 것은 전체 프로그램 참조

global w
N= get(hObject,'Value'); % slider1에서 회전수를 읽음
set(handles.edit1,'String',round(N*10)/10) % edit1에 반영
w= N*pi/30; % 각속도로 변환
```

10.2.2.4 edit1_Callback 함수

여기에는 크랭크 암의 회전수를 입력하거나 변경할 때 유효성을 체크하고 슬라이더에 반영해주는 코드를 넣어주면 된다. edit1의 String 값과 silder1의 Max, Min 값을 읽어 유효성을 체크하고 유효하면 슬라이더 바를 옮기고, 아니면 슬라이더 값을 텍스트 편집에 나타내고 togglebutton1_Callback 함수와 공유한다. 이 함수에서 slider1의 속성에 접근할 때에는 핸들로 handles.slider1을 사용한다.

```
function edit1_Callback(hObject, eventdata, handles)
% 중략, 자세한 것은 전체 프로그램 참조

global w
N= str2double(get(hObject,'String')); % edit1에서 회전수를 읽음
max= get(handles.slider1,'Max'); % slider1에서 최대값을 읽음
min= get(handles.slider1,'Min'); % slider1에서 최소값을 읽음
if isnan(N) || N<min || N>max
  N= get(handles.slider1,'Value'); % slider1에서 회전수를 읽음
  set(hObject,'String',round(N*10)/10) % edit1에 반영
else
```

```
    set(handles.slider1,'Value',N); % slider1에 반영
end
w= N*pi/30; % 각속도로 변환
```

10.2.2.5 edit1_CreateFcn 함수

edit1_Callback 함수는 텍스트 편집에 이벤트가 발생될 경우에만 실행되기 때문에 프로그램이 시작되자마자 <Start> 버튼을 누르면 togglebutton1_Callback 함수가 필요로 하는 w 값을 제공해주지 못하므로, GUI는 제대로 동작하지 않는다. 이 때문에 edit1 텍스트 편집이 만들어질 때 String값을 읽어 각속도로 변환한 다음 togglebutton1_Callback 함수에 넘겨줄 필요가 있다. 물론 togglebutton1_Callback 함수에서 edit1의 String 값을 읽는 코드를 넣어줄 경우에는 이 함수를 사용하지 않아도 된다.

여기서는 데이터의 유효성을 체크할 필요가 없는 것은 초기 설정 시 이미 유효한 값 (50)을 넣어놓기 때문이다.

```
function edit1_CreateFcn(hObject, eventdata, handles)
% 중략, 자세한 것은 전체 프로그램 참조

global w
N= str2double(get(hObject,'String')); % edit1에서 회전수를 읽음
w= N*pi/30; % 각속도로 변환
```

10.2.2.6 전체 프로그램

다음은 앞서 살펴본 함수들을 결합한 전체 프로그램이다. 추가된 코드들은 식별이 용이하도록 굵게 표시하였다.

```
function varargout = gui26(varargin)
% GUI26 M-file for gui26.fig
%  GUI26, by itself, creates a new GUI26 or raises the existing
%  singleton*.
%  H = GUI26 returns the handle to a new GUI26 or the handle to
```

```
% the existing singleton*.
%
% GUI26('CALLBACK',hObject,eventData,handles,...) calls the local
% function named CALLBACK in GUI26.M with the given input arguments.
% GUI26('Property','Value',...) creates a new GUI26 or raises the
% existing singleton*.  Starting from the left, property value pairs are
% applied to the GUI before gui26_OpeningFcn gets called.  An
% unrecognized property name or invalid value makes property application
% stop.  All inputs are passed to gui26_OpeningFcn via varargin.
%
% *See GUI Options on GUIDE's Tools menu.  Choose "GUI allows only one
% instance to run (singleton)".
% See also: GUIDE, GUIDATA, GUIHANDLES
% Edit the above text to modify the response to help gui26
% Last Modified by GUIDE v2.5 19-Sep-2014 15:00:15

% Begin initialization code - DO NOT EDIT
gui_Singleton = 1;
gui_State = struct('gui_Name',       mfilename, ...
                   'gui_Singleton',  gui_Singleton, ...
                   'gui_OpeningFcn', @gui26_OpeningFcn, ...
                   'gui_OutputFcn',  @gui26_OutputFcn, ...
                   'gui_LayoutFcn',  [] , ...
                   'gui_Callback',   []);
if nargin && ischar(varargin{1})
   gui_State.gui_Callback = str2func(varargin{1});
end
if nargout
   [varargout{1:nargout}] = gui_mainfcn(gui_State, varargin{:});
else
   gui_mainfcn(gui_State, varargin{:});
end
% End initialization code - DO NOT EDIT

% --- Executes just before gui26 is made visible.
function gui26_OpeningFcn(hObject, eventdata, handles, varargin)
```

```
% This function has no output args, see OutputFcn.
% hObject    handle to figure
% eventdata  reserved - to be defined in a future version of MATLAB
% handles    structure with handles and user data (see GUIDATA)
% varargin   command line arguments to gui26 (see VARARGIN)
 % Choose default command line output for gui26
handles.output = hObject;
% Update handles structure
guidata(hObject, handles);
% UIWAIT makes gui26 wait for user response (see UIRESUME)
% uiwait(handles.figure1);

global gh1 gh2 gh3 gh4 gh5 radius L pw ph cw ch
cla % 축 내의 모든 객체들을 지움
radius= 2; L= 9.125; th= pi/4; % 크랭크 반경, 로드 길이, 초기 크랭크각
pw= 1; ph= 2; cw= 6; ch= 1; % 피스톤과 크랭크 암의 차원
hold on
[xx,yy]= Circle(0,0,radius); % 크랭크 회전 궤적의 x, y 데이터 계산
plot(xx,yy,':'); % 크랭크 회전 궤적을 점선으로 그림
[xx,yy]= DrawCrankArm([0 0 cw ch],th); % 크랭크 암의 x, y 데이터 계산
gh1= fill(xx,yy,'b','EraseMode','normal'); % 암을 그리고 핸들을 받음
[xx,yy]= Circle(radius*cos(th),radius*sin(th),radius/8); % 크랭크 핀 데이터
gh2= fill(xx,yy,'r','EraseMode','normal'); % 핀을 그리고 핸들을 받음
[xx,yy]= Circle(0,0,radius/12); % 크랭크 중심원의 x, y 데이터 계산
fill(xx,yy,'w'); % 크랭크 중심원을 그림

plot([5.5 13 13 5.5],[-ph -ph ph ph],'LineWidth',2) % 실린더를 그림
x= radius*cos(th)+sqrt(L^2-radius^2*sin(th)^2); y= 0; % P점의 x 좌표 계산
gh3= rectangle('Position',[x-pw -ph 2*pw 2*ph],'Facecolor','g',
              'EraseMode', 'normal'); % 피스톤을 그리고 핸들을 받음
[xx,yy]= Circle(x,y,radius/8); % 피스톤 핀의 x, y 데이터 계산
gh4= fill(xx,yy,'r','EraseMode','normal'); % 피스톤 핀을 그리고 핸들을 받음
gh5= plot([radius*cos(th) x],[radius*sin(th)  0],'k',
          'LineWidth',2); % 피스톤 로드를 그리고 핸들 받음
axis equal
axis([-4 15 -5 5])
```

```
hold off

function [xx,yy]= DrawCrankArm(para,ang)
x0= para(1); y0= para(2); wt= para(3); ht= para(4);
xx = [-wt/5 wt/2 wt/2 -wt/5 -wt/5];
yy = [-ht/2 -ht/2 ht/2 ht/2 -ht/2];
[xx yy]= MatrixRotation(xx,yy,ang); % 회전 좌표 계산
xx= xx+x0;
yy= yy+y0;

% --- Outputs from this function are returned to the command line.
function varargout = gui26_OutputFcn(hObject, eventdata, handles)
% varargout  cell array for returning output args (see VARARGOUT);
% hObject    handle to figure
% eventdata  reserved - to be defined in a future version of MATLAB
% handles    structure with handles and user data (see GUIDATA)
% Get default command line output from handles structure
varargout{1} = handles.output;

% --- Executes on button press in togglebutton1.
function togglebutton1_Callback(hObject, eventdata, handles)
% hObject    handle to togglebutton1 (see GCBO)
% eventdata  reserved - to be defined in a future version of MATLAB
% handles    structure with handles and user data (see GUIDATA)
% Hint: get(hObject,'Value') returns toggle state of togglebutton1

global gh1 gh2 gh3 gh4 gh5 radius L pw ph cw ch w
t= 0; h= 0.1; th= 0;
while get(hObject,'Value') && t < 100 % 토글 버튼이 ON이고 t<100일 때 실행
    t= t+h;
    th= th-w*h; % 회전각 계산, '-'는 시계방향의 회전을 의미
    [xx,yy]= DrawCrankArm([0 0 cw ch],th);
    set(gh1,'XData',xx,'YData',yy); % 크랭크 암의 x,y 데이터를 갱신
    [xx,yy]= Circle(radius*cos(th),radius*sin(th),radius/8);
    set(gh2,'XData',xx,'YData',yy) % 크랭크 핀의 x,y 데이터를 갱신
```

```
    x= radius*cos(th)+sqrt(L^2-radius^2*sin(th)^2); y= 0;
    set(gh3,'Position',[x-pw -ph 2*pw 2*ph]) % 피스톤의 x,y 데이터를 갱신
    [xx,yy]= Circle(x,y,radius/8);
    set(gh4,'XData',xx,'YData',yy) % 피스톤 핀의 x,y 데이터를 갱신
    set(gh5,'XData',[radius*cos(th) x],'YData',[radius*sin(th) 0])
                         % 피스톤 로드의 x,y 데이터를 갱신
    drawnow
    pause(0.01)
    set(hObject,'String','Stop'); % String 값을 Stop으로 설정
end
set(hObject,'String','Start'); % String 값을 Start로 설정

% --- Executes on slider movement.
function slider1_Callback(hObject, eventdata, handles)
% hObject    handle to slider1 (see GCBO)
% eventdata  reserved - to be defined in a future version of MATLAB
% handles    structure with handles and user data (see GUIDATA)
% Hints: get(hObject,'Value') returns position of slider
%      get(hObject,'Min') and get(hObject,'Max') to determine range of
         slider

global w
N= get(hObject,'Value'); % slider1에서 회전수를 읽음
set(handles.edit1,'String',round(N*10)/10) % edit1에 반영
w= N*pi/30; % 각속도로 변환

% --- Executes during object creation, after setting all properties.
function slider1_CreateFcn(hObject, eventdata, handles)
% hObject    handle to slider1 (see GCBO)
% eventdata  reserved - to be defined in a future version of MATLAB
% handles    empty - handles not created until after all CreateFcns called
% Hint: slider controls usually have a light gray background.
if isequal(get(hObject,'BackgroundColor'),
           get(0,'defaultUicontrolBackgroundColor'))
    set(hObject,'BackgroundColor',[.9 .9 .9]);
end
```

```
function edit1_Callback(hObject, eventdata, handles)
% hObject    handle to edit1 (see GCBO)
% eventdata  reserved - to be defined in a future version of MATLAB
% handles    structure with handles and user data (see GUIDATA)
% Hints: get(hObject,'String') returns contents of edit1 as text
%        str2double(get(hObject,'String')) returns contents of edit1 as a
                 double

global w
N= str2double(get(hObject,'String')); % edit1에서 회전수를 읽음
max= get(handles.slider1,'Max'); % slider1에서 최대값을 읽음
min= get(handles.slider1,'Min'); % slider1에서 최소값을 읽음
if isnan(N) || N<min || N>max
  N= get(handles.slider1,'Value'); % slider1에서 회전수를 읽음
  set(hObject,'String',round(N*10)/10) % edit1에 반영
else
  set(handles.slider1,'Value',N); % slider1에 반영
end
w= N*pi/30; % 각속도로 변환

% --- Executes during object creation, after setting all properties.
function edit1_CreateFcn(hObject, eventdata, handles)
% hObject    handle to edit1 (see GCBO)
% eventdata  reserved - to be defined in a future version of MATLAB
% handles    empty - handles not created until after all CreateFcns called
% Hint: edit controls usually have a white background on Windows.
%       See ISPC and COMPUTER.
if ispc && isequal(get(hObject,'BackgroundColor'),
                  get(0,'defaultUicontrolBackgroundColor'))
    set(hObject,'BackgroundColor','white');
end

global w
N= str2double(get(hObject,'String')); % edit1에서 회전수를 읽음
w= N*pi/30; % 각속도로 변환
```

10.3 DC모터의 회전각 제어

다음 예로 텍스트 편집, 푸시 버튼, 토글 버튼과 버튼 그룹을 사용해 DC 모터의 회전각을 PI 또는 PID제어하는 애니메이션을 GUI로 만들어 보자. 편의상 모터는 간단히 회전체 도형만을 나타내고, 프로그램 기법상 원판은 그대로 두고 매 루프마다 네 개의 원 표식의 위치를 변경해서 회전 효과를 내도록 한다.

10.3.1 GUI 작성

10.3.1.1 GUI 개념설계

이 예제에서의 GUI 개념설계는 다음과 같다.

- **초기화면:** 모터는 그림 10.6과 같이 회전체만 나타내고 PI제어기가 체크되고, 회전각 x1은 1.2[rad], 각속도 x2는 0[rad/sec]로 설정된다.
- **푸시 버튼(pushbutton1):** <Reset> 버튼으로 사용한다. <Stop> 버튼을 눌러 정지되거나 시뮬레이션이 끝난 다음에 텍스트 편집에 다른 초기값을 넣고 이 버튼을 누르면 회전체가 초기 위치에서 정지해 있고 또 필요한 전역변수들을 정의해서 공유한다.
- **토글 버튼(togglebutton1):** <Start> 버튼을 누르면 $t < 100$인 동안 애니메이션되고 이 버튼은 <Stop> 버튼으로 변경되고 또 <Stop> 버튼을 누르거나 $t \geq 100$이면 멈추고 이 버튼은 <Start> 버튼으로 변경된다.
- **텍스트 편집(x1, x2):** 회전각과 각속도를 입력하거나 변경하면 이를 읽어 주고, 수치값인지를 체크해서 아닌 경우 초기값을 텍스트 편집에 나타내고 다른 함수와 공유한다. x1, x2의 초기값은 각각 1.2, 0으로 한다.
- **라디오 버튼(radiobutton1, radiobutton1)과 버튼 그룹(uipanel2):** PI 또는 PID 제어 중 하나가 선택되도록 라디오 버튼들을 버튼 그룹에 묶어 사용한다.
- **축(axes1):** 이 영역에 회전체와 기준 표식들을 나타낸다.

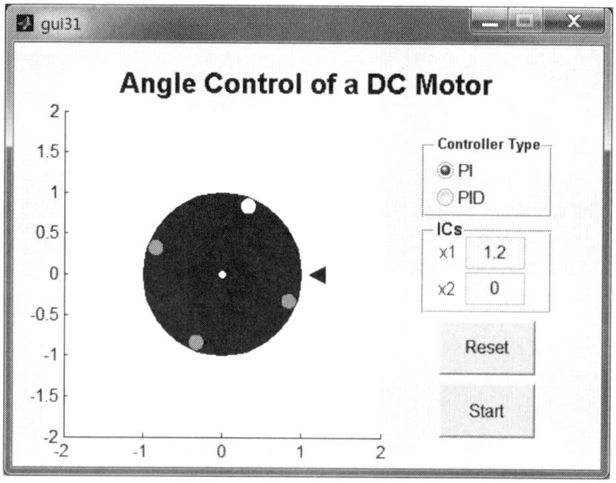

그림 10.6 예제 3의 출력창

10.3.1.2 컴포넌트의 배치와 속성 변경

레이아웃 영역에 푸시 버튼 한 개, 토글 버튼 한 개, 텍스트 편집 두 개, 버튼 그룹 한 개, 라디오 버튼 두 개, 축 한 개, 정적 텍스트 세 개를 끌어와 크기와 위치 등을 조절하고 그림 10.7과 같이 배치하였다.

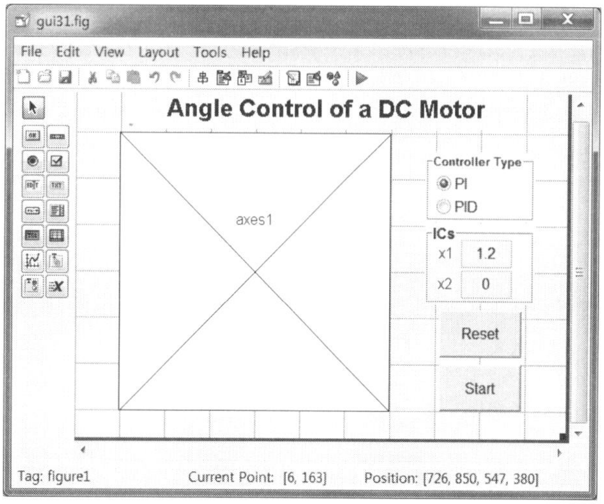

그림 10.7 예제 3의 컴포넌트 배치

초기 설정으로 PI 제어기가 선택되도록 radiobutton1의 Value 값을 1로 변경하였고, x1의 String 값을 1.2로, x2의 String 값을 0으로 또 폰트 크기, 색 등을 변경하였다. 주요 컴포넌트들의 Tag와 String을 요약한 것은 표 10.3과 같다.

표 10.3 주요 컴포넌트들의Tag와 String

Component	Tag	String	Remarks
푸시 버튼	pushbutton1	Reset	애니메이션 초기화면을 나타냄
토글 버튼	togglebutton1	Start	애니메이션 시작/정지
텍스트 편집	x1	1.2	회전각[rad]의 입력/변경
텍스트 편집	x2	0	회전 각속도[rad/sec] 입력/변경
라디오 버튼	radiobutton1	PI	체크/해제(초기화면에서는 체크)
라디오 버튼	radiobutton2	PID	체크/해제
축	axes1	–	회전체와 표식들을 나타냄

10.3.2 Callback 함수 프로그래밍

10.3.2.1 gui31_OpeningFcn 함수

이 함수에는 <Reset> 버튼을 눌렀을 때와 똑같은 동작이 일어나도록 해주면 되므로 pushbutton1_Callback 함수의 형식을 복사해서 넣어주면 된다. 자세한 것은 pushbutton1_Callback 함수를 참조하라.

```
function gui31_OpeningFcn(hObject, eventdata, handles, varargin)
% 중략, 자세한 것은 전체 프로그램 참조

pushbutton1_Callback(hObject, eventdata, handles);
```

10.3.2.2 pushbutton1_Callback 함수

그림 10.6의 초기화면에 회전체와 표식을 그리고 또 동적 객체들의 핸들과 필요한 변수들을 다른 함수와 공유해주는 코드들을 추가해주면 된다.

핸들을 받아 계속적으로 갱신해줘야 하는 동적 도형은 모두 네 개(한 개의 흰색 원 표식, 세 개의 녹색 원 표식)이므로, 이들의 그래픽 핸들을 받아 회전각(x1), 각속도(x2), 회전체 반경(D), 표식들의 반경(d)과 함께 전역변수로 선언하였다.

```
function pushbutton1_Callback(hObject, eventdata, handles)
% 중략, 자세한 것은 전체 프로그램 참조

global gh1 gh2 gh3 gh4 x1 x2 D d
cla % 축 내의 모든 객체들을 지움
x= [x1;x2]; D= 1; d= 0.1;% 벡터 정의, 원판과 원 표식의 반경
hold on
fill([1.1 1.3 1.3 1.1],[0 -0.1 0.1 0],'k'); % 삼각 표식을 그려줌
[xx,yy]= Circle(0,0,D); fill(xx,yy,'b'); % 원판을 그려줌
[xx,yy]= Circle(0,0,d/2); fill(xx,yy,'w');% 원판의 중심을 그려줌
xp= (D-d)*cos(x(1)); yp= (D-d)*sin(x(1));[xx,yy]= Circle(xp,yp,d);
gh1= fill(xx,yy,'w','EraseMode','normal'); % 흰색 원 표식을 그리고 핸들을 받음
xp= (D-d)*cos(x(1)+pi/2); yp= (D-d)*sin(x(1)+pi/2);[xx,yy]=
                        Circle(xp,yp,d);
gh2= fill(xx,yy,'g','EraseMode','normal'); % 녹색 원 표식을 그리고 핸들을 받음
xp= (D-d)*cos(x(1)+pi); yp= (D-d)*sin(x(1)+pi);[xx,yy]= Circle(xp,yp,d);
gh3= fill(xx,yy,'g','EraseMode','normal'); % 녹색 원 표식을 그리고 핸들을 받음
xp= (D-d)*cos(x(1)-pi/2); yp= (D-d)*sin(x(1)-pi/2);[xx,yy]=
                        Circle(xp,yp,d);
gh4= fill(xx,yy,'g','EraseMode','normal'); % 녹색 원 표식을 그리고 핸들을 받음
axis equal
axis([-2 2 -2 2])
hold off
```

10.3.2.3 togglebutton1_Callback 함수

<Start> 버튼을 누를 때 초기상태로부터 시작하여 회전각을 PI 또는 PID제어해주는 애니메이션을 구현하기 위해 원 표식들의 위치를 새로 계산한 후 다시 그려주는 코드를 삽입하면 된다. <Start> 버튼을 누르면 $t < 20$인 동안 돌아가고 또 버튼의 String 값을 Stop으로 설정하고, <Stop> 버튼을 누르거나 $t \geq 20$이면 멈추고 이 버튼을 <Start> 버튼으로

변경한다. PI 또는 PID제어 알고리즘의 전환은 라디오 버튼으로 하고 제어기 파라미터들은 경험적으로 선택되었다.

```
function togglebutton1_Callback(hObject, eventdata, handles)
% 중략, 자세한 것은 전체 프로그램 참조

global gh1 gh2 gh3 gh4 x1 x2 D d radiobutton
t= 0;x= [x1;x2]; h= 0.03; z= 0; r= 0; ee= r-x(1);
Kp= 5; Ki= 2; Kd= 2; % PID 제어기 파라미터

while get(hObject,'Value') && t<20 % 버튼 ON이고 t<20일 때 실행
    e= r-x(1);
    z= z+0.5*h*(e+ee); % 오차의 적분
    ce= (e-ee)/h; % 오차의 미분
    ee= e; % 오차의 갱신
    if radiobutton == 'radiobutton1'
        u= Kp*e+Ki*z; % 'radiobutton1이 체크된 경우에 PI 제어
    else
        u= Kp*e+Ki*z+Kd*ce; % radiobutton2가 체크된 경우에 PID 제어
    end
    x= RK4(@fun,t,x,u,h); % R-K법으로 제어대상의 수치적분
    t= t+h;
    xp= (D-d)*cos(x(1)); yp= (D-d)*sin(x(1));[xx,yy]= Circle(xp,yp,d);
    set(gh1,'XData',xx,'YData',yy) % 흰색 원표식을 그려줌
    xp= (D-d)*cos(x(1)+pi/2); yp= (D-d)*sin(x(1)+pi/2);[xx,yy]=
                                    Circle(xp,yp,d);
    set(gh2,'XData',xx,'YData',yy) % 녹색 원 표식의 x, y 데이터를 갱신
    xp= (D-d)*cos(x(1)+pi); yp= (D-d)*sin(x(1)+pi);[xx,yy]=
                                Circle(xp,yp,d);
    set(gh3,'XData',xx,'YData',yy) % 녹색 원 표식의 x, y 데이터를 갱신
    xp= (D-d)*cos(x(1)-pi/2); yp= (D-d)*sin(x(1)-pi/2);[xx,yy]=
                                    Circle(xp,yp,d);
    set(gh4,'XData',xx,'YData',yy) % 녹색 원 표식의 x, y 데이터를 갱신
    drawnow
    pause(0.01)
```

```
    set(hObject,'String','Stop'); % String 값을 Stop으로 설정
end
set(hObject,'String','Start'); % String 값을 Start로 설정

% DC 모터의 근사 모델
function xdot= fun(t,x,u)
a= 2; k= 1;
xdot= zeros(2,1);
xdot(1)= x(2);
xdot(2)= -a*x(2)+k*u;
```

10.3.2.4 x1_Callback 함수

모터 회전각의 초기값을 입력하거나 변경할 때 읽어 주고, NaN이면 1.2[rad]로 설정하고 공유해주는 코드를 넣어주면 된다.

```
function x1_Callback(hObject, eventdata, handles)
% 중략, 자세한 것은 전체 프로그램 참조

global x1
x1= str2double(get(hObject,'String')); % x1에서 회전각을 읽음
if isnan(x1) % 만약 x1이 NaN이면
    x1= 1.2;
    set(hObject,'String',x1); % 입력한 내용을 지우고 1.2로 설정
end
```

10.3.2.5 x1_CreateFcn 함수

프로그램이 시작하자마자 <Reset>나 <Start> 버튼을 누르면 상태벡터 x 값을 필요로 하므로 텍스트 편집 x1이 만들어질 때 String값을 읽고 전역변수로 선언해 놓으면 이 함수들이 x1을 사용하게 된다. 기본 설정 시 유효한 값(1.2)을 넣기 때문에 데이터의 유효성 체크는 필요 없다.

```
function x1_CreateFcn(hObject, eventdata, handles)
% 중략, 자세한 것은 전체 프로그램 참조

global x1
x1= str2double(get(hObject,'String')); % x1에서 회전각을 읽음
```

10.3.2.6 x2_Callback 함수

x1_Callback 함수와 같이 여기에도 모터의 회전각 속도의 초기값을 입력하거나 변경할 때 읽어 주고, NaN이면 0[rad]으로 설정하고 공유해주는 코드를 넣어주면 된다.

```
function x2_Callback(hObject, eventdata, handles)
% 중략, 자세한 것은 전체 프로그램 참조

global x2
x2= str2double(get(hObject,'String')); % x2에서 회전 각속도를 읽음
if isnan(x2) % 만약 x2가 NaN이면
    x2= 0; %
    set(hObject,'String',x2); % 텍스트 편집을 지우고 0으로 설정
end
```

10.3.2.7 x2_CreateFcn 함수

x1_CreateFcn 함수와 같이 텍스트 편집 x2가 만들어질 때 String값을 읽고 공유해주면 된다. 여기에서도 유효성 체크가 필요 없다.

```
function x2_CreateFcn(hObject, eventdata, handles)
% 중략, 자세한 것은 전체 프로그램 참조

global x2
x2= str2double(get(hObject,'String')); % x2에서 회전 각속도를 읽음
```

10.3.2.8 uipanel2_SelectionChangeFcn 함수

앞서 설명하였지만 버튼 그룹을 사용하면 그룹에 속한 개별 객체들의 Callback 함수가 만들어지지 않기 때문에 사용자가 도구모음에 가서 SelectionChangeFcn 함수를 만들어 사용해야 한다. 자세한 것은 그림 9.31을 참조 바란다. 현재 체크되어 있는 라디오 버튼의 Tag를 읽어 다른 함수와 공유해주는 코드는 다음과 같다.

```
function uipanel2_SelectionChangeFcn(hObject, eventdata, handles)
% 중략, 자세한 것은 전체 프로그램 참조

global radiobutton
radiobutton= get(eventdata.NewValue,'Tag'); % 현재 체크된 객체의 Tag를 읽음
```

10.3.2.9 uipanel2_CreateFcn 함수

속성 인스펙터에서 라디오 버튼의 Value 값을 1로 설정해 놓으면 초기화면의 버튼에 체크만 되지, 변수 radiobutton에 반영된 것은 아니다. togglebutton1_Callback 함수는 PI 또는 PID 알고리즘의 선택하는 radiobutton 을 필요로 하므로 버튼 그룹이 만들어질 때 체크된 정보를 넘겨줘야 한다. 이것은 두 가지 방법으로 해결할 수 있다. 하나는 togglebutton1_Callback 함수 내의 if radiobutton == 'radiobutton1' 문을 if get(eventdata.NewValue,'Tag') == 'radiobutton1' 문으로 고쳐 쓰는 것이다. 이렇게 하면 uipanel2_SelectionChangeFcn 함수를 작성하지 않아도 된다.

다른 하나는 아래와 같이 CreateFcn 함수의 원형을 도구모음에서 만든 다음(그림 9.31 참조) 간단히 radiobutton= 'radiobutton1' 로 설정해 놓으면 된다.

```
function uipanel2_CreateFcn(hObject, eventdata, handles)
% 중략, 자세한 것은 전체 프로그램 참조

global radiobutton
radiobutton= 'radiobutton1'; % radiobutton1(PI 제어)으로 설정
```

10.3.2.10 전체 프로그램

다음은 앞서 살펴본 함수들을 결합한 전체 프로그램이다.

```
function varargout = gui31(varargin)
% GUI31 M-file for gui31.fig
%  GUI31, by itself, creates a new GUI31 or raises the existing
%     singleton*.
%
%  H = GUI31 returns the handle to a new GUI31 or the handle to
%     the existing singleton*.
%
%  GUI31('CALLBACK',hObject,eventData,handles,...) calls the local
%  function named CALLBACK in GUI31.M with the given input arguments.
%
%  GUI31('Property','Value',...) creates a new GUI31 or raises the
%  existing singleton*.  Starting from the left, property value pairs are
%  applied to the GUI before gui31_OpeningFcn gets called.  An
%  unrecognized property name or invalid value makes property application
%     stop.  All inputs are passed to gui31_OpeningFcn via varargin.
%
% *See GUI Options on GUIDE's Tools menu.  Choose "GUI allows only one
%  instance to run (singleton)".
%
% See also: GUIDE, GUIDATA, GUIHANDLES
% Edit the above text to modify the response to help gui31
% Last Modified by GUIDE v2.5 23-Sep-2014 14:40:18
% Begin initialization code - DO NOT EDIT
gui_Singleton = 1;
gui_State = struct('gui_Name',       mfilename, ...
                   'gui_Singleton',  gui_Singleton, ...
                   'gui_OpeningFcn', @gui31_OpeningFcn, ...
                   'gui_OutputFcn',  @gui31_OutputFcn, ...
                   'gui_LayoutFcn',  [] , ...
                   'gui_Callback',   []);
if nargin && ischar(varargin{1})
```

```
    gui_State.gui_Callback = str2func(varargin{1});
end

if nargout
    [varargout{1:nargout}] = gui_mainfcn(gui_State, varargin{:});
else
    gui_mainfcn(gui_State, varargin{:});
end
% End initialization code - DO NOT EDIT

% --- Executes just before gui31 is made visible.
function gui31_OpeningFcn(hObject, eventdata, handles, varargin)
% This function has no output args, see OutputFcn.
% hObject    handle to figure
% eventdata  reserved - to be defined in a future version of MATLAB
% handles    structure with handles and user data (see GUIDATA)
% varargin   command line arguments to gui31 (see VARARGIN)

% Choose default command line output for gui31
handles.output = hObject;
% Update handles structure
guidata(hObject, handles);
% UIWAIT makes gui31 wait for user response (see UIRESUME)
% uiwait(handles.figure1);

pushbutton1_Callback(hObject, eventdata, handles);

% --- Outputs from this function are returned to the command line.
function varargout = gui31_OutputFcn(hObject, eventdata, handles)
% varargout  cell array for returning output args (see VARARGOUT);
% hObject    handle to figure
% eventdata  reserved - to be defined in a future version of MATLAB
% handles    structure with handles and user data (see GUIDATA)

% Get default command line output from handles structure
varargout{1} = handles.output;
```

```
% --- Executes on button press in pushbutton1.
function pushbutton1_Callback(hObject, eventdata, handles)
% hObject    handle to pushbutton1 (see GCBO)
% eventdata  reserved - to be defined in a future version of MATLAB
% handles    structure with handles and user data (see GUIDATA)

global gh1 gh2 gh3 gh4 x1 x2 D d
cla % 축 내의 모든 객체들을 지움
x= [x1;x2]; D= 1; d= 0.1;% 벡터 정의, 원판과 원표식의 반경
hold on
fill([1.1 1.3 1.3 1.1],[0 -0.1 0.1 0],'k'); % 삼각 표식을 그려줌
[xx,yy]= Circle(0,0,D); fill(xx,yy,'b'); % 원판을 그려줌
[xx,yy]= Circle(0,0,d/2); fill(xx,yy,'w');% 회전체의 중심을 그려줌
xp= (D-d)*cos(x(1)); yp= (D-d)*sin(x(1));[xx,yy]= Circle(xp,yp,d);
gh1= fill(xx,yy,'w','EraseMode','normal'); % 흰색 원표식 그리고 핸들 받음
xp= (D-d)*cos(x(1)+pi/2); yp= (D-d)*sin(x(1)+pi/2);[xx,yy]=
                                   Circle(xp,yp,d);
gh2= fill(xx,yy,'g','EraseMode','normal');  % 녹색 원표식 그리고 핸들 받음
xp= (D-d)*cos(x(1)+pi); yp= (D-d)*sin(x(1)+pi);[xx,yy]= Circle(xp,yp,d);
gh3= fill(xx,yy,'g','EraseMode','normal'); % 녹색 원표식 그리고 핸들 받음
xp= (D-d)*cos(x(1)-pi/2); yp= (D-d)*sin(x(1)-pi/2);[xx,yy]=
                                   Circle(xp,yp,d);
gh4= fill(xx,yy,'g','EraseMode','normal'); % 녹색 원표식 그리고 핸들 받음
axis equal
axis([-2 2 -2 2])
hold off

% --- Executes on button press in togglebutton1.
function togglebutton1_Callback(hObject, eventdata, handles)
% hObject    handle to togglebutton1 (see GCBO)
% eventdata  reserved - to be defined in a future version of MATLAB
% handles    structure with handles and user data (see GUIDATA)
% Hint: get(hObject,'Value') returns toggle state of togglebutton1

global gh1 gh2 gh3 gh4 x1 x2 D d radiobutton
t= 0;x= [x1;x2]; h= 0.03; z= 0; r= 0; ee= r-x(1);
```

```
Kp= 5; Ki= 2; Kd= 2; % PID 제어기 파라미터

while get(hObject,'Value') && t<20 % 버튼 ON이고 t<20일 때 실행
   e= r-x(1);
   z= z+0.5*h*(e+ee); % 오차의 적분
   ce= (e-ee)/h; % 오차의 미분
   ee= e; % 오차의 갱신
   if radiobutton == 'radiobutton1'
      u= Kp*e+Ki*z; % 'radiobutton1이 체크된 경우에 PI 제어
   else
      u= Kp*e+Ki*z+Kd*ce; % radiobutton2가 체크된 경우에 PID 제어
   end
   x= RK4(@fun,t,x,u,h); % R-K법으로 제어대상의 수치적분
   t= t+h;
   xp= (D-d)*cos(x(1)); yp= (D-d)*sin(x(1));[xx,yy]= Circle(xp,yp,d);
   set(gh1,'XData',xx,'YData',yy) % 흰색 원표식을 그려줌
   xp= (D-d)*cos(x(1)+pi/2); yp= (D-d)*sin(x(1)+pi/2);[xx,yy]=
                                             Circle(xp,yp,d);
   set(gh2,'XData',xx,'YData',yy) % 녹색 원표식의 x, y 데이터를 갱신
   xp= (D-d)*cos(x(1)+pi); yp= (D-d)*sin(x(1)+pi);[xx,yy]=
                                           Circle(xp,yp,d);
   set(gh3,'XData',xx,'YData',yy) % 녹색 원표식의 x, y 데이터를 갱신
   xp= (D-d)*cos(x(1)-pi/2); yp= (D-d)*sin(x(1)-pi/2);[xx,yy]=
                                             Circle(xp,yp,d);
   set(gh4,'XData',xx,'YData',yy) % 녹색 원표식의 x, y 데이터를 갱신
   drawnow
   pause(0.01)
   set(hObject,'String','Stop'); % String 값을 Stop으로 설정
end
set(hObject,'String','Start'); % String 값을 Start로 설정

% DC 모터의 근사 모델
function xdot= fun(t,x,u)
a= 2; k= 1;
xdot= zeros(2,1);
xdot(1)= x(2);
```

```
xdot(2)= -a*x(2)+k*u;

function x1_Callback(hObject, eventdata, handles)
% hObject    handle to x1 (see GCBO)
% eventdata  reserved - to be defined in a future version of MATLAB
% handles    structure with handles and user data (see GUIDATA)
% Hints: get(hObject,'String') returns contents of x1 as text
%        str2double(get(hObject,'String')) returns contents of x1 as a double

global x1
x1= str2double(get(hObject,'String')); % x1에서 회전각을 읽음
if isnan(x1) % 만약 x1이 NaN이면
   x1= 1.2; % x1= 1.2로 설정
   set(hObject,'String',x1); % 입력한 내용을 지우고 1.2로 설정
end

% --- Executes during object creation, after setting all properties.
function x1_CreateFcn(hObject, eventdata, handles)
% hObject    handle to x1 (see GCBO)
% eventdata  reserved - to be defined in a future version of MATLAB
% handles    empty - handles not created until after all CreateFcns called
% Hint: edit controls usually have a white background on Windows.
%       See ISPC and COMPUTER.
if ispc && isequal(get(hObject,'BackgroundColor'),
                   get(0,'defaultUicontrolBackgroundColor'))
   set(hObject,'BackgroundColor','white');
end

global x1
x1= str2double(get(hObject,'String')); % x1에서 회전각을 읽음

function x2_Callback(hObject, eventdata, handles)
% hObject    handle to x2 (see GCBO)
% eventdata  reserved - to be defined in a future version of MATLAB
% handles    structure with handles and user data (see GUIDATA)

% Hints: get(hObject,'String') returns contents of x2 as text
```

```
%     str2double(get(hObject,'String')) returns contents of x2 as a double

global x2
x2= str2double(get(hObject,'String')); % x2에서 회전 각속도를 읽음
if isnan(x2) % 만약 x2가 NaN이면
   x2= 0; % x2= 0으로 설정
   set(hObject,'String',x2); % 텍스트 편집을 지우고 0으로 설정
end

% --- Executes during object creation, after setting all properties.
function x2_CreateFcn(hObject, eventdata, handles)
% hObject    handle to x2 (see GCBO)
% eventdata  reserved - to be defined in a future version of MATLAB
% handles    empty - handles not created until after all CreateFcns called
% Hint: edit controls usually have a white background on Windows.
%       See ISPC and COMPUTER.
if ispc && isequal(get(hObject,'BackgroundColor'),
                   get(0,'defaultUicontrolBackgroundColor'))
   set(hObject,'BackgroundColor','white');
end

global x2
x2= str2double(get(hObject,'String')); % x2에서 회전 각속도를 읽음

% --- Executes when selected object is changed in uipanel2.
function uipanel2_SelectionChangeFcn(hObject, eventdata, handles)
% hObject    handle to the selected object in uipanel2
% eventdata  structure with the following fields (see UIBUTTONGROUP)
%   EventName: string 'SelectionChanged' (read only)
%   OldValue: handle of the previously selected object or empty if none was
%             selected
%   NewValue: handle of the currently selected object
% handles    structure with handles and user data (see GUIDATA)

global radiobutton
radiobutton= get(eventdata.NewValue,'Tag'); % 현재 체크된 객체의 Tag를 읽음
```

```
% --- Executes during object creation, after setting all properties.
function uipanel2_CreateFcn(hObject, eventdata, handles)
% hObject    handle to uipanel2 (see GCBO)
% eventdata  reserved - to be defined in a future version of MATLAB
% handles    empty - handles not created until after all CreateFcns called

global radiobutton
radiobutton= 'radiobutton1'; % radiobutton1(PI 제어)으로 설정
```

10.4 도립진자 시스템의 안정화 제어

8.4절에서 살펴본 도립진자 시스템의 안정화 제어를 애니메이션해주는 GUI를 만들되, 슬라이더와 텍스트 편집으로 설정치(Set-point)를 변경하는 방법에 주안점을 두어 살펴보자.

10.4.1 GUI 작성

10.4.1.1 GUI개념설계

GUI 개념설계는 다음과 같다.

- **초기화면:** 그림 10.8과 같은 초기상태의 도립진자 시스템을 그린다. 이때 카트의 위치(y)와 도립진자의 각(theta)을 각각 1[m]와 30[deg], 설정치(yr)를 0[m]으로 하고 슬라이더에도 반영한다. 또한 시뮬레이션 잔여시간(t)을 10[sec]로 설정한다.
- **푸시 버튼(Reset):** <Reset> 버튼으로 사용하며, 두 초기값 y, theta를 변경하고 누르면 이 값으로 초기 도형을 그린다. 이 버튼은 <Stop> 버튼을 누르거나 애니메이션이 종료된 후 사용한다.
- **토글 버튼(Start):** <Start> 버튼을 누르면 애니메이션이 시작되고, <Stop> 버튼을 누르면 정지한다.
- **슬라이더(slider):** 설정치 변경에 사용하고 최소값을 −3, 최대값을 3으로 한다. 바를 움직이면 텍스트 편집(yr)에도 반영되게 한다.

- **텍스트 편집(yr):** yr를 입력하거나 변경하면 유효성을 체크하고 슬라이더에 반영한다.
- **텍스트 편집(y, theta):** 값을 입력하거나 변경하면 읽어 유효성을 체크하고 다른 함수와 공유한다.
- **텍스트 편집(t):** 애니메이션 잔여시간을 보인다.
- **축(axes1):** 축 영역 내에 도립진자 시스템의 도형을 나타나게 한다.

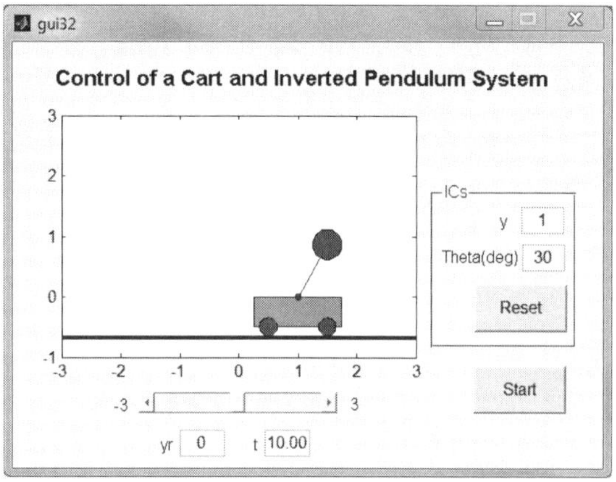

그림 10.8 도립진자 시스템의 출력창

10.4.1.2 컴포넌트의 배치와 속성 변경

빈 GUI 레이아웃 창이 나타날 때 Reset 용으로 푸시 버튼 한 개, Start/Stop용으로 토글 버튼 한 개, 텍스트 편집 네 개, 슬라이더 한 개, 축 한 개를 포함해서 총 열여섯 개의 컴포넌트를 끌어와 그림 10.9와 같이 크기와 위치를 조절하였다.

각 컴포넌트를 더블 클릭해서 속성창이 나타날 때 Tag, String 등을 적절히 변경하였다. 변경된 주요 컴포넌트들의 Tag와 String은 표 10.4와 같다.

표 10.4 주요 컴포넌트들의 Tag와 String

Component	Tag	String	Remarks
푸시 버튼	Reset	Reset	도립진자 초기도형 표시
토글 버튼	Start	Start	애니메이션 시작/정지
슬라이더	slider1	Slider	설정치 변경, 최소값 −3, 최대값 3

Component	Tag	String	Remarks
텍스트 편집	yr	0	설정치 yr 입력/변경
텍스트 편집	y	1	$x_1(0)$ 입력/변경
텍스트 편집	theta	30	$x_3(0)$ 입력/변경
텍스트 편집	t	0	애니메이션 잔여시간 표시
축	axes1	–	도립진자 도형을 나타냄

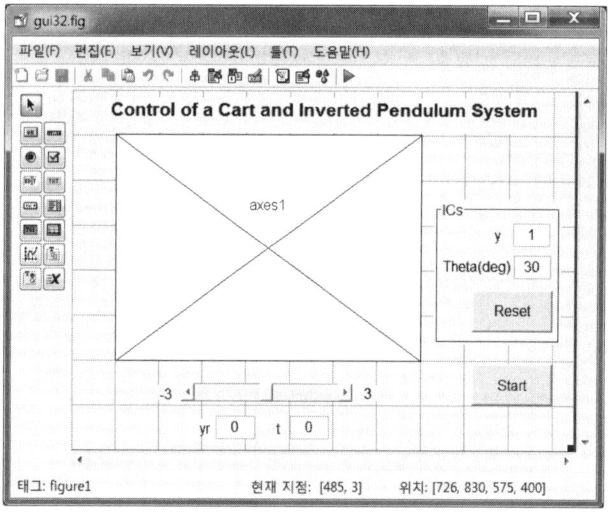

그림 10.9 GUI 레이아웃창

10.4.2 Callback 함수 프로그래밍

10.4.2.1 gui32_OpeningFcn 함수

Reset 버튼을 눌렀을 때와 같은 도형을 그려주면 되므로, Reset_Callback 함수의 형식을 복사해서 넣어주면 된다.

```
function gui32_OpeningFcn(hObject, eventdata, handles, varargin)
% 중략, 자세한 것은 전체 프로그램 참조

Reset_Callback(hObject, eventdata, handles);
```

10.4.2.2 Reset_Callback 함수

이 버튼을 누를 때 초기의 도립진자 시스템을 그려주고 또 동적 도형들의 핸들 gh1, gh2, gh3, gh4, gh5, gh6을 받아 다른 함수와 공유해준다. 또 상태변수 y, theta와 역진자 길이 L, 카트 폭 wd, 카트 높이 ht, 힌지의 y좌표 y0도 Start_Callback 함수와 공유되므로 전역변수로 선언된다.

```
function Reset_Callback(hObject, eventdata, handles)
% 중략, 자세한 것은 전체 프로그램 참조

global gh1 gh2 gh3 gh4 gh5 gh6 y theta L wd ht y0 tlast
cla
L= 1; wd= 1.5; ht= 0.5; y0= 0; % 도립진자를 그리기 위한 데이터
x= [y; 0; theta; 0]; tlast= 10; % 초기 상태벡터, 최종시간
str= num2str(tlast,'%6.2f'); set(handles.t,'String',str) % t에 잔여시간 표시
hold on
plot([-3;3],[-0.68;-0.68],'LineWidth',3) % 기준선을 그려줌
[xb,yb]= DrawCart(x(1),y0,wd,ht);
gh1= fill(xb,yb,'g'); % 카트 몸체를 그리고 핸들을 받음
[xb,yb]= Circle(x(1)-wd/3,y0-ht,0.15);
gh2= fill(xb,yb,'r','EraseMode','normal'); % 앞쪽 바퀴를 그리고 핸들을 받음
[xb,yb]= Circle(x(1)+wd/3,y0-ht,0.15);
gh3= fill(xb,yb,'r','EraseMode','normal'); % 뒤쪽 바퀴를 그리고 핸들을 받음
[xb,yb]= Circle(x(1),y0,0.05);
gh4= fill(xb,yb,'r','EraseMode','normal'); % 힌지를 그리고 핸들을 받음
xp= x(1)+L*sin(x(3)); yp= L*cos(x(3));
gh5= plot([x(1);xp],[y0;yp],'EraseMode','normal'); % 막대를 그리고 핸들을 받음
[xb,yb]= Circle(xp,yp,0.25);
gh6= fill(xb,yb,'r','EraseMode','normal'); % 질량을 그리고 핸들을 받음
axis equal
axis([-3 3 -1 3])
box on
hold off
```

10.4.2.3 Start_Callback 함수

<Start> 버튼을 누르면 애니메이션이 시작되고, <Stop> 버튼을 누르면 정지되게 한다. 추가적으로 함수 DrawCart를 호출하고 있다. y와 theta를 받아 상태벡터 **x**를 설정하고 루프가 반복되는 동안 RK4함수에서 갱신된 **x**와 set명령어로 도형을 다시 그리게 된다. 한편 텍스트 편집 t에 잔여시간을 써주기 위해 핸들 handles.t가 사용된다.

```
function Start_Callback(hObject, eventdata, handles)
% 중략, 자세한 것은 전체 프로그램 참조

global gh1 gh2 gh3 gh4 gh5 gh6 yr y theta L wd ht y0 h tlast
t= 0;h= 0.02; x= [y; 0; theta; 0];
while get(hObject,'Value') && t < tlast
   u= -18.3673*(yr-x(1))+18.9796*x(2)+98.2653*x(3)+31.9796*x(4);
   x= RK4(@fun,t,x,u,h);
   t= t+h;
   str= num2str(tlast-t,'%6.2f');
 set(handles.t,'String',str) % t에 잔여시간 표시
   [xb,yb]= DrawCart(x(1),y0,wd,ht);
   set(gh1,'XData',xb,'YData',yb) % 카트의 x, y 데이터를 갱신
   [xb,yb]= Circle(x(1)-wd/3,y0-ht,0.15);
   set(gh2,'XData',xb,'YData',yb) % 카트 앞쪽 바퀴의 x, y 데이터를 갱신
   [xb,yb]= Circle(x(1)+wd/3,y0-ht,0.15);
   set(gh3,'XData',xb,'YData',yb) % 카트 뒤쪽 바퀴의 x, y 데이터를 갱신
   [xb,yb]= Circle(x(1),y0,0.05);
   set(gh4,'XData',xb,'YData',yb) % 힌지의 x, y 데이터를 갱신
   xp= x(1)+L*sin(x(3)); yp= L*cos(x(3));
   set(gh5,'XData',[x(1);xp],'YData',[y0;yp]) % 진자막대의 x, y 데이터를 갱신
   [xb,yb]= Circle(xp,yp,0.25);
   set(gh6,'XData',xb,'YData',yb) % 질량의 x, y 데이터를 갱신
   drawnow
   pause(0.01)
   set(hObject,'String','Stop'); % <Stop> 버튼으로 전환
end
set(hObject,'String','Start'); % <Start> 버튼으로 전환
```

```
% 도립진자 모델
function xdot= fun(t,x,u)
global L
M= 1; m= 0.01; g= 9.8; L= 1;
A= [0 1 0 0;0 0 -m*g/M 0;0 0 0 1;0 0 g*(M+m)/(M*L) 0];
B= [0; 1/M; 0; -1/(M*L)];
xdot= A*x+B*u;

% 카트의 x, y 데이터 생성
function [xx,yy]= DrawCart(x,y,wd,ht)
wd2= wd/2;
xx= [x-wd2;x-wd2;x+wd2;x+wd2;x-wd2];
yy= [y;y-ht;y-ht;y;y];
```

10.4.2.4 slider1_Callback 함수

슬라이더 바를 움직일 때 yr 값을 읽어 텍스트 편집 yr에 반영해주면 된다. 문자열을 소수점 이하 두 자리 고정소수점으로 표시하기 위해 round(yr*100)/100)를 또 이 값을 쓰기 위해 핸들로 handles.yr을 사용하고 있다.

```
function slider1_Callback(hObject, eventdata, handles)
% 중략, 자세한 것은 전체 프로그램 참조

global yr
yr= get(hObject, 'Value'); % 슬라이더에서 yr를 읽음
set(handles.yr,'String',round(yr*100)/100); % 텍스트 편집에 yr를 반영
```

10.4.2.5 yr_Callback 함수

텍스트 편집 yr에 값을 입력하거나 변경하면 읽어 유효하면 슬라이더 바에 반영해주고, 만약 유효하지 않으면 슬라이더로부터 읽은 값으로 대체해주면 된다.

```
function yr_Callback(hObject, eventdata, handles)
% 중략, 자세한 것은 전체 프로그램 참조

global yr
yr= str2double(get(hObject,'String')); % 설정치 yr를 읽음
max= get(handles.slider1,'Max'); % 슬라이더의 최대값을 읽음
min= get(handles.slider1,'Min'); % 슬라이더의 최소값을 읽음
if isnan(yr) || yr<min || yr>max  % 입력의 유효성을 체크
   yr= get(handles.slider1,'Value'); % 슬라이더에서 yr를 읽음
   set(hObject,'String',round(yr*100)/100) % 텍스트 편집에 yr를 반영
else
   set(handles.slider1,'Value',yr); % 슬라이더에 yr를 반영
end
```

10.4.2.6 yr_CreateFcn 함수

초기화면이 만들어질 때 yr의 값을 읽어 Start_Callback 함수에 넘겨주면 된다.

```
function yr_CreateFcn(hObject, eventdata, handles)
% 중략, 자세한 것은 전체 프로그램 참조

global yr
yr= str2double(get(hObject,'String'));% 설정치 yr를 읽음
```

10.4.2.7 y_Callback 함수

y의 값을 입력하거나 변경하면 읽어 Reset_Callback과 Start_Callback 함수와 공유하게 해주면 된다. 만약 읽은 값이 Null이거나 최소, 최대값 범위를 벗어나면 초기 설정값으로 대체한다.

```
function y_Callback(hObject, eventdata, handles)
% 중략, 자세한 것은 전체 프로그램 참조
```

```
global y
y= str2double(get(hObject,'String')); % 위치 y를 읽음
if isnan(y) || y < -3 || y > 3
    y= 0; % 입력이 유효하지 않을 때 y= 0으로 설정
    set(hObject,'String', y) % 입력한 내용을 지우고 y로 설정
end
```

10.4.2.8 y_CreateFcn 함수

초기화면이 만들어질 때 y의 값을 읽어 Reset_Callback과 Start_Callback 함수에 넘겨준다.

```
function y_CreateFcn(hObject, eventdata, handles)
% 중략, 자세한 것은 전체 프로그램 참조

global y
y= str2double(get(hObject,'String')); % 위치 y를 읽음
```

10.4.2.9 theta_Callback 함수

theta의 값을 입력하거나 변경하면 읽어 Reset_Callback과 Start_Callback 함수와 공유해주면 된다. 만약 읽은 값이 유효하지 않으면 초기 설정 값으로 대체한다.

```
function theta_Callback(hObject, eventdata, handles)
% 중략, 자세한 것은 전체 프로그램 참조

global theta
theta= str2double(get(hObject,'String')); % 각 theta를 읽음
if isnan(theta) || theta < -60 || theta > 60
    theta= 30; % 유효하지 않을 때 theta= 30으로 설정
    set(hObject,'String', theta) % 입력한 내용을 지우고 theta로 설정
end
theta= theta*pi/180; % 라디안 단위로 변환
```

10.4.2.10 theta_CreateFcn 함수

초기화면이 만들어질 때 theta의 값을 읽어 Reset_Callback과 Start_Callback 함수에 넘겨준다.

```
function theta_CreateFcn(hObject, eventdata, handles)
% 중략, 자세한 것은 전체 프로그램 참조

global theta
theta= str2double(get(hObject,'String')); % 각 theta를 읽음
theta= theta*pi/180; % 라디안 단위로 변환
```

10.4.2.11 전체 프로그램

앞서 살펴본 함수들을 결합한 전체 프로그램을 다음과 같다. 추가된 코드들은 식별이 용이하도록 굵은 글씨로 표시하였다.

Function file: gui32.m

```
function varargout = gui32(varargin)
% GUI32 M-file for gui32.fig
%  GUI32, by itself, creates a new GUI32 or raises the existing  singleton*.
%
%  H = GUI32 returns the handle to a new GUI32 or the handle to
%     the existing singleton*.
%
%  GUI32('CALLBACK',hObject,eventData,handles,...) calls the local
%  function named CALLBACK in GUI32.M with the given input arguments.
%
%  GUI32('Property','Value',...) creates a new GUI32 or raises the
%  existing singleton*.  Starting from the left, property value pairs are
%  applied to the GUI before gui32_OpeningFcn gets called.  An
%  unrecognized property name or invalid value makes property application
%  stop.  All inputs are passed to gui32_OpeningFcn via varargin.
%
```

```
% *See GUI Options on GUIDE's Tools menu.  Choose "GUI allows only one
%   instance to run (singleton)".
%
% See also: GUIDE, GUIDATA, GUIHANDLES
% Edit the above text to modify the response to help gui32
% Last Modified by GUIDE v2.5 24-Sep-2014 09:51:29

% Begin initialization code - DO NOT EDIT
gui_Singleton = 1;
gui_State = struct('gui_Name',       mfilename, ...
                   'gui_Singleton',  gui_Singleton, ...
                   'gui_OpeningFcn', @gui32_OpeningFcn, ...
                   'gui_OutputFcn',  @gui32_OutputFcn, ...
                   'gui_LayoutFcn',  [] , ...
                   'gui_Callback',   []);
if nargin && ischar(varargin{1})
   gui_State.gui_Callback = str2func(varargin{1});
end

if nargout
   [varargout{1:nargout}] = gui_mainfcn(gui_State, varargin{:});
else
   gui_mainfcn(gui_State, varargin{:});
end
% End initialization code - DO NOT EDIT

% --- Executes just before gui32 is made visible.
function gui32_OpeningFcn(hObject, eventdata, handles, varargin)
% This function has no output args, see OutputFcn.
% hObject    handle to figure
% eventdata  reserved - to be defined in a future version of MATLAB
% handles    structure with handles and user data (see GUIDATA)
% varargin   command line arguments to gui32 (see VARARGIN)

% Choose default command line output for gui32
handles.output = hObject;
```

```
% Update handles structure
guidata(hObject, handles);
% UIWAIT makes gui32 wait for user response (see UIRESUME)
% uiwait(handles.figure1);

Reset_Callback(hObject, eventdata, handles);

% --- Outputs from this function are returned to the command line.
function varargout = gui32_OutputFcn(hObject, eventdata, handles)
% varargout  cell array for returning output args (see VARARGOUT);
% hObject    handle to figure
% eventdata  reserved - to be defined in a future version of MATLAB
% handles    structure with handles and user data (see GUIDATA)
% Get default command line output from handles structure
varargout{1} = handles.output;

 % --- Executes on button press in Reset.
function Reset_Callback(hObject, eventdata, handles)
% hObject    handle to Reset (see GCBO)
% eventdata  reserved - to be defined in a future version of MATLAB
% handles    structure with handles and user data (see GUIDATA)

global gh1 gh2 gh3 gh4 gh5 gh6 y theta L wd ht y0 tlast
cla
L= 1; wd= 1.5; ht= 0.5; y0= 0; % 도립진자를 그리기 위한 데이터
x= [y; 0; theta; 0]; tlast= 10; % 초기 상태벡터, 최종시간
str= num2str(tlast,'%6.2f'); set(handles.t,'String',str) % t에 잔여시간 표시
hold on
plot([-3;3],[-0.68;-0.68],'LineWidth',3) % 기준선을 그림
[xb,yb]= DrawCart(x(1),y0,wd,ht);
gh1= fill(xb,yb,'g'); % 카트 몸체를 그리고 핸들 받음
[xb,yb]= Circle(x(1)-wd/3,y0-ht,0.15);
gh2= fill(xb,yb,'r','EraseMode','normal'); % 앞쪽 바퀴를 그리고 핸들 받음
[xb,yb]= Circle(x(1)+wd/3,y0-ht,0.15);
gh3= fill(xb,yb,'r','EraseMode','normal'); % 뒤쪽 바퀴를 그리고 핸들 받음
[xb,yb]= Circle(x(1),y0,0.05);
```

```
gh4= fill(xb,yb,'r','EraseMode','normal'); % 힌지를 그리고 핸들 받음
xp= x(1)+L*sin(x(3)); yp= L*cos(x(3));
gh5= plot([x(1);xp],[y0;yp],'EraseMode','normal'); % 진자막대를 그리고 핸들
                                                          받음
[xb,yb]= Circle(xp,yp,0.25);
gh6= fill(xb,yb,'r','EraseMode','normal'); % 질량을 그리고 핸들 받음
axis equal
axis([-3 3 -1 3])
box on
hold off

% --- Executes on button press in Start.
function Start_Callback(hObject, eventdata, handles)
% hObject    handle to Start (see GCBO)
% eventdata  reserved - to be defined in a future version of MATLAB
% handles    structure with handles and user data (see GUIDATA)
% Hint: get(hObject,'Value') returns toggle state of Start

global gh1 gh2 gh3 gh4 gh5 gh6 yr y theta L wd ht y0 h tlast
t= 0;h= 0.02; x= [y; 0; theta; 0];
while get(hObject,'Value') && t < tlast
    u= -18.3673*(yr-x(1))+18.9796*x(2)+98.2653*x(3)+31.9796*x(4);
    x= RK4(@fun,t,x,u,h);
    t= t+h;
    str= num2str(tlast-t,'%6.2f');
    set(handles.t,'String',str) % t에 잔여시간 표시
    [xb,yb]= DrawCart(x(1),y0,wd,ht);
    set(gh1,'XData',xb,'YData',yb) % 카트의 x, y 데이터를 갱신
    [xb,yb]= Circle(x(1)-wd/3,y0-ht,0.15);
    set(gh2,'XData',xb,'YData',yb) % 카트의 앞쪽 바퀴의 x, y 데이터를 갱신
    [xb,yb]= Circle(x(1)+wd/3,y0-ht,0.15);
    set(gh3,'XData',xb,'YData',yb) % 카트의 뒤쪽 바퀴의 x, y 데이터를 갱신
    [xb,yb]= Circle(x(1),y0,0.05);
    set(gh4,'XData',xb,'YData',yb) % 힌지의 x, y 데이터를 갱신
    xp= x(1)+L*sin(x(3)); yp= L*cos(x(3));
    set(gh5,'XData',[x(1);xp],'YData',[y0;yp]) % 진자막대의 x, y 데이터를 갱신
```

```
    [xb,yb]= Circle(xp,yp,0.25);
    set(gh6,'XData',xb,'YData',yb) % 질량의 x, y 데이터를 갱신
    drawnow
    pause(0.01)
    set(hObject,'String','Stop'); % <Stop> 버튼으로 전환
end
set(hObject,'String','Start'); % <Start> 버튼으로 전환

% 도립진자 모델
function xdot= fun(t,x,u)
global L
M= 1; m= 0.01; g= 9.8; L= 1;
A= [0 1 0 0;0 0 -m*g/M 0;0 0 0 1;0 0 g*(M+m)/(M*L) 0];
B= [0; 1/M; 0; -1/(M*L)];
xdot= A*x+B*u;

% 카트의 x, y 데이터 생성
function [xx,yy]= DrawCart(x,y,wd,ht)
wd2= wd/2;
xx= [x-wd2;x-wd2;x+wd2;x+wd2;x-wd2];
yy= [y;y-ht;y-ht;y;y];

% --- Executes on slider movement.
function slider1_Callback(hObject, eventdata, handles)
% hObject    handle to slider1 (see GCBO)
% eventdata  reserved - to be defined in a future version of MATLAB
% handles    structure with handles and user data (see GUIDATA)
% Hints: get(hObject,'Value') returns position of slider
%  get(hObject,'Min') and get(hObject,'Max') to determine range of slider

global yr
yr= get(hObject, 'Value'); % 슬라이더에서 yr를 읽음
set(handles.yr,'String',round(yr*100)/100); % 텍스트 편집에 yr를 반영

% --- Executes during object creation, after setting all properties.
function slider1_CreateFcn(hObject, eventdata, handles)
```

```
% hObject    handle to slider1 (see GCBO)
% eventdata  reserved - to be defined in a future version of MATLAB
% handles    empty - handles not created until after all CreateFcns called
% Hint: slider controls usually have a light gray background.
if isequal(get(hObject,'BackgroundColor'),
          get(0,'defaultUicontrolBackgroundColor'))
   set(hObject,'BackgroundColor',[.9 .9 .9]);
end

function yr_Callback(hObject, eventdata, handles)
% hObject    handle to yr (see GCBO)
% eventdata  reserved - to be defined in a future version of MATLAB
% handles    structure with handles and user data (see GUIDATA)
% Hints: get(hObject,'String') returns contents of yr as text
%    str2double(get(hObject,'String')) returns contents of yr as a double

global yr
yr= str2double(get(hObject,'String')); % 설정치 yr를 읽음
max= get(handles.slider1,'Max'); % 슬라이더의 최대값을 읽음
min= get(handles.slider1,'Min'); % 슬라이더의 최소값을 읽음
if isnan(yr) || yr<min || yr>max  % 입력의 유효성을 체크
  yr= get(handles.slider1,'Value'); % 슬라이더에서 yr를 읽음
  set(hObject,'String',round(yr*100)/100) % 텍스트 편집에 yr를 반영
else
  set(handles.slider1,'Value',yr); % 슬라이더에 yr를 반영
end

% --- Executes during object creation, after setting all properties.
function yr_CreateFcn(hObject, eventdata, handles)
% hObject    handle to yr (see GCBO)
% eventdata  reserved - to be defined in a future version of MATLAB
% handles    empty - handles not created until after all CreateFcns called
% Hint: edit controls usually have a white background on Windows.
%      See ISPC and COMPUTER.
if ispc && isequal(get(hObject,'BackgroundColor'),
                  get(0,'defaultUicontrolBackgroundColor'))
```

```
    set(hObject,'BackgroundColor','white');
end

global yr
yr= str2double(get(hObject,'String'));% 설정치 yr를 읽음

function y_Callback(hObject, eventdata, handles)
% hObject    handle to y (see GCBO)
% eventdata  reserved - to be defined in a future version of MATLAB
% handles    structure with handles and user data (see GUIDATA)

% Hints: get(hObject,'String') returns contents of y as text
%  str2double(get(hObject,'String')) returns contents of y as a double

global y
y= str2double(get(hObject,'String')); % 위치 y를 읽음
if isnan(y) || y < -3 || y > 3
    y= 0; % 입력이 유효하지 않을 때 y= 0으로 설정
    set(hObject,'String', y) % 입력한 내용을 지우고 y로 설정
end

% --- Executes during object creation, after setting all properties.
function y_CreateFcn(hObject, eventdata, handles)
% hObject    handle to y (see GCBO)
% eventdata  reserved - to be defined in a future version of MATLAB
% handles    empty - handles not created until after all CreateFcns called
% Hint: edit controls usually have a white background on Windows.
%       See ISPC and COMPUTER.
if ispc && isequal(get(hObject,'BackgroundColor'),
                    get(0,'defaultUicontrolBackgroundColor'))
    set(hObject,'BackgroundColor','white');
end

global y
y= str2double(get(hObject,'String')); % 위치 y를 읽음
```

```
function theta_Callback(hObject, eventdata, handles)
% hObject    handle to theta (see GCBO)
% eventdata  reserved - to be defined in a future version of MATLAB
% handles    structure with handles and user data (see GUIDATA)
% Hints: get(hObject,'String') returns contents of theta as text
%     str2double(get(hObject,'String')) returns contents of theta as a
                double

global theta
theta= str2double(get(hObject,'String')); % 각 theta를 읽음
if isnan(theta) || theta < -60 || theta > 60
   theta= 30; % 유효하지 않을 때 theta= 30으로 설정
   set(hObject,'String', theta) % 입력한 내용을 지우고 theta로 설정
end
theta= theta*pi/180; % 라디안 단위로 변환

% --- Executes during object creation, after setting all properties.
function theta_CreateFcn(hObject, eventdata, handles)
% hObject    handle to theta (see GCBO)
% eventdata  reserved - to be defined in a future version of MATLAB
% handles    empty - handles not created until after all CreateFcns called
% Hint: edit controls usually have a white background on Windows.
%       See ISPC and COMPUTER.
if ispc && isequal(get(hObject,'BackgroundColor'),
                  get(0,'defaultUicontrolBackgroundColor'))
   set(hObject,'BackgroundColor','white');
end

global theta
theta= str2double(get(hObject,'String')); % 각 theta를 읽음
theta= theta*pi/180; % 라디안 단위로 변환

function t_Callback(hObject, eventdata, handles)
% hObject    handle to t (see GCBO)
% eventdata  reserved - to be defined in a future version of MATLAB
% handles    structure with handles and user data (see GUIDATA)
```

```
% Hints: get(hObject,'String') returns contents of t as text
%        str2double(get(hObject,'String')) returns contents of t as a double

% --- Executes during object creation, after setting all properties.
function t_CreateFcn(hObject, eventdata, handles)
% hObject    handle to t (see GCBO)
% eventdata  reserved - to be defined in a future version of MATLAB
% handles    empty - handles not created until after all CreateFcns called
% Hint: edit controls usually have a white background on Windows.
%       See ISPC and COMPUTER.
if ispc && isequal(get(hObject,'BackgroundColor'),
                    get(0,'defaultUicontrolBackgroundColor'))
    set(hObject,'BackgroundColor','white');
end
```

참고문헌

MATLAB AND ANIMATION

청렴함이 비할 데 없는 명나라 산운(山雲)이
하루는
성품이 강직하고 바른말을 잘 하는
정뇌(鄭牢)라는 늙은 종에게 묻기를
“세상에서 장군이 되면
탐욕해도 탓하지 않는다고 말하는데
나 역시 탐해도 되겠는가?”
하니,
정뇌는 말하기를
“공은 처음 도임하였으니
마치 새롭고도 깨끗한 흰 도포 같은데,
한 점 먹에 더러워지면
끝내 씻을 수가 없을 것입니다.”
하였다.

〈 정약용, 목민심서 〉

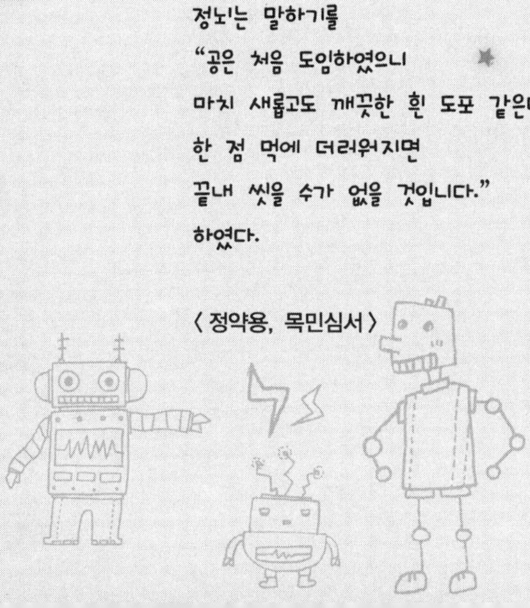

[1] *Getting Started with MATLAB, Version 7*, The MathWorks, Inc., 2014

[2] *Using MATLAB Graphics, Version 5*, The MathWorks, Inc., 1996

[3] *Building GUIs with MATLAB, Version 5*, The MathWorks, Inc., 1997

[4] *Creating Graphical User Interfaces, Version 7*, The MathWorks, Inc., 2004

[5] P. Marchand and O.T. Holland, *Graphics and GUIs with MATLAB,* Third Edition (Graphics & GUIs with MATLAB), Chapman and Hall/CRC, London, 2002

[6] A. Gilat, MATLAB: An Introduction with Applications, Third Edition, John Wiley & Sons, Inc., 2008

[7] B. H. Hahn and D. T. Valentine, Essential MATLAB for Engineers and Scientists, Fifth Edition, Elsevier Inc., N.Y., 2013

[8] S. T. Smith, *MATLAB: Advanced GUI Development*, Dog Ear Publishing, 2006

[9] M. Gdeisat and F. Lilley, Matlab by Example *: Programming Basics*, Elsvier Inc., 2013

[10] 여영구, *쉬게 배우는 MATLAB 입문과 활용(3판)*, 도서출판 아진, 2014

[11] http://en.wikipedia.org/wiki/Piston_motion_equations

[12] K. Tanaka, "*Design of Model-based Fuzzy Controller Using Lyapunov's Stability Approach and Its Application to Trajectory Stabilization of a Model Car*," Theoretical Aspects of Fuzzy Control, John Wiley & Sons, Inc., N.Y., 1995

[13] J. E. Slotine and W. Li, Applied Nonlinear Control, Prentice-Hall International, Inc., 1991

[14] R. L. Burden and J. D. Faires, *Numerical Analysis, Fifth* Edition, PWS Publishing Company, 1993

[15] http://alyac.altools.co.kr/Main/Default.aspx

[16] 진강규, *현대제어*, 다솜출판사, 2009

[17] 진강규, *제어시스템 설계*, 다솜출판사, 2010

[18] http://en.wikipedia.org/wiki/Runge%E2%80%93Kutta_methods

찾아보기

4

4차 Runge-Kutta법 249

ㄱ

가변 입력인수 118
가변 출력인수 118
가변인수 116
객체 핸들 203
객체 핸들의 생성 203
경로 지정하기 14
계단 그래프 144
공의 균형 제어 308
관계 연산자 79
구조체 53
구조체의 데이터 변경 56
구조체의 생성 53
구조체의 참조 55
그래프 추가하기 135
그래픽 객체 197
그림창 6
그림창 분할 136
그림창의 크기 조절 214
기본 설정 8

ㄴ

난수발생 함수 72
내장함수 68
논리 연산자 81
논리 함수 83
눈금 격자 128

ㄷ

데스크탑창 3
데이터 불러오기 33
데이터 저장하기 32
도립진자 시스템 299
도움말 기능 16
도움말창 17
동적방정식 228
디버깅 26

ㄹ

라디오 버튼 326, 331
레이아웃 7
레이아웃 영역 324
로그함수 70
릴레이 요소 261

ㅁ

매개방정식의 그래프 132
명령어 프롬프트 10
명령줄 10
명령창 3
모델카의 퍼지제어 305
목록 상자 327, 334
문자열의 삭제 46

문자열의 추가 46
문자열처리 함수 76

ㅂ

발사체 문제 291, 373
배열 연산 63
버튼 그룹 327, 332
범례 131
벡터 입력 35
변수 28
보기 탭 24
복소함수 70
부분배열 생성하기 39
부함수 105
불연속 그래프 133
브레이크 포인트 27
비선형 요소 258
빠른 시작창 324

ㅅ

사용자 인터페이스 323
산술 연산자 59
상태공간 표현 227
상태변수 227
색지도 166
선 그래프 125
선색과 선폭 설정 216
셀 배열 48
셀 배열의 데이터 수정 51
셀 배열의 데이터 참조 49
셀 배열의 생성 48
속성 편집기 218
속성값 126, 214
속성값 바꾸기 219
속성명 126, 214
수치함수 71
스크립트 m-파일 23
슬라이더 326, 335
시간지연 요소 258
시야각 187
실행 중단하기 13
실행시간 측정 7
싸이클로이드 294

ㅇ

아래첨자 128
앱 탭 9
연산 우선순위 83
영구변수 110
예약어 29
원소 수정 및 제거하기 41
원소 추가하기 42
원소별 연산 63
윗첨자 128
익명함수 111
일괄 실행 12
입력 명령어 95
입력인수 103

ㅈ

작업공간 31
작업공간창 3
전달함수 243
전역변수 108
정적 텍스트 326, 333
제곱근함수 70
제목 128
종료 13
주석문 11
주함수 105, 340
줄 단위 실행 11
지수함수 70

지역변수 108
지정자 125
진자 시스템 296

ㅊ

축 327, 336
축 라벨 128
축 변경 129
축의 한계 설정 215
출력인수 103

ㅋ

컴포넌트 323
컴포넌트의 배치 327
컴포넌트의 속성 변경 328
컴포넌트의 정렬 336
코드 분석 7

ㅌ

태그 328
탱크 수위 제어시스템 302
테이블 327
텍스트 편집 326, 333
토글 버튼 327, 329
토러스 170
통계함수 70
투명도 187
티크 131
티크 라벨 131

ㅍ

파일에 데이터 저장하기 99
파일에서 데이터 읽기 100
팝업 메뉴 327
패널 327, 332
퍼블리시 탭 9
편집기 24
편집기 도킹 4
편집기 탭 24
편집기창 4
포화기 요소 263
표식 125
푸시 버튼 326, 329
프로파일링 툴 7
플롯 탭 8
필드 53

ㅎ

한계이득 261
한계주기 261
함수 m-파일 102
함수 함수 113
함수 함수의 호출 115
함수의 호출 105
함수핸들 114
핸들 203
핸들의 확인 204
행렬 입력 37
행렬 정보 얻기 39
현재 폴더창 3
현재창 140
홈 탭 4
확인란 326, 330
활성창 140
히스토그램 149

A

abs 70
acos 69
Active window 140
ActiveX control 327

all 84
alpha 187
Analyze code 7
angle 70
Anonymous function 111
any 84
Apps tab 9
area 152
Area graph 152
Arithmetical operator 59
ASCII file 32
asin 69
atan 69
atan2 69
Axes 327, 336
axes 275
Axes object 199
Axes command 275
axis 130
Axis label 128

B

bar 146
Bar graph 146
bar3 183
Bar3 graph 183
barh 147
box 128
Box graph 150
boxplot 150
Break 94
Break point 27
Button Group 327
Button group 332

C

Callback function 341
ceil 72
Cell array 48
cell2mat 52
celldisp 50
Check Box 326, 330
cla 275
Cla command 275
clabel 145
clf 140
close 140
Colomap 166
colorbar 187
colormap 166
Command line 10
Command window 3
Comment statement 11
Component 323
conj 70
contour 145
Contour graph 145
contour3 164
Contour3 graph 164
conv 121
cos 69
Ctrl+C 13
Ctrl+Q 13
cumsum 71
Current directory window 3
Current window 140
Cycloid 294
cylinder 178
Cylinder graph 178

D

Debugging 27
delaunay 171
delete 205
Desktop window 3
det 78
disp 97
drawnow 275
drawnow command 275

E

Edit Text 326, 333
Editor window 4
eig 78
Element-by-element operation 63
end 40
eps 29
Erasemode 272
exit 13
exp 70
eye 38

(F)

fclose 100
Field 53
fieldnames 55
figure 140
Figure window 6
Figure object 198
fill 154, 274
Fill graph 154
Fill command 274
fill3 182
Fill3 graph 182
find 84
findobj 204
fix 71
floor 72
fopen 99
For-end 85
format 96
fprintf 97, 100
fscanf 100
function 102
Function function 113
Function handle 114

G

gca 204
gcf 204
gco 204
get 206
Get command 206
global 109
Global variable 108
gradient 157
Graphics object 197
Grid 128
gtext 128
GUI 323
GUI practice 338
GUI save 338
GUI component 325
GUI programming 339
GUIDE 323
guide 324

H

Handle 203
Help window 17
hist 149
Histogram 149

Home tab 4

I

i 29
imag 70
Image object 200
inf 29
input 95
Input argument 103
inv 78
isempty 84
isinf 84
isnan 84

J

j 29

L

Layout 7
Layout area 324
legend 131
length 39
Light object 202
Line object 199
linspace 36
List box 327, 334
load 33
Local variable 108
log 70
Log graph 142
log10 70
Logical operator 81
loglog 142
logspace 36
lower 76

M

MAT-file 32
MATLAB Central 18
max 70
mean 71
mesh 168
Mesh graph 167
meshc 168
meshgrid 167
meshz 168
min 71

N

NaN 29
nargin 116
nargout 116
num2str 76
numel 39

O

ones 38
Opening function 341
OpeningFcn function 341
Output argument 103
Output function 340
OutputFcn function 340

P

Panel 327, 332
Patch 201
pause 275
Pause command 275
pcolor 156
persistent 110
Persistent variable 110

pi 29
pie 153
Pie graph 153
pie3 185
Pie3 graph 185
plot 125, 272
Plot tab 8
Plot command 271
plot3 163
Plot3 graph 163
plotyy 141
Plotyy graph 141
polor 158
Polor graph 158
Pop-up Menu 327
Primary function 105, 340
prod 71
Profiling tool 7
Projectile problem 291
Property editor 218
Property name 126, 214
Property value 126, 214
Pseudocolor graph 156
Publish tab 9
Push Button 326, 329
pwd 13

Q

Quick start window 324
quit 13
quiver 157
Quiver graph 157
quiver3 186
Quiver3 graph 186

R

Radio Button 326, 331
rand 73
randn 73
real 70
rectangle 150, 274
Rectangle graph 150
Rectangle command 274
References 8
Relational operator 79
rem 72
Reserved keywords 29
reshape 38
Root object 198
roots 121
round 72
Run and time 7

S

save 32
savepath 14
Script m-file 23
semilogx 142
semilogy 142
set 214, 272
Set command 214
shading 174
sign 72
sin 69
size 39
Slider 326, 335
sort 71
sphere 181
Sphere graph 181
sqrt 70
stairs 144

Stairs graph	144
State variable	227
Static Text	326
std	71
stem	151
Stem graph	151
stem3	173
Stem3 graph	173
str2double	76
str2num	76
strcmp	77
strcmpi	77
strfind	77
strtok	77
struct	54
Structure	53
Subfunction	105
subplot	136
sum	71
surf	174
Surf graph	174
Surface object	202
surfc	174
surfl	174
Switch-end	93

T

Table	327
Tag	328
tan	69
text	128, 187, 274
Text object	201
Text command	274
Title	128
Toggle Button	327
Torus	170
Transfer function	243
trimesh	172
Trimesh graph	171
trisurf	177
Trisurf graph	177
type	16

U

uigetfile	100
Ultimate gain	261
Ultimate period	261
upper	76

V

Variable	28
Variable length input argument	118
Variable length out-put argument	118
view	187
Viewing angle	187

W

While-end	88
whitebg	187
who	15
Workspace	31
Workspace window	3

X

xlabel	128

Y

ylabel	128

Z

zeros	38

쉽게 배우는 MATLAB-애니메이션의 부록 CD는 홍릉과학출판사 e메일 hongpub@hongpub.co.kr로 요청을 하시면 보내드리겠습니다.

정가 29,000원

쉽게 배우는 MATLAB–애니메이션

2014년 12월 15일 초판 인쇄
2014년 12월 23일 초판 발행
저 자 : 진강규
발행자 : 우명찬·송 준
발행처 : 홍릉과학출판사
주 소 : 서울시 강북구 인수봉로 50길 10
1|4|2-8|8|5
등 록 : 1976년 10월 21일 제5-66호
전 화 : (02) 999-2274~5, 903-7037
팩 스 : (02) 905-6729
e-mail: hongpub@hongpub.co.kr
http://www.hongpub.co.kr
ISBN: 979-11-5600-333-5

저자와의 협의하에 인지생략